国际形势和中国外交

International Situation and China's Foreign Affairs (2023/2024)

蓝皮书

(2023/2024)

  中国国际问题研究院/著

世界知识出版社

编委会名单

主　编：陈　波

副主编：荣　鹰　刘　卿

编委会：（以姓氏笔画为序）

于　江	王友明	邓　浩	刘飞涛
李自国	沈雅梅	宋均营	陈玉荣
金　玲	赵鸣文	赵青海	姜跃春
扈大威	董漫远	蓝建学	魏　民

撰稿人：（以姓氏笔画为序）

马汉智	王友明	王泽胜	宁胜男
刘艺潼	刘　畅*	刘　畅**	刘　晋
刘晓伟	刘　卿	汤中超	许钊颖
孙文竹	孙立昕	苏晓晖	杜　兰
李子昕	李自国	李　旻	杨晨曦
杨超越	沈雅梅	宋均营	张　坤
张蛟龙	张腾军	陈玉荣	陈　波
项昊宇	徐龙第	郭金月	唐奇芳
龚　婷	崔小涛	韩　璐	景晓玉
蓝建学			

---

* 　美国研究所。

** 发展中国家研究所。

前　　言

　　2023 年，世界大变局加速演进，各种全球性风险和挑战层出不穷，世界进入新的动荡变革期，国际关系发展演变影响深远。这一年里，在以习近平同志为核心的党中央坚强领导下，中国特色大国外交以推动构建人类命运共同体为主线，推动共商共建共享的全球治理，践行全人类共同价值，推动构建新型国际关系，落实全球发展倡议、全球安全倡议、全球文明倡议，高质量共建"一带一路"，在坚决维护国家主权、安全和利益基础上，推动各国携手应对挑战，实现共同繁荣，为推进中国式现代化营造有利外部环境，为人类和平与发展事业作出新的重要贡献。

一、世界大变局加速演进

（一）安全因素对国际局势演变的影响更加突出

　　全球和平赤字、安全赤字加重。2023 年，乌克兰危机持续延宕难解，美国和北约持续推进代理人战争，首度向乌克兰提供贫铀弹，引发广泛国际争议和反对声音，[①] 战事持续胶着升温。10月，巴勒斯坦伊斯兰抵抗运动（哈马斯）对以色列发动名为"阿克萨洪水行动"的"史无前例"突袭。以色列连番采取极端报复措施，加沙地带民用设施沦为大规模军事袭击目标，平民死伤过万，引发惨烈人道悲剧。联合国人道主义事务协调厅、世界卫生组织等多个国际组织表示，在加沙已无安全可言。[②] 巴以冲突骤然升级，引发中东近年最大政治安全危机，冲击中东安全架构、地区缓和氛围和国际安全态势，给中东与全球带来更多不稳定因素。

全球"泛安全化"趋势加剧，安全因素向各领域渗透。"地缘政治安全"与"经济安全""科技安全""意识形态安全"等日益捆绑，推动世界主要力量间的安全矛盾上升。经济政策工具化倾向明显，全球产业链供应链格局加速重构。2023年3月以来，美牵引其盟友伙伴推动所谓对华"去风险"，本质上是拼凑"去中国化"的经贸科技"遏制拼图"，导致全球产业链和供应链扭曲分裂风险不断上升。8月，美国总统拜登签署行政令，设立对外投资审查机制，并启动第三轮对华科技投资限制，进一步围筑对华科技打压的"小院高墙"。11月，日本首次依据所谓"政府安全保障能力强化支援"（OSA）框架向菲律宾提供防卫装备，将地缘政治安全图谋掺入地区经济援助，致使亚太经贸领域对抗分

---

① 参见《联合国表示关切，贫铀弹的伤害究竟有多大》，光明网，2023年3月22日，https://m.gmw.cn/2023-03/22/content_1303316850.htm；《美国向乌提供贫铀武器遭多方反对："犯罪行径"》，新华网，2023年9月8日，http://www.xinhuanet.com/mil/2023-09/08/c_1212265465.htm。

② 《巴以新一轮冲突进入第36天　国际社会呼吁为加沙民众打开人道主义通道》，央广网，2023年11月12日，http://news.cnr.cn/sq/20231112/t20231112_526483509.shtml。

裂可能进一步升高。

2023 年，气候变化、人工智能安全等一系列非传统安全问题更趋突出。2023 年 3 月，政府间气候变化专门委员会（IPCC）发布第六次评估报告的综合报告，指出一个多世纪以来全球升温已经达到 1.1℃，导致极端天气事件愈加频繁和强烈，使全球各个地区的自然和人口日益陷入危险之中。而全球气候治理中广大发展中国家的很多关切还没有得到充分的重视和解决。生成式人工智能异军突起，从 ChatGPT 到 Sora，只用了一年时间就完成了重大迭代进步。但全球人工智能治理则刚刚起步，多边治理体系和监管制度尚不够健全，存在很大治理赤字。此外，网络空间、外空等全球新疆域安全问题也更加凸显，相关治理规则亟待完善。

（二）发展议题被边缘化，世界经济复苏艰难乏力

全球发展议题受阻，发展赤字持续扩大。地缘冲突延宕加大全球经济运行不确定性，导致跨境投资环境恶化，投资风险增加，影响全球资本流动。全球经济发展和社会公共议题推进艰难，2030 年可持续发展目标等事业遭受挫折，气候变化议题关注度下降。发展议题在多边机制中也屡被迟滞和搁置。世贸组织上诉机构仍处于"停摆"状态，争端解决机制依旧瘫痪。部分西方国家在二十国集团（G20）等多边议程中强加乌克兰危机议题，导致 G20 多个部长级会议未能达成联合声明。世界经济论坛（WEF）报告指出，制裁、贸易战和投资筛选在内的"地缘经济对抗"或成为未来两年全球第三大风险。①

全球经济复苏进程缓慢，脆弱且不均衡。2023 年，全球经

---

① "The Global Risks Report 2023, 18th Edition," January 2023, WEF, https://www3.weforum.org/docs/WEF_Global_Risks_Report_2023.pdf.

济从新冠疫情和乌克兰危机冲击中有所恢复。但贸易保护主义盛行和全球需求收缩削弱了贸易和投资动能，国际经贸投资碎片化风险上升；美欧国家高利率水平推高全球金融风险，削弱全球消费能力，以出口作为经济复苏动能的发展中国家对外贸易持续下降；美元保持强势使新兴市场和发展中经济体持续面临本币贬值和资本流出压力。全球债务持续扩张，截至2023年6月，69个低收入国家中有36个处于债务高风险，或已经陷入债务困境，52个发展中国家正在遭受严重的债务问题。[①] 为减缓资本外逃和货币贬值，部分发展中国家被迫采取跟随式加息政策，但加息将拖累其经济复苏，引发就业岗位流失等问题，加剧经济社会脆弱性。

（三）大国关系对抗性加剧，全球战略稳定性下降

美俄军事对抗态势延续升级。 2023年，俄罗斯与美西方军控核裁军体制和欧安架构再遭重挫。美西方强化对俄罗斯军事威慑，美国和北约成员持续在欧洲加强"核共享"机制，升级核力量储备和导弹防御系统。俄罗斯与白俄罗斯也正式商定在白西部边境部署战术核武器。俄宣布暂停参与《新削减战略武器条约》，撤销批准《全面禁止核试验条约》，退出《欧洲常规武装力量条约》（CFE），美与北约亦宣布暂停CFE。

美国强化对华海上军事围堵和挑衅。 拜登政府持续升级在亚太地区军事部署，推动构建多边海上同盟，图谋扩大"印太"海权优势。美国联合加拿大等域外国家海空军事力量在中国周边海空域抵近侦察、挑衅愈发频密，引发海空意外事件的风险不断上

---

① 《为实现〈2030年可持续发展议程〉提供发展资金：利用发展资金促进无害环境的工业化贸发会议秘书处的说明》，2023年11月1—3日，https://unctad.org/system/files/official-document/tdb_efd7d2_ch.pdf。

升。美国快速推进"美日菲三边架构"并借"仁爱礁事件"煽风点火，持续挑动介入中菲关系，激化南海局势。

国际军控与裁军多边议程遭遇挫折。因部分国家利用叙利亚化武等问题进行政治操弄，《禁止化学武器公约》第五次审议大会、《不扩散核武器条约》第十一次审议大会筹备委员会第一次会议均未能就总结性文件达成共识。国际核不扩散风险加大，伊朗与朝鲜半岛两大核问题解决的希望愈加渺茫，美国确认对韩国持续提供"延伸威慑"，或再度激化朝鲜半岛核竞赛。美英澳核潜艇合作、乌克兰核电站安保及日本核污染水排海、英国核设施泄漏等，引发国际社会对核不扩散、核安全问题的严重关切。

（四）"全球南方"加速觉醒

"全球南方"在世界经济中的地位愈发提升。新兴市场国家和发展中国家整体展现出更强劲的崛起势头和发展潜力，过去二十年对世界经济增长贡献率高达80%，过去四十年国内生产总值的全球占比从24%增至40%以上。2022年，按购买力平价计算，由五大新兴市场组成的金砖国家占世界经济总量的比重达到31.5%，超过七国集团的30.7%，预计到2025年二者之间的差距将进一步扩大。[1]习近平主席在2023年金砖国家工商论坛闭幕式上指出，"当今时代，以金砖国家为代表的新兴市场和发展中国家群体性崛起，正在从根本上改变世界版图"。[2]

---

[1]《让世界听到更多的金砖声音、见证更大的金砖作用》，人民网，2023年8月22日，http://world.people.com.cn/n1/2023/0822/c1002-40061026.html。

[2]《习近平在金砖国家工商论坛闭幕式上的致辞（全文）》，中国政府网，2023年8月23日，https://www.gov.cn/yaowen/liebiao/202308/content_6899641.htm。

"全球南方"战略自主意识和能力持续提升。随着"南北分歧"扩大，"全球南方"推动国际秩序和全球治理体系更加公正合理的呼声也在增大。多数发展中国家在乌克兰危机中没有迎合西方谴责俄罗斯，拒绝在大国间选边站队，并且积极探索适合本国国情的自主发展道路，很多发展中国家还在推动双边本币结算与"去美元化"的区域货币安排。土耳其、巴西、伊朗、沙特、南非等地区大国在全球性挑战与地区热点事务中积极作为，作用上升。这一切都昭示一种有别于过去的全新战略觉醒。

（五）新技术对全球政治和安全的影响日益突出

新技术武器日益改变战争形态和战争规则。2023年，乌克兰多次使用无人机对俄发动突袭。哈马斯使用无人机对以色列突袭成功。以军亦大规模使用无人机、计算机图像技术、微型战术地面机器人等作战。可以预见，以无人机和各类无人自主武器为代表的新技术武器，将对未来战场产生颠覆性影响。

新技术手段正改写多国政治选举游戏规则。人工智能（AI）生成的筹款邮件、宣传材料等内容已进入加拿大、美国等国政治竞选，开始影响选民信息获取与投票意向。其中，6月，加拿大多伦多市市长选举中，保守派候选人安东尼·弗瑞就使用AI生成图像作为竞选材料，使其在101名候选人中脱颖而出。与此同时，生成式AI也或将成2024年美国大选的干扰变量。4月，美国总统拜登正式宣布参与2024年竞选连任后，共和党就借助AI生成视频，以"史上最弱总统"为话题抨击拜登。6月，佛罗里达州州长、共和党总统候选人德桑蒂斯的团队也通过用AI合成前总统特朗普和卫生官员福奇拥抱假照，讽刺特朗普"抗疫不力"，为竞选造势。美舆论界和政界预估，2024年美国选举周期或将是"第一次AI生成内容盛行的选举"。[①]

人工智能技术与治理规则博弈愈发白热化。AI等新技术规则之争对国际政治的影响愈发广泛深入。2月，中国、美国等60多国参加"军用领域负责任使用人工智能峰会"，并签署联合声明，呼吁和平开发和使用军用人工智能。5月，七国集团（G7）发起"广岛AI进程"并发布《开发先进人工智能系统组织的国际行为准则》。11月，英国牵头召开首届全球人工智能安全峰会，中国、美国、英国、欧盟等多方代表签署《布莱切利宣言》。经合组织（OECD）发起《在生成式人工智能时代建立信任的全球挑战》倡议。美国总统拜登发布关于"安全、可靠和值得信赖的人工智能"行政令。欧洲议会通过《人工智能法案》，中国也提出《全球人工智能治理倡议》，颁布《生成式人工智能服务管理暂行办法》。

二、中国特色大国外交砥砺奋进

（一）元首外交铸就中国特色大国外交新丰碑

元首外交是新时代中国对外交往的最高形态，在中国特色大国外交中发挥着决定性作用。2023年，习近平主席亲自擘画引领，中国特色大国外交扎实推进。一年里，习近平主席亲自擘画，亲力亲为，出席第三届"一带一路"国际合作高峰论坛并发表主旨演讲，主持首届中国-中亚峰会，出席上合组织元首理事会、金砖国家领导人会晤、亚太经合组织领导人非正式会晤，出访俄罗斯、南非、美国、越南，举行百余场会见、通话。从克

---

① "Clarke Introduces Legislation to Regulate AI in Political Advertisements. Congresswoman Yvette Clarke," May 2, 2023, https://clarke.house.gov/clarke-introduces-legislation-to-regulate-ai-in-political-advertisements/.

里姆林宫长谈到广州松园会晤再到"旧金山愿景"，从"长安复携手"到"同志加兄弟"，从"彩虹之国"的金砖时刻到"阳光之乡"的亚太蓝图，从"成都成就梦想"到"潮起钱塘江，澎湃亚细亚"，习近平主席以大党大国领袖的襟怀气度同各方共话友好合作，共商天下大计，在推动构建人类命运共同体的崇高目标下，引领中国特色大国外交为实现中华民族伟大复兴营造主动有利的外部环境，为推动世界和平与发展的进步事业作出更多更大贡献。

（二）新征程上中国外交战略的顶层设计和理念引领日臻完善

2023年12月底，中央外事工作会议胜利召开。习近平总书记发表重要讲话，全面总结新时代中国特色大国外交的历史性成就和宝贵经验，深刻阐述新征程对外工作面临的国际环境和肩负的历史使命，对当前和今后一个时期的对外工作作出全面部署。这次会议从十个方面总结了新时代对外工作取得的历史性成就，概括了对外工作"六个必须"的新经验、新认识，对未来我国发展的战略环境作出重要判断，对构建人类命运共同体十年来的丰富实践进行了系统阐述、全面概括，明确了构建人类命运共同体作为一个科学体系的"四梁八柱"，针对当今世界面临的一系列重大问题重大挑战倡导平等有序的世界多极化和普惠包容的经济全球化，提出对外工作要以习近平新时代中国特色社会主义思想特别是习近平外交思想为指导，对标中国式现代化目标任务，坚持自信自立、开放包容、公道正义、合作共赢的方针原则，不断开创中国特色大国外交新局面，不断为人类发展进步作出新贡献。这次会议明确了推动构建人类命运共同体这一外交工作主线，确立了中国特色大国外交要追求的崇高目标，形成了新征程上中国外交战略的顶层设计。

2023年是贯彻落实党的二十大精神开局之年，是构建人类命运共同体理念、构建新型国际关系、亲诚惠容周边外交理念、真实亲诚对非政策理念和正确义利观提出十周年。习近平外交思想的理论内涵日臻完善，外交实践硕果累累，世界意义愈发彰显。构建人类命运共同体十年奋斗，十年有成，已从理念主张发展为科学体系，从中国倡议扩大为国际共识，从美好愿景转化为丰富实践，连续七年写入联大决议，不断拓展延伸到各个地区、各个领域，成为引领时代前进的光辉旗帜。3月，习近平主席在中国共产党与世界政党高层对话会上首次提出全球文明倡议，与全球发展倡议、全球安全倡议共同构成"三大全球倡议"，为维护世界和平、推动共同发展、加强文明互鉴提出中国方案，获得国际社会高度赞赏。习近平主席还首次提出世界现代化新愿景，引领世界现代化理论和实践创新发展；首次提出亚洲现代化新理念和亚洲价值观，引领亚洲家园新愿景不断成为现实。

（三）持之以恒促进大国良性互动

2023年，中国始终保持战略定力，全面运筹同各方关系，推动构建和平共处、总体稳定、均衡发展的大国关系格局。习近平主席2023年首次出访选择了俄罗斯，年内与普京总统两度会晤，中俄全面战略协作持续深化，两国贸易额首次突破2000亿美元。面对中美关系遭遇严重困难，中方表明严正立场，要求美方改变对华错误认知，回归理性务实对华政策。经过艰苦努力，双方重构沟通与对话，双边关系实现止跌企稳。11月，习近平主席应邀同拜登总统在旧金山举行历史性会晤，双方就事关中美关系的战略性、全局性、方向性问题坦诚深入交换意见，达成20多项成果共识，恢复和建立一系列对话沟通机制，形成了面向未来的"旧金山愿景"。习近平主席同法国、德国等欧洲多国及欧盟机构领导人多次深入沟通，引领中欧关系行稳致远，双方各层级各领域交流对话机制恢复重启，中欧关系不针对、不依附、也不受制于第三方的特性更加凸显，战略、经贸、绿色、数字领域高层对话取得丰硕成果。

（四）全球伙伴关系网络持续深化拓展

中国始终将周边置于外交全局的首要位置，秉持亲诚惠容理念全面发展同周边国家的友好合作关系。2023年，中方发布《新时代中国的周边外交政策展望》，坚定践行和平、合作、包容、融合的亚洲价值观，坚定推动亚洲现代化进程，开创了"亚洲世纪"新愿景。

一年来，习近平主席同柬埔寨、新加坡、马来西亚、越南、印度尼西亚、泰国等国元首或政府首脑会见会晤；对越南进行历史性国事访问，双方将两国关系提升为具有战略意义的中越命运共同体，标志着命运共同体建设在中南半岛实现了全覆盖；中国同柬埔寨、老挝打造命运共同体新一轮五年行动计划，继泰国、印度尼西亚之后，又同马来西亚达成共建命运共同体共识，同新加坡关系定位提升为全方位高质量的前瞻性伙伴关系，更为紧密的中国–东盟命运共同体建设蹄疾步稳，一路向前。

一年来，土库曼斯坦、吉尔吉斯斯坦、塔吉克斯坦加入构建命运共同体的行列，命运共同体建设实现中亚地区全覆盖。5月，习近平主席同中亚五国元首齐聚古都西安，从古丝绸之路起点发起首届中国–中亚峰会，全面阐述中国对中亚外交政策，同五国元首共同决定构建更加紧密的中国–中亚命运共同体，正式建立中国–中亚元首会晤机制，设立中国–中亚机制常设秘书处，为中国–中亚合作完成了平台建设和全面布局，开辟了新的上升通道，为地区乃至世界注入了正能量和稳定性。

一年来，中国始终秉持"真实亲诚"理念和正确义利观，坚定团结"全球南方"，真诚帮助广大发展中国家实现自主发展、提升国际话语权，坚定维护发展中国家共同利益。习近平主席时隔五年再次踏上非洲热土，主持召开中非领导人对话会，规划了中非合作新蓝图。习近平主席同多位阿拉伯国家领导人会谈会见，中阿战略互信水平不断提升，双方一道加紧落实首届中阿、中海峰会成果，共同探索符合中阿各自国情的现代化道路，各领域务实合作不断取得新的重要成果。中拉命运共同体建设扎实推进，中方成功接待十余位拉美国家领导人访华，出席"77国集团和中国"哈瓦那峰会，中拉关系加速提质升级。

一年来，习近平主席会见日本首相岸田文雄，两国领导人确认全面推进战略互惠关系，愿意妥处存在的问题，构建契合新时代要求的建设性、稳定的中日关系；会见韩国总理韩德洙，指出中方坚持对韩睦邻友好政策，希望韩方同中方相向而行，相互尊重，维护友好合作大方向；会见澳大利亚总理阿尔巴尼斯，中澳关系重回正轨，重整行装再出发，呈现改善发展的积极势头。中印关系总体稳定。中巴经济走廊建设迎来十周年，务实合作硕果累累。中朝传统友好合作关系进入新的历史时期。中蒙全面战略伙伴关系向更高水平不断迈进。

中国推动金砖机制实现"历史性扩员"，引领金砖机制蓬勃发展。2022年中国担任金砖国家轮值主席国时，习近平主席提出，金砖国家要敞开大门谋发展、张开怀抱促合作，呼吁吸纳新成员、汇聚新力量。2023年约翰内斯堡峰会期间，五国领导人作出政治决断，金砖大家庭正式迎来新成员。此次扩员缔造了金砖机制发展的里程碑，开启了"全球南方"联合自强的新纪元。

（五）积极推动构建开放型世界经济

2023年是习近平主席提出共建"一带一路"倡议十周年。走过金色十年，共建"一带一路"取得历史性成就，成果惠及全球150多个国家，开拓出一条通向共同发展的合作之路、机遇之路、繁荣之路，成为当今世界最受欢迎的国际公共产品和最大规模的国际合作平台。10月，第三届"一带一路"国际合作高峰论坛在北京举行。习近平主席发表主旨演讲，从十年成就中总结成功经验，提出八项行动，展现中国担当，宣布共建"一带一路"进入高质量发展新阶段，倡导各国携手实现世界现代化。151个国家、41个国际组织、上万名代表与会，形成458项成果、972亿美元合作协议，向世界发出团结合作、开放共赢的清晰信号，为推动世界经济增长、促进全球共同发展提供源源不断的动力。

回顾2023年，从第六届进博会意向成交金额创新高，到首届链博会签署协议200多项，从高质量实施《区域全面伙伴关系协定》（RCEP）到主动对接《全面与进步跨太平洋伙伴关系协定》（CPTPP）和《数字经济伙伴协定》（DEPA）高标准经贸规则，中国扩大高水平对外开放的决心不变，脚步不停。中国以自身新发展为世界提供新机遇，在全球化遭遇逆流、世界经济增长乏力之际，始终坚定奉行对外开放基本国策和互利共赢开放战略，对世界经济增长贡献率连续多年超过30%，为变革和动荡的世界增添了珍贵的确定性、稳定性和正能量。

（六）为应对全球性挑战和完善全球治理贡献中国智慧和力量

应对全球挑战，需要依靠全球治理。中国坚持践行真正的多边主义，坚定维护以联合国为核心的国际体系，遵守以联合国宪章宗旨和原则为基础的国际关系准则，秉持共商共建共享理念，以落实全球发展倡议、全球安全倡议、全球文明倡议为战略引领，推动国际社会共谋发展，共筑安全，共兴文明。

一年来，中国积极推动落实全球发展倡议，有力促进全球发展治理完善进步，同各方一道共谋全球可持续发展。全球发展倡议走过两周年，八大重点领域有序推进，200多个项目开花结果。70多国加入"全球发展倡议之友小组"，200多个合作项目落地生根，40亿美元的全球发展和南南合作基金投入运作，全球发展促进中心网络建设全面铺开。中国率先支持并积极促成非盟加入二十国集团，有力推动全球经济治理更加公正合理。针对气候变化影响加剧，中国发挥积极作用，推动联合国气变大会达成"阿联酋共识"，助力发展中国家提高能力建设。

一年来，中国积极推动全球安全倡议落地，有力维护世界和平稳定，为完善全球安全治理作出更大贡献。习近平主席与沙特、伊朗领导人深度沟通，促成沙特和伊朗跨越恩怨，相向而行。在中方大力支持下，三方达成《北京协议》，沙伊宣布恢复外交关系，进而在中东地区掀起"和解潮"。中方发布《关于政治解决乌克兰危机的中国立场》《关于阿富汗问题的中国立场》文件，坚定站在和平一边，正义一边。10月，巴以冲突再度升级，中国始终为实现和平奔走，作为安理会11月轮值主席国推动冲突爆发后首份决议，提交《中国关于解决巴以冲突的立场文件》，努力为政治解决创造条件。中方提出《全球人工智能治理倡议》，参加首届人工智能安全峰会，携手各方推动人工智能技术安全有序发展；以《全球数据安全倡议》为基础，倡导构建普惠繁荣、和平安全、平等包容的网络空间；大力倡导和平利用外空，支持尽快谈判达成外空军控法律文书。

一年来，全球文明倡议从理念转为实践。中希文明互鉴中心在雅典大学落成，"读懂中国"国际会议、良渚论坛成功举办，中华文明与不同文明交流互鉴，美美与共，不断书写世界文明多彩新篇。

（七）坚决捍卫国家主权、安全、发展利益

面对外部干涉挑衅，中国外交不畏强权，始终敢于斗争，善于斗争。针对个别国家背信弃义，加紧打"台湾牌"，中方采取坚决有力措施捍卫国家主权和领土完整，沉重打击外部势力干涉和"台独"分裂势力嚣张气焰。洪都拉斯同中国建立外交关系，中国建交国总数达到182个，一个中国格局在国际上更加巩固。中方坚决反制菲律宾在南海寻衅，在多边国际平台坚决回击个别国家假借涉疆、西藏、涉港问题挑动事端的行径，坚决挫败个别国家推动反华议案的图谋。

2023年里，更多中国老百姓走出国门，走向世界，中国外交始终有力维护海外中国公民和机构的安全。这一年里，中国政府先后从苏丹、巴以等国家和地区紧急撤离数千名中国公民，全力守护海外中国公民生命安全，再次打通了"万里归途"。中国外交部推出"中国领事"小程序，12308外交部全球领事保护与服务应急热线全年受理求助来电53万余通，处理各类案件8万多起，为海外同胞提供全天候、零时差服务。《中华人民共和国领事保护与协助条例》出台实施，领事保护工作进入法治化新阶段。

展望2024年，国际政治、全球安全、世界经济还将面临一系列不确定、不稳定因素，外部风险挑战仍巨。但是，人类发展进步的大方向不会改变，世界历史曲折前进的大逻辑不会改变，国际社会命运与共的大趋势不会改变。我国发展面临新的战略机遇。新征程上，中国特色大国外交将进入一个可以更有作为的新阶段。中国外交将紧紧围绕推动构建人类命运共同体这条主线，

将始终坚持自信自立、开放包容、公道正义、合作共赢的方针原则，坚定倡导平等有序的世界多极化和普惠包容的经济全球化，全面服务中国式现代化，不断开创中国特色大国外交新局面。

自2006年起，中国国际问题研究院每年均撰写《国际形势和中国外交蓝皮书》，对国际形势和中国外交进行深度分析和透彻解读。希望我们的思考对研究国际问题的学者有所助益，对关心中国外交的读者有所启迪，对希望了解中国与世界的国际人士提供一个中国视角。

本书是集体智慧的结晶。作者倾力笔耕，专家认真审稿。荣鹰副院长和刘卿副院长协助统审全书；国际战略研究所朱中博所长、张薇薇副所长、杨晨曦副所长、张坤助理研究员、郭梦迎助理研究员和金晨祎同志等负责组稿与编辑等工作，并为本书出版做了许多协调工作。在此，对他们表示感谢。世界知识出版社高效、严谨的编审工作，为本书增色不少。还要特别感谢广大读者多年来的鼓励与支持，欢迎大家一如既往地关注本书，并提出改进建议。

习近平外交思想研究中心秘书长

中国国际问题研究院党委书记、院长

陈　波

2023年12月于北京

目　录

下篇　2023年中国外交评析

上篇

2023年国际形势专题述评

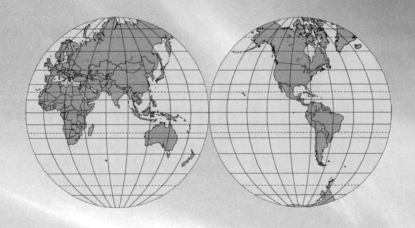

**International Situation
and China's Foreign Affairs**

第一章

美国形势：
内耗严重　外交吃紧

2023年，在分立国会和弱分裂政府格局下，拜登执政受到极大牵制，更难达成两党合作。美国在制定乌克兰危机、中东冲突、"印太战略"、对华竞争等方向上的长期战略也存在困难，且远远超出拜登任期。考虑美国政治的高度不确定性和外交"多线作战"的透支，2024年美国大选过程和结果有可能酝酿新的"黑天鹅"事件，影响世界各国对它们与美国关系的预期。

一、党内分化，内耗严重

拜登与民主党以谋求连任为目标，鼓吹"拜登经济学"政绩，继续打"民主牌"，试图整合党内激进派，巩固温和中间派。共和党党内分化加剧，陷入路线之争，各方不合作、不妥协的立场固化。两党着眼于2024年大选，揭开新一轮权力争夺和政治动荡的序幕。

（一）拜登政府调整经济战略

拜登利用"在任者优势"，在各种场合概述自己在创造就业机会、降低通胀、修复供应链、打击企业腐败、立法降低医药成本、削减水电费及促使美国能源更加独立等方面所取得的成就。但拜登政府也坦言，五十年来新自由主义经济政策给美国造成四大恶果，即产业基础被掏空、一体化的经济在地缘政治和安全竞争面前暴露脆弱性、气候变化危机加剧能源转型压力、经济不平等扩大威胁美国民主制度的稳定运行。[①] 这些问题并非一夕之间就能解决。为寻找应对之策，美国正在对经济、贸易和安全利益进行再平衡，转向从地缘政治与安全角度看待经济和贸易。

拜登用"拜登经济学""新华盛顿共识""现代美国产业战略"等一套理念、政策和行动把美国带回到"大政府""强监管"的时代，确立了国际经济政策的意识形态化。对内，重视政府干预，推行产业政策，对半导体、关键矿产、清洁能源、生物技术等关键技术和领域进行投资、扶持和补贴，打造美国经济的新基础。对外，协同盟伴，在关键领域开展合作，建立"强大、有韧性、领先的"技术工业基础；创新国际经济伙伴关系，使美国的贸易政策契合经济战略；投资新兴经济体，"帮助他国应对国际经济挑战"；以及用所谓"小院高墙"保护美国基础技术，确保新技术的开发"有利于美国的民主与安全"。新经济战略是一项以经济思想变革为包装的地缘政治战略，旨在通过"在岸生产""友岸外包""小院高墙""去风险"等做法，将重要产品的可及性锁定在对美国友好且可靠的国家和地区，减少美国对地缘政治对手的依赖性，其政策效果还有待观察。

---

① "Remarks by National Security Advisor Jake Sullivan on Renewing American Economic Leadership at the Brookings Institution," The White House, April 27, 2023, https://www.whitehouse.gov/briefing-room/speeches-remarks/2023/04/27/remarks-by-national-security-advisor-jake-sullivan-on-renewing-american-economic-leadership-at-the-brookings-institution/.

（二）民主党保持非选举年动态优势

民主党在2023年的多个非大选年竞选中取得关键胜利。在州长选举中，肯塔基州现任民主党州长安迪·贝希尔（Andy Beshear）以52.44%：47.56%的优势连任，这是在共和党以绝对优势掌握该州参议院（30：7）和众议院（80：20）的背景下实现的。在州议会选举中，民主党在弗吉尼亚州夺回众议院，保持对参议院的主导，并继续掌控新泽西州州议会两院。在州最高法院法官选举中，民主党人大力支持的自由派珍妮特·普罗塔西维奇（Janet Protasiewicz）胜选，赢得威斯康星州最高法院法官职位，使自由派力量主导了该法院；民主党人丹尼尔·麦卡弗里（Daniel McCaffery）赢得宾夕法尼亚州最高法院法官席位，将民主党的多数优势扩大到5：2。总体上，共和党主导州从2022年的22个增加为23个，民主党主导州为17个不变；共和党主导的州议会院数从2022年的57个降为56个；民主党主导的州议会院数从40个增加为41个，[①]延续了民主党在2022年中期选举时的顽强势头。

从选举议题看，民主党人主要是凭借把堕胎权作为宣传重点，获得超出预期的表现。在前述选举中，堕胎权议题对于民主党调动选民投票、把共和党对手塑造为极端派、说服中间选民等发挥了积极作用。2023年11月7日，俄亥俄州全民公投以56%赞成、44%反对的结果，通过了关于将堕胎权写入州宪法的宪法修正案。俄州成为自"罗诉韦德案"被推翻以来，全美第七个宣布保护堕胎权的州。堕胎权议题有可能再次奠定2024年大选格局的

---

① "Election Results, 2023," Ballotpedia, https://ballotpedia.org/Election_results,_2023.

轮廓，这为共和党敲响了警钟。[①]

民主党的选举不利因素也较突出。一是拜登支持率低迷。只有1/3的受访者认可拜登，2/3民主党选民希望看到除拜登之外的竞选人。62%的民主党人和76%的受访者表示担心拜登能否完成第二个任期。让拜登现在对决特朗普、德桑蒂斯、黑莉等共和党初选候选人的民调显示，其支持率都是落后的。[②] 二是选民基础分化。自民权运动以来，民主党总统候选人赢得黑人支持率未低过80%，黑人选民对共和党候选人的支持率未高于12%。希拉里2016年和拜登2020年分别赢得92%和97%的黑人选票。特朗普2016年和2020年分别赢得黑人选票的6%、8%。而在当前6个战场州，分别有71%、22%的黑人选民表示将投票支持拜登、特朗普，[③] 双方差距明显缩小。年轻人因学生贷款、住房问题及看待巴以冲突的价值观取向，对拜登的支持也有所缩水。三是民主党在战场州表现乏力。拜登在内华达、佐治亚、亚利桑那、密歇根和宾夕法尼亚5个州的支持率均落后特朗普4至11个百分点，仅在威斯康星州以2个百分点领先。[④] 四是小罗伯特·肯尼

① Tom Bonier, "American Elections Are Now About Abortion," *New York Times*, November 11, 2023, p. A21.

② Ariel Edwards-Levy and Jennifer Agiesta, "CNN Poll: Biden Faces Negative Job Ratings and Concerns about His Age as He Gears up for 2024," September 7, 2023, https://edition.cnn.com/2023/09/07/politics/cnn-poll-joe-biden-headwinds/index.html.

③ "Cross-Tabs: October 2023 Times/Siena Poll of the 2024 Battlegrounds," November 5, 2023, https://www.nytimes.com/interactive/2023/11/07/us/elections/times-siena-battlegrounds-registered-voters.html.

④ "Poll: Trump Leads Biden in 5 out of 6 Key Swing States," November 6, 2023, https://edition.cnn.com/videos/politics/2023/11/06/exp-enten-ny-times-poll-biden-age-11067aseg1-cnn-politics.

迪（Robert F. Kennedy Jr.）、左翼独立派科内尔·韦斯特（Cornel West）作为独立竞选人参选，可能分走部分民主党支持者。

（三）共和党陷入路线之争

共和党内部建制派与极端保守派、领导层与草根之间思想分裂，矛盾尖锐，陷入路线之争，这对美国政治至少产生三方面影响。

第一，国会频现"议长大战"。2023年1月7日，凯文·麦卡锡经过15轮投票，以216票赞同、211票反对的微弱优势，当选第118届国会众议院议长。麦卡锡作为建制派，既迎合极右翼以维持党内团结，又与民主党人谋求合作以维护众议院运行，但他无力驾驭建制派与极端保守派的矛盾，频频触碰党内外政敌的关切。在短暂的9个月任职后，于10月3日，经过众议院216票赞成、210票反对，成为美国历史上首个被投票罢免的众议长。10月25日，迈克·约翰逊以220票赞成、209票反对的票数，当选为第56任众议长。约翰逊相对年轻，未在常设委员会担任过领导职务，他是特朗普MAGA①阵营的极右翼保守派，强烈反对堕胎权，曾投票反对上届国会对2020年大选结果的认证。再早之前，前共和党众议员多数党领袖坎托（Eric Cantor，2014年）、前众议院议长博纳（John Boehner，2015年）及前众议院议长瑞安（Paul Ryan，2018年）等多人作为"新一代保守党"的领军人物都曾在党内路线之争中败北。若此态势延续，国会恐将开启新的"弱议长"时代。

第二，联邦政府发生债务违约、关门等危机的风险成为常

---

① MAGA，即 Make America Great Again，"让美国再次伟大"，为特朗普竞选口号。

态。在经济形势不确定、政治极化尖锐、两党都热衷于采取边缘策略的情况下，债务上限和政府关门问题越来越具有党派性。以往，此类纷争围绕福利开支（克林顿时期）、医改（奥巴马时期）或修建美墨边境墙的资金请求（特朗普时期）等重大财政政策问题展开，但2023年5月底债务违约危机和9月底关门危机两次预算难产，却没有明确的政策争议点。极右翼宁愿让联邦政府关门或撤换议长，也要一并推进削减开支、强化边境安全等极端保守的经济和社会政策，出发点不是寻求共识，而是守住分歧。党内路线之争及政治极化的生态成为此类危机频发的根源。

第三，特朗普在共和党初选候选人里遥遥领先，在民调、筹款和背书人等方面均如此。虽有28个州起诉特朗普，试图援引宪法第十四修正案的"叛乱禁令"，剥夺其作为总统候选人的资格，但在绝大多数州，案件被驳回。特朗普还面临4起刑事案件91项指控，但他借此指责拜登政府将国家司法权力政治化，支持率不降反增。从之前大选表现看，竞选人数越多，矛盾越尖锐，越有利于特朗普争夺民意。

相对而言，45岁的佛罗里达州州长德桑蒂斯表现平淡，与特朗普民调差距拉大，这可能是因为他抨击援助乌克兰、对堕胎权议题持极端保守立场、深度卷入文化战争等令部分共和党金主和选民感到不安。51岁的驻联合国前代表黑莉在三场共和党辩论中表现出色，筹款能力强，支持率稳增，成为德桑蒂斯最强劲的对手。9月7日美国有线电视新闻网（CNN）民调显示，在两人对决中，黑莉是唯一绝对领先拜登的共和党人，其支持率为49%，而拜登为43%（特朗普对拜登为47%：46%）。黑莉作为唯一的女性竞选人，质疑最高法院禁止堕胎权的裁决权力，反对极端的堕胎权限制，有意吸引独立选民、郊区女性和少数族裔。37岁的企业家拉马斯瓦米是火力十足的"反觉醒主义者"，内外政策最像特朗普，强调回归传统。61岁的新泽西州前州长克里斯蒂则将自己描绘为唯一愿意严厉打击特朗普的共和党人。

（四）联邦最高法院系列裁决影响深远

2023年联邦最高法院作出多项涉及选举操纵及行政越权的裁决，司法权调节的保守化倾向比2022年有所回缩。

6月8日，联邦最高法院以5∶4的票数否决了亚拉巴马州议会（共和党领导）绘制的国会地图，裁定该地图违反《投票权法》，歧视黑人选民，要求重新绘制。根据2020年人口普查，该州黑人人口占27%，共和党希望将黑人选民集中在一个选区中。9月26日，只包括一个黑人少数族裔区的国会地图被下级法院否决。该州共和党官员提出阻止下级法院裁决的紧急请求，联邦最高法院再次予以拒绝。在此项裁决中，首席大法官约翰·罗伯茨（John Roberts）和大法官布雷特·卡瓦诺（Brett Kavanaugh）加入法院三位自由派的行列，与最高法院权衡种族歧视与选区划分挑战的先例保持了一致。预计新的选区地图将有利于民主党在其核心选民中做政治动员。

6月27日，联邦最高法院对北卡罗来纳州共和党立法领导人提起的"摩尔诉哈珀案"（Moore v. Harper）作出裁决，以6∶3的票数否决了所谓"独立州立法机构理论"（美国宪法第一条第四款规定，"参议员和众议员选举的时间、地点和方式，由各州的立法机关规定"，挑战者据此认为，州法院无权否决立法机构绘制国会选区的权力）。裁决认为，美国宪法的选举条款"没有使州立法机构免受州司法审查的一般行使"，由此加强了法院系统对选举制度的权力，尤其是法院在解决选举争端中的作用。这有助于防止对2024年大选结果不满并控制州立法机构的政党或党派势力重演类似2020年大选结果被挑战的乱局。

6月29日，在学生平等录取联盟诉哈佛大学、北卡罗来纳大学两起案件中，美国联邦最高法院分别以6∶2和6∶3的票数裁定哈佛大学和北卡罗来纳大学的"平权行动"招生计划违宪。这次裁决推翻了2003年和1979年的两项判决，废除了美国高等教育招生录取过程中系统性考虑种族因素的做法，对少数族裔学生影响较大。民主党人予以谴责，共和党人表示赞赏。8月14日，拜登政府发布新的大学招生指导方针，仍希找到合法、可行的方法，确保校园招收和录取更加多样化，以此安抚少数族裔群体。

二、"多线作战"，外交吃紧

政治内斗导致美国政府注意力从国家和国际优先议题上被分散，难以按照战略需要去配置资源。在全球热点多点爆发、美国外交"多线作战"的背景下，美国在战略上顾此失彼的一面更加突出，陷入"打不赢一场战争，也谈不出一次和平"的尴尬境地。

（一）乌克兰危机引发美国国家安全战略新思考

虽然美国继续以乌克兰危机为抓手，强化跨大西洋安全联盟，但乌战事陷入"僵局"，[①] 美国决策者和公众对支持乌克兰的耐心下降。共和党内反对追加对乌军援的声音更加响亮。战略界着手设计乌危机长期化及其结束方案，大多提出对俄罗斯长期"遏制"，而非"在战场上制胜"的战略。决策者开始考虑公众对援乌支持度大幅下降的事实。民调显示，美国公众更重视的是乌方解放领土，不是削弱或打败俄罗斯；公众对乌战事的支持度和

---

① David E. Sanger, "Biden Faces Limits of Leverage in 2 Wars," *New York Times*, November 9, 2023, p.A8.

战事持续时间密切相关；愿意为支持乌克兰而承担能源涨价、通胀率上涨等代价的人明显减少。[①]

当巴以冲突、美国2024年大选等因素凸显时，美国人对乌支持进一步弱化，不得不正视在乌克兰"扶不起、放不下、打不赢"的现实。根据盖洛普10月4日至16日民调，41%的美国人认为，美国已给予乌克兰"太多支持"，而这一数字在6月时是29%。[②] 10月20日，拜登向国会提出一项应对全球多场危机的预算申请，总金额约为1060亿美元，其中对以色列援助金额为143亿美元，对乌援助金额为600多亿美元，其他还包括对美墨边境墙、对中国台湾地区的投入等。11月2日众议院表决后，援以内容获通过，援乌请求被搁置。美国自称能够"平衡兼顾"，"同时向两条阵线提供援助"，但客观现实是，美国全球战线拉得过长，只要存在一个优先事项，就会有其他被美国自己所忽视和损害的事项。

乌克兰危机长期化引发美国国家安全战略新思考，这些新思考主要有三种倾向。一是"优势派"（Primacists，主张保持对欧洲的安全承诺，帮助其打赢乌克兰战争，以图今后更好地"对付"中国。这需要欧洲支持美国，包括在使用武力上作更大贡献）。二是"优先派"（Prioritisers，认为应优先向东亚地区部署军事安全资源，减少对欧洲的承诺，这需要欧洲国家有序接管自身防务）。三是"克制派"（Restrainers，主张持续缩减对中东等

① Shibley Telhami, "Americans Show Signs of Impatience with Ukraine War," April 28, 2023, https://www.brookings.edu/blog/order-from-chaos/2023/04/28/americans-show-signs-of-impatience-with-ukraine-war/.

② Stephen M. Walt, "The World Won't Be the Same After the Israel-Hamas War," Foreign Policy, November 8, 2023, https://foreignpolicy.com/2023/11/08/israel-hamas-gaza-war-geopolitics/.

地区的投入，将地区热点问题分给盟友去管理，这需要欧洲为乌克兰收拾残局）。① 无论哪一种，都意味着美国现行对乌克兰政策不具可持续性，欧洲需要做好迎接"特朗普主义"外交迟早回归的准备。

（二）巴以冲突宣告美国中东政策失败

2023年10月巴以冲突升级，打乱了拜登政府对欧洲、亚太及中东等方向进行战略调整的计划。一方面，历史、地理、文化、国家利益等因素决定了美国以截然不同的态度对待以色列和乌克兰，美国对以色列的政治、外交和情报支持，紧急军火供应，向东地中海派遣航母和战舰及联合计划和战备等，达到前所未有的地步。② 另一方面，美国越是无条件支持以色列，越会使自己成为以色列下一步行动的"同谋"和"帮凶"，对美国外交造成严重后果。

一是美国主导的以阿和解进程中断。2023年以来，拜登基于重振联盟的设想，无视2002年"阿拉伯和平倡议"，绕过巴勒斯坦问题，推动美国、以色列、沙特阿拉伯缔结三方协议，试图用美国–沙特安全合作换取以色列–沙特关系正常化，这相当于用以阿和解彻底取代巴以和平进程。在巴方看来，如果以色列与沙特实现关系正常化，将意味着巴建国事业被彻底遗忘。巴以冲突升级直接打断了美国所主导的以阿和解进程，打击了美国外交政

---

① Majda Ruge, "Primary Concern: Trump, Ukraine, and the Republicans' Foreign Policy Divisions," August 21, 2023, https://ecfr.eu/article/primary-concern-trump-ukraine-and-the-republicans-foreign-policy-divisions/.

② "Newsroom: American Paradoxes and the War in the Middle East," Modern Diplomacy, November 7, 2023, https://moderndiplomacy.eu/2023/11/07/american-paradoxes-and-the-war-in-the-middle-east/.

策的有效性。

二是美国中东政策被以色列"锁死"。美对以色列的支持是不可变的，这不完全出于美安全利益需求，还有很多政治、经济、文化考虑。但在加沙冲突上，美以利益并不一致。美国的首要利益是保持冲突的局部化，避免自己被迫下场；以色列则拒不接受"人道主义暂停"，不顾及地面行动造成巴方大量平民死亡，且不断把周边国家因素卷进来。关于战后安全计划，美方明确反对以色列重新占领加沙，但以方打算"无限期保持（对加沙的）安全控制"。[①] 美国如此偏袒以色列却无法控制局势，凸显美国影响力的下降。

三是美国的国际信誉备受质疑。由于美国中东政策已无公正性可言，美方已经失去在中东问题上做有效调解人的能力。事实表明，所谓"基于规则的国际秩序"正在被以色列践踏，而美国多次投票否决和反对联合国安理会、联合国大会有关谴责针对巴以平民暴力、呼吁停火止战的决议，与联合国绝大多数国家背道而驰，进一步推远了"全球南方"。美国对巴以双方"建国权""自卫权""公民权"及"平民伤亡"等权利持双重标准，戳穿了所谓"价值观外交"的伪善。

（三）对华竞争暴露美国对外政策的内在矛盾

美国决策者确认中国是美国的"首要战略竞争者"，一味推行对华竞争，对华战略底色没有改变。但美国战略界、思想界、商界越来越多声音担忧"竞赢中国"作为目标是模糊的，作为愿

---

① Dov Lieber and David S. Cloud, "Pushes Back on Israel's Security Plan in Gaza After War," Wall Street Journal, November 7, 2023, https://www.wsj.com/world/middle-east/netanyahu-says-israel-will-control-gaza-security-indefinitely-5979ac93.

景是危险的，且没有回答一个关键问题，即对"竞赢中国"的资源投入是否在任何时候都优先于其他议题，如乌克兰危机、南部边境移民潮、中东热点等。归根结底是美国尚未准确衡量"中国威胁"的规模、程度和紧迫性。[①] 对华政策的不确定性进一步加剧了美国其他方向政策的不确定性。在自身精力有限的情况下，美国已不能在战略目标、手段、资源配置等方面轻易犯错，并且将难逃犯错的后果。

从美国国内看，对华竞争反噬美国利益。以美国对华贸易战、科技战为例，对华高科技出口管制、促进芯片制造回流等举措扭曲了全球产业链生态，不仅导致美国技术部门巨大亏损，还对相关链条上的其他环节造成损害，其他环节实际上难以割舍庞大的中国市场。长此以往，结果将是美国产品在全球市场份额的降低。这也是英特尔、英伟达、高通公司等芯片企业均大力游说美国政府，敦促其重新考虑相关政策的原因。[②] 从国际看，美国的产业政策抬高外交成本。欧盟、日本、韩国等的汽车业、半导体行业、绿色能源及技术受到美国相关政策的冲击，激化彼此竞争。然而，补贴竞赛会拖垮盟国自身竞争力不足的产业，相关国家承受压力大，进而影响美国安全联盟关系的稳定性，对美国战略安全有重大影响，美方协调联盟的成本明显上升。

2023年下半年以来，美国不得不适度抚平与盟国在对华政策

---

① Stephen M. Walt, "Here's How Scared of China You Should Be," *Foreign Policy*, August 7, 2023, https://foreignpolicy.com/2023/08/07/china-rise-geopolitics-great-power-scared/; Andrew J. Nathan, "What Exactly Is America's China Policy?" *Foreign Policy*, April 14, 2022, https://foreignpolicy.com/2022/04/14/us-china-biden-strategy-geopolitics/.

② Tripp Mickle, David McCabe and Ana Swanson, "Big Chip Makers Push Back on Biden's Limits on Sale of Semiconductors to China," *The New York Times*, October 8, 2023, p. A4.

上的温差，缓和对华姿态，这主要是因为中方始终坚持对美合作与斗争的两手，促使美方不得不思考与中国的正确相处之道。与此同时，美国外交全线紧绷，也有稳住对华关系的技术性和阶段性诉求。

（四）"印太战略"对美国的重要性上升，紧迫性趋缓

美国连续三届政府都寻求从中东、欧洲收缩军力，把军事和外交资源逐步向亚太倾斜，提升对台海、南海及亚太地区安全的关切。但战略重心东移的步伐先后因"阿拉伯之春"、乌克兰危机而出现变数。此次巴以冲突升级显著牵制美国战略重心东移的进程，中近期内美国对亚太地区可投入的军事、外交、经济资源有所减少，提名库尔特·坎贝尔担任副国务卿也很难缓解这个趋势。但从长远看，从主导地区秩序、介入盟友安全、塑造规则制度以及"竞赢中国"等目标出发，美国仍将把亚太视为攸关其未来的必争之地。"印太战略"仍将是美国展现对盟友"承诺"和自身领导力的平台，是美国战略重心东移的重要抓手。

在对外战略收缩、外交全线紧绷、能够给付资源减少的情况下，美国比以往更需要把联盟作为力量放大器。2023年以来，"印太战略"在争取盟友和合作伙伴方面有所进展，包括强化"四边机制"与东盟和北约的联结，深化美日韩军事合作，提速"印太经济框架"谈判，主办亚太经合组织非正式会议，不断筑牢"印太盟伴网络"。9月13日，国务卿布林肯在约翰·霍普金斯大学高级国际研究学院发表题为《新时代美国外交的实力与目标》的演讲，阐述了当前实现美国外交目标的四种方式，包括重振、深化和创设盟伴关系，以创新和双向互动的方式构筑跨议题、跨区域的盟伴关系网络，为应对新时期最棘手的共同挑战而组建新联

盟，以及强化在应对全球挑战方面至关重要的国际机构。[①] 这篇讲话的核心就在于重申联盟是美国外交"最重要的资产"，赋予联盟以新的生命力。

也要看到，美国在"印太战略"上的进与退受到美国国内政治、经济逻辑及外交和战略逻辑的双重影响，美国往往强调该战略的安全内涵和影响，在制造地区安全议题上一马当先，却忽视了该战略的经济基础和现实。11月，拜登政府原计划在旧金山亚太经合组织（APEC）领导人非正式会议之际宣布贸易问题（支柱一）谈判的实质进展，但这项预期落空。据悉，美方无法推动相关贸易谈判达成协议的主要原因在于，国内民主党反对任何不包含"可执行的劳动标准"的协议，大型科技公司在数字贸易问题上有不同意见，以及国会对拜登政府未与之保持密切磋商不满，等等。[②] 由于美国国内对外经贸合作驱动力不足，"印太战略"在经贸议程上始终存在短板，这一点和其他地缘政治热点问题之间的关联性较低。

三、结语

2023年是拜登政府在2024年大选之前最后的、相对宽松的施政年度，但由于国内政治极化和外交全线紧绷，他的政策议程

---

① "Secretary Antony J. Blinken Remarks to the Johns Hopkins School of Advanced International Studies (SAIS) 'The Power and Purpose of American Diplomacy in a New Era'," https://www.state.gov/secretary-antony-j-blinken-remarks-to-the-johns-hopkins-school-of-advanced-international-studies-sais-the-power-and-purpose-of-american-diplomacy-in-a-new-era/.

② Ana Swanson, "Biden's Pacific Trade Pact Suffers Setback After Criticism from Congress," *New York Times*, November 15, 2023, p.B3.

和行动空间已经锐减。2021年仓促撤出阿富汗、2022年乌克兰危机及2023年巴以冲突，这三场重大外交事件基本形塑了拜登的政治遗产。

根据相关民调，2024年大选有可能迎来特朗普与拜登的"二次对决"。若拜登实现连任，预计会继续推行以中下层劳工为中心的包容性增长政策，修复联盟关系，在对华竞争的同时"管理竞争"，对中国施加体系性压力。特朗普或其他共和党人若获胜，可能重燃国内"文化战争"，重演对联盟体系、国际合作的制度性进攻，打断与中方外交协商、人文交流进程，对华政策的风险性、突变性将增大。

可以预期，当美国在海外扩展霸权、有所斩获时，它将得以攫取垄断性利益，用于缓和国内矛盾；而当美国的海外实验和冒险遇阻时，它掌控和使用国际资源的能力将下降，将无助于安抚国内。拜登政府标榜要用外交打通国内与国际，它若做不到内外兼顾，则可能两头落空，这一危险已经显现。

（中国国际问题研究院美国研究所所长、副研究员　沈雅梅）

第二章

俄罗斯形势：
稳中有忧　以守待变

俄罗斯政局基本稳定，政府努力让战争与社会生活"脱钩"，民众对战争的感受度不强，普京支持率处于高位。妥处瓦格纳"兵变"，亡羊补牢加强安保和维稳措施。经济呈恢复性低速增长态势，居民可支配收入增加，但卢布大幅贬值、赤字增加、通胀加速。大幅调高国防和安全预算支出，经济发展的投入占比下降，准战时经济特点更明显。与西方继续激烈博弈，经济文化割裂加深，加快发展与非西方世界的全方位合作，多方向实现外交突围。

一、社会稳定，内有隐忧

俄政局稳定，普京支持率全年维持在80%上下。顺利举行了地方选举，社会生活平静，没有受到战争的明显影响。普京迅速妥善处置瓦格纳"兵变"事件，加强了国家对军事力量的领导。继续征兵，强化战略核威慑，继续谋求战场优势。

（一）战事僵持未动摇普京执政地位，社会对战争出现"免疫力"

目前，俄乌战事胶着，消耗战、拉锯战态势明显。在俄罗斯人强烈的安全至上理念和政府的舆论管控下，俄社会平静，普京的地位没有受到影响，对战争的支持率维持高位。据全俄社会舆情研究中心的数据，普京全年支持率在77%—81%。从社会层面看，尽管乌克兰频频对莫斯科等地进行无人机袭扰，但民众日常工作生活并未受到多大影响，对战争的感受度较低。西方品牌撤出，高档奢侈消费品短缺，但与普通人生活密切相关的商品丰富。冲突周年时进行的社会调查显示，68%的受访者支持继续特别军事行动，变化不大，俄民众普遍认为赢得战争胜利是唯一出路，否则国将不国。① 标注为"外国代理人"的俄列瓦达舆情分析中心的社会调查表明，民众对经济不满的比例不高，有意愿因经济诉求参加社会抗议的人没有明显变化，始终在17%—19%徘徊。② 制裁导致经济困难进而动摇民心的情况并未出现。

（二）迅速平息瓦格纳"兵变"，及时采取补救措施

2023年6月23日，瓦格纳雇佣兵集团领导人普里戈任宣布进行"正义的武装游行"，举兵挺进莫斯科。普京对事件反应迅速，将其定性为"武装叛乱"，强调在外有强敌情况下，"任何内部动荡对国家和民族来说都是致命的威胁"。"兵变"仅持续一日，普

① Специальная военная операция: годспустя, 20 февраля 2023 г., https://wciom.ru/analytical-reviews/analiticheskii-obzor/specialnaja-voennaja-operacija-god-spustja.

② Протестные настроения:сентябрь 2023 года, 5 октября 2023 г., https://www.levada.ru/2023/10/05/protestnye-nastroeniya-sentyabr-2023-goda/.

里戈任妥协并赴白俄罗斯。事后，普京及时撤回关于叛乱的定罪并会见瓦格纳集团高层，肯定其为国家作出的贡献。同时，国防部趁机迅速与大多数瓦格纳雇佣兵重签合同，软硬兼施顺利"收编"其主要力量。2023年8月23日，普里戈任等瓦格纳集团领导层不幸坠机身亡，瓦格纳领导层大换血，不安定因素彻底消除。"兵变"事件让俄当局警醒，立即采取补救措施，着手提高卫戍部队的平叛能力和领导人的安全保障水平。2023年7月，国家杜马迅速通过《国民卫队法》修正案，赋予国民卫队装备重型军备的权力，使其从处置骚乱和维护治安的角色，变成拥有平息成建制武装叛乱的能力的部队。同期，通过法律修正案，赋予内务部、联邦安全局、国民卫队等强力部门拦截所有类型的无人驾驶设备的权力，提升对关键地域的安保能力。妥处"兵变"事件让俄军既保留了一支拥有强大战力的部队，又实现了对国防力量的统一领导。

（三）地方选举如期举行

2023年9月10日前后，俄罗斯如期在"统一选举日"举行了地方行政长官和议会选举。其中，21个直选的州长均一轮通过，19名来自统一俄罗斯党，2名来自俄共。俄中选委主席帕姆菲洛娃表示，共有4500万选民参加了选举，平均投票率为43.5%，是2017年以来最高的一次。

（四）继续征兵和强军，力保战场优势和战略威慑力

一是继续征兵。2023年10月3日，国防部长绍伊古表示，自

年初以来共有33.5万人自愿签约和服役。① 秋季征兵从2023年10月开始至年底结束，俄兵员有保障。二是修法扩大兵源和提高军队待遇。年内多次修改兵役法，将征兵年龄上限从27岁提高至30岁，增加须服义务兵役的公民数量；扩大预备役范围，最大年龄上限从50岁提高至65岁。修改关于退伍军人待遇的法案，规定所有参战人员均享受老兵待遇，可免交财产税，复员后可获得工作，可通过参加"非统考"的入学考试上大学。三是扩大国防开支。2023年国防开支约为6.4万亿卢布，2024年拟增加70%，达到2021年的3倍多，其中"加强国防潜力""整合新并入地区"被列为优先事项，"目标只有一个，即在军事冲突中取得胜利"。②四是补无人机短板。针对战争中暴露的无人机短板，2023年6月，政府出台了《2030年前和2030—2035年俄联邦无人机发展战略》，拟在未来三年拨款3000亿卢布发展无人机系统。五是强化战略核威慑。2023年中，俄在白俄罗斯部署了短程战术核武器。2023年10月16日，北约举行"坚定正午"核威慑军事演习，次日俄国家杜马撤回对《全面禁止核试验条约》的批准，并针锋相对举行了陆海空战略核威慑力量演习。普京在瓦尔代俱乐部年会上透露，能覆盖全球的"海燕"核动力巡航导弹和重型洲际弹道导弹"萨尔马特"已完成测试，即将开始大规模生产并投入战斗值班。

---

① Шойгу: более 335 тыс. человек поступили на службу по контракту и добровольцами в 2023 году, 3 октября 2023 г., https://tass.ru/armiya-i-opk/18897919.

② В Минфине рассказали, сколько денег Россия потратит на оборону в 2024 году, 26 октября 2023 г., https://www.gazeta.ru/army/news/2023/10/26/21580867.shtml.

（五）武器流失隐患不小，对发展道路认识有分歧

随着战争的持续，武器流失增加，俄暴恐事件和意外爆炸事故增多。2023年4月2日，圣彼得堡一家咖啡店发生恐袭，导致一名知名自媒体军事博主死亡，多人受伤。秋季，俄多地发生造成重大伤亡的爆炸事故，如莫斯科州扎戈尔斯克光学机械厂、达吉斯坦共和国首府的加油站等。2023年9月6日，俄联邦安全局表示，在53个地区的打击非法武器行动中，共收缴757件各式武器、700发炮弹、7万余发子弹，捣毁84个地下武器制造窝点。[①]

据列瓦达舆情分析中心的数据，约62%的受访者认为俄正朝着正确的方向发展，但精英内部仍有分歧。全俄舆情分析中心总裁费德洛夫等认为，存在"四个俄罗斯"——战斗的、移民离开的、"首都的"和"偏远地区的"。[②]俄科学院院士、美国加拿大研究所所长加尔布佐夫撰文称，当前俄新闻媒体制造"狂热的假爱国氛围"和新神话，俄罗斯成为"帝国情结的人质"。[③]其因不当言论被免职。瓦格纳事件虽迅速平息，但显示执政集团内部有分歧，能征惯战的苏罗维金等将领也受到牵连。

---

① ФСБ России пресечена преступная деятельность по не законному сбыту и изготовлению оружия в подпольных местерских в 53 субъектах РФ, 6 сентября 2023 г., http://www.fsb.ru/fsb/press/message/single.htm%21id%3D10439806%40fsbMessage.html.

② Гендиректор ВЦИОМ Валерий Федоров в интервью РГ-о "четырех Россиях" и трендах 2023-го, 11 января 2023 г., https://rg.ru/2023/01/11/chetyre-rossii-ishchut-sebia.html.

③ Валерий Гарбузов: Для самопознания России необходимы знания, а не мифы, 29 августа 2023 г., https://www.ng.ru/ideas/2023-08-29/7_8812_illusions.html.

二、经济在困境中恢复性增长

俄经济逐渐回归增长轨道，主要经济部门较好地适应了制裁新环境，产业链供应链全面重建，进口替代加速填补西方企业离开的真空。2023年年中，俄主要经济部门产出恢复至危机前水平，但与西方经济割裂更深，国防开支挤占发展资金，经济发展速度恐难达到世界平均水平。

（一）经济恢复性增长，居民可支配收入增加

俄经济挺过了最困难时期，基本适应了西方制裁。总理米舒斯京表示，得益于内需增长和政府及时有效的政策，俄经济增长态势相当稳定。2023年前三季度，俄经济增长2.8%。对经济增长贡献最大的是制造业，增速达到7.1%，[①]国内旅游业发展迅速，盘活服务业，有偿服务增长4.2%。据俄联邦统计局的数据，2023年前三季度实际工资增长超过7%，居民实际可支配收入增长约4.8%，由此带动了消费增长，商品零售业增长约4.7%。[②]国际金融机构认可俄经济向好态势，国际货币基金组织（IMF）年内三次上调对俄经济增长预期，认为俄经济增速可达2.2%。

（二）外贸顺差大幅下降，卢布贬值，通胀回升

俄经济虽重回发展轨道，但仍处在应对危机阶段，面临诸多

---

① Путин заявил, что экономическая ситуация в России в целом развивается предсказуемо, 1 ноября 2023 г., https://tass.ru/ekonomika/ 19176395.

② Социальное экономическое положение России, https://rosstat.gov. ru/storage/mediabank/osn-09-2023.pdf.

困难。外贸盈余大幅减少。据俄央行预测，年底经常账户盈余预计为260亿美元，较2022年减少89%。主要原因是货物出口预计全年下降22%，顺差减少数倍。受顺差减少、出口中卢布结算扩大等影响，卢布汇率持续下跌，对美元汇率几度跌破100∶1关口，迫使政府不得不采取非常规手段干预汇市，如出台强制结汇法令，要求冶金、化工、林业、粮食、能源等行业大型出口商在国内市场出售外汇；出台"卢布汇率税"，当汇率低于80卢布兑1美元的时候，对部分出口商品征收临时出口关税，最高可达10%。虽然上述措施可减轻卢布贬值压力，但很难改变卢布贬值的大趋势。据俄经济发展部预测，2023年卢布与美元年均汇率为85.2∶1，2024年为90.1∶1。

通货膨胀重回高位，俄经济发展部预测年通胀率为7.5%。普京表示，通胀风险加大，抑制物价上涨的任务刻不容缓。政府的主要应对措施是加息和限制出口。2023年7月21日，俄央行将基准利率从7.5%上调至8.5%，后又多次上调，直至15%。针对成品油价格上涨，宣布对汽油和柴油出口实施临时限制措施，并约谈企业，严打走私行为。

（三）千方百计增收，确保财政稳定

2023年前三季度，俄财政收入为19.73万亿卢布，与2022年同期持平，支出21.43万亿卢布，增加9.7%，财政赤字1700亿卢布，而2022年同期盈余203亿卢布。财政收入中，油气收入5.57万亿卢布，同比下降34.5%，非油气收入14.16万亿卢布，同比增加26%。[①] 但俄不会出现西方所期待的财政危机，仍有平衡预算的工具。当前，解决财政问题主要手段有：一是发行国债，2023年发行1.4万亿卢布。俄国债水平低，占国内生产总值（GDP）的比重为16.7%，仍有较大的发债空间。二是出台临时性增收措施。为防止资本外流和西方企业撤出，2023年3月，俄通过法令，规定所有撤出俄的外资公司须将资产出售给俄企并自愿捐出10%的款项，2023年预计可从中额外获得1100亿卢布财政收入。2023年8月，出台关于对大型企业征收超额利润税的法令，对列入清单的企业一次性征收10%的超额利润税。另外，随着下半年油价回升，2023年9月乌拉尔原油均价升至83美元/桶，计划外的油气财政收入增多，经济发展部估计仅2023年10月的额外财政收入就超过5100亿卢布，财政的压力将明显缓解。

（四）大幅度调整未来三年财政预算，呈现准军事化趋势

2023年9月，俄经济发展部向国家杜马递交了2024年至2026年预算草案，国家杜马一读通过，新预算有明显的战时经济特征。国家杜马财税委员会主席马卡洛夫在审议草案时表示，预算回答了当前国家最主要的任务——加强国防、发展国防工业和经济。2024年预算总额为36.6万亿卢布，其中国防开支居首位，金额为10.77万亿卢布，占预算总支出的29.3%，2025年和2026年也将维持高位，占比分别为24.8%和20.8%。2024年社会政策支出占比21.1%，是2011年以来最低的。经济发展支出占比下降

---

① Предварительная оценка исполнения федерального бюджета за январь-сентябрь 2023 года, 6 октября 2023 г., https://minfin.gov.ru/ru/press-center/?id_4=38703-predvaritelnaya_otsenka_ispolneniya_federalnogo_byudzheta_za_yanvar-sentyabr_2023_goda.

更明显，金额为3.89万亿卢布，占比10.7%，是2007年以来的最低水平。社会安全与执法支出占比9.2%，较2021年增加了1万亿卢布。① 此外，经济发展支出也是围绕突破西方制裁的交通、军工相关产业，包括无人机发展专项、无线电、飞机和船舶制造等。

俄经济韧性强并出现恢复性增长，但不意味着进入发展轨道。凭借资源禀赋，应对急难有余，但发展动能不足。一是与西方撕裂的经济关系难以恢复，外部发展环境长期不佳。二是为摆脱西方束缚，俄加快本币结算步伐，卢布在俄出口结算中占比逾50%，而进口仍以支付"不友好国家"货币为主，卢布贬值压力将越来越大。三是国防和维稳安全支出长期挤占发展资金，军工相关行业受重视，经济准战时特点突出。四是劳动力短缺。低失业率背后是劳动力严重不足，这日益成为经济发展的障碍。普京专门召开劳动力市场国务会议，要求政府制订有针对性的培训计划，提高劳动力素质。专家建议，应考虑吸引朝鲜劳工，在部分行业恢复向朝鲜发放劳务配额。

三、与西方激烈博弈，在非西方世界突破

俄外交环境没有发生明显变化。俄与西方激烈博弈，对"不友好国家"以牙还牙。在非西方世界扩大合作空间，突破围堵，对友好国家投桃报李。

---

① Госдума в первом чтении одобрила проект бюджета России на 2024 год, 26 октября 2023 г., https://www.rbc.ru/economics/26/10/2023/653a5b f69a7947206b6711fe.

（一）与西方继续激烈博弈，以守待变

2023年3月，俄发布新版《俄罗斯联邦外交政策构想》，称西方"发动了对俄罗斯的一场新型混合战争"，俄将以牙还牙，"针对西方的不友好举动，准备通过一切可用手段捍卫自身的生存权和自由发展权"。①

一是继续围绕乌克兰战事展开军事安全博弈，俄以守待变。俄非常清楚，战事的烈度和时间长短取决于美国的态度，而目前美国和西方根本不想让战争停下来。西方不断提升援乌武器的质量，包括贫铀弹、集束炸弹、F16战斗机等新武器装备。核武作为唯一与西方处于均势的领域，是让美国忌惮并避免将俄逼入死角的战略工具。俄学界对降低使用核武器门槛的讨论增多，媒体不断抛出核武的话题。俄外交与国防政策委员会名誉主席卡拉甘诺夫撰文称，可以通过使用核武器将人类从一场全球灾难中拯救出来，旨在警告美西方勿越"红线"。俄坚信，俄擅长打持久战，可通过巩固防线，消耗乌军有生力量，获得最后的军事胜利；西方并非铁板一块，美即将举行总统大选，欧洲内部对援乌分歧增多，以守待变可获得地缘博弈的胜利。

二是经济缠斗同时进行有效反击。西方继续推进与俄经济"脱钩"，部分国家已完全摆脱对俄能源依赖。尽管损失巨大，西方企业仍陆续撤离。明知制裁效果有限，欧盟还是发起对俄第11轮制裁。面对西方的经济"围剿"，俄进行了有效反击。其一，与沙特联手推动"限产保价"，使全球油价一路上升，2023年9月，乌拉尔原油均价超过84美元/桶，轻松破掉西方设定的60美

---

① Концепцию внешней политики Российской Федерации, 31 марта 2023 г., http://www.kremlin.ru/events/president/news/70811.

元/桶上限。其二，构建独立的能源运输保险服务系统，2023年3月，美财政部称75％的俄海运原油出口不再依赖西方的保险和航运服务。其三，拒绝延期黑海粮食运输协议，诱发欧洲内讧。乌粮食出口受限，欧盟决定放宽对乌小麦等进口限制，遭到波兰、匈牙利等中东欧国家抵制，其出台单方面限制乌克兰农产品进口的措施，波兰与乌克兰为此发生"口水战"，波兰总统杜达将乌克兰比喻成溺水者，抓住一切可以抓住的东西不放。西欧国家则批评波兰等国的举动"不符合欧盟法律，不利于欧洲团结"。在"一带一路"峰会期间，普京总统与匈牙利总理欧尔班等举行会晤，引起不少欧洲国家对欧尔班的不满。

三是精神层面脱离西方文明。俄对自我身份进行了重新定位，原本根深蒂固的"欧洲中心论"悄然变化。普京在瓦尔代俱乐部年会上强调，俄欧在文化和教育领域曾有数百年的联系，但西方正在摧毁这一文化历史渊源。新版外交政策构想明确称，"俄罗斯是一个独特的国家文明"，不再是欧洲文明的一部分。尽管独立独特的"俄罗斯国家文明"思想更多是在高层精英中传播，能否以及何时传递到下层尚不清楚，但若形成则会影响深远。

四是在联合国等多边舞台继续承受较大外交压力。乌克兰危机周年时，美等成功推动联大通过决议，要求俄从乌克兰撤军。2023年3月海牙国际刑事法院对普京发出的"逮捕令"，虽实操层面是"一张废纸"，但却比联大的决议更能给俄罗斯制造麻烦。为避免不必要麻烦，在金砖国家大扩员这样的重大时刻，普京以线上方式参会，一定程度影响了俄元首外交的效果。

（二）在欧亚空间的外交总体吃紧

在欧亚空间，俄影响力呈现由东向西递减的态势。与西部关系愈发紧张，与中亚国家的合作相对平稳。

对乌特别军事行动呈僵持状态。俄方通过强攻艰难拿下巴赫穆特（俄称"阿尔乔莫夫斯克"），乌军随后发起反攻，但收效不大。双方都攻不动的态势明显，但俄乌都相信自己将是最后的胜利者，仗并未"打透"。西方虽在援乌问题上分歧增多，和谈之声不时出现，但仍未见和平曙光。战争的烈度会降低，但乌克兰反俄仇俄的民意会更强烈。

与传统盟友亚美尼亚的关系骤然紧张。纳戈尔诺-卡拉巴赫（简称"纳卡"）冲突失利后，亚美尼亚于2023年5月宣布承认纳卡地区归属阿塞拜疆。2023年9月，阿塞拜疆对纳卡地区发起最后攻势，彻底控制了该地区。亚美尼亚将失利归咎于俄未尽到盟友义务，称在安全领域过分依赖俄是战略性错误。亚美尼亚拒绝参加集安组织军演和独联体国家元首峰会，却与美国举行军演，批准加入《国际刑事法院罗马规约》。俄对亚美尼亚举动非常不满，认为帕希尼扬政府正走在反俄的道路上。曾经的铁杆盟友"反目"，俄面临失去高加索支点的风险。

尽管域外势力扩大与中亚国家的合作，欧盟、美国、德国等与中亚举行了"C5+1"峰会，但中亚各国深知与俄保持友好关系的重要性，多元平衡外交政策未有根本性变化。哈萨克斯坦总统托卡耶夫在访德时表示，哈将遵守对俄制裁的规定，不参与俄的"平行进口"，但"哈萨克斯坦并不'反俄'，两国有着世界上最长的边界，我们坚定保持与俄罗斯的全面合作"。①俄对中亚外交有所斩获。一是俄罗斯、哈萨克斯坦、乌兹别克斯坦三国天然气合作正式启动，乌经哈自俄进口天然气，"天然气联盟"走向"无名有实"阶段。二是在普京访问吉尔吉斯斯坦前夕，吉方批准了

---

① 《总统：哈萨克斯坦并不"反俄"，制裁性对抗适得其反》，哈通社，2023年9月29日，https://cn.inform.kz/news/weiduideqi-368611/。

2022年签署的《俄吉建立联合区域防控系统协议》，俄在中亚的军事存在得到加强。集安组织框架下的"牢不可破的兄弟情"军演在吉恢复举行。三是独联体元首峰会通过了《独联体国家元首关于支持和推动俄语作为国家间交流语言的声明》，资助吉尔吉斯斯坦建设俄语学校，捍卫了俄语在独联体国家的地位，阻滞了"去俄化"进程。

（三）积极拓展与亚非等地区的合作，突破西方外交封锁

在西方围追堵截背景下，俄积极发展与非西方世界的关系，对友好国家投桃报李，努力扩大"朋友圈"。普京在瓦尔代俱乐部年会上强调，俄正在脱离日渐衰落的欧洲市场，增加在世界其他地区的存在。针对友好国家，俄推出临时出口关税优惠政策，特许31个友好国家的银行和经纪商在俄外汇市场及衍生品市场进行交易。交通物流领域，俄将发展北方海航道和南北国际运输走廊列为未来十年的重点任务，加强与非西方国家的联通性。结算体系上，俄加快推动"去西方化"，现与欧亚经济联盟国家90%的贸易以卢布结算，与中国的本币结算比例达到80%，2022年初仅为25%。[①]

除继续加强与中国、印度、中东的传统关系外，俄对非洲和朝鲜的外交最引人关注。2023年7月，第二届俄非峰会在圣彼得堡举行，49个非洲国家的代表团与会，普京表示支持非洲在国际舞台发挥更大的作用。为减轻暂停黑海粮食运输协议对非洲的影响，普京承诺向非洲6国提供免费粮食援助，并将西方扣留的化

---

① МИД РФ: доля расчетов в нацвалютах между Россией и Китаем превышает 80%, 9 сентября 2023 г., https://www.kommersant.ru/doc/6209472.

肥赠送给非洲国家。2023年9月，俄宣布启动落实向有需要国家供应100万吨粮食倡议，与有关国家合作，将俄粮食加工成面粉运往有需求国家。俄朝关系不断升温，两国高层互动更加频繁。2023年7月，俄国防部长绍伊古访朝，讨论军事合作并带去普京的亲笔信；2023年9月中旬，朝鲜领导人金正恩应邀访俄并与普京总统举行会晤，强化两国军事、经济合作；2023年10月，俄外交部长拉夫罗夫访朝，为2024年普京访朝做准备。西方媒体称，朝向俄提供大量常规武器和弹药，俄向朝提供卫星、导弹和飞机技术。俄朝军事合作将对东北亚安全格局产生明显影响。

四、结语

乌克兰危机持续近两年，已演变成消耗战、拉锯战，对俄社会和政局稳定是一场考验。但总体看，俄政局稳定，民众生活受战争影响不大，取胜是唯一出路成为俄社会的普遍共识。军事上，采取以守待变策略，做好长期战准备。经济喜忧参半，出现恢复性增长，但与西方经济割裂的延迟效应和战争消耗的负面影响正在显现，准战时经济状态将持续较长时期，经济增速很难达到世界平均水平。俄与西方博弈是长期的，不可妥协的。尽管西方不会放松对俄外交挤压，但大多数国家不愿被胁迫，在对俄政策上表现出越来越强的独立性，俄外交环境有望逐渐好转。俄在欧亚空间影响力下降是大趋势，其在南高加索地区面临更多困难，在中亚地区仍可勉力维持传统影响力。

（中国国际问题研究院欧亚研究所所长、研究员　李自国）

第三章

欧洲形势：
危机延宕　挑战上升

2023年，乌克兰危机持续延宕，欧洲面临的安全、政治与经济挑战呈不断上升之势。欧俄持续对抗，北约实现重要扩员，欧洲周边安全风险持续上升。欧洲应对安全危机意愿和能力之间的差距进一步凸显。与此同时，欧洲内部立场持续分化，质疑对俄制裁政策声音增多，军援乌克兰的政策在一些国家遭到挑战。巴以冲突不仅使其南部周边安全承压，还凸显欧洲国家在对外政策方面的立场差异，加剧欧盟内部的权能之争。欧洲政党格局持续分化，一些国家右翼力量持续上升，议会选举对斯洛伐克等国对外政策产生突出影响，英、德执政党在地方议会选举中遭遇惨败，恐影响未来执政格局。欧洲能源、通胀问题得到缓解，难民及一些重要社会问题依旧存在，经济复苏乏力，欧盟对外经贸政策政治化、安全化色彩持续加强。

一、欧洲传统安全困境难解

2023年，欧洲安全形势依然不容乐观。乌克兰危机持续延宕，解决前景渺茫。欧盟及多数成员坚持"援乌制俄"政策，北约实现重要扩员，欧俄对抗持续。与此同时，南部周边安全风险因巴以冲突显著上升，欧洲应对安全危机意愿及能力差距再次凸显。

（一）欧坚持援乌，与俄对抗持续

乌克兰危机爆发后，欧俄关系遭受严重冲击并陷入对立。欧盟及大多数成员国对俄罗斯采取了政治反对、外交孤立、经济制裁、"能源脱钩"等一系列前所未有的对抗立场和措施，俄罗斯也针锋相对地进行了反制。欧洲深受危机及欧俄对抗困扰，不仅成为地区冲突爆发点，还因此面临更多政治、外交与经济挑战。

2023年，乌克兰危机持续延宕，战场形势一再陷入僵持，短期内无解。因此，乌克兰危机仍是欧盟对外政策的绝对优先事项。欧盟致力于支持乌克兰维持战线乃至发动反攻，争取在有利于乌克兰及欧盟的形势下结束冲突。为此，欧盟及多数成员国仍然坚持"援乌制俄"政策，欧俄关系的对抗性未有减弱。

据统计，截至2023年9月，欧盟及其成员国已经批准的对乌援助金额达到826亿欧元。[1] 欧盟还计划修改财政预算，在2024—2027年为乌克兰提供总额500亿欧元的财政援助，德国则计划在同时段提供105亿欧元军事援助，丹麦、瑞典、立陶宛等国也有类似多年期援助计划。如果这些计划得到批准，欧盟及其成员对乌援助总额将超过1300亿欧元，接近美国援乌总额（695亿欧元）的两倍，而德国将超越英国成为对乌提供军援最多的欧洲国家，其军援总额将仅次于美国。[2] 欧洲还不断提升对乌武器装备援助

---

① European Commission, "EU Assistance to Ukraine," https://eu-solidarity-ukraine.ec.europa.eu/eu-assistance-ukraine_en.

② Kiel Institute for the World Economy, "Ukraine Support Tracker," September 7, 2023, https://www.ifw-kiel.de/topics/war-against-ukraine/ukraine-support-tracker/?cookieLevel=not-set.

水平，开始提供主战坦克乃至战斗机。制裁方面，截至2023年11月，欧盟已经对俄罗斯发起11轮制裁，并在酝酿第12轮制裁，除加强对俄外交、金融、进出口限制外，还向慑止第三方助其规避制裁方向倾斜。

（二）北约实现重要扩员，欧洲安全风险加剧

乌克兰危机严重冲击欧洲安全格局，导致欧洲对美国的安全依赖上升并重新激活北约。危机爆发后，部分中东欧国家大大强化了与美国及北约的安全联系，其中波兰尤为积极。2023年，波兰继续大幅提升军事开支并斥巨资向美购买火箭炮、导弹等武器装备。美国陆军则在波设立首个常驻基地，为在波美军提供持续支持。

北约亦在2023年实现重大扩张。芬兰、瑞典民意因危机而发生重大转变，推动两国政府放弃传统中立政策，不顾俄方反对寻求加入北约。两国入约进程曾因土耳其及匈牙利的反对出现波折，其中土方在两国对库尔德工人党政策及对土武器装备出口限制等问题上的不满是主要因素。但是，土、芬双方迅速达成妥协，土耳其首先对芬兰开了"绿灯"。2023年4月4日，芬兰正式成为北约第31个成员国，北约与俄边界长度由此翻倍。瑞典亦持续推进入约进程，到2023年10月已取得土政府支持。一旦瑞典加入北约，波罗的海将成"北约内湖"。在美国和北约对俄安全威胁上升背景下，俄罗斯为对此表达不满，与白俄罗斯签署协议并在白部署战术核武器以示回应。这是苏联解体以来俄首次在境外部署核武。同时，俄退出《欧洲常规武装力量条约》，撤销了对《全面禁止核试验条约》的批准。欧洲核扩散甚至爆发核冲突风险上升。

（三）周边冲突频发

乌克兰危机引发大国对抗并冲击欧亚安全格局。西巴尔干、南高加索乃至中东地区原有矛盾和冲突再次浮出水面，致使欧洲周边安全风险持续上升。欧盟及法德等主要国家虽有心介入，但要么迟迟未有积极结果，要么无力影响局势走向，地缘政治分量及安全能力不足的窘境再次凸显。

2023年，欧盟两次推动塞尔维亚和科索沃就法、德起草的"关系正常化协议"达成"口头一致"。然而，塞科局势很快就因塞国内形势及科北部城市地方选举问题再次升温，塞一度宣布武装力量进入最高战备状态并向塞科行政边界线移动，科索沃塞族抗议者则与北约部队发生冲突。[①] 此后欧盟施压科索沃重新举行地方选举，多次斡旋塞科双方展开高级别对话，但未打破僵局。

2023年9月，阿塞拜疆以反恐为名对纳卡发动军事进攻，交战仅一天便与该地区领导人达成停火协议，单方面宣布恢复对这片在其与亚美尼亚间争议达数十年之久地区的主权。冲突导致近十万亚美尼亚人逃离。阿、亚都是欧盟"东部伙伴关系"成员。乌克兰危机爆发后，欧盟加强了与阿能源联系，而数十万亚美尼亚人生活在法国，呼吁欧方调解的声音有所加强。但在此轮冲突中，欧盟几无作为，事后斡旋阿、亚领导人会谈的计划最后也因阿方拒绝参与而落空，法国计划向亚方提供军事和人道援助，但已无法改变事态。

2023年10月突然爆发的巴以冲突加剧欧洲周边安全风险，

---

① 杨博文：《塞尔维亚与科索沃局势紧张，西方被疑是幕后"影舞者"》，中国网，2023年5月29日，http://www.china.com.cn/opinion2020/2023-05/29/content_85803874.shtml。

更暴露出欧洲应对周边安全危机的能力缺陷。欧洲东部周边的传统安全风险因乌克兰危机急剧上升，巴以冲突又将加剧欧洲南部周边安全问题。一旦冲突扩大，欧洲面临的难民、恐怖袭击等风险将显著上升。此外，冲突还加剧了欧盟内部的分歧，致其无法形成牢固共识。法国总统马克龙试图扮演调解角色，在巴以之间发起穿梭外交但成效不彰。

二、欧盟团结危机再现

欧盟及大多数成员国坚持"援乌制俄"政策，但内部质疑对俄制裁效果，反思欧俄关系的声音有所增多。军援乌克兰的政策则在波兰和斯洛伐克遭到挑战，美国对乌援助态度不确定性上升也引发欧洲担忧。巴以冲突不仅凸显欧盟国家在对外政策方面的立场差异，还加剧了欧盟内部的权能之争。

（一）质疑对俄制裁的声音增多

随着冲突延续以及对俄制裁不断升级，欧盟成员国之间原有差异进一步拉大，突出地表现为质疑"制俄"政策、反思欧俄关系现状及危机解决方式的声音有所增多。例如，克罗地亚总统米拉诺维奇质疑制裁的实际效果，称其"愚蠢且只能让战争接连不断"；奥地利外长沙伦贝格则质疑对俄"脱钩"的现实性，称俄仍是欧最大邻国，俄文化仍是欧洲文化的一部分，"脱钩"只是"幻想"。[①]另一些人则呼吁重新与俄接触。荷兰首相吕特称，若

---

① "Austrian Minister Says Russia Will Remain Important for Europe," Reuters, March 22, 2023, https://www.reuters.com/world/europe/austrian-minister-says-russia-will-remain-important-europe-2023-03-22/.

要在乌实现和平，就必须重建对俄关系；一贯质疑欧盟对俄政策的匈牙利总理欧尔班则说，没有俄方参与的欧洲安全架构无法保障欧洲民众安全；德国总理朔尔茨也一再表示要适时与俄罗斯总统普京通话。[①] 这种状况在一定程度上增加了欧盟统一成员国立场的难度。

（二）军援乌克兰的政策遭到挑战

乌克兰危机爆发以来，中东欧国家是军援乌克兰的坚定倡导者和贯彻者。其中波兰表现积极，对乌提供了坦克、装甲车、战机等大量武器装备。然而，由于对乌军援对其本国军备情况产生不利影响，再加上两国围绕乌克兰谷物进口问题的争端加剧，波兰态度出现微妙变化。波总理莫拉维茨基一度说要"停止对乌军援，转而加强自身的现代化武装"。[②] 另一个中东欧国家斯洛伐克的军援政策也因选举而产生巨变。赢得选举的方向党领导人菲佐上台后随即宣布停止对乌军援。[③] 最后，鉴于欧洲大多数国家对乌军事援助的意愿、种类及水平受到美国政策的极大影响甚至限制，美国因为国内政治变化而在对乌援助态度上的不确定性上升也会带来挑战。

---

① "Germany's Scholz Says He'll Speak to Putin 'in Due Course'," Politico, May 26, 2023, https://www.politico.eu/article/germany-olaf-scholz-vladimir-putin/.

② "Poland Says It Will Stop Sending Weapons to Ukraine," Euronews, September 21, 2023, https://www.euronews.com/my-europe/2023/09/21/poland-says-it-will-stop-sending-weapons-to-ukraine.

③ "Slovakia Announces Halt of Military Aid to Ukraine," Euractiv, October 26, 2023, https://www.euractiv.com/section/europe-s-east/news/slovakia-announces-halt-of-military-aid-to-ukraine/.

（三）巴以冲突凸显成员国立场差异

欧盟国家在中东问题上的立场历来存在差异，传统上可以分为"挺以"和"亲巴"两派。此轮巴以冲突爆发后，欧盟国家的立场差异很快就鲜明地展现在世人面前。德、奥、匈等国坚决支持以色列。由于屠杀犹太人的历史，支持以色列已经成为德国的"政治正确"。朔尔茨向以色列总理内塔尼亚胡保证，德国"坚定地站在以色列一边"，他也是冲突爆发后最早访问以色列表达支持的外国领导人之一。爱尔兰、西班牙等国则支持巴勒斯坦。爱总理瓦拉德卡说，以色列有权自卫，但"无权做错事"，更批评其对加沙的轰炸是对巴人民的"集体惩罚"。爱尔兰还和西班牙一道，在欧盟层面致力于推动人道主义停火。法国总统马克龙则试图采取较为平衡的立场并居中斡旋。他先后访问以、巴，成为冲突后访问巴勒斯坦的首位西方领导人。他声援了以色列，同时强调以方也要遵守国际法，而巴勒斯坦领土不得到承认就没有持久和平。

（四）欧盟机构争夺权能立场反复

巴以冲突还加剧了欧盟内部的权能争夺，其突出表现是欧盟委员会（简称"欧委会"）不断试图在对外政策领域内扩权，从而招致了理事会主席米歇尔、外交与安全政策高级代表博雷利和部分成员国不满。冲突爆发后，欧委会主席冯德莱恩在成员国尚未形成共同立场的情况下匆匆访问以色列，单方面表达了完全倾向于以色列的态度。米歇尔则召集成员国举行紧急会议并发布了相对平衡的联合声明，更有超过800名欧盟职员联名批评冯德莱恩"无条件支持以色列"的立场。此外，因为内部分歧严重，欧委会在对巴勒斯坦经济援助问题上的立场短时间内出现反复，招致多方批评。[①]

三、欧洲政党格局持续分化

2023年，欧洲多国举行了议会大选。芬兰、希腊等国延续了近年来欧洲政党力量右倾的大趋势，右翼政党上台执政或得到加强。斯洛伐克和波兰右翼力量有所削弱，选举结果潜在影响引发广泛关注。英国和德国执政党皆在地方议会选举中遭遇惨败，恐影响未来大选形势及执政格局。

（一）芬兰、希腊等国右翼力量加强

一些国家右翼力量上台执政，例如芬兰中右翼的民族联合党击败执政的社会民主党成为议会第一大党，并与极右翼的芬兰人党等党派组建联合政府。一些国家右翼力量有所巩固，例如爱沙尼亚中右翼改革党通过选举巩固了执政地位，希腊右翼新民主党在第二轮选举中取胜并获得单独组阁权力，西班牙右翼人民党成为议会第一大党。

（二）斯洛伐克、波兰执政格局变化

斯洛伐克左翼前总理菲佐领导的方向党取得选举胜利，联合左翼的民声党和右翼的民族党组建了联合政府并引人注目地逆转了前政府军援乌克兰的政策。波兰右翼执政党法律与公正党（简称"法公党"）在选举中保持了议会第一大党的地位，但失去了单独组阁的资格。尽管总统杜达任命莫拉维茨基为候任总理并组

---

① 田芯芯:《巴以冲突让欧洲后院起火》，中国现代国际关系研究院，2023年11月24日。

建内阁，法公党想要组建联合政府仍面临巨大挑战。由于最终是法公党组阁成功，还是反对党形成执政联盟，或对波兰未来发展方向、波兰与欧盟及乌克兰关系产生重要影响，此次选举也被认为是波兰三十年来最重要的一场选举。

（三）英、德执政党地方议会选举受挫

2023年5月，英国举行了英格兰地方议会选举。执政的保守党遭遇惨败，损失地方议会议席超过1000个，主要反对党工党则增加地方议会议席超过500个。由于英国将于2024年举行议会大选，此次选举就成为大选前了解民意走向的重要机会。此外，保守党在数个调查公司发起的民调中也持续落后于工党，幅度一度超过20个百分点。这些结果表明，尽管苏纳克政府上台后推出了一系列致力于改善经济民生的措施，保守党民意基础还是因为去年以来的一系列政治丑闻和经济问题而严重动摇，能否在2024年大选中保住其延续了十三年的执政地位成为巨大问号。

德国执政三党同样因为应对危机、经济、难民等问题不力，在地方议会选举遭遇重大挑战。2023年2月，柏林举行议会选举，反对党基民盟获得28.2%的最高得票率，执政党社民党遭遇战后最大失利，仅获得18.4%的选票，自民党则因未达到门槛而丧失进入议会的资格。基民盟领导人成为柏林市长。在10月举行的关键州黑森和巴伐利亚议会选举中，执政三党亦惨遭失利，得票率均有所下降。相比之下，极右翼的选择党势力则有所扩大，不仅在两州选举中的得票率皆有所上升，此前还首次在图林根州松讷贝格地方行政长官选举中获胜。德国有民调显示，选择党超越总理朔尔茨所属的社民党，成为德国支持率第二高的政党，仅次于最大在野党联盟党。此外，德国著名左翼党议员萨赫拉·瓦根克内希特宣布建立新党，有意参与2024年德国地区选举和欧洲议会

选举。德国政党格局更加分裂和碎片化。

四、经济复苏乏力，社会分裂加剧

2023年，欧洲的能源危机显著缓解，通货膨胀率也持续下降，由乌克兰危机所引发的经济震荡得到控制。尽管如此，能源及通胀方面的挑战依然存在，欧元区经济增长形势低于预期。欧洲生活、生产成本上升及难民政策引发的问题依旧严峻，一些国家内部的分化因巴以冲突加剧。欧盟对外经贸政策政治化、安全化及保护主义色彩持续加强。

（一）能源危机缓解，挑战犹存

由于欧盟对俄能源尤其是天然气和石油依赖度较高，欧俄能源制裁交锋对欧洲造成巨大冲击，导致其能源价格在2022年飙涨并推动通货膨胀率屡创新高。为应对能源危机，欧盟采取了大力推进能源进口来源多样化、加速发展替代能源、提升天然气储量、削减用量等一系列手段。在这些措施及暖冬影响下，欧洲能源市场、价格和消费者压力从2022年底开始缓解。到2023年6月，欧盟天然气价格已从2022年8月的峰值大幅下降85%，同期电价降幅达到77%，到10月，欧盟天然气储备量已达到98%以上。欧盟也已基本摆脱对俄能源依赖，其中煤炭进口已逐步停止，石油进口量减少90%，天然气进口量预计能够减少70%，美国和挪威则取代俄罗斯成为欧盟进口石油和液化天然气的主要供应方。对欧盟来说，能源危机最严峻的时刻已经过去。[①] 不过，也有分析提醒，欧洲能源危机并未结束，天然气价格依然远高于危机之前且仍存在短缺风险，可能存在的寒冬及第三方需求上升都将带来挑战。[②]

（二）通胀放缓，但经济增长仍陷停滞

受能源价格下降、食品和工业品通胀压力减缓影响，2023年欧盟通胀持续放缓。欧盟统计局数据显示，欧元区通胀率在5月降至6.1%，10月进一步降至2.9%，为两年多以来的最低水平。[③] 乌克兰危机爆发以来持续高通胀的状况得到缓解。尽管如此，欧元区核心通胀率和物价仍然相对较高，导致内部消费和工业生产疲软。欧委会在2023年9月发布的《夏季经济预测》中将欧盟和欧元区当年经济增长率分别由春季预测的1%和1.1%下调至0.8%，将2024年预期分别从1.7%和1.6%下调至1.4%和1.3%。[④] 到第三季度，法国经济增长放缓，德国经济则持续低迷。

[①] European Commission, "State of the Energy Union 2023: EU Responds Effectively to Crisis, Looks to the Future, and Accelerates the Green Transition," October 24, 2023, https://ec.europa.eu/commission/presscorner/detail/en/ip_23_5188.

[②] Dave Keating, "Europe's Energy Crisis Is Not Over," Energy Monitor, June 2, 2023, https://www.energymonitor.ai/opinion/opinion-europes-energy-crisis-is-not-over/?cf-view.

[③] Eurostat, "Euro Area Annual Inflation Down to 2.9%," October 31, 2023, https://ec.europa.eu/eurostat/documents/2995521/17766951/2-31102023-AP-EN.pdf/e9580ea0-3933-6700-41ad-4bd54f4b9ce0.

[④] European Commission, "Summer 2023 Economic Forecast: Easing Growth Momentum amid Declining Inflation and Robust Labour Market," September 11, 2023, https://ec.europa.eu/commission/presscorner/detail/en/ip_23_4408.

受此影响，欧元区经济增长低于预期，第三季度国内生产总值环比下降0.1%，同期欧盟也仅环比增长0.1%，勉强避免衰退。如第四季度持续如此，欧盟经济预期将进一步下调。

（三）深层矛盾未解，社会分裂加剧

经济仍未摆脱衰退风险，影响着欧洲的社会稳定。一些国家劳动者为抗议生活成本上升、争取加薪和改善工作环境而不时发起罢工和示威游行。2023年，英国医疗及交通系统、德国公共事业系统相继出现罢工或示威活动，法国公众则为抗议退休制度改革走上街头。难民潮伴生的各类问题依旧存在并在一些国家成为重要政治议题。随着危机延宕和议会选举的进行，反移民反难民情绪在接收了大量乌克兰难民的波兰持续抬头。德国许多城市则因大量外来人口不堪重负，联邦与地方政府持续围绕难民分配、安置及费用摊派等问题博弈。巴以冲突则进一步撕裂欧洲社会。由于同时存在大量犹太和穆斯林群体，英、法、德等国无论政府立场如何，各政治派别之间都争吵激烈，民间支持以色列或巴勒斯坦的示威游行此起彼伏。

五、欧盟推进扩员进程，英欧达成重要妥协

2023年，欧盟持续推进东扩进程，开启与乌克兰、摩尔多瓦入盟谈判并赋予格鲁吉亚候选国地位，推出旨在加速西巴尔干入盟进程的经济增长计划。英欧就北爱问题达成妥协，解决了英国"脱欧"后困扰英欧关系的一大难题。

（一）欧盟持续推进扩员进程

危机强化了欧盟东扩以及一些国家融入欧洲的动力。其中，

乌克兰入盟问题成为重要议题。2022年，欧盟先后赋予乌克兰、摩尔多瓦及波黑候选国地位。2023年，乌克兰不断呼吁欧盟尽快与其开启入盟谈判并得到后者缓慢但积极的回应。事实上，欧盟将推动乌克兰入盟视为鼓励其坚持与俄对抗并进行国内改革的重要手段。2023年11月，欧委会通过了《欧盟2023年扩大报告》，认可了乌克兰以及摩尔多瓦在民主与法治方面的改革，正式建议开启与两国的入盟谈判。与此同时，欧盟还建议在满足一些条件的情况下与波黑开启入盟谈判，建议赋予格鲁吉亚候选国地位。①

此外，欧洲一体化进程在西巴尔干方向取得重要进展。2023年1月，克罗地亚正式将欧元作为其货币并完全加入申根区。欧元区成员由此增加到20个，申根区则是十一年来首次有新成员加入，实现了第8次扩容。2023年10月，旨在推动西巴尔干地区加入欧盟的"柏林进程"会议在阿尔巴尼亚地拉那举行。冯德莱恩在会上介绍了欧盟即将推出的60亿欧元经济增长计划。该计划旨在加强西巴尔干地区与欧盟单一市场的一体化程度，促进区域经济增长与一体化，推动地区改革，从而为在2030年之前实现扩大做好准备。②

---

① European Commission, "Enlargement: Commission Recommends Starting Accession Negotiations with Ukraine, Moldova, Bosnia and Herzegovina, and Candidate Status for Georgia," November 8, 2023, https://commission.europa.eu/news/enlargement-commission-recommends-starting-accession-negotiations-ukraine-moldova-bosnia-and-2023-11-08_en.

② European Commission, "New €6 Billion Growth Plan to Bring Western Balkans Closer to Joining the EU," November 8, 2023, https://commission.europa.eu/news/new-eu6-billion-growth-plan-bring-western-balkans-closer-joining-eu-2023-11-08_en.

（二）英欧达成重要妥协

2023年，英欧就英国"脱欧"后北爱尔兰的货物边检、法院管辖权等问题达成妥协，达成并通过了《温莎框架》协议。欧盟同意简化自北爱进口货物检查、欧洲法院须在北爱法院移交案件管辖权前提下方可裁决。该协议达成后取代了充满争议的《北爱尔兰议定书》，欧委会也将结束对英国的司法诉讼，从而解决了英国"脱欧"后困扰英欧关系的一大难题，英欧关系进入"新篇章"。[①]

六、结语

2023年，欧洲不仅持续受到乌克兰危机困扰，还因周边安全风险持续上升而面临着新挑战。欧洲应对安全危机的意愿与能力之间的差距再次凸显。与此同时，欧洲内部反思危机及其应对模式的声音有所增多，成员国立场持续分化。在欧盟及成员国采取一系列补救措施影响下，欧洲的经济震荡减小，能源危机和持续高通胀的状况得到缓解但挑战仍然存在，经济增长一度低于本已悲观的预期而陷入停滞。在经济民生问题影响下，欧洲右翼力量持续加强。

2024年欧洲将面临怎样的内外环境，它所面临的挑战能否得到缓解，三大形势值得关注。首先是乌克兰危机走向。俄罗斯和美国都将举行总统选举，乌克兰能否举行选举还有待观察，其结

---

① UK Prime Minister's Office, "PM Speech on the Windsor Framework," February 27, 2023, https://www.gov.uk/government/speeches/pm-speech-on-the-windsor-framework-february-2023.

果是否会对俄、美对外尤其是对乌政策及现地形势产生重大影响已经引发广泛关注。其次是巴以冲突如何演变，欧洲内部如何协调分裂立场，能否影响局势走向。最后，欧洲议会及英国议会将于2024年举行大选，欧盟机构领导人也将换届，其结果将如何影响欧洲政局及其对外政策也值得关注。

（中国国际问题研究院欧洲研究所副研究员　刘晋）

第四章

日本形势：
弱势复苏　激进强军

2023年，日本政经形势波澜不惊，外交军事强力出击，着力展现大国影响但难改国力颓势。岸田文雄内阁支持率低迷，艰难维持执政地位。日本经济出现久违的复苏迹象，但日元贬值削弱日本经济大国地位，物价上涨冲击民生，日本央行超级宽松货币政策进退维谷。与此同时，岸田政权力推右倾民粹政治路线，外交上延续积极进取势头，安全上激进推动强军扩武议程。日本国家安保战略迎来第二次世界大战后的最大转型，和平发展路线发生动摇。

一、岸田艰难维持执政地位，政局暗流涌动

2023年，日本政局总体平稳，但岸田内阁支持率低迷，多次跌破30%的"警戒线"，政权显露末期症状。日本政坛保守势力主导格局固化，自民党"一党独大"地位稳固，在野势力依然涣散无力，同时新生极右政治势力影响上升，恐将加剧日本政治右倾保守化。

（一）岸田内阁支持率持续低迷，执政前景亮起"黄灯"

岸田文雄执政期满两年，由于应对日本国内物价上涨不力、增税议题引发争议、政府高层丑闻频发等多重因素影响，2023年岸田内阁支持率始终在低位徘徊，多次跌破30%的"警戒线"，逼近20%以下的"下台水域"，岸田施政空间受到严重掣肘。

2023年9月13日，为了刷新政权形象，岸田文雄执政以来第二次改组内阁并调整自民党高层人事，包括外务大臣、防卫大臣在内的13名内阁成员被更换。前法务大臣、"外交素人"上川阳子取代"知华派"政客林芳正出任外务大臣，"亲台派"政客木原稔出任防卫大臣，引发外界对岸田外交防卫及对华政策走向的关注。新内阁最大特点是女性阁僚人数大幅增至5人，追平迄今最高纪录，显示岸田力图在性别平等议题上消除国际社会对日"偏见"。在自民党内人事方面，岸田让其竞争对手茂木敏充留任干事长，并启用前首相小渊惠三之女小渊优子接任选举对策委员长，意在维持自民党内派系力量平衡，牵制潜在竞争对手，为2024年9月自民党总裁选举做准备。

为缓和日本民众对物价上涨和防卫增税计划的不满，11月2日，岸田政府宣布总额超过17万亿日元的经济刺激计划，核心内容包括大规模减税和向低收入家庭发放补贴。加上地方政府和私营部门的投资，岸田政府宣称经济刺激计划总规模将达到37.4万亿日元。岸田希望以此刺激国内投资、生产和消费良性循环，带动经济实现自发增长。

然而事与愿违，岸田改组内阁和出台经济刺激计划均未能提振内阁支持率。11月中旬，日本主要媒体民调显示岸田内阁支持率降至27%，^①创下执政两年多来新低。日本舆论频现唱衰岸田的声音，自民党内部也人心思变，岸田执政压力不断增大。由于联合执政的自民党和公明党掌控着众参两院绝对优势席位，在野力量依然涣散无力，岸田寄希望于提前解散众议院举行大选，通过率自民党赢得选举进而在2024年连任自民党总裁，以实现长期执政目标。但持续低迷的支持率打乱了岸田的既定部署，迫使其放弃年内解散众议院计划，转而优先致力于经济政策议程，争取尽快拿出看得见的政绩，推动支持率回升以稳定执政基础。

（二）日本政治右倾化续有发展

2023年日本国内无重大国政选举，政坛格局延续保守势力主导、中左势力式微的趋势。从政党支持率看，截至2023年11月，自民党仍以37.7%高居首位，"一党独大"地位难以撼动，排在第二位的最大在野党立宪民主党仅有4.7%的支持率，而右翼民粹色彩浓厚的日本维新会保持上升势头，支持率攀升至4.0%，有望在下届众议院选举中获得更多议席，跃升为第三大政党。中左派政党公明党、日本共产党、社民党的支持率分别仅有3.4%、2.6%、0.2%。由于无支持政党的民众占比高达38.5%，能否争取中间选民成为各党迎战国政选举的成败关键。^②

值得注意的是，由知名右翼作家百田尚树发起的日本极右政党日本保守党自10月17日正式成立以来，发展势头迅猛。截至

① 《岸田内阁支持率27%　过去最低》，《产经新闻》电子版，2023年11月12日，https://www.sankei.com/article/20231113-N3HTYTU4VJJSZES3TALZI3NNAM/。

② 各党の支持率は「支持政党はない38.5%」NHK世論調査，2023年11月13日，https://www3.nhk.or.jp/news/html/20231113/k10014256251000.html。

10月27日，该党缴费党员人数已突破5.3万，在社交媒体X（推特）账号的关注者达33万，已超过包括自民党在内的既有政党。在日国力衰退的大背景下，该党竭力鼓吹维护"民族优越性"、对外示强等激进政策主张，煽动日民众的民族主义情绪。该党异军突起，反映了日本社会右倾保守化加剧的现实，恐将助长日本极右翼势力扩大影响并重新洗牌，搅动日政坛既有格局，并影响日本内外政策走向。

（三）岸田政府强推核污染水排海引发争议

2023年8月24日，日本政府不顾日本国内和国际社会质疑和反对，执意启动福岛第一核电站核事故污染水排海计划。截至11月20日，东京电力公司已完成三轮排放，累计向太平洋排放超过2.34万吨核污染水。日本政府一再宣称排放的核污染水经过"多核素去除系统"（ALPS）处理后符合相关安全标准，且获得了国际原子能机构（IAEA）的"背书"。但是，包括日本专家在内的不少国际机构和专业人士指出，福岛核污染水中含有多种放射性物质，将带来未知风险，日本政府有关排海决定缺乏正当性、合法性，没有证明核污染水净化装置的长期可靠性，没有证明监测方案的完善性和有效性，没有证明排海对海洋环境和人类健康无安全影响，是向全人类转嫁安全风险的不负责任行为。

日本政府启动排污入海，引发全球多个国家和地区对日本水产品采取进口限制措施，严重冲击日本水产行业。尽管不少日本民众认为排海系"不得已的选择"，但民调显示多数日本民众担心排污入海会给海洋生态环境和日本国家形象带来负面影响。国际上，包括中国、韩国、俄罗斯、部分东南亚国家、太平洋岛国、拉美国家在内的不少太平洋沿岸国家纷纷表达了担忧和反对态度。在日方执意推进排海计划前后，中国始终明确坚定表明反对态度，敦促日方回应国际社会关切，接受利益攸关方充分实质参与、长期有效的国际监测安排，切实以科学、安全、透明方式处置核污染水。

二、经济弱势复苏，第三经济大国地位旁落

2023年日本经济呈现复苏迹象，股市持续上涨，企业效益回升，地产市场回暖。但由于日元大幅贬值，日本经济规模在全球排名将下滑至第四位，结构性问题仍将长期制约日本经济前景。

（一）日本经济重现久违复苏

根据日本内阁府公布的宏观经济统计修正值，2023年第二季度日本实际GDP环比增长率为1.2%，换算为年率达到4.8%，系日本经济自新冠疫情以来首次连续三个季度正增长，也是疫情以来单季度增长最高水平。从绝对金额上看，该季度实际GDP达到558.6万亿日元，超过2019年各季度，表明日本经济已经恢复至新冠疫情前的水平。[①] 此轮日本经济复苏主要得益于外需拉动。一方面，2023年上半年日本汽车出口大幅增加，在日本出口总额中占比达到21.9%；另一方面，随着入境游客增多，日本旅游业全面复苏，第二季度访日海外游客消费额已恢复至2019年同期的95.1%，入境消费额占GDP比重接近1%，服务出口成为拉动外需增长的主要动力之一。

与此同时，日本股市和房地产市场延续上涨势头。2023年7月3日，日经平均指数收盘价达到33753点，创下近三十三年来

---

① 国民经济计算（GDP统计），日本内阁府经济社会综合研究所，https://www.esri.cao.go.jp/jp/sna/menu.html。

新高，逼近20世纪90年代初泡沫经济时的高点。此轮日股牛市已历时十年之久，日经指数自最低点累计上涨幅度超过300%。此外根据日本国土交通省2023年8月公布的数据，包括住宅和商业用地在内的日本全国平均地价较前一年上涨1.6%，连续两年上升，其中东京、大阪和名古屋三大都市圈的涨幅达2.1%。首都圈新建公寓均价连续四年上涨，每平方米单价则连续十年上涨，二手公寓成交均价和每平方米单价同比涨幅则均超过10%，连续十年攀升。[①]

得益于外需复苏和日元贬值，日本上市企业效益出现攀升，有望连续三年创新高。《日本经济新闻》对东京证券主板1103家公司的调查显示，日本主要上市企业2023财年净利润将同比增长6%，续创新高。日本最大市值企业丰田汽车公司2023年第二季度合并利润首次突破1.3万亿日元，创有史以来季度最高值。

（二）日元急剧贬值折损日本经济竞争力

国际货币基金组织预测，2023年日本经济增长率将达到2.0%，但经济规模将被德国反超。尽管德国增长率仅为0.5%，但由于日元兑美元汇率贬值幅度大于欧元，加之日本通胀率低于德国，全年折算成美元的日本名义GDP将仅为4.2308万亿美元，较2022年减少0.2%，而德国名义GDP将达到4.4298万亿美元，比2022年增长8.4%，日本将被德国取代，跌落为世界第四大经济体。[②] 由于德国人口只有日本的三分之二，日本GDP被德国反

---

① 不动产价格指数，日本国土交通省、2023年8月31日，https://www.mlit.go.jp/totikensangyo/totikensangyo_tk5_000085.html。

② 日本のGDP、ドイツに抜かれ世界4位に　IMF予测，日本经济新闻电子版、2023年10月24日、https://www.nikkei.com/article/DGXZQOGN240FU0U3A021C2000000/。

超对日本社会形成较大心理震动。

日元急剧贬值成为压制日本国际经济竞争力、抵消经济复苏成果的主要因素。2023年日元兑美元最大贬值幅度接近20%，日元兑美元汇率年内多次触及150∶1以下的三十三年来最低水平。日元急剧贬值虽然有利于日本企业扩大出口，吸引海外游客赴日旅游消费，但也拉低了日元的国际购买力和国民收入水平。2023年，日本人均GDP预计为3.395万美元，不及20世纪90年代的人均水平，在全球排名跌出世界前30位，不仅在西方七国集团成员中垫底，在亚洲亦面临被韩国赶超的可能。[①]

（三）日本央行深陷货币政策两难困境

2023年4月，日本超级宽松货币政策"操盘手"黑田东彦卸任日本银行（央行）总裁，经济学家植田和男接任，引发外界对日本可能退出量宽政策的猜测。自泡沫破灭以来，日本经济深受通货紧缩困扰，日本央行推出收益率曲线控制（YCC）政策，通过不断购买长期国债，使长期利率水平维持在零左右，以刺激国内消费和投资。在美联储不断加息背景下，这种超级宽松政策导致日美息差不断扩大，成为日元急剧贬值的主要原因。

2022年以来，日本国内出现输入型通胀，物价涨幅已高于2%的通胀目标。截至2023年9月，日本消费价格指数涨幅连续18个月超过日本央行调控目标。日本何时退出超级量宽，受到市场高度关注。日本央行在10月31日召开的货币政策会议上决定，将长期利率控制目标上限从0.5%调整为1%，并允许一定程度上

---

① 参阅《GDP Per Capita, Current Prices》，国际货币基金组织（IMF）网站，https://www.imf.org/external/datamapper/NGDPDPC@WEO/OEMDC/ADVEC/WEOWORLD。

超过1%，成为迄今日本央行就收紧货币政策释放出的最强信号。但同时，日本央行指出，由于物价上涨导致生活成本上升，拖累消费增长，日本经济面临的不确定性增大；在由成本驱动的通胀转变为国内需求和工资增长驱动的物价上涨之前，日本仍需保持宽松货币政策。

与此同时，日本央行长期量宽政策的负面效应不断显现。一方面，由于美元利率达到2007年以来的高点，日美息差拉大导致日元严重贬值，不断推高进口商品和原材料价格，加大日本国内物价上涨压力，抬高居民生活和企业经营成本，减弱日本经济复苏动能，导致日本国内要求稳步退出量宽政策以"保汇率"的呼声不断增大。另一方面，日本国内已对长期零利率的金融环境形成依赖，企业信贷和家庭财务均建立在低成本基础之上，放任利率上升不仅会触发企业贷款和家庭房贷偿还等债务风险，也会导致政府债务的付息压力上升，甚至引发央行资产负债表的崩溃。国际金融市场担心，由于日元为第三大全球储备货币和第四大国际贸易结算货币，如果日本央行未与市场充分沟通就仓促退出量宽，这恐将成为冲击全球金融稳定的"黑天鹅"事件。

（四）日本经济依然积重难返

根据日本内阁府11月15日统计数据，受国内消费和投资下滑影响，2023年第三季度日本GDP环比下降0.5%，换算成年率为下降2.1%，为三个季度以来首次出现负增长，显示出日本经济复苏势头依然脆弱。

从长期看，日本经济发展依然深受少子化、老龄化和债务高企等结构性问题困扰，潜在经济增长率低于0.5%。2022年，日本65岁以上人口占比已达29%；新出生人口仅为77.75万人，创下有记录以来最低水平。未来日本总人口和劳动年龄人口将持续下降，将导致劳动力不足和国内市场不断萎缩，年金、医疗等社会保障开支膨胀，并将深刻制约日本经济发展。此外，2022年日本国债余额已突破1000万亿日元，公共债务余额与GDP之比已超过260%，债务负担在主要国家中最为沉重，财政健全化目标遥遥无期。根据高盛及摩根大通等国际金融机构预测，未来十年日本经济年均增长率只有0.8%，在全球50个主要国家中垫底，到2075年日本GDP的全球排名将下滑至第12位。[①]

三、外交延续进取姿态，着力彰显大国影响

2023年，日本利用担任西方七国集团轮值主席国之机，积极扮演国际"领导者"角色，竭力拉拢"全球南方"国家，推动所谓"无核武世界"主张，试图引领全球治理议程。同时，岸田政府外交政策表现出强烈的意识形态站队和地缘政治博弈色彩，积极充当美国推动大国竞争和阵营对抗的"马前卒"，着力谋求在乌克兰危机和巴以冲突等全球热点问题上发挥作用。

（一）日本利用G7平台展开外交攻势

2023年，岸田政府将主办G7广岛峰会作为扩大日本国际影响、提升大国地位的良机，开展一系列"积极进取"的外交行动，首相和外相的出访行程遍及全球五大洲的40多个国家，贯穿其中的战略目标可归结为拉拢"全球南方"、施压俄罗斯和牵制中国。

国际社会围绕乌克兰危机出现立场分歧，使日本意识到由广

[①] 2075年の日本、GDP12位に後退　経済大国から脱落予測，日本経済新聞電子版、2022年12月25日，https://www.nikkei.com/article/DGXZQOCD2129T0R21C22A2000000/。

大新兴经济体和发展中国家组成的"全球南方"在国际事务中的影响上升，日本遂将加强与"全球南方"的联系作为2023年G7广岛峰会的重点发力方向。一方面，日本政要频繁出访东南亚、非洲、中东和拉美等地区，寻求强化同"全球南方"国家的政治、经贸和安全关系；另一方面，日本邀请印度、印度尼西亚、巴西、越南、库克群岛、科摩罗等国作为"全球南方"代表出席广岛峰会，提出向发展中国家提供应对气候变化援助和大规模基建投资，以及加强韧性供应链和关键矿产合作等一系列倡议计划，图谋将"全球南方"国家拉入西方阵营。

另外，日本认为在东亚举办的G7峰会是离中国最近的一次会议，正是其推销"自由开放的印太"概念、配合美西方搞对华战略竞争的重要机会。从4月G7外长会到5月广岛峰会，日本积极推动G7讨论涉华议题，借会议文件频频染指台湾问题，干涉中国内政，利用东海、南海等问题渲染"中国威胁"，企图将乌克兰局势与东亚地缘矛盾问题挂钩，对中国施加压力。在经济领域，日本主导推动G7通过反对"经济胁迫"和推进"去风险化"等共识，也显露出明显的遏华指向。

在乌克兰危机上，日本打着"维护基于法治和规则的国际秩序"旗号，谋求在引领G7"援乌抗俄"中发挥更大作用。2023年3月，岸田文雄突访乌克兰，系日本首相在二战后首次踏足战争冲突地区。日方还邀请乌克兰总统泽连斯基出席广岛G7峰会，推动峰会文件严厉谴责俄罗斯，提出强化对俄制裁，帮助泽连斯基展开"求援"外交，使泽连斯基成为峰会实际"主角"。日本还与乌克兰商定于2024年2月在东京举行"日乌经济重建推进会议"，为将来参与乌克兰重建工作提前布局。

2023年10月，以色列同哈马斯爆发冲突导致中东局势紧张，日本在以色列与阿拉伯国家之间开展"平衡外交"。由于严重依赖中东原油进口, 日本向来高度重视同沙特阿拉伯、阿联酋和伊朗等中东产油国维持友好关系, 迄今在巴以问题上采取中立态度, 支持 "两国方案", 其立场与偏向以色列的美国等G7成员国之间存在微妙区别。在11月上旬东京G7外长会上, 日方作为主席国艰难斡旋, 推动会议在声明中发出相对平衡的信息, 一方面谴责哈马斯发动恐怖袭击, 敦促哈马斯立即释放被绑架人质, 支持 "人道主义目的暂时停战", 以实现对加沙地区提供人道主义援助; 另一方面也提及 "两国方案" 是实现巴以和平的唯一途径, 有必要防止冲突扩大到更广泛地区。

(二) 日韩 "破冰" 带动美日韩三边合作

2023年3月, 韩国总统尹锡悦作为韩国最高领导人时隔十一年又三个月正式访问日本, 5月岸田文雄回访韩国, 日韩首脑重启 "穿梭外交", 推动两国关系摆脱近五年的僵冷对立。此轮日韩关系改善回暖, 主要原因是尹锡悦政府在二战强征劳工索赔案上提出 "第三方代偿案", 即由韩国财团设立基金赔偿韩国受害劳工, 消除了日韩关系发展的主要障碍。但尹锡悦政权以在历史问题上单方面对日妥协让步换取日韩关系改善, 在韩国国内引发强烈争议, 也给未来日韩关系发展前景埋下了隐患。

作为美国在亚太地区的两个重要盟国, 日韩改善关系也是美国长期斡旋推动的结果。以日韩和解为契机, 美国总统拜登邀请岸田文雄和尹锡悦赴美国总统度假地戴维营, 召开首次独立举行的美日韩三边领导人会议, 并发表《戴维营原则》《戴维营精神》等成果文件, 实现了美日韩三边合作机制化, 强化了三边安全和经济技术合作, 拓展了三国围绕 "印太" 开展合作等达成的一系列共识。美日韩三边合作重新拉紧, 突出遏压朝鲜、牵制中俄的战略倾向, 恐将刺激朝鲜半岛紧张局势升温, 对东北亚地区的和平稳定造成负面影响。

四、安保政策出现重大转向，全面启动强军扩武计划

2022年12月16日，日本政府通过《国家安全保障战略》《国家防卫战略》《防卫力整备计划》（下文称"安保三文件"），明确将大幅增加防卫开支、发展"反击能力"等重大政策调整，标志着二战后日本防卫安全政策出现"由守转攻"的重大转向。2023年，岸田政府积极推动落实"安保三文件"中各项政策举措，启动了二战后日本最大规模的强军扩武进程。

（一）"安保三文件"将使日本成为"能战国家"

日本新版《国家安全保障战略》反映出日本国家安全观和安全战略思想的新特点：一是对外部安全环境的认知更加负面；二是突出对抗中国、朝鲜和俄罗斯的战略指向性；三是安全战略目标及实施手段多样化。《国家防卫战略》提出三大防卫目标及七大能力领域，《防卫力整备计划》则就此作出具体规划，并提出规模庞大的武器装备采购和研发安排及陆海空自卫队整编计划。

"安保三文件"表露了日本谋求进一步"摆脱战后体制"、争当"政治大国"的战略诉求，也折射出日本政治生态和社会思潮进一步右摆、对外战略思维更加僵化保守的势头。未来，日本防卫安全政策或将呈现四方面的新变化和新特点：一是安全战略突出意识形态划分和敌我色彩，主导战略思维"冷战回归"；二是防卫政策更具进攻性，由"专守防卫"转向"攻守兼备"；三是军力发展更趋外向型，积极参与全球地缘博弈和阵营对抗，对外防务合作将依托"美日同盟"基轴，与美国亚太盟友强化横向联系，推动"轴辐"形态的美亚太同盟体系向"蛛网"形态演变，

同时日本还将积极扮演"亚太北约化"的推手角色，助美打通跨大西洋和亚太两大同盟体系；四是强军思想追求前沿性，服务大国战略目标，将加大对前沿军事科技领域的投入和布局，谋求"以军促政"，抢占未来大国战略竞争的制高点。

尽管岸田政府在"安保三文件"中宣称日本"作为和平国家坚持专守防卫、无核三原则等基本方针不变"，但日本国内舆论普遍承认，拥有可主动攻击敌方导弹基地的"反击能力"，将使日本"专守防卫"原则名存实亡。如果防卫开支按计划实现倍增，日本国防开支规模将从目前的全球第九位跃升至第三位，成为名副其实的"军事大国"。

如果日本"安保三文件"中提出的有关政策举措在未来五到十年内逐步付诸实现，其必将对亚太地区安全环境和全球战略稳定产生深刻影响。同时，其在施行过程中亦将面临多重国内制约和外部掣肘，日本军事大国化仍将是一个渐进过程。

（二）激进推动强军扩武议程

一是大幅增加防卫开支。根据《防卫力整备计划》，日本防卫省提出2023财年至2027财年的防卫开支总额将达到43万亿日元，是此前五年的1.6倍。日本防卫省将2023年定为"根本上强化防卫能力元年"，2023财年防卫预算高达6.8万亿日元，较上一财年增加30%。①

二是积极发展进攻性军力。为加快建设"反击能力"，2023财年日本政府斥资2113亿日元从美国一揽子采购400枚"战斧"巡航导弹。日本防卫省还拨款1277亿日元用于研发量产射程可达

---

①　防衛費増額とその使途，日本放送協会（NHK），https://www3.nhk.or.jp/news/special/yosan2023/defense-expenses/。

1000千米的日本国产"12式"地对舰改良型导弹，拨款505亿日元用于研发量产"岛礁高速滑空弹"，拨款585亿日元用于研发射速可达5倍音速的"极超音速诱导弹"。上述武器装备拟于2025年启动部署工作。

三是扩大对外军事安全合作。除了与美国继续深化同盟框架下的军事合作、强化一体化军事指挥和作战能力演练之外，日本还与韩国、澳大利亚、菲律宾及北约国家等在亚太地区频繁举行联合军演。2023年7月，岸田文雄再度出席北约峰会，与北约签署《个别针对性伙伴关系计划：2023—2026》，标志着日本与北约的安全关系进一步提质升级。同时，日本积极推动北约在东京设立联络处，扮演"北约亚太化"的主要推手。2023年11月，岸田文雄访问菲律宾，宣布日菲启动缔结《互惠准入协定》谈判，就双方部队相互访问和军事物资运输作出便利化安排。这将成为日本继与英国、澳大利亚之后缔结的第三个具有"准同盟"性质的防务合作协议。

四是出台军事安全援助制度。2023年4月，岸田政府通过"政府安全保障能力强化支援"（OSA）实施方针，拟通过无偿资金合作等方式向"志同道合"国家提供包括军需物资在内的安全能力建设支援，菲律宾、马来西亚、孟加拉国和斐济成为首批受援对象。岸田文雄11月访问菲律宾期间，就日本向菲律宾提供沿岸监视雷达系统达成共识，成为日本在新援外框架下对外提供军备援助的首个案例。下一步，日本还计划把施援范围扩展到越南、印尼、蒙古国和吉布提等国。此举不仅意味着日本援外战略从经济民生领域向军事安全领域拓展，也是日本突破战后军事禁区的新动作。日本对外军援制度表现出煽动阵营对立和地缘对抗色彩，可能刺激地区敏感热点问题升温，助长矛盾冲突。

五是谋求放宽武器出口限制。经过长时间讨论酝酿，岸田政府还拟于2023年底通过"防卫装备转移三原则"修改决议，将迄今仅限于"救援、运输、警戒、监视、扫雷"5个非战斗目的领域的武器装备出口范围放宽，允许向安全关系密切的国家出口"无杀伤能力"的防卫装备。日本放宽武器出口将构成其进一步突破战后军事禁区的新步骤，也反映了日本谋求军事介入南海问题、乌克兰危机等地缘热点问题的危险动向。今后，日本还可能进一步推动放宽武器出口限制，同有关国家讨论导弹、驱逐舰和巡逻机的出口问题，挑动地缘冲突和阵营对抗，这势将给地区和平稳定带来消极影响。

五、结语

2023年，日本国家发展来到新的十字路口，短期经济复苏扭转不了长期国力颓势，但其激进强军路线暴露了政治右倾化动向。岸田政府"大国雄心"膨胀，但积极进取的政策表象难掩僵化保守的战略思维，其对内缺乏改革魄力，对外缺乏战略平衡，国家发展困局难破。

展望2024年，日本内政外交料将延续迄今路线框架，政局主要受到众议院大选和自民党总裁选举等因素牵动，蕴含着一定的动荡风险。日本经济复苏进程面临外需减弱和国内通胀的双重压制，可能重回低增长轨道。日本央行如退出宽松货币政策恐对全球金融市场产生较大冲击。日本右倾保守政治主导下的偏执外交路线和激进强军动作可能加剧亚太地区阵营对抗和地缘政治冲突风险。

（中国国际问题研究院亚太研究所特聘研究员　项昊宇）

第五章

东南亚形势：
建制占优　平稳为先

在新冠疫情后经济复苏的大背景下，东南亚国家国内政治普遍出现建制力量掌控政局的趋势，推动各国社会及区内国家关系继续向传统、常规和遵循惯例的平稳方向摆动。尽管东南亚地区总体经济增速并未达到各方的高预期，但旅游、数字经济等领域走在前列，经济发展的前景仍较乐观。在印尼的主导下，东盟内部坚持战略自主的声音越来越清晰、洪亮，各国通过加强机制建设、维系东盟团结、加快东盟共同体建设，以开放、包容姿态应对更趋复杂的国际和区域形势。

一、建制力量主导下的政局演变

在国内政治趋稳、动能持续上升的背景下，东南亚国家内部建制力量通过多种形式巩固执政地位，维护政治体制，稳定政治局面，各国政局普遍呈现建制力量主导下的动态均衡局面。所谓建制力量，一般是指维护现行政治体制及既得利益集团利益的政治势力，与谋求改变政治体制或传统政治路线的反建制力量相对立。在东南亚，王室、军方、长期执政的政党等都可视为建制力量。建制力量在不同国家有不同的表现形式，其内部虽有矛盾，但各方在维护体制方面存在共同利益。面对疫后反建制力量局部崛起态势，建制力量抓住了民心求稳、企业求定、外部地缘环境趋紧的时机，在政局演变中维系主导权，不断巩固自身优势地位。

柬埔寨平稳完成政权代际交接，洪玛奈就任首相。2023年7月23日，柬埔寨举行第七届国会选举，洪森领导的执政党人民党获得125席中的120席，取得压倒性胜利。西哈努克亲王创建的保王派政党奉辛比克党取得余下5席，避免了上届国会选举时人民党获得全部125席的局面。反对派烛光党（原救国党被解散后组建的政党）于5月底被柬埔寨宪法理事会裁定取消参选资格，已于2017年被捕的前反对派领导人金索卡在2023年3月初因叛国罪被判刑二十七年。8月22日，国会通过以洪玛奈为首相的内阁名单，洪马奈正式接替其父洪森成为柬埔寨首相。洪森卸任后仍继续担任人民党主席。洪森、韩桑林、韶肯等经历了战争与变革的一代人退居二线后，其家族成员陆续出任政府要职，延续洪森时期确立的柬埔寨内外政策。

泰国各方势力暂时达成妥协，赛塔一波三折当选总理。5月14日，泰国举行国会选举。反军方及主张削弱君权的前进党获得151席，成为国会第一大党。塔信势力掌控的为泰党仅获141席，远低于该党选前预期。亲军方政党国民力量党和联泰建国党分别获得40席和36席，成为国会小党。远进党随即宣布与为泰党等七党合组"八党联盟"，推举远进党领导人披塔为总理候选人。"八党联盟"总席位虽未达组阁必需的376席，但披塔屡屡高调表态，展现其志在必得的信念。7月13日，泰国国会举行第一次总理选举，唯一候选人披塔仅得324票，未能当选。随后，泰国宪法法院裁决披塔持股违规，暂停其议员职务。7月19日，泰国国会举行第二次总理选举，多数议员反对重复提名披塔，披塔由此失去候选人资格。随后，远进党宣布将组阁权让与为泰党。8月21日，为泰党宣布与包括第三大党泰自豪党及两个亲军方政党在内的10个政党合组"十一党联盟"，推举为泰党的赛塔为总理候选人。次日，泰国国会举行第三次总理选举，赛塔作为唯一候选人获得半数以上支持，当选为第30任泰国总理。同日，已在国外流亡十五年的泰国前总理他信回国，泰王哇集拉隆功宣布特赦他信，将其刑期由八年减至一年。纵观选举历程，为了压制以年轻族群支持者为主体、观点较为激进的反建制政治力量崛起，军方、王室、宪法法院等传统建制力量利用由军方设计的选举体制，与反对军方独掌政权的他信势力达成妥协并分享了权力，维护了2014年政变后泰国国内政局的基本平衡和稳定，继续主导政局走向。

越南反腐风暴纵深推进，2022年爆出的核酸试剂案和海外公民返乡包机案两起重大贪腐案件，涉及多名部级以上官员，[1] 反映出越共党内反腐斗争持续保持高压态势，敢于动真碰硬。尽管反腐斗争取得较大成效，越南民众积极支持，但腐败问题仍然困扰越南，成为威胁越共长期执政的重大问题。越共中央总书记阮富仲于5月初召开由他担任主任的越共中央反腐败和反消极指导

---

[1] 核酸试剂案和海外公民返乡包机案均与新冠疫情直接相关，是官商勾结大发国难财的全链条腐败典型案件，引发越南社会极大民愤。核酸试剂案的基本案情是：一家名为越亚科技的小型生物科技公司通过行贿越南科技部、卫生部官员，攫取越南核酸市场80%的份额，抬高售价牟取暴利。海外公民返乡包机案的基本案情是：越南一些旅行社及航空公司，通过贿赂越南外交部、公安部、交通部官员，向搭乘越南政府"援助包机"回国的越南人收取高额费用。受两案影响，越南常务副总理范平明、主管科教文卫的副总理武德儋、卫生部长阮青龙、外交部副部长苏英勇、外交部领事局长阮氏香兰、公安部出入境管理局副局长陈文预等多名高官请辞或落马，外交部长裴青山等官员遭纪律处分。

委员会会议，重申了反腐决心。他称，出现腐败令人痛心，处置干部让人痛苦，但是必须干，反腐工作无禁区，无例外。会议透露，2023年1—5月，越南已处理了1099起腐败案件，涉及3600多名官员。

新加坡人民行动党挣脱丑闻影响，尚达曼出任总统。7月至8月，执政的人民行动党内部接连爆出两起丑闻，[①] 严重冲击该党长期标榜的清廉、诚信形象。尤其引发争议的是，涉贪官员易华仁自2023年7月被新加坡贪污调查局逮捕至2024年1月被正式指控受贿期间，仍能每月领取8500新元（约合4.5万元人民币）的月薪；早在2020年新加坡总理李显龙就已知晓陈川仁和钟丽慧的婚外情，却在2023年7月事件曝光前一直不予惩戒。在此之前，内政部长兼律政部长尚穆根和外交部长维文陷入"黑白洋房"争议，李光耀次子李显扬在社交网络上公开质疑两位高官化公为私，[②] 业已让人民行动党声誉受损。9月1日，新加坡前国务资政尚达曼以超七成得票率当选新加坡总统。尚达曼是李显龙执政班底关键成员，在选举期间打出"尊重所有人"的口号，获新加坡主流社会认可。根据新加坡宪法，总统属礼仪性职位，没有实权。但总统选举正值多项丑闻持续发酵及人民行动党新老交替关键期，因此无形中成为对人民行动党的"信任公投"。选举结果显示，尽管人民行动党连续遭遇危机，但民意尚未完全翻转，建制力量仍能基本掌控新加坡政局。11月5日，李显龙在人民行动

---

①　这两起丑闻分别是新加坡交通部长易华仁涉及贪腐被新加坡贪污调查局逮捕及新加坡国会议长陈川仁与人民行动党议员钟丽慧被曝光婚外情后辞职。

②　2015年新加坡前领导人李光耀逝世后，李光耀次子李显扬、女儿李玮玲与李显龙就李光耀故居处理问题公开对峙，持续近两年，激烈争论导致兄妹三人关系长期不睦，紧张关系甚至波及下一代。

党大会上宣布将在2024年11月该党建立七十周年之际交棒给以副总理黄循财为首的第四代领导团队。

马来西亚朝野在六州选举中延续平衡局面，安瓦尔执政基本盘仍较稳固。8月初，马来西亚举行六州议会选举，执政的希望联盟和国民阵线与在野的国民联盟各守住了己方原本执政的三个州。其中，国民联盟在马来半岛北部的吉打州、吉兰丹州和登嘉楼州取得压倒性胜利，甚至在登嘉楼州取得了全部32个席位，"零封"对手。希望联盟和国民阵线虽继续在马来半岛东部的槟城州、雪兰莪州和森美兰州执政，但失去了在雪兰莪州议会占三分之二议席的绝对多数优势，国民联盟也首次"攻破"巫统"堡垒州"森美兰州获得席位。在政党层面，属于国民联盟的伊斯兰教党大获全胜，由其掀起的"绿潮"日益走强。老牌政党巫统严重受挫，提名108席，只胜选19席。希望联盟的中坚力量民主行动党和人民公正党在安瓦尔总理领导的团结政府执政未达预期的情况下，仍获得大部分都市区选票，显示安瓦尔执政基础的支撑力度依然较强。综合来看，团结政府勉强维持了国内政局的基本平衡，主打的多元主义建制路线仍能有效抵抗单一种族或单一宗教至上思潮，但国民联盟受选举结果鼓舞，在国会中提高对团结政府的批评调门，朝野纷争出现加剧势头。

印尼总统选举格局明晰，佐科成为建制力量"造王者"。2024年2月，印尼举行总统大选，选战自2023年中后期就已逐步升温。任满两届的佐科总统按宪法不得继续参选，但其执政十年积累的政治人望和资源将使其通过其他方式延续政治影响力。曾于2014年、2019年两次与佐科竞选总统但失利的国防部长普拉博沃第三次参选，得佐科支持，佐科长子、梭罗市长吉布兰为其副手。吉布兰本未达到印尼宪法规定的正副总统参选人最低年龄，但印尼宪法法院于10月下旬裁定，候选人只要通过民选方式担任过议员、市长或省长等职务，就不受最低年龄限制，为吉布兰扫清参选障碍。宪法法院首席大法官安瓦尔系佐科妹夫、吉布兰姑丈，故该项裁决引发质疑。印尼宪法法院道德委员会经调查认定，安瓦尔严重违反道德与行为守则，中止其首席大法官职务，但不撤销有利于吉布兰参选的裁定。持保守派观点的雅加达首都特区前省长阿尼斯与宗教型政党民族觉醒党主席穆海敏搭档参选，支持阿尼斯的群体以往对印尼立国原则"潘查希拉"①立场较为暧昧，存在一定的反建制色彩。目前来看，得到佐科支持的候选人所获民意支持处于优势地位，呈现出建制力量主导印尼政坛走向的态势。

二、疫后经济复苏势头有所回落

东南亚国家整体经济增长放缓，地区差异较大。受多种因素影响，全球经济疲软导致以往支撑东南亚经济发展的外需大幅减少，各国更依赖扩大内需支撑经济，原本较为仰赖外需的各国遭遇更多困难。随着疫后社会生活恢复常态，各国居民收入普遍有所提升，失业率有所下降，原本主要以内需驱动经济的国家在经济复苏上速度更快，但从效果来看还未达到政府和民众的预期。根据东盟与中日韩（10+3）宏观经济研究办公室（AMRO）2023年10月更新的区域经济展望报告，②2023年东南亚十国GDP增幅平均为4.4%，低于2022年的5.6%，降幅约20%。十国中，

---

① 潘查希拉，又称"印尼建国五基"，主要内容是信仰神道、人道主义、民族主义、民主和社会公正。

② "Quarterly Update of the ASEAN+3 Regional Economic Outlook (AREO) — October 2023," ASEAN+3 Macroeconomic Research Office, October 4, 2023, https://amro-asia.org/download/34485/?tmstv=1696338489.

文莱、柬埔寨、老挝、缅甸、泰国2023年的GDP增幅分别为1.1%、5.3%、4.8%、2.2%和3.5%，分别比2022年增加了2.7%、0.1%、0.4%、1%和0.9%；其余五国GDP增幅放缓，印度尼西亚、马来西亚、新加坡、菲律宾、越南的GDP增幅分别为5.0%、4.2%、5.9%、1.0%、4.7%，分别比2022年下降了0.3%、4.5%、1.7%、2.6%和3.3%。从中可以看出，东盟国家疫后复苏出现了地区分化，大部分陆上东盟国家疫后复苏势头较好，已恢复到疫情前较为稳定的状态，大部分海上东盟国家经济还在继续调适，外部经济冲击造成的困难比陆上东盟国家大。根据AMRO预测，2024年东盟经济状况会出现企稳向好态势，GDP增幅将达到5%，回归到疫情前常态。

（一）东南亚疫后经济复苏具有较强动能和潜力

一是各国普遍放开国际往来，东南亚旅游业迎来快速增长，成为疫后复苏的最大亮点。2023年前7个月，进入泰国的国际游客数量超过1500万人次，同比增加384%，全年旅游业总收入有望达2.38万亿泰铢（约合4800亿元人民币）。2023年上半年，入境柬埔寨的国际游客达257万人次，同比增长409%，全年国际游客有望达500万人次。同期新加坡入境游客为628万人次，同比增长超300%，全年游客总数有望达1200万至1400万人次。[①]旅游业作为大部分东南亚国家经济支柱之一，其加速回暖的态势有助于带动其上下游乃至整体经济向好，同时增加基层就业岗位，有利于社会稳定和国际商务交往。

二是东南亚数字经济、绿色经济和蓝色经济发展成为疫后经

---

① 张矜若：《东南亚旅游业加速回暖》，《人民日报》2023年8月16日第15版。

济复苏的重要着力点。东盟数字经济市场广阔，潜力巨大，预计到2030年数字经济规模将达1万亿美元。东盟加紧制定的人工智能标准将突出东盟特色，尊重各方"个性"。东盟AI产业将走一条区别于欧美模式的AI发展路径，预计能更大程度激发企业的创新活力，提升东盟在AI发展中的影响。根据贝恩公司等2023年发布的报告，[①]2021年东盟十国碳排放量比2019年下降9%，降幅大于美国和欧盟。东南亚减排仍具有较大潜力，市场规模巨大。2022年，东南亚各国承诺参与"科学碳目标倡议"（SBTi）[②]的公司数量比2021年增加4倍。2022年东南亚私营部门绿色投资额达52亿美元，其中绝大部分投资额流向新加坡、印尼、越南和菲律宾，超70%投资额流向可再生能源领域。东南亚国家普遍看好蓝色经济的发展潜力，将继续在该领域加强合作。2023年9月，东盟发布《东盟蓝色经济框架》，内容包括东盟蓝色经济的愿景、目标、优势、原则、战略、驱动力等。其中，东盟蓝色经济的指导原则为创造价值、包容性、可持续性，蓝色保护、蓝色科技创新、蓝色经济为东盟蓝色经济战略的优先领域。

　　三是东南亚国家"去美元化"进程有所提速，助力各国规避美元风险。4月，马来西亚总理安瓦尔访华期间提出建立"亚洲货币基金组织"，减少对美元的依赖。10月，安瓦尔表示马来西亚已与印尼、泰国、中国、日本等国达成或扩大了本币互换协

---

　　①　"Southeast Asia's Green Economy 2023 Report," Bain & Company, June 6, 2023, https://www.bain.com/insights/southeast-asias-green-economy-2023/.

　　②　科学碳目标倡议是基于气候科学，旨在减少碳排放和符合《巴黎协定》限制全球温升幅度要求的全球倡议。该倡议由世界自然基金会（WWF）、全球环境信息研究中心（CDP）、世界资源研究所（WRI）、联合国全球契约组织（UNGC）于2015年联合发起，主要面向企业。

议。印尼、泰国、越南、柬埔寨等国亦在积极行动合力推动区域范围的"去美元化"。2023年东盟峰会上，十国领导人共同发表了《关于推进区域支付互联互通和促进本币交易的声明》，支持进一步合作推进区域支付互联互通和促进跨境支付系统的互操作性，改善基础设施，加速推进数字支付，为扩大区域本币结算规模打下坚实基础。

（二）东南亚经济复苏面临多重挑战

一是多国生活必需品价格猛涨，给民生带来沉重负担。2023年1月，菲律宾的洋葱价格已经上涨至每千克近12美元（约合88元人民币），是鸡肉价格的3倍。下半年，菲律宾的大米价格不断攀升，7月大米价格较2022年同期上涨4.2%，涨幅为2019年以来的最高水平。菲律宾政府不得不在9月1日宣布对部分大米品种采取限价措施。进入2023年后，新加坡房租中位数达到了创纪录的2600美元（约合1.9万元人民币），成为亚太地区房租最昂贵的地区，房租指数已连涨三年，达到158.8的历史新高。2023年斋月前夕，印尼物价大幅上扬，2月印尼的消费者物价指数（CPI）同比上涨5.47%，达到七年来的最高水平，2022年同一时期的涨幅仅为2.64%。生活必需品价格上涨带来了一连串经济和政治负面后果，不利于东南亚经济复苏与社会稳定。

二是大多数国家的外国直接投资（FDI）流入减少，影响下一步经济复苏。根据世界银行数据，[①] 除越南微增外，2022年东南亚各国FDI占GDP比重与2021年相比都呈现不同幅度的下降，其中降幅较大的有文莱、老挝、柬埔寨、新加坡、马来西亚及缅

---

① "Foreign Direct Investment, Net Inflows (% of GDP)," The World Bank, https://data.worldbank.org/indicator/BX.KLT.DINV.WD.GD.ZS.

甸。这既体现出后疫情时期东南亚经济复苏缺乏外部动力，也表明东南亚在全球产供链转移中实际发挥的作用仍较为有限。

三是数字经济发展与监管平衡困境加剧。东南亚数字经济发展是近年来东南亚经济活力的重要源头之一，在疫情期间发挥了难以替代的重要作用，本应在疫后经济复苏中扮演关键角色。但随着数字经济竞争加剧，东南亚各国对数字经济的监管力度显著增强，印尼、马来西亚、泰国、越南等国对来赞达（Lazada）、虾皮（Shopee）、TikTok等电商及短视频平台采取多项针对性措施，包括内容审查、禁止经营跨境商品等。部分监管措施加剧了东南亚数字经济发展的风险，以保护手段一禁了之亦减少了经济活力，未必能如其本意保护中小企业和消费者。

三、东盟坚持战略自主路线

9月5日至7日，第43届东盟峰会和东亚合作领导人系列会议在印尼雅加达举办，此次峰会以"东盟举足轻重：打造经济增长中心"为主题，就落实东盟印太展望、推进东盟蓝色经济发展、推动东盟内部本币互换等方面达成一系列成果，彰显了东盟坚持战略自主的决心，明确了东盟今后一段时间在处理自身发展和地区事务上的主要方针。[①]

（一）东盟峰会传递战略自主信号

印尼作为2023年的东盟轮值主席国，大力推动东盟战略自主。印尼总统佐科在2月3日会见东盟各国外长和东盟秘书长时

---

① 田玉政：《东盟峰会彰显战略自主决心》，《工人日报》2023年9月15日第8版。

就强调了维护东盟团结的重要性，称东盟应致力地区的和平与稳定，绝不能成为任何方面的代理人。7月14日，佐科在出席东盟外长会以及东亚合作系列外长会时再度表示，东盟不能成为斗争的舞台，不能成为任何国家的代理人。9月5日在第43届东盟峰会开幕式上，佐科又一次明确表示，东盟不会允许东南亚地区成为任何一方争夺权力和影响力的代理人，东盟不能成为"破坏性竞争的竞技场"。外长蕾特诺称，东盟各国要坚持共同的价值观和原则，即合作而非对抗，双赢而非零和，参与而非排斥，通过共同努力维护该地区的和平、稳定与繁荣。此次峰会批准了《东盟协调一致第四宣言》，该文件强调东盟地区中心地位，为制定《东盟共同体2045年愿景》奠定坚实基础，为东盟未来自主发展提供行动指南。

印尼在此次峰会上还积极推动东盟印太展望与主要大国对接，提升东盟的地区影响力。东盟印太展望旨在推动东盟共同体建设，加强东盟主导的现有机制并为其注入新动力。印尼借本次峰会推动东盟印太展望有关合作项目落地，为此印尼配套召开了东盟印太论坛，包括创意经济论坛、基础设施论坛、东盟商业与投资峰会、支持可持续发展目标的数字经济青年大会等。在印尼的推动下，东盟印太展望坚持了开放和包容的特性，着力强化东盟主导的合作框架，力图为地区各国带来切实、具体的合作成果。这与美国构建的排他性的"印太战略"并不相通，与美国所谋求的加剧地缘政治博弈和弱化东盟中心地位的诉求更是格格不入。

本次峰会还围绕打造地区增长中心达成诸多合作成果。此次峰会大力推动数字经济、绿色经济和蓝色经济，签署《东盟领导人关于发展DEFA[①]的声明》《东盟蓝色经济框架》《10+3领导人关于发展电动汽车生态系统的声明》等系列文件，为下阶段东盟经济共同体建设注入了新动力。

（二）东盟战略自主发展面临诸多考验

一是缅甸问题斡旋进展缓慢，东南亚国家对缅政策出现微妙温差。自2021年2月缅甸政局突变以来，因执政的缅甸军方迟迟不落实东盟针对缅甸局势所提的"五点共识"，[②] 缅甸官方代表被禁止出席东盟主要活动。2023年6月中下旬，泰国组织关于缅甸问题的非正式会议，印尼、新加坡、马来西亚等部分东南亚国家拒绝出席。7月上旬，泰国副总理兼外长敦访问缅甸并与被软禁的昂山素季会面，此系军方接管政权后昂山素季首次会见外国政要。8月，已"原则上成为东盟成员国"的东帝汶因与缅甸"民族团结政府"接触，引发缅甸军方不满，一名东帝汶驻缅外交人员遭驱逐。东帝汶总理夏纳纳·古斯芒表示，如果东盟无法解决缅甸问题，东帝汶将重新考虑是否要加入东盟。

二是东盟机构改革可能走向歧途。目前东盟各方通过定期召开高级别任务小组和名人小组会议，就机构改革问题举行磋商并向领导人峰会提交政策建议。根据小组成员公开披露的消息，改革可能涉及修改东盟宪章、变革东盟组织架构、拓展东盟共同体建设涉及的领域等。这些改革措施有助于增强东盟组织凝聚力、继续有效执行区域主义和多边主义路线。但其中可能涉及的对协商一致原则的修改或会导致负面效果，甚至破坏东盟长期坚持并

---

① 指数字经济框架协议（Digital Economy Framework Agreement）。

② "五点共识"主要内容可概括为停止暴力、启动对话、东盟调解冲突、人道援助、东盟代表访缅。

行之有效的传统。

三是"印太经济框架"（IPEF）严重削弱东盟地区增长中心地位。东盟推进地区增长中心既有经济考量，也有增进东盟团结和凝聚力的战略意图。然而美国主导的IPEF本质上是在打造排他性的区域产供链和经济秩序，在区域层面强化其"小院高墙""脱钩断链"等政策主张，抵消了东盟加强中心地位和一体化的努力。

四、结语

东南亚国家的建制力量普遍在与反建制力量的对决中占据优势，本质上是其代表的社会力量在疫情期间聚集了更多的政经资源，使其在国内政治实力对比中取得领先地位，更有动力通过内部妥协方式一致对冲反建制力量。建制力量占优的国内政治格局传导到经济和外交层面上，表现为各国政府更倾向于坚持并强化既有发展经济和巩固东盟自主的路线，更愿意追逐长期利益，实施温和务实政策，维持以平稳为主基调的疫后复苏内外环境。

（中国国际问题研究院美国研究所助理研究员　刘畅）

第六章

南亚形势：
政经动荡　危中见机

2023年，南亚地区进入新一轮选举季，多国政治不稳定性增加。各国疫后经济复苏表现分化，经济增长"疤痕效应"突出。区内暴恐极端组织活动出现新动向，国家间交火事件时有发生，地区安全风险依然高企。印度围绕"全球领导型大国"的目标密集开展外交活动，突出所谓"全球南方"代言人、东西方之间的桥梁等角色。美印强化关键与新兴技术合作，美极力在中印边境争端中"拉偏架"，强化对巴基斯坦、孟加拉国、斯里兰卡和尼泊尔的投入。尽管中印关系仍低位徘徊，但中国与南亚整体的合作不断取得新突破。

一、新一轮选举季到来，政治不稳定性、不确定性激增

（一）印度议会人民院选战开打，各股政治势力分化组合、激烈角力

印度人民院（Lok Sabha）选举将于2024年4—5月举行。2023年7月，印度26个反对党组建了"印度国家发展包容性联盟"（INDIA），抨击印度人民党（简称"印人党"）"正侵犯印度共和国的特性"，承诺要"捍卫载入宪法的关于印度的理念"，在2024

年大选中挑战印人党领导的"全国民主联盟"（NDA，由38个政党组成）。

在印度教民族主义议程塑造下，印度国内政治日益"右翼化"。印人党右翼母体组织"国民志愿服务团"（RSS）宣布，将在其成立一百周年（2025年）前夕推出名为"话语"（Vimarsh）的新组织机构，定期推进RSS话语和意识形态建设工作，打击针对以RSS为核心的"团家族"的"虚构内容、负面宣传和假新闻"。2023年2月，因播放批评印度总理莫迪在2002年古吉拉特邦骚乱中所扮演角色的纪录片，英国广播公司（BBC）在新德里、孟买的办公室遭印度税务部门突击搜查。3月，RSS在哈里亚纳邦召开全印代表大会，讨论RSS基层组织"沙卡"（Shakha）的扩张及其与社会不同阶层加强联系的方案。在RSS等强力推动下，4月初发布的印度教科书删减了莫卧儿帝国几百年历史、1948年印度教狂热分子刺杀圣雄甘地事件以及2002年古吉拉特邦暴乱等内容。印舆论认为，对教科书的修改符合印人党"印度是一个单一宗教的国家"的意识形态。①

曼尼普尔邦骚乱事件凸显印度宗教族群关系的脆弱性。2023年5月，该邦信仰印度教的梅泰人希望获得"表列部落"的地位，以便在土地、贷款和工作机会方面获得优待，引发了以基督教徒为主的库基人的抗议。抗议活动随后升级为大规模骚乱和暴力冲突。印媒估计，骚乱导致的死亡人数超过130人，200人受伤，3.5万人流离失所，1700间房屋被烧毁。该邦政府被迫在多个地区实行宵禁，暂停互联网服务，多达55支印度军队和步枪队被派往当地控局。尽管目前该邦骚乱已暂时平息，但如果冲突各方不愿就

---

① "India's School Textbooks Are the Latest Battleground for Hindu Nationalism," *Time*, April 25, 2023.

资源的公平分配进行建设性对话，未来发生暴力冲突的风险还将大增。① 莫迪政府对该邦骚乱默不作声，遭反对党猛批。近年来，民族认同和宗教情绪问题对印度社会稳定的冲击日趋严重，给社会和政府治理带来了巨大的挑战，曼尼普尔邦骚乱只是个缩影。

印度追杀"卡利斯坦运动"成员引发国际关注，并引爆印度与相关国家外交危机。"卡利斯坦运动"是印国内族群矛盾累积向海外扩散的体现。1947年印巴分治后，南亚地区原有各土邦被并入印度或巴基斯坦，部分激进锡克教徒的建国梦破裂，便发起"卡利斯坦运动"，要求在印境内的旁遮普邦实行自治，并在美国、英国、加拿大、澳大利亚等国建成了颇具规模的锡克教徒社区。印度政府向来视该运动为分裂势力，将其活动分子视为眼中钉肉中刺，必欲除之而后快。2023年2月，为抓捕锡克教领袖阿姆里帕尔·辛格，印政府不惜断了旁遮普邦2700万人的网络。6月，"卡利斯坦运动"另一领袖哈迪普·尼贾尔在加拿大被暗杀，加总理特鲁多公开表示该案"与印度政府派出的特工有关"，随后印加两国爆发严重外交危机。11月，美国纽约市联邦检方就一起在美国境内暗杀锡克教领袖古尔帕特万特·潘农的未遂案提起公诉，起诉书认为该"暗杀阴谋"主谋是一名印度官员，该案导致美印关系新嫌隙。

（二）巴基斯坦政局紧张局势因大选迫近而加剧

巴选举委员会宣布新一轮国民议会选举将于 2024年2月举行后，巴主要政党围绕选战开展激烈攻防缠斗。2023年5月，巴前总理、正义运动党主席伊姆兰·汗被捕，其支持者举行多轮

---

① Anshuman Behera, "Interpreting the Ethnic Strife in Manipur," ORF Report, May 16, 2023.

抗议活动。8月，伊斯兰堡地方法院以伊姆兰向巴选举委员会提交虚假信息、存在腐败为由，判处其三年监禁，剥夺其竞选或担任公职资格五年。美国"截击"网站刊载巴政府机密文件，揭露美国政府不满伊姆兰政府在乌克兰危机上的"外交中立"，直接插手巴内政并策划罢免伊姆兰的总理职务。[①]与此同时，夏巴兹·谢里夫政府在经济上决策失当，巴内政分歧进一步削弱了其政策纠偏能力。巴军方领导人虽承诺不插手民选政府事务，但实际上仍继续主导巴政治，伊姆兰及其所属政党的"不配合"姿态进一步削弱了巴政治民主进程。[②]

（三）孟加拉国政治动荡和暴力冲突频现

孟第12届国民议会选举于2024年1月上旬举行，孟加拉民族主义党（BNP）领导的反对派联盟抵制这次选举。根据孟选举委员会公布的初步结果，执政的人民联盟（AL）在已公布的298个直选议席中赢得223席。2022年以来，哈西娜总理领导的人民联盟政府遭遇巨大执政危机，物价高涨，经济凋敝，叠加新冠疫情的负面效果，孟民生艰难。当前孟通胀率高达9.5%，产业工人频频发动抗议封锁活动要求加薪。反对派批评人民联盟政府"无能导致经济下滑、物价高涨"，严厉谴责国民议会选举"既不自由也不公正"。人民联盟政府在新的任期将面临棘手挑战。

---

① 《美国再曝策划并颠覆他国政府》，新华社伊斯兰堡2023年8月10日电。

② Zahid Hussain, "The Challenges Ahead," Dawn, December 28, 2022.

（四）斯里兰卡脆弱的政治平衡因选举迫近而被打破

根据斯宪法，斯总统选举将于2024年中举行，议会选举和地方选举则于2025年内展开。自2022年经济"暴雷"后，斯政坛一直处于脆弱的过渡阶段。如果斯里兰卡人民阵线党（SLPP）、自由党（SLFP）、统一国民党（UNP）、统一人民力量（SJB）、泰米尔全国联盟（TNA）等缺乏起码政治共识，斯每项改革均将受质疑和抵制。斯政局稳定的出路在于各方齐心协力，推进全面经济和治理改革、审慎的财政政策以及超越党派分歧的统一政治意愿，尤其是斯政府要能制定出稳定、包容和可持续的经济路线。[①]

（五）阿富汗处于由乱而治阶段，政治隐患犹存

2023年是美军撤离阿两周年，也是阿富汗塔利班（简称"阿塔"）上台两周年。2023年阿政治形势总体稳定，境内暴力有所减少。阿塔在恢复经济、保障民生、打击腐败、改善治安、推进外交、重建经济方面取得一定成效。但是，阿政治形势只是表面上趋于稳定。阿塔内部派系争斗更加复杂，上台初期即爆出内部分裂消息，各派都在暗中积蓄力量。[②] 此外，阿塔政权的包容性和多样性仍不足，对女性的歧视和限制问题仍未解决。

---

① 《斯里兰卡的经济复兴能否抵御2024年大选的风暴？》，每日经济，2023年11月2日。

② 朱永彪、胡宁：《塔利班重新执政后的阿富汗局势与问题》，《国际关系研究》2023年第4期。

（六）马尔代夫总统选举后政权更迭

2023年9月，"进步大会联盟"候选人、马累市长穆伊祖当选马尔代夫新一任总统。穆伊祖承诺进行转型改革，稳定经济，推进外交对象多元化，防范该国在军事和经济上过分依赖特定国家。

二、各国经济复苏呈现分化，经济增长风险如影随形

2023年10月，国际货币基金组织（IMF）发布《世界经济展望》认为，南亚各国经济复苏分化势头明显。IMF驻华首席代表巴内特认为，2023年全球经济韧性十足，但普遍出现疫情后经济的"疤痕效应"，各地区增长前景出现分化，低收入发展中国家"疤痕"最深，经济复苏困难最大。世界银行在半年期地区经济展望报告中认为，2023年南亚地区经济预计增长5.8%，该增速虽高于其他发展中国家和地区，但仍不及疫情前，亦不足以支持该地区发展目标。世行《南亚发展更新报告：迈向更快、更清洁的增长》认为，随着疫后经济反弹消退，货币紧缩、财政整顿和全球需求减少等因素对经济活动构成压力，2024年、2025年南亚地区增长将放缓至5.6%。由于财政状况脆弱等原因，增长前景面临下行风险。[①]

（一）印度经济增长稳健，但风险挑战不少

《世界经济展望》认为，2023年印度经济将增长6.3%，高于

---

① "South Asia Development Update: Toward Faster, Cleaner Growth," World Bank Report, October 2023.

此前预测的6.1%，继续成为全球经济图景中的亮点。美西方实施所谓"中国+1"战略，试图推动全球供应链向南亚和东南亚转移，印度政府认为自身将是潜在受益者。此外，印度国内不断扩大的市场规模也愈发受外国投资者青睐，快速发展的数字经济和数字化支付、极具优势的人口结构、不断增多的政策红利以及各类产业转型契机等都预示印度经济的乐观前景。[①] 印度转型国家研究所（NITI Aayog）透露，印政府即将公布名为"发达印度：2047愿景"（Viksit Bharat@2047）的报告，旨在在二十年内推动印度成为GDP规模达30万亿美元的发达经济体。

与此同时，不断扩大的经常账户赤字、通胀回升以及地缘政治紧张局势将构成印度经济增长的主要阻力。印度储备银行宽松货币政策将"制造未来的问题"。国际油价上涨亦对印度贸易和财政赤字、通胀和增长产生不利影响。[②] 2023年初，美国做空机构兴登堡研究公司揭露，印度最大的港口开发商和运营商阿达尼集团参与"数十年来厚颜无耻的股票操纵和会计欺诈计划"。该丑闻严重打击外来投资者对印度的信心。另外，莫迪执政九年后，印度债务激增了155万亿印度卢比，创1980年以来的最高纪录。2023年底印度政府公债占GDP的比例达88%，全年印度中央政府和地方政府的财政赤字分别约为6.8%和2.4%，高过IMF建议的3%和2%，成为印经济增长的隐形炸弹。

此外，全球供应链离开中国、转进印度的设想远未成为现实。莫迪政府推出"生产挂钩激励计划"，承诺提供250亿美元补

---

① Sameer P. Lalwani et al.,"What to Watch in 2023: India's Pivotal Year on the Global Stage," USIP website, February 8, 2023.

② 国际货币基金组织：《世界经济展望：应对全球分化》，2023年10月，https://www.imf.org/zh/Publications/WEO/Issues/2023/10/10/world-economic-outlook-october-2023。

贴，激励外商赴印投资半导体等14个部门的制造业，旨在"从西方国家将其供应链与中国'脱钩'所带来的好处中分一杯羹"。[①] 但是，中国制造商将把劳动密集型制造业从高成本的沿海地区转移到欠发达的内陆地区，离开中国的投资者主要前往越南等东南亚国家而非印度，而撤离中国的少数美国生产商大都将业务重新安置到靠近美国的墨西哥和中美洲。[②] 苹果公司布局印度受挫，苹果供应商纬创拟全面撤出印度市场。富士康公司宣布退出与印度韦丹塔公司价值195亿美元的半导体合资计划，莫迪的印度芯片制造计划亦受挫。[③]

（二）巴基斯坦经济有回升迹象但基础脆弱

亚行报告预计，2023/2024财年（2023年7月至2024年6月）巴GDP增长率将从上财年的0.3%温和回升至1.9%，通胀率将从29.2%降至25%。巴大米、棉花等产量在2023年下半年表现较好，成为巴经济企稳关键。巴货币卢比币值趋稳，海外直接投资也重振了巴市场信心，支持巴卢比进一步稳定。不过，为增加财政收入，巴政府大幅调高油价和电价，通胀料将加剧。亚行报告亦显示，巴经济在2023/2024财年仍面临下行风险，一些工厂被迫削减规模，导致消费需求有所下降，失业率不断攀升。[④] 此外，2022年巴遭遇毁灭性洪灾，巴政府估计重建工作将耗资160亿美

---

① Dnyanesh Kamat, "India's Unemployment Problem Is Stifling Its Economic Potential," Arab News, April 21, 2023.

② Ashoka Mody, "India's Boom Is a Dangerous Myth," Project Syndicate, March 29, 2023.

③ 《富士康放弃与韦丹塔195亿美元的合资芯片计划》，路透社台北/班加罗尔2023年7月10日电。

④ 施普皓：《巴基斯坦经济出现回升势头》，《经济日报》2023年10月30日。

元。尽管近期巴政府与IMF的纾困贷款谈判取得进展，但惠誉、穆迪等评级机构仍认为巴尚未摆脱债务困境，限制了巴从IMF以外途径获额外援助的机会。

（三）阿富汗遭遇地震、干旱及战争后遗症等危机

2021年以来，阿经济萎缩将近30%，约70万个工作岗位流失，超过90%的人口面临粮食短缺问题。2023年3月联合国难民署报告指出，阿需人道援助的人数已增至2880万，包括400万严重营养不良人口。在西方制裁下，流入阿外援逐渐枯竭。阿塔政府与哈萨克斯坦等国举行投资谈判，希望取消制裁并释放数十亿美元的被冻结阿资产，但多国政府坚称，唯有塔利班采取某些行动，包括取消对妇女和女童的限制后，才会取消制裁。[①] 10月，阿西部赫拉特省连续发生三次最高等级为6.3级的地震，加剧了阿人道主义灾难。值得关注的是，阿塔宣布种植罂粟禁令后，阿罂粟种植面积骤降95%。减少罂粟种植可为阿走上合法发展轨道打开大门，为阿经济在农业、制造业和服务业的多元化发展铺平道路。[②]

（四）孟加拉国经济遇危机，增长疲态显现

世界银行预计孟在2023/2024财年经济增长率将降至5.6%。[③] 根据孟加拉国银行的官方记录，孟外储从2021年480亿美元急跌

---

① 《阿富汗塔利班重掌政权两周年：经济发展挑战多，女性权益引关注》，澎湃新闻，2023年8月15日。

② 陈思佳：《联合国报告：阿富汗塔利班发布禁令后，阿富汗罂粟种植面积减少95%》，观察者网，2023年11月6日。

③ "South Asia Development Update: Toward Faster, Cleaner Growth," World Bank Report, October 2023.

至2023年9月的269亿美元。[①] 选举季的政治对抗也给孟经济蒙上阴影，一旦政党走上街头，暴力频发，孟贸易、商业和工业活动将受到严重扰乱。2023年，穆迪、标普和惠誉三大评级机构均下调了对孟经济前景的预期。

（五）斯里兰卡经济扭转萎缩态势但仍未脱险

世行认为，斯经济呈现复苏迹象，2023年经济收缩3.8%后，2024年将增长1.7%，有望扭转2020年以来的衰退局面。但是，在美联储加息和乌克兰危机持续施压下，斯资本、食品、燃料和药品短缺问题仍未缓解，外债压力依然居高不下。为应对能源成本飙升和通胀加剧，斯政府被迫采取重大措施，以从IMF拿到30亿美元救助贷款。为重振出口，斯政府拟加强与美欧贸易关系的同时，还计划加入《区域全面经济伙伴关系协定》，与中国尽快达成全面自贸协定，推进与东亚、东盟及大洋洲地区的经济融合。

（六）尼泊尔经济增长持续低迷

尼经济面临债务沉重、低收入、低资本支出、年轻劳动力流失国外、外国直接投资低、信贷增长放缓、旅游收入损失、家庭开支成本急剧上升等多重重压。2023年10月世行发布的尼泊尔发展更新报告认为，2022—2023年尼经济仅增长1.9%，在取消进口限制、旅游业强劲反弹以及货币政策逐步放松后，2024财年尼经济增长预计将反弹至3.9%。[②]

---

① 《孟加拉国：一场经济灾难正在酝酿之中，不仅仅是外汇危机》，每日经济，2023年11月2日。

② "World Bank Projects a Rebound in Nepal's Economic Growth," October 3, 2023, https://www.worldbank.org/en/news/press-release/2023/10/03.

三、安全风险不降反升，暴恐袭击和交火事件不断

（一）印度内部安全问题有所突出

2023年5月，曼尼普尔邦爆发严重骚乱事件，印度军方紧急镇压，导致数万人逃难，数千人丧生。10月，"纳萨尔反政府武装分子"在恰蒂斯加尔邦的巴斯塔尔地区刺杀了4名印人党官员，印度安全部队在打击反政府武装时反遭袭击，导致5人死亡，15人受伤。在印度教至上思维泛滥背景下，印宗教冲突、种姓矛盾、分裂活动均有增加，不排除将酝酿更大规模的社会动荡。

（二）巴基斯坦国内极端暴恐活动仍较严重

巴境内恐袭数量激增，定点杀戮、自杀式爆炸、袭击安全设施成"家常便饭"，巴基斯坦塔利班（下称"巴塔"）与部分俾路支分离主义团体的勾连愈加令人担忧。[1] 巴塔利用巴阿边境管控薄弱地带，频繁以阿为据点向巴境内发动袭击。阿塔掌权以来，巴境内恐怖袭击较2021年增加51%以上，其中大部分为巴塔所为。[2] 2023年1月，巴北部白沙瓦市一座清真寺发生爆炸，造成92人死亡，150余人受伤。3月，一名自杀式爆炸袭击者在俾路支省首府奎达骑车袭警，造成10名警察死亡。8月，"俾路支解放军"两名激进分子袭击载有中国工程师的车队后被击毙。巴安全专家称，美军遗留在阿的精密夜视仪等装置正助力巴塔发动袭击，令巴面临更严重威胁。

---

[1]　Zahid Hussain, "The Challenges Ahead," Dawn, December 28, 2022.

[2]　朱永彪、胡宁：《塔利班重新执政后的阿富汗局势与问题》，《国际关系研究》2023年第4期。

（三）阿富汗境内"伊斯兰国"暴恐势力再度冒头

阿塔再度执政以来，阿境内武装冲突和恐怖袭击并未显著减少。现阶段，来自前政府成员发起的反抗武装和"伊斯兰国呼罗珊省"（IS-K，亦作 ISKP）构成了阿国内主要安全威胁。[①] 根据美国防部评估报告，美军撤离阿两年后，"伊斯兰国"已将阿作为重要的活动协调中心，以便"该组织向欧洲和亚洲发动袭击，对美国推进雄心勃勃的阴谋"。[②] IS-K 通过袭击阿邻国破坏阿塔的对外承诺，进而阻止阿塔获得国际承认。在线视频游戏平台、社交网站和加密货币日益成为"伊斯兰国"组织用来筹集资金，并在某些情况下招募新成员的途径。[③] 阿前驻外大使和美国前中情局地区反恐局长建议，美国应外交承认阿塔政府，尽管这样做可能会被视为一种痛苦的背叛。若允许阿富汗沦为危险的隐士王国，放弃影响或塑造事件的洞察力和手段，对所有人将意味着更可怕的后果。[④]

（四）南亚国家间交火事件不断

一是印巴紧张再升级。两国军队在克什米尔实际控制线附近不时交火，并指责对方破坏停火协议。2023 年 10—11 月，巴军方称击落了一架企图入侵的印度无人机，印度在毫无预兆的情况

---

① 朱永彪、胡宁：《塔利班重新执政后的阿富汗局势与问题》，《国际关系研究》2023 年第 4 期。

② Dan Lamothe and Joby Warrick, "Afghanistan Has Become a Terrorism Staging Ground Again, Leak Reveals," *The Washington Post*, April 22, 2023.

③ 埃菲社联合国 2023 年 2 月 9 日西文电。

④ Javid Ahmad and Douglas London, "America Should Recognize Afghanistan's Taliban Government," *Foreign Policy*, May 23, 2023.

下向巴边境哨所开火。在印举行大选之际，印政客争相对巴"示强"，未来一年印巴对抗风险恐将激增。二是巴阿围绕跨境恐袭问题爆发冲突。2月及9月，巴阿边防部队在两国边境口岸多尔哈姆（Torkham）附近爆发冲突，互有伤亡。三是阿伊爆发边境冲突。5月，伊朗边防军与阿塔边防士兵在两国边境发生冲突，双方均有伤亡。阿塔高层表示，此次冲突源于两国在赫尔曼德河上的用水纠纷。

四、印度围绕"全球领导型大国"的
目标密集开展外交活动

2023年6月，印度外交部举办"莫迪政府执政九年外交成果特别简报"发布会。印外长苏杰生会上宣称，"外交在印度国家政策及对外战略中将地位更高，印度外交将影响更大，足迹更广，理念更新"，世界各国尤其"全球南方"国家视印度为可靠发展伙伴，印度对"多极化和多向结盟"信心和底气更足，致力于成为"全球南方"国家代言人和沟通东西方的重要桥梁。[①]印度观察家基金会撰文称，印度可为"全球南方"提供不同于中美的"第三条道路"，补充美国在"全球南方"的势力空缺，美国应大力支持印度充当"全球南方"领袖。[②]

印度利用担任二十国集团峰会轮值主席国之机，提高全球治理话语权。2023年1月，印度举办"全球南方国家之声"线上峰会，邀请120个发展中国家政府首脑、外长、财长参会，讨论

① "Transcript of Special Briefing by External Affairs Minister on 9 Years of Modi Government," June 8, 2023, https://www.mea.gov.in.

② Joseph Rozen, "India Needs a Strategic and Not a Reactive Approach towards China," ORF Online, May 11, 2023.

"发展中国家金融发展和能源安全"等问题。莫迪在开幕致辞中称，"全球南方的声音就是印度的声音，全球南方的优先事项就是印度的优先事项"；提出一项包括所谓"回应（Respond）、承认（Recognise）、尊重（Respect）、改革（Reform）"的"4R全球议程"，"以给世界重新注入活力"。① 11月30日，印度总理宣布在印G20轮值主席国任期结束前再办一场G20线上峰会，急于强化自身在"全球南方"国家中领导地位的意图非常突出。

莫迪政府将2023年9月G20新德里峰会打造为印外交"高光时刻"，视其为"确认印度已经是全球领导型大国"的"黄金机会"，同时为莫迪本人及其所在的印人党2024年大选拉抬选情。为了拉拢印度，美西方在乌克兰危机问题上降低反俄调门，确保峰会宣言通过。半岛电视台评论认为，许多西方国家乐见印度作为中国的制衡者能宣称"此次峰会取得巨大成功"。同时，印度在举办G20峰会过程中加塞不少"私货"。4月，印度在中国藏南地区和拉达克地区举办了"G20科技创新峰会"以及"青年峰会"，5月印度在印控克什米尔地区"首府"斯利那加举行"G20旅游工作组会议"，借国际会议合法化本国领土主张意图非常明显。

印度宣布将建立"印度—中东—欧洲经济走廊"（IMEC）。在G20新德里峰会上，印度、美国、意大利等国领导人共同宣布启动IMEC。根据谅解备忘录，IMEC将由两个独立走廊组成，即连接印度和海湾的东部走廊和连接海湾和欧洲的北部走廊；该计划还将包括一条铁路干线，建成后将提供"可靠且具有成本效益的跨境铁路运输网络，以补充现有海上和公路运输路线"。② 但

---

① 《印度总理莫迪在2023年全球南方之声峰会开幕式上的致辞》，印度驻广州总领事馆微博，2023年1月17日。

② 《美国牵头建立印度—中东—欧洲经济走廊》，对外经济贸易大学中国WTO研究院网站，2023年9月28日。

是，仅一个月后，随着巴以冲突爆发，该项目前景就陷入极大不确定性，或因基建安全无法保证、参与国关系无法协调、路线规划无法灵活变通等陷入停滞。①

五、美国多管齐下，加力渗透南亚地区

（一）美印强化关键与新兴技术合作

美国总统国家安全事务助理沙利文宣称，继美印2016年达成核能合作协议后，当前的目标是让技术合作成为美印关系"下一个重要里程碑"。2023年1月，美印在华盛顿召开首次"关键和新兴技术倡议"（iCET）会议，以提升和扩大两国政府、企业和学术机构之间的战略技术伙伴关系和国防工业合作。美方认为，支持印度崛起成为全球大国符合自身战略利益，iCET倡议表明美印准备打破壁垒，促进技术关系，加强国防合作，释放两国在感兴趣的关键领域前所未有的新融合潜力。②3月，印度贸易部发表声明称，印美签署了半导体供应链合作协议。6月，印度批准花费超30亿美元采购31架美国MQ-9B"海上卫士"无人机，试图让印度摆脱对俄罗斯武器进口依赖，并与美国、日本、澳大利亚实现侦察无人机情报共享。③几乎同时，美国海军与印度船厂签署了两份协议，分别涉及美海军舰船在印进行维护和修理的技术转让，以及美对印飞机维护、修理和全面检修能力及设施方面的

① Jürgen Rüland and Elisabetta Nadalutti, "Is the India-Middle East-Europe Economic Corridor Dead on Arrival?" The Diplomat, October 17, 2023.

② "India, US Are Ready to Break down Barriers to Closer Technology and Defence Cooperation: Experts," The Times of India, February 1, 2023.

③ "India Approves Procurement of U.S. MQ-9B Sea Guardian Drones — Sources," Reuters, June 15, 2023.

投资。上述协议将极大方便正越来越多部署到"印太"地区的美国军舰，并为印度船厂带来了更多业务，有利于维护印度在该地区的海上地位。①

（二）美国加大在中印边境冲突中"拉偏架"

2022年12月初，美印军队在印北阿坎德邦举行第18次"准备战争"（Yudh Abhyas）年度军演，帮助印军磨炼"在高海拔作战中对抗中国的能力"，地点距离中边界实控线仅60英里。美情报部门透露，美政府在中印边境冲突期间向印提供中国士兵的实时点位、兵力细节。美国国家情报总监办公室（ODNI）2023年3月发布《美国情报界年度威胁评估》宣称，中印在争议边界沿线扩大军事力量，"恐将直接威胁美方利益，美国应进行干预"。美国学者还建议，"华盛顿应该向伊斯兰堡发出信息，鼓励巴基斯坦在未来中印边境爆发冲突时保持中立"。②

（三）美国加大对巴基斯坦和孟加拉国的影响

2023年1月，白宫国家安全委员会负责南亚事务的高级主任劳巴赫、美负责南亚和中亚事务的助理国务卿唐纳德·卢先后访孟。③2月，美国务院顾问乔莱特访问巴孟两国，利用两国深陷经济危机、粮食危机及政治危机，推进美与两国"强有力的

① 《美媒：印美签协议 印船厂可为美舰提供修理维护服务》，参考消息网，2023年7月10日。

② Lisa Curtis and Derek Grossman, "Trouble at the Roof of the World: Why America Can't Afford to Neglect India and China's Border Dispute," Foreign Affairs, February 15, 2023.

③ "Bangladesh Is Emerging as an Important Site of Big Power Competition," The Diplomat, January 24, 2023.

经济及安全合作"。孟外长莫门向美寻求支持孟"快速行动营"（RAB）的能力建设，与美协调应对罗兴亚难民危机、加强国际论坛合作、推进孟美间"安全伙伴关系"。美代表团访巴时，讨论加强美巴经济联系、合作应对气候问题、扩大美巴民间联系等。为策应美国"印太战略"，日本政府提议，将2027年即将投入使用的孟加拉国马塔巴里港（Matarbari）作为从印度东北部通往孟加拉湾的出入口，"构建新的产业链价值链"。日本还计划将孟列入"政府安全保障能力强化支援"名单，使孟成为首批无偿获得日军备品援助的国家之一。[①]

（四）美国强化对尼泊尔和斯里兰卡的投入

2023年1月底，美国负责政治事务的副国务卿纽兰访问加德满都，2月，美国国际开发署署长鲍尔接踵访尼。10月，美政府下辖机构千年挑战公司（MCC）首席执行官艾丽斯·奥尔布赖特访尼，标志MCC协议正式开始在尼实施。[②]MCC公司在尼设立名为MCC-尼泊尔（MCC-Nepal）的机构，该机构目前已启动土地收购及承包商、输电线路顾问雇佣程序，所有六家参与承包商竞标的公司均来自印度。此外，美国正寻求通过"州伙伴关系计划"（SPP）加强对尼军事安全接触。[③]11月，美国国际开发金融公司（DFC）宣布，将为印度和斯里兰卡共同开发的科伦坡港西集装

---

① 高桥彻：《孟加拉国总理：孟加拉国可成为南亚与东南亚的结点》，《日本经济新闻》2023年4月21日。

② "MCC CEO Celebrates MCC-Nepal Compact Launch," October 12, 2023, https://www.mcc.gov/news-and-events/release/release-10-12-23-ceo-celebrates-nepal-launch.

③ Santosh Poudel, "US Steps Up Its Courting of Nepal," The Diplomat, February 13, 2023.

箱码头项目提供5.53亿美元融资，宣称此举"有望促进斯里兰卡经济增长，推动包括印度在内的区域经济一体化"。[①]

六、中国与南亚整体合作不断取得突破

（一）中巴经济走廊建设进入新阶段

2023年是中巴经济走廊启动建设十周年。十年来走廊累计为巴方带来254亿美元直接投资、23.6万个就业岗位、510千米高速公路、8000多兆瓦电力和886千米核心输电网，有力推动巴基斯坦经济社会发展。[②] 下一阶段，中巴经济走廊建设一要追求高标准，打造增长、民生、创新、绿色、开放的走廊"升级版"；二要实现可持续，推动铁路升级、公路改线、园区发展、信息技术、清洁能源项目加快实施、早日见效；三要加大惠民生，加快落实援款、增加巴方农产品对华出口、实现红其拉甫口岸常年开放。[③]

（二）中国与不丹边界谈判取得重要进展

2023年1月，中不边界问题专家组第十一次会议在昆明举行，双方就落实《关于加快中不边界谈判"三步走"路线图的谅解备忘录》深入交换意见，达成了积极共识。8月，中不边界问

① 《为对抗中国影响力，斯里兰卡港口现"美国资助、印度开发"新型合作模式》，观察者网，2023年12月4日。

② 《姜再冬大使出席"中巴经济走廊千里行"报告发布会》，中华人民共和国驻巴基斯坦共和国大使馆网站，http://pk.mofcom.gov.cn/article/jmxw/202311/20231103452252.shtml，2023年11月7日。

③ 《姜再冬大使出席"中巴经济走廊千里行"报告发布会》，中华人民共和国驻巴基斯坦共和国大使馆网站，http://pk.mofcom.gov.cn/article/jmxw/202311/20231103452252.shtml，2023年11月7日。

题专家组第十三次会议在北京举行，双方就继续落实《关于加快中不边界谈判"三步走"路线图的谅解备忘录》进行坦诚、友好和建设性讨论，同意加快同步推进"三步走"路线图所有步骤的落实，成立了中不划界联合技术小组并举行首次会议。双方同意保持边界谈判频密势头，尽早举行中不边界问题专家组第十四次会议，并就举行第二十五轮边界会谈保持沟通。

（三）中国积极援助阿富汗应对人道主义危机

2023年4月，中国外交部发布《关于阿富汗问题的中国立场》，强调中国支持任何有利于推动阿问题政治解决的方案和举措，将进一步通过阿邻国外长会、上海合作组织-阿富汗联络组、中阿巴（基斯坦）三方外长对话、中俄巴伊（朗）四国外长阿富汗问题非正式会议等机制平台开展涉阿多边协调，努力凝聚国际和地区稳阿助阿的共识合力。中国欢迎阿参与共建"一带一路"，支持阿融入地区经济合作和互联互通，从"陆锁国"变为"陆联国"。[①] 为助阿应对地震灾害和人道主义灾难，中方提供多批紧急物资援助，同时在安理会等平台推动美国解冻阿富汗资产。

（四）中国及时援助斯里兰卡渡过经济难关

2023年9月，中国进出口银行作为官方债权人，同斯方就涉华债务处置初步达成一致。中方将继续支持本国金融机构同斯方开展友好商谈，尽快达成斯涉华债务处置方案，愿同有关国家和国际金融机构一道，继续为斯方缓解债务负担、实现可持续发展

[①]　参阅《关于阿富汗问题的中国立场》，中华人民共和国外交部网站，2023年4月12日，http://newyork.fmprc.gov.cn/gjhdq_676201/gj_676203/yz_676205/1206_676207/xgxw_676213/202304/t20230412_11057782.shtml。

发挥积极作用。科伦坡港口城和汉班托塔港项目成为中斯共建"一带一路"的标志性项目。两国同意尽快达成全面的自贸协定，以加强双边贸易和经济合作。[1]

（五）中国里孜–尼泊尔乃琼口岸开通运行

2023年11月，中国里孜–尼泊尔乃琼口岸举行开通仪式，标志着中尼双边口岸对等开放，有利于促进中尼全面交流合作。中国援建的博克拉国际机场已正式运营，成为中尼共建"一带一路"的亮丽新名片。除"一带一路"项目外，中国目前支持尼方进行环路扩建、拉尔扎和夏布鲁贝西边境口岸的干港建设以及从加德满都到中国边境的光纤电缆电网连接。在将尼泊尔从"陆锁国"变为"陆联国"的中尼跨喜马拉雅立体互联互通网络的框架下，中尼各种公路、海洋和走廊网络均逐渐建立起来，将极大促进尼泊尔对华出口和中尼人文往来。[2]

（六）中国成功推进"环喜马拉雅"合作

第三届中国西藏"环喜马拉雅"国际合作论坛在西藏林芝举办，蒙古国、尼泊尔、巴基斯坦、阿富汗等国派高官出席。论坛发布了《林芝倡议》，呼吁深化环喜马拉雅地区国际合作，促进人与自然和谐共生，共享发展合作成果。中共中央政治局委员、中央外办主任王毅呼吁该地区国家加强互联互通，促进区域一体化进程，持续推进铁路、公路、航空等双多边优先领域和重点项

---

[1] 《中华人民共和国和斯里兰卡民主社会主义共和国联合声明》，新华社北京2023年10月20日电。

[2] Syed Raiyan Amir, "Nepal-China Relations and Belt and Road Initiative," Modern Diplomacy, January 24, 2023.

目，提升口岸通关和过境运输便利化水平。[①]

七、结语

2023年南亚地区政治经济不稳定性增加，安全风险挑战丝毫未减少，美国显著加大对包括印度在内的南亚国家的利诱笼络。未来，随着全球地缘政治局势持续演变，南亚地区在中国外交议程中的分量势必进一步加重，中国与南亚关系将迎来新的发展机遇。

（中国国际问题研究院亚太研究所所长、副研究员 蓝建学）

---

① 《王毅出席第三届中国西藏"环喜马拉雅"国际合作论坛开幕式》，中华人民共和国外交部网站，2023年10月5日，https://www.fmprc.gov.cn/web/wjb_673085/zzjg_673183/xws_674681/xgxw_674683/202310/t20231005_11155012.shtml。

第七章

中亚形势：
持续向稳　改革图强

　　2023年，中亚形势总体平稳。面对全球地缘政治局势紧张、乌克兰危机长期化等风险挑战，中亚国家积极应变，改革图强，全力维护国家安全、社会稳定并促进经济发展。主要宏观经济指标向好，经济保持恢复增长良好势头。地区国家间关系不断改善，地区一体化升温。大国博弈美攻俄守，域外势力竞相角逐中亚，中亚国家多元平衡外交更趋自主、均衡和务实。同时，在地区不确定、不稳定因素增多的背景下，各国仍不同程度承受维稳保权压力，经济增长尚未恢复到疫情前的长期平均水平，[①] 地区一体化前路漫漫，大国激烈博弈给中亚安全稳定和发展振兴带来复杂深刻影响。

---

　　① "Economic Activity in Europe and Central Asia Improves but Growth Lags Pre-Pandemic Levels," The World Bank, October 5, 2023, https://www.worldbank.org/en/news/press-release/2023/10/05/economic-activity-in-europe-and-central-asia-improves-but-growth-lags-pre-pandemic-levels?cid=eap_wc_worldbank_zh_ext.

一、政局趋稳向好，风险因素总体可控

2023年以来，在百年变局与欧亚地缘变局相互激荡的背景下，中亚国家当局高度重视维稳保权，多国迎来"政治选举季"，各项改革持续推进，未再出现2022年局部震荡和骚乱事件，政局总体更趋稳定。

（一）多国顺利举行政治选举

哈萨克斯坦、乌兹别克斯坦、土库曼斯坦均成功举行政治选举，政局稳定有序，未引发社会动荡和群体性事件。一是乌修宪全民公投和非例行总统选举。2023年4月30日，乌成功举行全民公投通过宪法修正案，完成了2022年因国内局势动荡而推迟的修宪公投。7月9日，乌顺利举行修宪后首次总统选举，现任总统米尔济约耶夫以87.05%的得票率胜选连任。[①] 米尔济约耶夫赢得本次总统选举符合各界预期，根据新宪法，他可再竞选两个七年任期。二是哈议会选举。议会选举是哈总统托卡耶夫推进政治制度现代化和社会变革的重要步骤。1月14日，哈举行了议会上院选举。19日，总统托卡耶夫宣布解散议会下院，并决定提前举行选举。3月19日，哈举行议会下院和地方议会选举。共有6个政党跨过得票率5%的门槛获得议会下院席位，执政党"阿玛纳特"

---

① ИНФОРМАЦИОННО СООБЩЕНИЕ О ЗАСЕДАНИИ ЦЕНТРАЛЬНОЙ ИЗБИРАТЕЛЬНОЙ КОМИССИИ ПО ИТОГАМ ДОСРОЧНЫХ ВЫБОРОВ ПРЕЗИДЕНТА РЕСПУБЛИКИ УЗБЕКИСТАН, 11 июля 2023 г., https://www.saylov.uz/ru/press_service_in/informacionno-soobshenie-o-zasedanii-centralnoj-izbiratelnoj-komissii-po-itogam-dosrochnyh-vyborov-prezidenta-respubliki-uzbekistan.

党获得票数最多，得票率为53.9%[①]，蝉联议会第一大党。除上一届议会全部3个政党以外，"阿吾勒"人民民主爱国党、国家社会民主党、共和党进入了新一届议会，多党制取得新发展。三是土议会选举。3月26日，土举行第七届议会选举和地方议会选举，投票率91.12%。土中央选举和全民公决委员会宣布，此次议会选举按照法律规定成功举行。4月6日，土总统谢尔达尔·别尔德穆哈梅多夫主持召开新一届议会首次会议，125名议员一致投票选举34岁的古尔马诺娃为新任议长。

（二）政治经济改革平稳推进

为应对内外挑战，各国纷纷推行改革，提高国家治理效能，谋求国家更大发展。哈续推"新哈萨克斯坦"建设，稳步推行政治经济改革。3月30日，随着哈新一届议会下院选举顺利举行，托卡耶夫总统签署命令，任命斯迈洛夫为政府总理。5月3日，哈总统战略研究所网站发布消息称，该所进行的一项民意调查显示，72%的哈公民认为，国家正朝着正确的方向发展。[②] 9月1日，托卡耶夫总统发表了题为《公正哈萨克斯坦的经济方向》的年度国情咨文，强调哈必须将深刻的政治改革和全方位的社会和经济改革结合起来。乌推进"新乌兹别克斯坦"建设，重点进行了宪法和行政体制改革，以提高国家政策的延续性、可预测性和行政效率。米尔济约耶夫在总统竞选中提出了未来七年的五大战

---

①　ЦИК объявил окончательные итоги выборов в Мажилис, 27 марта 2023 г., https://www.zakon.kz/politika/6388260-tsik-obyavil-okonchatelnye-itogi-vyborov-v-mazhilis.html.

②　В КИСИ представили результаты социологического исследования, 3 мая 2023 г., https://kisi.kz/ru/v-kisi-predstavili-rezultaty-sociologicheskogo-issledovaniya/.

略方向，擘画了乌改革新蓝图。土议会从两院制改回一院制。3月20日，《土库曼斯坦一院制议会法》正式生效。前总统库尔班古力·别尔德穆哈梅多夫从人民会议（一院制议会）议长改任土最高权力代表机构人民委员会主席。4月，吉尔吉斯斯坦进行了行政体制改革，决定精简总统办公厅机构和编制，共减少了72个编制单位，涉及259个人员编制。① 9月，塔吉克斯坦议会上院议长兼杜尚别市长鲁斯塔姆·埃莫马利表示，塔正在成功实施经济改革。②

（三）风险因素总体可控

受内外多种因素影响，中亚国家仍不同程度面临政治安全、反恐安全等风险挑战。目前，乌、哈、土等完成国家最高权力交接，塔仍为第一代领导人执政，拉赫蒙总统平稳控局。6月，吉出现"未遂武装政变"。根据吉国家安全委员会发布的消息，吉特勤局逮捕了30多名准备发动政变的嫌疑人。图谋政变者共有100多人，其中30多名嫌疑人被拘留并已认罪，其目的是暴力夺取政权，主要组织者和思想煽动者是吉民间活动家、"人民委员会"党主席、前政府社会部门负责人罗扎·努尔马托娃。③ 2023年，哈、塔等国境内极端恐怖活动较活跃，哈、塔当局均挫败了

① Оптимизирована штатная численность Администрации Президента КР, 3 апреля 2023 г., https://president.kg/news/all/24153.

② РУСТАМИ ЭМОМАЛИ: «В ТАДЖИКИСТАНЕ УСПЕШНО ОСУЩЕСТВЛЯЮТСЯ ЭКОНОМИЧЕСКИЕ РЕФОРМЫ», 1 октября 2023 г., https://khabarikhush.tj/2023/10/01/rustami-emomali-v-tadzhikistane-uspeshno-osushhestvlyayutsya-ekonomicheskie-reformy/.

③ По делу о захвате власти в Кыргызстане спецслужбы задержали более 30 человек, 6 июня 2023 г., https://rg.ru/2023/06/06/po-delu-o-zahvate-vlasti-v-kyrgyzstane-specsluzhby-zaderzhali-bolee-30-chelovek.html.

企图制造暴恐事件的零星极端恐怖团伙。总体上看，各国高度重视维护国家安全和社会稳定，具备较好的控局和应急处突能力，有望保持政局基本稳定。

二、经济复苏良好，结构性问题有待解决

2023年以来，在全球地缘政治局势恶化、世界经济增长失速、外部发展环境日趋严峻的背景下，中亚国家政府积极采取措施确保本国宏观经济稳定，着力稳增长、惠民生。哈推进"新哈萨克斯坦"建设，发展真正的市场经济并促进经济多元化，就减少国家对经济干预，修改宏观经济政策，改革税收、预算政策等提出许多新举措，积极培育进口替代、跨境交通运输、中小企业等新增长点。乌继续实施"新乌兹别克斯坦"2022—2026年发展战略，并提出"乌兹别克斯坦-2030"战略，经济增长基础不断夯实，社会投资提质增速，2023年3月启动了"新塔什干"建设项目。土批准了《2023年土库曼斯坦经济社会发展计划》，稳步推进天然气开发与对外合作，通过打造智慧城市阿尔卡达格、积极筹备加入世界贸易组织（WTO）为经济发展注入活力。总体上，得益于国际能源价格处于相对高位、俄经济表现强于预期及后疫情时期各国政府高度重视提振经济和改善民生，中亚国家经济平均增速高于世界均值，恢复发展势头良好。

一是GDP实现较快增长。2023年1—9月，哈GDP增长4.7%，其中实体经济增长3.7%，服务业增长5.1%，建筑业、贸易、信息和通信行业增幅最大，分别为12.6%、10%和8.4%。固定资产

投资增长12.1%。[①]乌GDP增长5.8%，其中工业增长5.7%，农业增长4.1%，固定资产投资增长11.8%，建筑业增长5.6%，零售贸易增长7.0%，服务业增长12.1%。[②]吉GDP增长4.2%，其中税收、服务业和商品制造分别增长5.5%、5.1%和2.4%。[③]土GDP同比增长6.3%。[④]2023年上半年，塔GDP同比增长8.3%。二是对外贸易普遍上升。乌、吉两国高速增长，表现抢眼。1—9月，乌对外贸易额为448亿美元，同比增长22.1%。吉对外贸易额为94.07亿美元，同比增长32.3%。[⑤]哈、土温和增长。1—8月，哈对外贸易额达911亿美元，增长4.2%。[⑥]土增长2.5%。[⑦]塔是唯一

① Экономика Казахстана выросла на 4.7% по итогам 9 месяцев, 10 октября 2023 г., https://primeminister.kz/ru/news/ekonomika-kazakhstana-vyrosla-na-47-po-itogam-9-mesyatsev-25866.

② Экономическое положение Республики Узбекистан за январь-сентябрь 2023 года, 17 октября 2023 г., https://www.stat.uz/ru/press-tsentr/novosti-goskomstata/45635-2023-yilning-yanvar-sentabr-oylarida-o-zbekiston-respublikasi-iqtisodiy-holati-2.

③ 《1—9月吉经济持续保持增长态势》，中华人民共和国商务部网站，2023年10月12日，http://kg.mofcom.gov.cn/article/jmxw/202310/20231003445655.shtml。

④ ВВП Туркменистана в январе-сентябре вырос на 6,3%, 6 октября 2023 г., https://interfax.az/view/901212.

⑤ 《1—9月吉进出口贸易额94亿美元》，中华人民共和国商务部网站，2023年10月12日，http://kg.mofcom.gov.cn/article/jmxw/202310/20231003445659.shtml。

⑥ Экономика Казахстана выросла на 4,7% по итогам 9 месяцев, 10 октября 2023 г., https://primeminister.kz/ru/news/ekonomika-kazakhstana-vyrosla-na-47-po-itogam-9-mesyatsev-25866.

⑦ Рост ВВП Туркменистана за восемь месяцев текущего года составил 6,2 процента, 10 сентября 2023 г., https://www.turkmenistan.ru/ru/articles/47136.html.

对外贸易额减少的国家，下降5%。三是通胀率总体趋降。1—9月，哈通胀率降至11.8%，相较于2022年同期的17.7%降幅明显。乌通胀率放缓至5.1%，低于前五年同期数值。吉年通胀率放缓，截至10月20日，年化通胀率为9.2%。食品价格增长放缓，服务价格和非食品价格仍在高位。[①] 2023年前9个月塔通胀率为3.9%，同比增长0.6%。[②]

同时，中亚地区经济仍存在问题。一是各国政府提振经济、改善民生的压力依然较大。各国经济持续复苏，但总体上仍未恢复到疫情前水平，面临促增长、惠民生、调整经济结构等多层次任务。国际能源市场和宏观经济仍存不确定性，通货膨胀处于高位、侨汇收入减少等对经济民生伤害不容忽视。2023年上半年，乌境外汇款收入同比下降21.2%。[③] 1—8月，吉侨汇收入同比减少三分之一。[④] 二是经济金融稳定面临风险。受美元加息、俄罗斯卢布疲软等影响，各国本币震荡加剧、财政赤字增大等风险凸显。上半年，乌财政赤字率达6.18%，突破了2023年国家预算

---

① 《自年初以来吉全国物价水平上涨6.7%》，中华人民共和国商务部网站，2023年10月31日，http://kg.mofcom.gov.cn/article/jmxw/202310/20231003450239.shtml。

② 《欧亚开发银行：今年前9个月塔吉克斯坦通胀率为3.9%》，中华人民共和国商务部网站，2023年10月31日，http://tj.mofcom.gov.cn/article/jmxw/202310/20231003450146.shtml。

③ 《2023年上半年乌兹别克斯坦境外汇款收入同比下降21.2%》，中华人民共和国商务部网站，2023年8月14日，http://uz.mofcom.gov.cn/article/jmxw/202308/20230803433359.shtml。

④ 《1—8月吉侨汇收入下降明显》，中华人民共和国商务部网站，2023年10月13日，http://kg.mofcom.gov.cn/article/jmxw/202310/20231003445822.shtml。

法设定的年度赤字率3%以下目标。[1] 塔本币索莫尼对美元贬值7.0%，塔政府为支持本币索莫尼干预外汇市场，导致黄金外汇储备从2022年底至2023年中减少6亿美元。[2] 前10个月，吉本币索姆对美元贬值4.25%，吉央行为抑制美元汇率波动开展了14次外汇干预，共抛售6.557亿美元。[3] 三是外部发展环境欠佳。中亚国家经济结构单一，对外依赖程度高，面对世界经济降速、产业链供应链重塑、贸易壁垒增多、国家间信任赤字加大等情况，开展对外合作难度增加，受西方对俄制裁负面影响日益显现。

三、国家间关系持续改善，地区合作升温

2023年以来，中亚地区国家面对复杂严峻的地缘政治和地缘经济形势，抱团取暖、联合自强意愿进一步上升，地区国家间关系继续发展改善，双多边合作、小多边合作更趋热络，固有矛盾分歧淡化，对外更多展现团结合作、联合自强形象，地区一体化持续升温。

（一）双边关系不断改善

一是哈塔建立联盟合作关系。2023年是哈塔建交30周年。

---

① 《2023年上半年乌兹别克斯坦财政赤字率为6.18%》，中华人民共和国商务部网站，2023年10月17日，http://uz.mofcom.gov.cn/article/jmxw/202310/20231003446533.shtml。

② 《世界银行称塔吉克斯坦黄金外汇储备减少6亿美元》，中华人民共和国商务部网站，2023年10月31日，http://tj.mofcom.gov.cn/article/jmxw/202310/20231003450134.shtml。

③ 《自年初以来美元对索姆汇率上涨4.25%》，中华人民共和国商务部网站，2023年10月31日，http://kg.mofcom.gov.cn/article/jmxw/202310/20231003450238.shtml。

2023年5月4日，塔总统拉赫蒙对哈进行国事访问，同哈总统托卡耶夫举行会谈，双方共签署了包括《哈塔联盟合作宣言》在内的9份合作文件。托卡耶夫表示，拉赫蒙总统此次访哈具有历史意义，两国合作达到新高度。①8月25日至26日，塔总统拉赫蒙又对哈进行工作访问，两国总统举行会谈并共同出席了在哈举行的"塔吉克斯坦文化日"系列活动。二是乌吉建立全面战略伙伴关系。1月26日，乌总统米尔济约耶夫对吉进行国事访问，两国元首签署了关于建立全面战略伙伴关系的宣言，修订了《关于公民互访政府间协议》，自2023年9月1日起两国公民可持护照或身份证前往对方国家。三是土塔关系修复并正常化。5月10日至11日，土总统别尔德穆哈梅多夫对塔进行国事访问，两国总统举行会谈，双方共签署24份文件，涉及农业、跨境运输、金融、国防安全、媒体等多个领域。土政治学家、中亚问题专家谢尔达尔·艾塔科夫表示，土总统此次访塔，首先是为了让两国关系正常化，让两国关系"交恶史"最后一页彻底翻篇。②

此外，哈乌、乌土等其他国家间关系续有发展。2023年3月，哈乌两国总统在哈举行非正式会见，讨论了现阶段加强两国联盟关系等问题。8月，乌土签署最高20亿立方米天然气的新短期供气协议。吉塔领土划分问题降温，两国元首年内多次会晤，双方已就超过43千米的共同边界达成一致。③

---

①　Президенты Казахстана и Таджикистана провели переговоры в расширенном составе, 4 мая 2023 г., https://www.akorda.kz/ru/prezidenty-kazahstana-i-tadzhikistana-proveli-peregovory-v-rasshirennom-sostave-445046.

②　Центральная Азия пришла в движение, *Независимая*, 5 апреля 2023 г., https://www.ng.ru/cis/2023-04-05/1_8698_asia.html.

③　Киргизия и Таджикистан согласовали более 43 км общей границы, 8 октября 2023 г., https://tass.ru/mezhdunarodnaya-panorama/18940359.

（二）地区合作持续推进

一是首次召开土、乌、塔三国元首峰会。2023年8月4日，首次土、乌、塔三国元首峰会在土首都阿什哈巴德举行，三方讨论了加强政治、经贸、能源、水生态和交通领域合作的问题，通过了《塔、土、乌国家元首联合声明》。访问期间，塔、乌两国总统分别与土新、老总统举行会谈。土媒体称，阿什哈巴德三方峰会是历史性的，将促进符合三方和整个地区利益的全方位合作。[①] 二是中亚五国元首再度共商合作。9月14日，第五届中亚国家元首协商会议在塔首都杜尚别举行。中亚五国元首悉数与会，各方签署了联合声明及《哈、吉、塔、土、乌之间关于青年政策统一方向协议》和《加强中亚陆路交通互联互通协议》。联合声明强调，"该地区各国领导人主张在平等和尊重彼此利益的基础上，完全通过政治和外交手段解决所有地区问题"。各方商定加大打击极端主义思想，特别是其在年轻人中的传播，并考虑逐步增加本币结算份额。哈总统托卡耶夫表示，中亚正成为贸易、投资、商业、科学和创新领域展现新经济机遇的地区，他提议2024年在哈举行中亚安全与合作对话会。[②] 土总统别尔德穆哈梅多夫提议建立中亚国家能源对话机制和中亚运输物流平台。此外，塔正积极重回中亚统一电力系统。

[①]　Президенты Туркменистана, Таджикистана и Узбекистана обсудят вопросы регионального партнерства, 4 августа 2023 г., http://www.turkmenistan.ru/ru/articles/47081.html.

[②]　Президент Казахстана Касым-Жомарт Токаев принял участие в V Консультативной встрече глав государств Центральной Азии, 14 сентября 2023 г., https://www.akorda.kz/ru/prezident-kazahstana-kasym-zhomart-tokaev-prinyal-uchastie-v-v-konsultativnoy-vstreche-glav-gosudarstv-centralnoy-azii-1484611.

综上所述，随着中亚国家间关系改善，以及各方在能源、互联互通、贸易、青年政策等领域双多边合作进一步加快，地区一体化合作升温。鉴于中亚五国发展差距较大，地区传统安全问题未根本解决，2022年哈、吉、乌率先签署的《21世纪中亚发展睦邻友好合作条约》塔、土仍未签署，中亚地区一体化之路依然漫长。

四、大国博弈美攻俄守，多方竞相角逐中亚

在乌克兰危机长期化、复杂化背景下，美国等西方国家趁俄罗斯战略精力被牵制、无暇他顾之机，充分利用自身优势加大力度争夺中亚国家，企图争取地区事务主导权，大国在中亚地缘角逐呈现出西方联合、美攻俄守态势。

美国综合运用政治、经济、安全、价值观等渗透中亚，加强与中亚国家互动频次与力度，谋求在中亚挤压俄战略空间，服务其全球战略。一是加强政治诱拉。2023年2月28日至3月1日，美国国务卿布林肯访问哈、乌，并与中亚五国外长在哈举行"C5+1"外长会议。布林肯完成了其上任以来对中亚的首访，成为拜登政府中访问中亚级别最高的官员。其间，他高度评价哈、乌改革，重申美国支持中亚国家"主权、独立和领土完整"，但同时警告称美国正密切关注反俄制裁"遵守情况"。布林肯宣布再向中亚国家提供2500万美元资金支持，帮助该地区"拓展贸易路线"，支持私营部门并加强人才培训与教育。之后，美国负责南亚和中亚事务的助理国务卿唐纳德·卢访问吉、塔，美国武装部队中央司令部司令库里拉将军访土，美国参议院国土安全和政府事务委员会主席加里·彼得斯访问吉、哈、乌，突显美对中亚的重视。2023年9月19日，美国总统拜登与中亚五国元首在纽

约联合国总部举行历史上首次元首会晤，标志着美国和中亚五国"C5+1"对话机制首次提升至总统级别。会晤中，各方讨论了安全、贸易投资、区域互联互通、改善治理和法治改革等问题，美国承诺将继续在边境安全、反恐和执法问题上与中亚国家合作。二是加大经济施压。美国频频挥舞制裁大棒，对中亚国家使用或威胁使用"二级制裁"，促各国疏俄亲西。2023年7月18日，美国《华盛顿邮报》发文称，中亚国家正通过一条"隐蔽的路线"向俄罗斯提供可用于乌克兰战场的违禁物品，如无人机和其他电子产品。随后吉4家公司被列入美国政府制裁名单。美国参议院外交委员会主席罗伯特·梅嫩德斯致信吉总统扎帕罗夫，要求吉遵守西方对俄制裁，并对吉"民主和人权倒退情况"表示担忧，敦促扎帕罗夫采取措施改变这种情况。8月16日，美国财政部表示，因与朝鲜有联系，美国对哈萨克斯坦以及俄罗斯和斯洛伐克公司实施制裁。

俄罗斯高度重视防范和反制美国对中亚渗透，积极维护外交基本盘。2023年以来，新版《俄罗斯联邦外交政策构想》明确将近邻外交和防范"颜色革命"作为重中之重。俄外交部公布的全球"长期盟友"名单中，中亚五国中的哈、吉、塔入列。俄继续利用优势外交资源和影响力稳固与中亚国家关系。一是利用机制抓手。俄借独联体、欧亚经济联盟、集体安全条约组织拉紧与中亚国家关系。2023年4月14日，第六次"俄罗斯＋中亚五国"外长会举行。二是开展"点穴式"外交。以哈、吉等为重点，以点带面整合中亚。10月，普京对吉进行正式访问并出席在吉举行的独联体峰会。这是2023年3月国际刑事法院对其发出逮捕令以来普京的首次出访，也是他2023年首次外访。在其访问前夕，吉批准与俄建立联合区域防空系统的协议。普京表示，俄将为坎特空军基地提供最现代化的武器装备。2023年是《哈俄21世纪睦邻友好同盟条约》签署十周年。11月，普京对哈进行正式访问，同哈总统托卡耶夫以视频方式出席俄哈第19届地方合作论坛，进一步深化俄哈盟友关系及务实合作。三是加强利益融合。在俄持续推动下，普京于2022年底提出的俄哈乌三方"天然气联盟"取得进展。2023年10月7日，俄、哈、乌总统出席经哈向乌供应俄天然气启动仪式。俄拟在2024年同哈、乌、吉签署为期十五年的天然气合同。① 人文领域，俄在自身经济困难时刻仍保持对中亚的投入。俄将在吉建设9所俄语学校，总费用估计约为5亿美元，全部由俄方拨款。每所学校可招生1200名，首座学校将于2025年投入使用，2023年9月1日，两国总统以视频方式出席了首批3所俄语学校建设的启动仪式。②

随着美俄在中亚地缘政治博弈日益激烈，域外势力为谋求自身利益最大化竞相争夺中亚，更多国家和地区与中亚五国建立"C5+1"合作机制。塔总统拉赫蒙指出，近年来，世界和地区大国对中亚兴趣上升，建立了10多个"中亚+"机制。③ 欧盟紧跟美国对中亚政策，为加快引进中亚能源及提升对中亚影响力，时隔仅8个月在吉举行欧盟与中亚国家领导人第二次会晤，凸显双方加强合作的强烈愿望。德国、法国总统等相继出访中亚，德国还单独同中亚国家建立"C5+1"机制。2023年9月29日，首次"中

---

① 《俄罗斯、哈萨克斯坦、吉尔吉斯斯坦和乌兹别克斯坦计划签署为期15年的天然气合同》，中华人民共和国商务部网站，2023年11月7日，http://uz.mofcom.gov.cn/article/jmxw/202311/20231103451784.shtml。

② Путин и Жапаров дали старт строительству русских школ в Киргизии, 1 сентября 2023 г., https://ria.ru/20230901/shkoly-1893661564.html.

③ Речь На пятой Консультативной встрече глав государств Центральной Азии, 14 сентября 2023 г., http://www.president.tj/ru/node/31492.

亚五国+德国"会谈在柏林举行。土耳其继续深入介入中亚地区事务。沙特等中东国家加强与中亚国家的合作，7月19日在沙特吉达市举行了首届中亚+海湾阿拉伯国家合作委员会（简称"海合会"）峰会。日本、韩国等对中亚合作热度不减。11月1日，第16届"中亚－韩国"合作论坛在土首都阿什哈巴德举行。日本除利用"日本+中亚五国"外长对话会议机制外，还邀请中亚五国以线上方式参加G7外长会，[①] 进一步拓展同中亚国家合作。

五、结语

百年大变局加速演进和乌克兰危机长期化背景下，俄对中亚影响力相对下降，阿富汗局势恶化，中亚地区不稳定、不确定因素增多。面对风险挑战，中亚国家独立自主、联合自强意识上升，普遍希望通过改革图强，探索适合自身国情的发展道路，各国政府在推动国家转型发展和治国理政中总体上展现了良好的应变和控局能力，民心思定渐成中亚地区主流民意。此外，俄对中亚影响力虽相对滑坡，但仍占据优势地位。综合看，可预见的未来，中亚地区发生大规模动乱的可能性不大，有望保持稳定发展。

（中国国际问题研究院欧亚研究所助理研究员　汤中超）

---

① 《七国集团外长会议将于7日至8日在东京举行》，光明网，2023年11月7日，https://m.gmw.cn/2023-11/07/content_1303562645.htm。

第八章

拉美和加勒比地区形势：
复苏乏力 左翼遇挫

2023年，世界经济复苏势头整体放缓，拉美和加勒比地区的经济与此同频共振，动力明显不足，拉动经济增长的"三驾马车"均现疲态，地区经济或面临又一个"失去的十年"。经济萎靡加剧左翼执政困境，左翼政权奋力固局，巴西、墨西哥、哥伦比亚等国的改革举措初步奏效，阿根廷左翼在大选中挽局失败，地区粉红政治版图被撕裂，表明左右缠斗、对决不止已成地区政治生态的铁律。左翼国家联动重启地区一体化进程，发出战略自主和振兴自强的拉美声音。地区国家积极开展域外大国外交，努力拓展战略发展空间，中拉关系进入新阶段，美拉、欧拉关系因彼此利益需求而有所改善。

一、经济增长放缓，复苏动力不足

2023年拉美地区经济活动大幅放缓，远逊于2022年的增长势头，跌幅几近腰斩。国际货币基金组织10月发布的最新《世界经济展望》报告称，拉美和加勒比地区2023年的经济增长预测值为2.3%，远低于2022年的4.1%。联合国拉美经委会预测，2023年拉美所有区域的经济增长均低于2022年，其中，南美洲增长率为1.2%（2022年为3.7%），中美洲和墨西哥为3%（2022年为3.7%），加勒比地区增长率为4.2%（2022年为6.3%）。世界银行发布的报告也作出类似评估，报告称拉美和加勒比地区虽然总体抗住了疫情后几次外部冲击，但经济增长不及世界其他地区，预计2023年仅为2.0%。为此，世界银行拉美和加勒比地区副行长卡洛斯·费利佩表示，"拉美和加勒比地区已从危机中复苏，但不幸的是又恢复到过去十年的低增长水平"。

拉美经济增速断崖式下跌的原因，除了固有的结构性矛盾短期难解外，还有如下几大具体因素：其一，捉襟见肘的财政工具制约了政府的投资空间；其二，脆弱的金融货币体系以及持续增大的债务压力难以赋能经济复苏活动；其三，外资流入一直处于低位徘徊；其四，政党缠斗和政府治理失效掣肘经济社会改革；其五，全球地缘政治冲突导致大宗商品价格的不确定性对经济复苏的冲击。

地区大国阿根廷经济衰退的窘境在大选朝野争斗和相互攻讦中暴露无遗。该国的恶性通货膨胀和比索急剧贬值尤为抢眼，年通货膨胀率约211.4%。此外，外汇严重短缺和债务压力持续攀升更增添阿根廷经济复苏的暗淡前景。在极端气候、财政赤字和政坛变幻等因素的叠加效应下，2023年阿根廷的经济衰退2.5%，阿经济体系已处于极度脆弱的状态，民众正承受日益沉重的生活负担，贫困率升至40%以上。为此，国际评级机构穆迪称，二十国集团中阿的经济表现最为糟糕。

经济同样萎靡不振的还有秘鲁，与疫情前经济一直有良好表现相比，疫情后的经济却陷入技术性衰退，世行将秘鲁2023年的经济增长下调为0.8%。衰退的原因在于极端气候、大宗商品价格、频繁的街头抗议活动以及紧缩货币政策等多重因素综合作用。地区"优良生"智利经济表现尤为不佳，该国的个人消费指数持续下降，出口疲软，投资总额呈现负增长，为此，智利央行预测该国2023年经济零增长。

尽管地区经济增速大幅放缓，但上述国际金融机构研究发现，在全球产业链重构的背景下，拉美国家历经艰难的经济结构调整和宏观改革后，地区经济活动显示出比预期更强的韧性。在经济增长低迷中，一些数据也展现了地区经济复苏的活力元素和未来发展潜力。例如，除阿根廷和委内瑞拉的通胀率居高不下外，地区整体通胀率已降到4.4%。与此同时，地区国家的总体就业率也恢复到疫情前的水平。地区大国巴西的经济表现较为亮眼，预计将实现3.1%的增长，高于2022年的2.9%。联合国贸发会议（UNCTAD）发布报告称，巴西2023年的经济将增长3.3%，高于世界平均水平，接近新兴国家和亚洲国家的平均水平（3.9%）。报告认为，巴西领先地区主要国家的经济表现主要得益于其农产品的丰收和大宗商品出口的增加。另一地区大国墨西哥的经济增速则略微下降，将由2022年的3.9%下降为2023年的3.2%，在地区经济一片萎靡中，这一成绩尚属难得，且该国的贫困率降至40%以下，创下历史新低。地区另一重要国家哥伦比亚在左翼总统佩特罗的领导下，政局稳定，新近与"哥伦比亚民族解放军"和谈并达成共识，经济复苏低于2022年的增幅，增长率为0.6%，通胀率约为10%。

关于地区未来经济增长前景，多家国际权威金融机构认为，由于世界主要经济体增长放缓、地缘政治冲突的效应外溢，以及极端气候频发等因素，拉美和加勒比地区2024年经济增长将更加低迷，预计增长率仅为1.5%。为此，联合国拉丁美洲和加勒比经济委员会经济发展部部长丹尼尔认为，拉美面临又一个"失去的十年"，甚至经济指标还低于20世纪末的"失去的十年"。

二、地区左翼鼎力固局，
阿根廷极右翼撕裂地区政治版图

由于朝小野大的政治格局与滞胀并行的经济态势叠加发酵，地区左翼执政羁绊不断。在智利，博里奇总统的支持率低迷。舆论普遍认为，由于年底的新宪法公投再次失败，左翼政府的施政空间进一步收窄。与此相反，右翼保守主义共和党的势头日盛，在5月的宪法委员会的选举中，该党赢得多数席位。在秘鲁，左翼总统卡斯蒂略于2022年12月7日被国会弹劾后，副总统博鲁阿尔特接任。但接任后秘鲁经济未能走出技术性衰退，贫困率随之反弹，反对派利用民众日增的愤懑情绪频繁组织抗议活动。长期的朝野缠斗和政治冲突加剧了秘鲁政治的不确定性，严重制约政府实施举措复苏经济。

虽然地区大国左翼执政普遍麻烦不断，巴西卢拉执政业绩却可圈可点。卢拉第三任期起步虽坎坷不断，但具有丰富执政经验的卢拉很快稳定局势，经济调整措施和社会福利计划双管齐下，各项改革议程逐步展开并取得初期收获。巴西GDP增长率实现从2023年1月的0.77%到7月中旬2.24%的飞跃，几乎涨了两倍。接着，卢拉更是推出3.0版本的"加速增长计划"和"低成本住房计划"，针对巴西经济社会发展三大痼疾（经济低迷、失业高企、两极分化）开出振兴经济、提升就业、减少不平等的良方。这些经济改革措施和社会政策倾向计划夯实了卢拉在中低收入群体中的支持率。8月中旬的民调显示，卢拉的支持率跃升至60%，达到第三任期上任以来的最高值，也是同为左翼执政的哥伦比亚、阿根廷、智利等国总统支持率的两倍。同样，左翼掌舵的委内瑞拉的内外执政环境趋于好转，其政局历经磨难和动荡后，总统马杜罗逐渐稳住了局势。10月，委政府与部分反对派就民主保障、大选日期和选举监督等诸多议题达成新一轮和解，但朝野双方仍在反复拉锯博弈。

在左翼执政的地区大国中，阿根廷左翼政府固局的努力极为艰难，极右翼最终撕裂地区一片粉红的政治版图，阿政治生态发生逆转。政治素人、经济学家、极右翼自由主义候选人米莱在初选中领先，与执政党候选人、经济部长马萨在11月19日的第二轮中对决冲刺总统宝座并取得最后胜利。

阿根廷左翼的落败和极右翼的胜选表明，非左即右的"钟摆效应"似乎在拉美已成"铁律"。左翼的落败显然归结于其糟糕的执政业绩，高达三位数的恶性通货膨胀使得愤怒的"中产阶层"和绝望的贫困阶层对左翼庇隆主义的渐进式改革失去了耐心，只得把希望寄托在激进的自由主义者米莱身上。尽管米莱废除中央银行、放弃比索而美元化的主张听起来近乎"疯狂"，但面对十年来第六次陷入经济衰退的事实，无奈的选民允许新手试错的底线一再被拉低，在选民心中，"另一种选择"也许会拯救阿根廷，尽管这种选择会带来颠覆性改革和系统性震荡。

极右翼的上台不但将大幅改变阿根廷的政治生态，且阿根廷经济政策将完全进入新自由主义轨道，其对外政策也将发生重要变化。尽管米莱的竞选主张并不会全部成为日后的执政纲领，但也能大概率地反映其对外政策的主要特征和基本方向。其一，阿奉行大国平衡外交的天平将发生倾斜。米莱多次承诺"不受限制地与美国合作"，新政权将明显倾向美西方体系。其二，阿巴关系的"蜜月期"将结束。与左翼费尔南德斯政权青睐邻国巴西不同，米莱执掌的阿根廷与巴西的竞争面和制约面会有所上升，两国在南方共同市场框架内的分歧和纠葛会增多。其三，与中俄等大国关系进入调整和磨合期。虽然双边关系不至于严重恶化，但彼此需要一段时间进行沟通、磨合和调适直至双方在新态势下找到彼此合作的利益融合点。其四，米莱政权对于地区一体化的关注和投入将有所下降。与左翼政府积极推进南美洲国家联盟、拉共体等区域合作不同，米莱政权可能更倾向致力于加入OECD等机制。

阿极右翼上台也许能短暂满足选民思变求新的心理需求，但其激进的改革同样会面临诸多掣肘因素，难以将阿带出经济危机。其一，极右翼虽胜选，但如何与右翼马克里势力分权以及如何摆脱国会中左翼的强大掣肘，都将是米莱政权的主要考验。其二，左翼虽然失去总统宝座，但在地方选举中仍然占据一定优势。其三，强大的工会势力不会坐视极右翼政权的新自由主义行为，会频繁组织罢工等示威活动与新政府对抗。其四，放弃本币而美元化的措施在世界范围内的失败先例表明，金融休克式疗法并非阿经济金融脱困的良方，对于濒临崩溃的阿金融体系或许是一剂毒药。其五，米莱政权难以摆脱债务违约和债务重组的困境。阿欠下国际货币基金组织的400多亿美元的债务高悬米莱政权头上，违约和重组的风险随时可能发生，新政权对此并无脱困良方。其六，米莱叫板阿重要贸易伙伴巴西和中国的言论以及退出金砖机制于事无补，反而不利于阿经济复苏。

地区左右政党一次又一次的对决表明，任何一方都不能在对决中永占上风，任何一个政党的主张都不可能是经济困境的灵丹妙药。对此左右双方都心知肚明，但为了政党私利，只能缠斗不休，任由政治钟摆不停地左右摇荡，选民面临的永远是充满未知的未来。阿根廷极右翼的胜利将对地区左右缠斗的政治格局产生重要影响。2023年10月，厄瓜多尔的"国家民主行动联盟"的候选人诺沃亚赢得总统大选。2024年，墨西哥将迎来总统大选，左右政党已提前展开较量，左翼能否保住执政大位引发地区国家广泛关注。同样，2024年委内瑞拉也将迎来大选，前议员玛利亚·科里纳·马查多被反对派内部选举为总统候选人，但委最高法院已剥夺其担任公职资格。届时在美国干涉下，委局势或更加复杂。

三、左翼联手重启地区一体化，进程充满不确定性

在地区政治版图"一片粉红"的情形下，沉寂多时的地区一体化重现生机与活力。卢拉重返巴西执政舞台伊始，便强调地区一体化是拉美展现战略自主、经济振兴和国际影响力的重要途径。随后卢拉签署文件重返南美国家联盟，此举引发阿根廷等国左翼政权联动回归该组织。南美国家联盟始于2004年成立的南美国家共同体，旨在推动南美洲实现贸易、能源、交通一体化，最终建成一个像欧盟一样统一货币、关税、外交等的一体化联盟。联盟成立后，各项机制建设卓有成效，一度被认为是最有可能成立"拉盟"的区域合作组织。然而，地区政治生态右转后，右翼执政的主要国家纷纷退出该组织。几年后随着地区政治再次左转，巴西卢拉政权和阿根廷费尔南德斯政权决定联手重返南美国家联盟。2023年5月，在卢拉的推动下，12个南美洲国家领导人和高级别代表在巴西首都巴西利亚召开南美国家领导人峰会，共同探讨更为务实有效的一体化合作机制。峰会上，卢拉呼吁"建立一个强大、自信和政治上有组织的南美洲"，提出了一系列恢复和加强南美洲国家合作的建议，诸如投资基础设施、加强新能源合作、地区共同货币、联手应对气候变化等。南美洲国家再次以一个共同的身份出现在国际舞台上并发出响亮的南美声音。

同样，巴西重返拉共体也成为2023年地区国家加强一体化的标志性事件。拉共体成立于2011年，旨在推动南美洲和加勒比地

区的一体化，实现玻利瓦尔的夙愿："要用统一的方法使拉美各个部分整体相连，建立一个全球最广泛、最卓越、最强大的国家联盟。"拉共体成立后，全面加强地区政治和经济合作，积极推进地区融合与一体化进程。但是地区政治生态一度右转，拉共体的各项机制建设羁绊不断，命运多舛。2020年初，右翼执政的地区第一大国巴西借口委内瑞拉问题发难拉共体，宣布暂停在拉共体内活动。卢拉胜选后不久便与阿根廷总统费尔南德斯商定巴西重返拉共体事宜，强调地区国家应超越意识形态推动地区一体化进程。2023年1月24日，拉共体第七届峰会在阿根廷首都布宜诺斯艾利斯召开，拉共体33个成员国全部出席，犹如当初成立时的盛况，巴西重返拉共体成为峰会亮点。峰会发布《布宜诺斯艾利斯宣言》，强调在尊重多样性和平等的基础上，成员国协调行动共同应对各种挑战，促进地区发展，反对外来干涉，向国际社会展现拉美团结和自主，推动拉美和加勒比国家整体走向国际舞台中心。

尽管拉美一体化重现活力与生机，但地区一体化进程并非从此高枕无忧和一帆风顺。相反，左翼推动一体化进程的不确定性随着地区政治生态的变化而增加。其一，地区左右摇摆的政治生态以及朝野迥异的政治主张增添地区一体化进程的反复性和曲折性，一旦某个地区大国改由右翼执政，其另起炉灶的做法往往使得地区一体化进程停摆甚至倒退。其二，域外大国因素的干扰始终是地区一体化进程挥之不去的阴霾。左翼推行的一体化是政治团结与经济合作的一体化，也是反对外来干涉实现拉美战略自主的一体化，一定程度上还是"去美化"的一体化，自然会遭到美国的竭力阻挠。近年来，美国加大对"后院"的投入和关注，综合运用政治经济外交等手段，恩威并施，拉拢和分化左翼推动的一体化，力图维系其西半球的战略安全屏障和势力范围。其三，地区国家众多，大小不一，经济发展水平和利益诉求不尽相同，且大小国之间利益分配失衡，成员国时常围绕自身利益锱铢必较，狭隘的民族国家利益引发的纠纷与矛盾始终阻碍着拉美一体化走深走实。此外，地区大多数国家朝小野大，一体化进程的众多议题难以落实，峰会容易成为展示政治团结的"左翼俱乐部"。

四、积极推进域外大国外交，努力拓展战略发展空间

2023年地区国家在域内实现联动自强的同时，积极开展和经营与中美欧等大国关系。年内，巴西、阿根廷、智利、委内瑞拉、哥伦比亚等国总统相继访华，签署一系列合作协议，旨在夯实既有合作领域，挖掘在数字经济、绿色经济和高新科技等领域的合作潜力，务实和创新性的合作有力地拉升双边关系，中拉整体合作进入新阶段。地区左翼国家在追求战略自主的同时，大都奉行"疏而不离"的对美政策，在民主、平等和反对干涉的基础上努力同美国开展各项交往。卢拉上台后不久，便将美国作为域外首访国家之一，其原因在于卢拉无法忽视美国作为巴西第一大投资国在巴经济活动中的重要影响，也在于其无法忽视巴西实现全球性大国进程中的美国因素，因而卢拉访美聚焦双方经贸和投资合作以及气候变化、全球地缘政治冲突等议题。10月，卢拉签署命令批准美国军事人员进入巴西亚马孙地区与巴军队举行联合军演，两国军事合作得到加强。地区反美左翼国家委内瑞拉外部环境日益好转，除了与邻国哥伦比亚的关系加速升温、与巴拉圭恢复外交关系外，与美仍维持紧张关系。为了回应委朝野就大选和谈的积极进展，美宣布暂时取消对委油气制裁6个月。巴西重返拉共体后，拉共体作为地区最大规模的一体化组织积极开展对欧外交。2023年7月，时隔八年后，拉共体-欧盟峰会在比利时

首都布鲁塞尔召开，拉欧关系在新形势下重新启动。峰会聚焦基础设施、大宗商品、新能源、数字经济、绿色经济等领域合作。欧盟承诺将通过其"全球门户计划"加大对拉美的投资力度。虽如此，由于自身的财政困难，欧盟承诺的投资能否按时落地拉美仍存疑问。该计划实施近两年，在全球范围落地的资金并不多。美国拜登政府面向拉美推出的"美洲经济繁荣伙伴关系"倡议更是如此，至今，任何拉美国家都未见到该计划框架下实质性投资到位。因此，拉美学界和商界普遍认为，与真金白银投资拉美的"一带一路"相比，美西方的倡议和计划更像"画大饼"式的噱头，它们真正的目的是遏制中国在拉美影响的扩大，意欲复制类似倡议和计划以冲抵"一带一路"效应。2023年，新一轮巴以冲突爆发后，左翼执政的玻利维亚政府在全球范围内率先与以色列断绝外交关系，以此抗议以色列军队滥杀加沙无辜民众，引发同为左翼执政的智利、哥伦比亚、洪都拉斯的积极响应，它们纷纷宣布召回驻以色列大使。拉美左翼针对全球热点联动反应，发出"拉美声音"成为年度拉美外交的一大亮点，彰显拉美左翼外交的战略自主和全球视野。

五、结论

后疫情时期，拉美左翼在困境中艰难执政，努力在全球产业链和供应链的重构进程中提升地区经济的全球竞争力，但拉美经济脱困的结构性矛盾固化难破，经济结构单一、政府与市场关系杂乱、资源经济魔咒、朝野缠斗不休等始终是执政党放开手脚大胆改革的制约性因素，拉美走出"中等收入陷阱"短期无望。拉美本是发展中国家最早推行一体化的地区之一，当非盟、东盟、阿盟早已风生水起时，仍迟迟不见"拉盟"身影，地区国家内聚力不足、大小国利益纠葛以及美国因素的干涉是主因。左翼重启一体化进程，"拉盟"或现雏形，但在左右摇摆的政治效应下，一体化进程仍充满不确定性和反复性。阿根廷极右翼胜选将对地区政治生态产生重要影响，一片粉红的政治版图将出现裂痕。美拉关系总体趋稳并改善并非意味美国会任由左翼联手做大做强，美国也不会坐视域外力量在拉美日益壮大，一旦左翼推行反美、脱美的激进政策，或者联手域外大国推进"去美化"政策，美势必会加大干涉其"后院"的力度以确保其西半球战略安全，"门罗主义"的幽灵将始终徘徊在拉美和加勒比地区上空。

（中国国际问题研究院发展中国家研究所所长、研究员　王友明）

第九章

非洲形势：
政经动荡　困难增多

2023年，全球地缘政治经济等多重危机给非洲带来非均衡的脆弱性，加剧地区国家政治失序、经济失速、安全失控、民生失调。在世界进入新的动荡变革期的背景下，非洲面临的危机在增大，同时，其探索独立自主发展道路的愿望更强烈。

一、政局动荡　风险上升

2023年，非洲多国举行大选，内外环境恶化，导致选情异常胶着，分化和对抗显著增多。同时，美西方通过政治、经济、援助等多重手段，加大对非洲国家选举干涉。内部竞争加剧与外部干预增多，考验非洲政治发展的韧性。

（一）选情胶着，对抗升温

2023年，非洲多国举行大选，围绕选举虽未导致大规模暴力冲突，但选情普遍胶着，对抗明显增多，非洲政治秩序在多重危机中保持脆弱稳定。

2月起，尼日利亚举行新一届总统、副总统、国民议会及州长和州议会选举。全体进步大会党候选人博拉·提努布赢得总统

121

选举，并于5月29日正式就职。此次选举是尼自1999年结束军人统治以来竞争最激烈的一次，首次出现了3名强有力的候选人。最终，提努布获得37%的选票，人民民主党的阿布巴卡尔获得29%的选票，工党的奥比获得25%的选票。结果公布后，阿布巴卡尔和奥比以选举舞弊、违反选举法和提努布无资格竞选总统为由，向尼日利亚最高法院提起上诉。10月26日，最高法院彻底驳回阿布巴卡尔和奥比的诉讼，确认选举结果有效。

6月，塞拉利昂举行总统、议会、地方委员会"三合一"选举，来自人民党的朱利叶斯·马达·比奥同其竞选搭档、副总统穆罕默德·贾洛成功胜选连任。选举结果甫一公布，比奥的主要竞争对手、最大反对党全国人民大会党候选人萨穆拉·卡马拉拒绝承认选举结果。卡马拉称，"不参与塞政府任何级别的治理，包括立法机关和地方议会，因选举结果被操纵，让人民党在所有级别都获得了不公平的多数"。后在非盟和西共体等斡旋下，塞政府和全国人民大会党签署和解协议。塞大选遭到美国干涉。比奥称，美国曾试图强迫他干预今年6月总统大选的计票过程，但被他拒绝。美国还以重新评估美塞合作计划，包括一项价值数亿美元的千年挑战公司协议等相威胁，要求调查选举过程。

8月23日至24日，津巴布韦举行总统、议会和地方政府"三合一"选举。执政党津巴布韦非洲民族联盟－爱国阵线（简称"津民盟"）候选人、现任总统姆南加古瓦以52.6%的选票获胜，"公民变革联盟"（简称"公革联"）候选人查米萨赢得44%的选票。选举结果刚一公布，查米萨称总统选举结果为"公然的巨额舞弊"，拒绝承认总统选举结果，要求重新选举。南部非洲发展共同体（简称"南共体"）的观察员称，这次大选"充满缺陷"。欧盟表示，由于津巴布韦8月有争议的选举缺乏独立性和透明度，它将从津巴布韦选举委员会撤回500万美元的财政支持。这反映出美西方对津选举的赤裸裸干涉，符合美西方的利益。其实，纵观此次选举，津民盟与公革联在全国各地举行的大规模竞选集会均以和平方式进行，没有发生明显动荡和骚乱，且选举结果公布后，没有再出现2018年选举之后的严重冲突事件，查米萨最终未就选举结果提起上诉。

利比里亚选举机构10月9日宣布，现任总统乔治·维阿和主要对手约瑟夫·博阿凯在第一轮投票中均未能赢得所需的多数选票。根据国家选举委员会的数据，现任总统维阿在第一轮选举中获得43.83%的选票，而前副总统博阿凯则获得了43.44%的选票。这场竞争是利比里亚自大约二十年前内战结束以来最激烈的一次。在11月举行的第二轮选举中，博阿凯获胜。

马达加斯加原定于11月9日选举，但由于一位总统候选人在示威活动中受伤，最高宪法法院下令推迟到11月16日选举。寻求竞选连任的现任总统安德里·拉乔利纳和几位反对派领导人进行了激烈的斗争，最终拉乔利纳以58.96%的选票，再次当选总统。竞选期间，被称为"11个集团"（Collective of Eleven）的反对派候选人几乎每天都在首都塔那那利佛举行未经授权的游行，抗议所谓的有利于现任总统拉乔利纳的"制度性政变"。

10月8日，刚果（金）选举委员会表示，包括刚果（金）总统齐塞克迪在内的24名候选人已正式宣布将参与12月举行的总统大选。2019年初齐塞克迪就任总统以来，成功组建占议会多数的"神圣同盟"，结束了与前总统约瑟夫·卡比拉的"共治"局面，但依然面临各种挑战。2023年12月31日，刚果（金）国家独立选举委员会宣布，现任总统齐塞克迪以73.47%的选票成功连任。

另外，加蓬全国选举委员会2023年8月30日宣布，现任总统阿里·邦戈·翁丁巴赢得选举，实现连任。不料这一结果不仅不为反对党候选人所接受，曾经长期忠于邦戈的加蓬军方更是在选举结果刚一公布，便迅速发动政变，接管国家政权。

（二）政变接踵，动荡加剧

2020年以来，西非、中非和萨赫勒地区的马里、几内亚、苏丹、布基纳法索、尼日尔、加蓬等国相继发生政变。2022年初以来，冈比亚、几内亚比绍、圣多美和普林西比发生未遂政变。"政变传染病"成为影响西非、中非和萨赫勒地区安全稳定的最重要变量。

2023年7月26日，尼日尔发生政变。政变军人宣布解除巴祖姆总统职权，接管国家事务。8月10日，政变军人宣布成立新政府，在押总统巴祖姆被以叛国罪起诉。当前，在西共体的持续斡旋下，尼日尔军政权承诺三年内实现权力过渡，但同时强调军政权无惧任何军事干预。西共体表示努力以外交方式和平解决尼日尔问题。然而，内部分歧严重的西共体能否顺利推进和平解决进程仍属未知。

8月30日，加蓬首都利伯维尔频繁传出枪声。十几名身着军装的士兵突然出现在加蓬国家电视台，向国民宣布：取消最近的选举结果，关闭该国边境，解散共和国所有机构。布里斯·克洛泰尔·奥利吉·恩圭马将军领导了此次政变，并被任命为过渡总统。

为捍卫政变成果，抵抗外部干涉，9月16日，尼日尔、马里、布基纳法索三国签署了《利普塔科-古尔马宪章》，建立萨赫勒国家联盟。协议要求签署国在其中任何一个缔约国遭受袭击时必须提供援助，包括军事支持，"对一个或多个缔约方的主权和领土完整的任何攻击都将被视为对其他缔约方的侵略"。这为地区局势发展增添新的变数。

124

（三）内乱复燃，风险外溢

尽管以埃塞俄比亚提格雷地区为中心的武装冲突已经结束，但阿姆哈拉和奥罗米亚州的冲突正螺旋式上升。冲突的直接起因是，2023年4月，埃塞联邦政府为防止地方武装冲突并建设一支强大的联邦军队，决定将全国11个州的地方武装编入联邦部队或联邦警察。此举遭到阿姆哈拉州民族主义者的抗议。他们认为，埃塞联邦政府意在削弱阿姆哈拉州的权力，破坏阿姆哈拉州的地区安全。自此，该州的非正式民兵组织"法诺"多次与埃塞联邦军队在阿姆哈拉州多个城镇发生交火。

4月中旬以来，苏丹武装部队和快速支援部队在喀土穆及其他地区发生武装冲突，双方互相指责对方挑起冲突。2019年，执政三十年之久的巴希尔政权被推翻，苏丹各派系从此纷争不断。苏丹武装部队总司令阿卜杜勒·法塔赫·布尔汉和快速支援部队领导人穆罕默德·哈姆丹·达加洛是纷争的中心人物。双方最初组成同盟，推翻巴希尔政权，解散军民共治过渡政府，此后双方矛盾开始凸显。在政治过渡、军队改革、对外政策等方面分歧诸多，矛盾难以化解，导致双方兵戎相见，冲突自首都喀土穆南郊迅速蔓延至全城乃至其他各州。2023年11月12日，联合国人道主义事务协调厅发布报告称，2023年4月苏丹武装冲突爆发以来，苏丹已有大约610万人流离失所，其中约490万人在苏丹境内流离失所，另有超过120万人进入中非共和国、乍得、埃及、南苏丹等邻国避难。从战事最激烈的喀土穆州出逃的民众有大约330

万，占比超过一半。① 在沙特等国斡旋下，冲突双方在沙特港口城市吉达谈判并多次达成短暂停火协议，但未能有效落实。

2023年6月以来，随着联合国马里多层面综合稳定团自马里撤退，马北部武装组织与马里政府军公开对抗。同时，隶属"基地"组织的"支援伊斯兰和穆斯林团体"（GSIM）也加大了对马里军队哨所的袭击力度。马里过渡政府进一步向瓦格纳集团靠近，并加大反西方力度，给马里局势未来迈向进一步的冲突和对抗埋下了隐患。

二、经济放缓　民生困难

非洲各国经济增长放缓。根据国际货币基金组织10月发布的《世界经济展望》，2023年撒哈拉以南非洲经济预计增长3.3%，低于2022年4.0%的增长率。② 从需求端看，2023年，非洲经济增长主要靠固定投资总额、政府消费和净出口增长的拉动。食品和能源价格以及货币贬值助长了高通货膨胀率，侵蚀了非洲公民的购买力，从而导致私人消费的萎缩及其对2023年经济增长贡献的下降。而2022年私人消费对经济增长的正向贡献仅次于固定投资。2023年，固定投资对经济增长的拉动为正向，但由于金融环境收紧，融资成本仍然偏高，所以投资总额有所下降。从生产角度来看，服务业仍是非洲经济增长的主要驱动力，在2023年非洲GDP的增额中，服务业占了近三分之二。农业和工业部门贡献不

① 《联合国称武装冲突致苏丹流离失所者人数升至全球最多》，中国新闻网，2023年11月15日，http://www.chinanews.com.cn/gj/2023/11-13/10111189.shtml。

② "World Economic Outlook, Navigating Global Divergences," International Monetary Fund, October 2023.

大。成本上升和供应链中断减少了农业和工业活动对经济增长的贡献。

大国拖后腿。作为非洲最大的两个经济体，尼日利亚的经济增长率预计将从2022年的3.3%下降到2023年的2.9%。IMF10月的报告对尼2023年的增长预测较上一次下调了0.3个百分点，原因是基础设施老化、维修不佳等导致石油和天然气产量低于预期。南非的经济增长率预计将从2022年的1.9%下降到2023年的0.9%，[①] 主要原因是电力短缺，这将成为未来数年制约南非经济发展的重要因素。

各国间分化加剧。石油出口国（包括尼日利亚、安哥拉、加蓬、乍得、赤道几内亚等）2023年GDP预计增长2.5%，低于非洲平均增长水平。中等收入国家（包括南非、肯尼亚、加纳、科特迪瓦、喀麦隆、赞比亚、塞内加尔等）GDP预计增长2.7%，同样低于非洲平均水平。低收入国家〔埃塞俄比亚、坦桑尼亚、刚果（金）、乌干达、布基纳法索、马里等〕2023年GDP预计增长5.3%，明显高于非洲平均增长水平。在中等收入国家，肯尼亚（5.0%）、科特迪瓦（6.2%）的增长较为亮眼。在低收入国家，埃塞俄比亚（6.1%）、刚果（金）（6.7%）增长较快。根据世界银行的估计，有12个非洲国家GDP增长将超过5%，它们是贝宁（5.5%）、刚果（金）（6.7%）、科特迪瓦（6.2%）、埃塞俄比亚（6.1%）、冈比亚（5.6%）、坦桑尼亚（5.2%）、多哥（5.4%）、卢旺达（6.2%）、莫桑比克（7.0%）、毛里求斯（5.1%）、肯尼亚（5.0%）、几内亚（5.9%）。显然，非洲低收入国家增长态势

---

① 相关数据参见 "World Economic Outlook, Navigating Global Divergences," International Monetary Fund, October 2023。

普遍好于石油出口国和中等收入国家。[①] 根据非洲脉搏的估算，到2024年，撒哈拉以南非洲GDP增长将加速至3.7%，2025年增长率将达4.1%，这表明该地区增长在2023年触底。[②]

人均GDP倒退。自2015年以来，撒哈拉以南非洲的人均GDP没有增长。事实上，该地区GDP预计将在2015—2025年间以年均0.1%的速度萎缩，这意味着非洲2014—2015年大宗商品价格暴跌之后失去十年的增长。以2017年国际美元计算，2023年非洲人均购买力平价预计增长0.8%，低于2022年的1.4%，远低于新兴市场和发展中国家2.9%的均值，也低于发达经济体的1.1%。[③] 也就是说，从人均购买力平价估算非洲的发展，其不仅与其他新兴市场和发展中国家的发展差距越来越大，与发达国家之间的差距也在增大。

总体通胀缓解，但食品和燃料价格依然在高位。在2022年达到9.3%的高点后，非洲的通货膨胀率仍居高不下。全球需求放缓、供应限制放松、大宗商品价格下跌及非洲各国收紧货币政策等综合作用，促成通货膨胀率的下降。2023年，年平均通胀率达到或超过两位数的国家数量将从2022年的19个略微下降到18个。到2025年，年平均通胀率达到或超过两位数的国家数量预计将下降到9个。一些国家在抑制通胀方面取得进展，其中一些国家已将通胀率降至接近或在央行目标区间内（例如肯尼亚、南非和乌干达）。在其他一些国家，通胀率仍然高于目标并已持续

---

① 相关数据参见 "World Economic Outlook, Navigating Global Divergences," International Monetary Fund, October 2023。

② "Africa's Pulse, an Analysis of Issues Shaping Africa's Economic Future," World Bank Group, Vol.28, October 2023.

③ 相关数据参见 "World Economic Outlook, Navigating Global Divergences," International Monetary Fund, October 2023。

很长一段时间，还没有达到峰值的迹象（如加纳、尼日利亚和塞拉利昂）。当前，非洲通胀压力主要来自食品和燃料价格的居高不下和非洲本土货币的贬值，特别是在布隆迪、埃塞俄比亚、加纳、尼日利亚、苏丹和津巴布韦更是如此。尼日利亚奈拉和安哥拉宽扎严重贬值，2023年以来已经贬值近40%。尼央行决定取消官方市场的交易限制，导致奈拉走弱。由于油价低迷和债务偿还额增加，安哥拉央行决定停止捍卫宽扎汇率，导致宽扎汇率崩塌。非洲其他货币贬值严重的国家还有南苏丹（33%）、布隆迪（27%）、刚果（金）（18%）、肯尼亚（16%）、赞比亚（12%）、加纳（12%）、卢旺达（11%）。另外，平行汇率市场溢价加剧了该地区一些国家的通货膨胀问题。[1]

债务居高不下。截至2023年6月底，撒哈拉以南非洲符合国际开发协会（IDA）定义的高风险或已陷入债务困境的国家所占比例已从2015年的27%增至55%。[2] 在世界银行统计的45个撒哈拉以南非洲国家中，除南非、纳米比亚、毛里求斯、赤道几内亚、厄立特里亚、斯威士兰、博茨瓦纳7国为净债权国外，其余38个国家均为净债务国。[3]

三、暴恐高企　危机叠加

安全问题长期以来一直是困扰非洲国家政治稳定与社会经济

---

[1]　"Africa's Pulse, an Analysis of Issues Shaping Africa's Economic Future," World Bank Group, Vol.28, October 2023.

[2]　"Africa's Pulse, an Analysis of Issues Shaping Africa's Economic Future," World Bank Group, Vol.28, October 2023.

[3]　相关数据参见 "World Economic Outlook, Navigating Global Divergences," International Monetary Fund, October 2023。

发展的重大问题。2023年，非洲安全形势继续恶化，恐怖主义肆虐，气候变化与粮食危机叠加共振。

（一）恐怖主义多点飙升，破坏程度持续升级

根据2023年《全球恐怖主义指数》，布基纳法索（17%）、马里（14%）、索马里（11%）、尼日利亚（6%）、尼日尔（3%）2022年因恐怖主义死亡人数占全球的51%，[①] 非洲反恐形势尤为严峻。

萨赫勒地区饱受武装冲突、贫困和自然灾害困扰，是非洲恐怖主义活动最为猖獗的地区。2021年以来，该地区涉及宗教极端势力组织的暴力事件数量增加了一倍（目前总数为2912起）。同一时间段内，与暴力事件相关的死亡人数也增加了近两倍（达到9818人）。萨赫勒地区87%的暴力事件集中在布基纳法索和马里。2023年，该地区的宗教极端组织对平民发动1100多次袭击，造成约2080人死亡。[②] 1月以来，为扩大势力范围和控制供应线，"大撒哈拉伊斯兰国"（ISGS）和"支持伊斯兰与穆斯林组织"（JNIM）之间爆发严重冲突，导致大量平民伤亡。

2022年，索马里青年党的恐怖袭击导致索死亡人数增加157%，青年党的恐怖袭击致7937人死亡，死亡人数创索历史新高。[③] 根据联合国的数据，2023年依然延续着这一趋势。

[①] "Global Terrorism Index 2023, Measuring the Impact of Terrorism," Institute for Economics & Peace, Sydney, March 2023.

[②] "African Militant Islamist Group-Linked Fatalities at All-Time High," Africa Center for Strategic Studies, July 31, 2023, https://africacenter.org/spotlight/africa-militant-islamist-group-linked-fatalities-at-all-time-high/.

[③] "African Militant Islamist Group-Linked Fatalities at All-Time High," Africa Center for Strategic Studies, July 31, 2023, https://africacenter.org/spotlight/africa-militant-islamist-group-linked-fatalities-at-all-time-high/.

乍得湖地区的冲突持续了近十三年，武装团体在乍得湖沿岸的四个国家（乍得、尼日尔、尼日利亚、喀麦隆）持续扩散暴力。该地区约有560万人面临严重粮食不安全的风险，约有290万人在境内流离失所，仅尼日利亚就有200万境内流离失所者。2022年所报道的986起暴恐事件，主要原因是"博科圣地"死灰复燃，其有关活动增加57%。该地区50%的暴恐事件发生在尼日利亚，82%的死亡人数在尼日利亚。[①]

在刚果（金）东部，"3·23运动"、民主同盟军、刚果发展合作组织（CODECO）等武装团体的持续暴力行为继续造成大量人道主义灾难。在北基伍省，"3·23运动"和刚果（金）武装部队之间的战斗已经造成90万人流离失所，导致人道主义需求持续上升。同时，刚果（金）和卢旺达之间就卢旺达是否暗中支持"3·23运动"问题而引发的紧张局势继续升级，卢旺达坚决否认这一指控。目前，两国间已发生了几起跨境冲突，这些冲突带来了"区域升级的严重风险"。国际移民组织指出，冲突和不断升级的暴力活动已使刚果（金）流离失所人数达到创纪录的690万，其中大部分人在该国东部。

（二）气候危机、粮食危机等非传统安全问题持续发酵

非洲的温室气体排放量仅占全球温室气体排放量的一小部分，但是遭受气候变化的严重影响。近几十年来，非洲的气温上升速度加快，与天气和气候有关的灾害变得更加严重。2023年9

---

① "African Militant Islamist Group-Linked Fatalities at All-Time High," Africa Center for Strategic Studies, July 31, 2023, https://africacenter.org/spotlight/africa-militant-islamist-group-linked-fatalities-at-all-time-high/.

月，世界气象组织（WMO）发布《2022年非洲气候状况》报告指出，2022年，非洲大陆有1.1亿多人直接受到与天气、气候、水有关的灾害影响，造成的经济损失超过85亿美元。紧急事件数据库的数据显示，自然灾害共造成约5000人死亡，其中48%与干旱有关，43%与洪水有关。联合国数据显示，2022年至2030年，非洲因气候变化遭受的损失预计最高可达4405亿美元。[①] 9月，利比亚发生惨烈洪灾，东北部历史名城德尔纳被特大洪水摧毁。11月，索马里遭遇数十年来最严重的洪灾，导致索境内至少29人死亡。首届非洲气候峰会9月在肯尼亚首都内罗毕闭幕，会议通过《非洲领导人关于气候变化的内罗毕宣言及行动呼吁》(简称《内罗毕宣言》)，呼吁发展中国家和发达国家携手降低温室气体排放，并敦促发达国家兑现相关的出资和技术援助承诺。

气候变化等多因素联动，加剧非洲粮食不安全。联合国粮农组织最新发布的《作物前景与粮食形势》季度报告指出，不断持续甚至愈演愈烈的冲突和货币贬值加剧了脆弱国家的饥饿问题。报告显示，全球有46个国家需要外部粮食援助，其中33个国家位于非洲。非洲的食物不足发生率从2021年的19.4%上升至2022年的19.7%。自2021年以来，非洲面临饥饿的人数增加了1100万，自疫情暴发以来增加了超过5700万。与世界其他地区相比，非洲面临饥饿的人口比例要高得多，接近20%，而亚洲为8.5%，拉丁美洲和加勒比地区为6.5%，大洋洲为7.0%。[②]

---

① 《首届非洲气候峰会通过〈内罗毕宣言〉》，新华网，2023年9月6日，http://www.news.cn/2023-09/06/c_1129849243.htm。

② Food and Agriculture Organization of the United Nations, "The State of Food Security and Nutrition in the World 2023," https://www.fao.org/3/CC3017EN/online/state-food-security-and-nutrition-2023/food-security-nutrition-indicators.html.

四、积极作为　自主自强

2020年以来，受新冠疫情、乌克兰危机、大国在非洲博弈等因素冲击，非洲动荡增加。非洲国家在非盟及非洲次区域组织领导下，努力应对各类危机，在政治、经济、外交等领域展现出自主发展新态势，自主意识显著提升。[①] 2023年，南非高规格、高标准主办金砖峰会，积极推动金砖机制历史性扩员，体现了非洲稳步推进战略自主的决心和愿望。同时，非盟成为G20正式成员，必将有力推动国际政治经济秩序朝更有利于广大发展中国家利益的方向变革。

南非成功举办金砖峰会，推动金砖合作机制实现历史性扩员。8月22日至24日，金砖国家领导人第十五次会晤在约翰内斯堡举行。此次峰会的主题是"金砖与非洲：深化伙伴关系，促进彼此增长，实现可持续发展，加强包容性多边主义"。这是三年来金砖国家举行的首次线下峰会，也是金砖峰会时隔五年再次在南非举行。会议期间，金砖国家领导人一致同意，邀请沙特、埃及、阿联酋、阿根廷、伊朗、埃塞俄比亚正式成为金砖大家庭成员，实现了金砖合作机制的历史性扩员，在金砖合作机制历史上具有里程碑意义。搭金砖合作机制的东风，南非和非洲极大地提升了自身国际影响力。

非盟成为二十国集团正式成员。9月，在印度首都新德里举行的二十国集团领导人第十八次峰会期间，非盟被吸纳成为G20正式成员。这是G20机制成立二十多年来首次扩员。非盟成为

---

① 姚桂梅：《非洲自主发展的新态势、原因及前景》，《当代世界》2023年第9期，第46页。

G20 成员中继南非之后的第二个非洲成员，继欧盟之后的第二个区域组织成员。峰会宣言指出，欢迎非盟成为二十国集团永久成员，将通过《二十国集团（杭州峰会）支持非洲和最不发达国家工业化倡议》等继续支持非洲。非洲是发展中国家最集中的一片大陆，非盟加入二十国集团也意味着发展中国家地位的提升。

面对乌克兰危机给自身粮食、能源安全带来的严峻挑战，非洲主动作为，推动俄乌局势朝着政治解决的方向发展。2023 年 6 月，由南非总统拉马福萨、非盟轮值主席科摩罗总统阿扎利等非洲 7 国领导人和高级代表组成的代表团访问乌克兰，提出和平解决冲突的十点建议，反映了广大发展中国家早日政治解决乌危机的强烈夙愿。另外，面对西方国家的层层阻挠，仍有包括 17 个非洲国家元首在内的、由 49 个非洲国家组成的代表团出席了第二届俄非峰会，双方重申了多边论坛的公平性，并讨论了如何使俄发展规划与非盟《2063 年议程》进行衔接、如何确保行动计划落地等。

五、结语

2023 年，非洲仍深陷多重危机之中，这是非洲经济社会发展固有矛盾的体现，也是国际环境作用的结果。展望 2024 年，大国竞争或更趋激烈，国际局势的演进依然充满不确定性，非洲需要聚焦自身问题，更好统筹发展与安全的矛盾，尽快实现经济可持续发展和社会的安定有序。

（中国国际问题研究院发展中国家研究所助理研究员　马汉智）

第十章

中东形势：
高开低走 "缓""乱"交织

2023年中东伊斯兰国家和解潮加速推进，但巴以在加沙发生近十多年来最严重的武装冲突，地区局势缓乱交织。本年内，多组曾经敌对的地区国家实现了关系正常化，也门、叙利亚、利比亚等局部冲突趋于平缓，地区局势总体趋缓特征显著。然而，巴以紧张关系自2022年底一直延宕至今，特别是2023年10月7日以来，巴以冲突骤然升级，巴勒斯坦问题重新成为地区乃至全球战略稳定的焦点。

一、中东伊斯兰国家和解潮加速推进

（一）中东伊斯兰国家关系缓和的主要表现

2023年以来，中东国家间关系出现加速缓和迹象并取得丰硕成果。3月10日，沙特与伊朗在中方斡旋调解下，在北京签订《中华人民共和国、沙特阿拉伯王国、伊朗伊斯兰共和国三方联合声明》，同意恢复沙伊间外交关系；强调尊重各国主权，不干涉别国内政；表示愿尽一切努力，加强国际地区和平与安全。[①]次月，在中方见证下，沙伊两国在北京签署联合声明，宣布即日起恢复外交关系。沙伊和解后，双方政治、经贸交往得以迅速恢复，两国高级别代表团实现互访，伊朗总统时隔十一年再次访沙，双边投资与贸易合作稳步推进。

沙伊和解极大缓和了中东地区近年来的持续紧张态势。两国分别作为逊尼派与什叶派大国，对推动中东地缘政治缓和与教派冲突平息降级有着重要影响力。在沙伊和解的带动下，叙利亚重返阿盟，卡塔尔同其他海湾阿拉伯国家全面和解并恢复外交关系。此外，在中东"和解潮"推动下，土耳其与地区国家关系也发生积极转向，同埃及恢复大使级外交关系，埃尔多安本人访问沙特、阿联酋等海湾阿拉伯国家，实现土耳其与海湾诸国的关系"破冰"。中东"和解潮"以沙伊和解为基点，逐步向全区域拓展并引发加成效应，各国在求同存异、谋求合作的潮流中纷纷调整自身外交与安全政策，从而使中东出现区域性的和平和解潮。

在地区热点方面，叙利亚内战、利比亚战争趋于平缓，冲突的烈度进一步下降，范围进一步收缩，战场局势逐渐固化。也门局势随着沙伊和解亦进入新的缓和期，沙特与也门胡塞武装展开了多轮对话，在包括外国军队撤离也门的时间表等核心议题上取得了进展，双方都表达了继续谈判的意愿。[②]12月中旬，也门各

---

① 《中华人民共和国、沙特阿拉伯王国、伊朗伊斯兰共和国三方联合声明》，中华人民共和国外交部网站，2023年3月10日，https://www.mfa.gov.cn/web/ziliao_674904/1179_674909/202303/t20230310_11039137.shtml。

② "Houthis Leave Riyadh after Talks with Saudis, Some Progress Reported—Sources," Reuters, September 20, 2023, https://www.reuters.com/world/middle-east/houthi-negotiators-leave-riyadh-after-talks-with-saudi-officials-sources-2023-09-19/.

派就停止敌对行动达成协议，联合国亦开始积极推动各方达成永久和全面的停火，促进也门尽早重返有秩序与和平的政治和解过程。

（二）地区国家关系缓和的主要动力

2010年底阿拉伯国家发生区域性政治动荡以来，过去十余年间，各国为争夺地区主导权投入大量人力、物力、财力，战略透支严重。近年来，受到新冠疫情全球大流行、油价波动、经济危机、域外地缘冲突加剧等多重不利因素叠加影响，地区各国已无力维系既往政策，改弦更张实现"战术休兵"成为各国共同选择。中东各国此前纷纷提出各自的中长期发展目标与经济产业转型方案，然而受到内外干扰因素制约，相关发展转型并不顺利，甚至出现迟滞。在此背景下，发展议题已成为中东各国的首要关切。以经济合作代替军事对抗，将主要注意力放在如何推动产业升级和经济转型，或将成为未来一个时期中东国家内政外交的主要内容。为实现这一目标，中东国家急需一个相对宽松、和缓的地区环境，这成为域内各国寻求关系改善的根本动因。

随着中东安全秩序与安全架构进入新的重塑调整期，加之外部大国对中东的战略投入维持在低水平，特别是美国战略收缩导致的对地区盟友及伙伴安全承诺下降，大多数中东国家面临着严重的内外双重安全脆弱性问题，并缺乏维护和塑造国家安全的自主能力。以经贸合作拓展彼此共同利益并实现利益捆绑，成为各国构建地区"软安全"环境的主要路径。在这种"软安全"环境中，地区各国维持均势格局以确保地缘政治稳定，为各国探索未来地区安全新模式提供了契机。

（三）地区伊斯兰国家间关系和解潮难以逆转

追求战略自主是当前中东政治最显著的特征，而中东和平和解潮正是各国战略自主推动下的重要成果。于内，地区各国摒弃传统轴辐体系的束缚，安全理念由制衡转向协作，积极寻求国家间关系改善；于外，中东国家拒绝选边站队，希望在大国间建立平衡关系，在乌克兰危机等热点问题上坚持独立立场。事实上，中东和平和解潮的出现，以及地区国家发展理念的方向性转变，使中东各国追求战略自主有了更加坚实的依托。随着其在经济方面发挥更大的作用，并主动融入全球产业链、供应链更多的关键节点，中东国家在国际经济与政治方面的话语权正在稳步提升，以发展促安全的理念正从概念走向现实。2023年8月初，沙特阿拉伯主持召开了乌克兰问题国际会议。此次会议的召开对中东国家而言具有标志性意义。会议由中东国家主动发起，成功邀请国际社会具有不同政治立场的各国共同与会，在中东国家的主持下，就中东以外的国际热点问题展开讨论，寻求政治解决方案。这一会议的召开充分展现出中东国家在战略自主方面取得的巨大成就，发挥了其连接东西方的地缘优势，彰显了其与日俱增的国际话语权。

在此背景下，中东伊斯兰国家均希望维系当前的缓和局面，不愿再度回归军事对抗的老路。在既往的热冲突与冷对抗中，中东国家往往沦为域外大国实现自身地缘战略目标的棋子，不仅自身现时国家利益受损，更错失中长期可持续发展契机。当前中东国家普遍感到经济发展与产业升级的紧迫感，且对域外盟友愈发丧失信心，认为唯有以自身发展增强在大国博弈间对各方的要价能力，才能实现自身利益的最大化。中东和平和解浪潮中，沙伊关系转变是最具根本性、全局性影响的标志性事件。四十余年来，美国在中东塑造起以应对伊朗及其什叶派盟友地缘挑战为核心诉求的辐轴型同盟体系，并以自身的军事霸权强烈影响着中东的安全秩序。随着沙伊和解，中东既往安全架构的底层逻辑被破拆。虽然沙伊之间仍然有一系列结构性问题尚待解决，但双方恢复外交关系为后续沟通奠定了基础并减少了政治阻碍。因此，只要沙伊关系保持稳定，中东安全架构就很难退回原来的对抗老路，中东和解大势也难以出现逆转。

二、巴以冲突骤然升级，成为影响地区稳定的首要挑战

（一）巴以爆发数十年来最大规模武装冲突

2022年底以来，巴以关系始终处于紧张状态之中，以色列同加沙地带及约旦河西岸的数个巴勒斯坦武装组织发生多轮交火。出现这一现象的原因是多方面的。从以色列角度看，近年来其内政极化、碎片化倾向明显，并且其人口结构变化加速右翼力量崛起。2022年11月，内塔尼亚胡领导的利库德集团与极右翼宗教锡安主义党组建联合政府，虽然此举结束了2019年以来持续的政局动荡，但因政治盟友的犹太至上主义立场，本届政府被外界视为史上"最右倾"的一届政府。自联合政府执政以来，以色列在扩建定居点方面采取了一系列激进措施，引发巴勒斯坦民意强烈反弹。从巴勒斯坦方面看，近年来约旦河西岸兴起"狮穴"等新兴武装抵抗组织，对以色列境内目标频繁发起袭击，尽管活动主要在西岸地区，但其行动并不受巴勒斯坦民族权力机构制约，反而与加沙地带的哈马斯与巴勒斯坦伊斯兰圣战组织（杰哈德）交往过密。2023年以来，以色列对纳布卢斯、杰宁等西岸重点城市进行武装打击，目标就是清缴此类新兴武装组织，上述局部冲突使巴以本已紧张的社会形势和对立情绪不断激化。从外部因素看，

美国为实现其重整中东同盟体系的目标，强推以色列与阿拉伯国家和解，其中尤以撮合以色列与沙特阿拉伯实现关系正常化为首要目标。这一做法极大地损害了巴勒斯坦恢复合法民族权益的进程和阿拉伯民众的民族与宗教情感，令哈马斯等武装组织产生强烈的安全与地缘焦虑。为阻止阿以和解进程过速推进，这些武装组织更倾向采取极端做法迫使域内外国家放弃各自既定中东政治议程，并希望借此获得伊斯兰世界对巴勒斯坦议题严肃性的再次确认。

2023年10月7日，哈马斯对以色列境内目标突然发起大规模武装打击，巴以冲突骤然升级。本轮冲突的爆发时间节点极具标志性意味，哈马斯选择在"赎罪日战争"五十年的纪念日发起对以袭击，有其重要政治意涵。哈马斯以闪电战模式对以色列造成重大人员伤亡，不仅使用火箭弹对以目标进行打击，更成功将其地面武装力量投送至以境内，形成内外夹击，并掳走200余名以色列及外国公民至加沙地带作为人质。以色列政府、国防军，以及主要情报机构摩萨德、以色列国家安全总局（辛贝特）等在事前未获悉任何情报，也没有进行必要准备，以致冲突初期陷入严重被动境地，损失惨重，凸显以色列国防体系存在重大疏漏。以色列政府的失常表现反映出在近年来内政持续动荡、政府频繁更迭影响下，以色列国家强力机器的运作已出现失能状况。2023年以来，内塔尼亚胡因强推司法改革在国内引发多次大规模抗议示威，备受其他政治力量和民众攻讦，此番再次在防务安全领域出现重大疏漏，唯有以强硬手段应对，方可稍缓解其面临的内外政治压力激增局面，这也使得以色列政府在应对本轮冲突方面的政策较以往更加强硬。

（二）本轮巴以冲突大规模外溢效应持续扩散

中东地区安全风险加剧。本次巴以冲突烈度大，持续时间也相对较长，且出现部分外溢。域内外主要大国在斡旋冲突、力促降级止爆方面主要关注三大控制性节点：（1）避免更多主权国家政府及其军事力量牵涉其中；（2）在全球范围内防范恐怖袭击抬头；（3）防止冲突延伸至海湾阿拉伯国家与伊朗，减少对国际能源运输通道的影响。

目前，本轮冲突已由加沙-约旦河西岸的巴勒斯坦地区扩散至叙利亚、黎巴嫩、红海等地，以色列与黎巴嫩真主党发生交火，美国同也门胡塞武装、伊拉克和叙利亚境内什叶派武装组织等发生冲突。然而随着战事的不断演进，人道主义危机愈发恶化，已成为本轮冲突中亟待解决的紧迫课题。特别是加沙地带社会公共服务完全失能，医疗等基础救援条件难以保障，联合国驻在机构屡屡受到波及，百余名联合国工作人员死伤。以色列对加沙地带的全方位围困，对食品、水源、能源等基础物资的限制，以及对民众的集体强制迁移令，进一步加剧了因战争引发的人道主义危机。加沙地带与埃及接壤的拉法口岸一度成为外界向加沙运送人道主义救援物资的唯一通道，俨然成为230万加沙居民的生命线，即便运送援助物资对缓解当前局势仍是杯水车薪。① 截至2023年底，本轮巴以冲突已致21822名加沙地带巴勒斯坦人死亡，56451人受伤。加沙地带和约旦河西岸多个难民营遭袭，以军地面部队屡次同难民营中巴勒斯坦民众爆发冲突。在此背景下，部分极端组织、恐怖组织趁机利用民众对立情绪，煽动仇

---

① 《人权高专：以色列和哈马斯的行为都构成了战争罪》，联合国新闻网，2023年11月8日，https://news.un.org/zh/story/2023/11/1123782。

恨，意图使本轮冲突演化为其招兵募马的重要契机。随着本地极端武装分子的进一步流散，他们或在以黎、以埃、以约边境地区盘踞活动，并同域内外武装分子形成协作，本轮巴以冲突存在着极端化、恐怖化的可能。

以色列将对加沙地带的军事行动划为三个阶段，战斗持续时间远超此前外部预期。以色列誓言通过此次军事行动"消灭"哈马斯，并称冲突时间或持续一整年。虽然双方就释放部分人质和人道主义救援达成短暂停火协议，但其对终结武装冲突、实现降级止暴并无太多现实意义。以色列政府在停火协议生效前即预告停火结束后战争仍将继续。虽然以色列投入了大量军力，但完全意义的消灭哈马斯是难以实现的。终结哈马斯在加沙地带的统治是以方必然坚守的底线，后冲突时代加沙政局如何搭建成为摆在各方面前的现实问题。以色列断然不会允许一个奉行武装抵抗路线的巴勒斯坦派别作为加沙执政当局，巴方亦不会接受以色列长期占领加沙，因而愿意同以色列展开政治谈判且同国际社会保持密切往来的巴勒斯坦民族权力机构成为未来加沙权力核心的重要选项。虽然以色列各政治力量对此持不同态度，但以方并没有太多选择。当前以色列政府在这一问题上的模糊策略主要是为后期谈判预留回旋余地和空间。

（三）中国积极推动巴以冲突停火止暴，重回两国方案轨道

2023年10月7日巴以冲突骤然升级以来，中方一直同有关各方开展密集沟通，积极斡旋停火止战，中国在巴以问题上的公正立场获中东国家赞赏。冲突爆发后，中国第一时间谴责一切伤害平民的行为，反对任何违反国际法的做法。面对巴以严峻形势，中方认为当务之急，第一是尽快停火止战，阻止战火无限扩大，

避免局势进一步恶化；第二是遵守国际人道法，全力保障平民安全，尽快开辟人道救援通道，防止发生严重人道主义灾难；第三是有关各国都应保持冷静克制，秉持客观公正，推动冲突降级，避免对地区和国际安全造成更大冲击；第四，联合国应为解决巴勒斯坦问题发挥应有作用，安理会应为此承担重要责任，尽快形成国际共识，拿出实际举措。①

中共中央政治局委员、外交部长王毅指出，巴勒斯坦问题始终是中东问题的核心，是当今世界不断被撕开的伤口。这一问题的根源在于巴勒斯坦独立建国的夙愿迟迟未能实现，在于巴勒斯坦人民遭受的历史不公一直未能得到纠正。解决巴以问题的方案就是"两国方案"，就是建立独立的巴勒斯坦国，这样才能实现巴勒斯坦和以色列的和平共存，实现阿拉伯和犹太两大民族的和谐相处。"两国方案"完全落地，中东地区才能迎来真正的和平，以色列也才能获得持久的安全。②

中方在巴以问题上的立场同中东国家，特别是阿拉伯国家立场相近，并同地区国家在联合国、金砖机制等国际多边平台通力合作，帮助阿拉伯国家声明立场，发出声音。11月21日，中国国家主席习近平出席金砖国家领导人巴以问题特别视频峰会并发表重要讲话，提出应对当前局势的三个"当务之急"：一是冲突各方要立即停火止战，停止一切针对平民的暴力和袭击，释放被扣押平民，避免更为严重的生灵涂炭。二是要保障人道主义救援

---

① 《王毅：在巴勒斯坦问题上，中方站在和平一边、站在人类良知一边》，中华人民共和国外交部网站，2023年10月13日，https://www.mfa.gov.cn/web/wjdt_674879/wjbxw_674885/202310/t20231013_11160787.shtml。

② 《王毅：在巴勒斯坦问题上，中方站在和平一边、站在人类良知一边》，中华人民共和国外交部网站，2023年10月13日，https://www.mfa.gov.cn/web/wjdt_674879/wjbxw_674885/202310/t20231013_11160787.shtml。

通道安全畅通，向加沙民众提供更多人道主义援助，停止强制迁移、断水断电断油等针对加沙民众的集体惩罚。三是国际社会要拿出实际举措，防止冲突扩大、影响整个中东地区稳定。[①] 此三点呼吁，指出了解决当前危机的核心步骤、重点难点，以及危机延烧的主要隐患，对促进局势缓和有重要现实意义。

中方上述立场得到阿拉伯–伊斯兰世界的广泛赞誉与信任。阿拉伯–伊斯兰国家联合特别峰会部长级联合后续委员会组织外长联合代表团对联合国安理会常任理事国展开穿梭外交，争取国际支持。代表团将中国作为国际斡旋的第一站，表明对中国的高度信任，体现了双方相互理解、相互支持的优良传统。[②] 患难见真情，中东与中国社会层面共鸣愈深，进一步推动民心相通，促使双方各领域合作更趋紧密。

（四）巴以冲突为域内外国家中东政策议程提出新课题

巴以冲突骤起对地区总体和平与稳定带来巨大风险和不确定因素，阿以关系的再度紧张也将对地区关系的总体缓和产生迟滞的负面效应。然而，阿以关系与地区国家关系缓和终究是有所交集但彼此独立的双线叙事。阿以爆发激烈冲突客观上将强化地区伊斯兰国家对巴勒斯坦问题乃至地区核心议题地位的认定，并对支持巴勒斯坦独立建国的根本立场等原则性议题进行再确认，进

---

① 《习近平在金砖国家领导人巴以问题特别视频峰会上的讲话》，中国政府网，2023 年 11 月 21 日，https://www.gov.cn/govweb/yaowen/liebiao/202311/content_6916367.htm。

② 《2023 年 11 月 21 日外交部发言人毛宁主持例行记者会》，中华人民共和国外交部网站，2023 年 11 月 21 日，https://www.fmprc.gov.cn/fyrbt_673021/jzhsl_673025/202311/t20231121_11184448.shtml。

而为各国巩固关系和缓成果提供超越一般地缘政治争议的额外认知共识与谈判基础。事实上，本轮巴以冲突爆发月余，沙特即成功组织阿拉伯-伊斯兰国家领导人联合特别峰会，全球所有主要伊斯兰国家元首悉数出席并就巴以冲突达成共识，正是鲜活例证。同时，这一峰会的召开也再度证明，中东伊斯兰国家和解潮并未因巴以冲突而终结，反而成为各方彼此挖掘新的合作潜力点的重要契机。

受本次冲突影响，以色列同域内其他阿拉伯国家实现关系正常化的可能短期内已不复存在，《亚伯拉罕协议》带来的经济红利大幅度减少，这将迫使以色列调整其地区政策。即便冲突结束后，与以色列有外交关系的地区国家在与以方进行相关合作时，亦会十分谨慎，避免再次激化极端民意，重蹈本轮巴以冲突覆辙。同时，以色列国内巴勒斯坦裔与犹太裔族群进一步撕裂，社会不稳定因素增高，劳动力短缺将成为常态，以色列经济可持续发展与社会稳定均面临较大挑战。冲突的长期延宕使以色列与阿拉伯世界在冲突后达成政治和解变得更加困难。与以色列近期打击哈马斯的行动相比，和解方案以及阿拉伯世界对这一解决方案的接受程度将对以色列的安全产生更大的影响。

除地区国家外，美国亦不得不重新调整其中东政策以因应本轮巴以冲突的后续影响。本轮冲突爆发前，不仅以色列自身未获情报，美国在中东的情报系统亦出现失能，美国同合作伙伴未如预期般实现有效合作。未来，美国或不仅将协助以色列加强对其境内巴勒斯坦武装抵抗运动组织的封锁与监视，更将对泛区域内盟友提出更高的情报交换、海路检查、金融监管等方面的合作要求。同时，由于美国秉持极端偏袒以色列的政策招致地区国家政府及民众对美不满，中东社会反美情绪将持续高位徘徊。本轮巴以冲突的爆发，意味着美国企图绕过"两国方案"强推阿以和解的政策路线严重受挫。美国希望通过促进阿以和解而实现重整中东同盟体系的政策目标非但未能实现，反遭严重反噬。

随着冲突延宕，地区国家的安全焦虑有所加深，对美国中东政策的质疑与不满正在增强，中东国家的战略自主倾向并未因此减弱。中东国家同美国的关系正进入新的调整期。美国同地区国家的同盟关系虽仍得以维系，但轴辐型关系正加速向更趋平等的合作关系转变。

三、结语

2023 年中东形势"高开低走"，但和平和解仍是主流且趋势难以被逆转。巴以冲突骤然升级，再次凸显巴勒斯坦问题是中东问题的核心，事关地区和平与稳定，不应被边缘化，更不应被遗忘。中国提出的全球发展倡议、全球安全倡议、全球文明倡议得到地区国家的普遍欢迎与支持，中国同中东国家高质量共建"一带一路"不断走深走实，着力推动沙伊和解，支持地区国家战略自主选择，成为本轮中东和平和解潮的主要外部推动力量，也是中东多国经济发展与经济转型的重要依托。展望未来，中国还将同地区国家在国际多边机制平台加强合作，共同推动全球治理改革，维护"全球南方"共同利益，为中国与中东国家合作注入新内容与新活力。

（中国国际问题研究院发展中国家研究所助理研究员　李子昕）

第十一章

世界经济：
动能不足　前景不明

2023年，全球经济从新冠疫情和乌克兰危机冲击中有所恢复，但复苏进程缓慢、脆弱且不均衡。保护主义盛行和全球需求收缩严重削弱贸易和投资动能，欧美国家高利率环境持续推高全球金融风险。主要经济体增长分化趋势加剧，全球产业链供应链加速重构，经济碎片化风险上升。2024年，受巴以冲突为代表的新一轮地缘政治动荡、美欧核心通胀黏性强、金融市场风险攀升、大宗商品价格波动等因素影响，全球经济或将在低速增长轨道中艰难前行。

一、全球经济增长动能不足

美国、欧洲等经济体的大规模货币紧缩政策在抑制通胀的同时，也抑制了需求增长，导致全要素生产率增长放缓。需求下降引发贸易下滑，利率高企持续抑制投资，大宗商品市场动荡和金融市场风险累积，导致全球经济增长动能持续承压。

（一）全球经济增长进一步放缓

一季度全球经济走势好于预期，生产和消费表现出一定韧性。但二、三季度全球经济增速呈现放缓趋势，下行压力凸显。经济合作与发展组织数据显示，占全球经济80%的二十国集团国家一季度同比增长2.8%，二季度同比增长3.5%。但环比看，一季度增长1.0%，二季度增长仅为0.7%。[①] 国际货币基金组织在10月《世界经济展望》中预计，全球经济增速将从2022年的3.5%放缓至2023年的3.0%和2024年的2.9%，远低于过去二十年（2000—2019年）3.8%的平均水平。其中，发达经济体的增速将从2022年的2.6%降至2023年的1.5%和2024年的1.4%。新兴市场和发展中经济体的增速将从2022年的4.1%小幅放缓至2023年和2024年的4.0%。[②] OECD 9月发布的《中期经济展望》报告称，2023年上半年全球经济强于预期，但通胀仍未显著放缓，并且货币政策已经开始影响各国经济增长，预计2023年全球经济增速为3.0%。[③] 国际金融论坛发布的《2023年全球金融与发展报告》指出，由于各国大幅收紧货币政策以遏制通胀，2023年全球经济增长在2022年大幅回落之后会进一步放缓至3.1%。[④]

全球经济复苏态势开局尚好，生产和消费表现出一定韧性。

[①] OECD, "G20 GDP Growth Slows to 0.7% in the Second Quarter of 2023," September 14, 2023, https://www.oecd.org/sdd/na/g20-gdp-growth-Q2-2023.pdf.

[②] "World Economic Outlook: Navigating Global Divergences," IMF, October 2023, https://www.imf.org/en/Publications/WEO/Issues/2023/10/10/world-economic-outlook-october-2023.

[③] "OECD Economic Outlook, Interim Report: Confronting Inflation and Low Growth," OECD, September 2023, https://www.oecd-ilibrary.org/docserver/1f628002-en.pdf?expires=1698565813&id=id&accname=guest&checksum=CF098906C43B8450D983BD5BBCBCFCE9.

[④] 国际金融论坛：《2023年全球金融与发展报告》，2023年10月，http://www.iff.org.cn/uploads/proceedings/IFF-Global-Finance-and-Development-Report-2023-cn20231023.pdf。

但全球服务业和制造业复苏分化特征日趋明显，制造业持续处于疲弱态势，而服务业处于相对稳定的恢复周期。制造业方面，摩根大通、标普全球、美国供应管理协会和国际采购与供应管理联盟联合数据显示，截至2023年9月，除了2月制造业PMI达到50%水平，全球制造业PMI连续13个月处于收缩区间。[①]中国物流与采购联合会数据显示，一季度全球制造业PMI均值为49.4%，二、三季度全球制造业PMI均值分别降至48.2%和48.3%，[②]提示全球制造业呈现弱修复态势。服务业方面，二季度开始，发达经济体核心通胀下降趋缓，货币政策紧缩态势持续的负面影响愈发显现，经济活动降温或将从制造业蔓延至服务业，进一步拖累全球经济。

（二）贸易与投资增长乏力

贸易和投资是全球经济增长的重要支撑，但受地缘政治紧张、工业产出放缓、高利率环境以及主要经济体采取内向型经贸政策等影响，国际贸易增速放缓，投资持续下滑。尽管相对于2022年第四季度全球贸易的低迷态势，2023年第一季度全球货物和服务贸易均呈现积极增长，货物贸易额增加约1000亿美元，服务贸易额增加约500亿美元。[③]但同比看，全球贸易形势并不乐观。世界贸易组织的数据显示，2023年一季度，全球货物贸易总

---

① "J.P. Morgan Global Manufacturing PMI," October 2, https://www.pmi.spglobal.com/Public/Home/PressRelease/b7141fc969fc4475bd6e1e2d4e16609e.

② 《指数小幅上升，全球经济保持弱修复态势——2023年9月份CFLP-GPMI分析》，中国物流与采购联合会，2023年10月，http://www.chinawuliu.com.cn/lhhzq/202310/06/617196.shtml。

③ "Global Update (June 2023)," UNCTAD, https://unctad.org/publication/global-trade-update-june-2023.

额为12.06万亿美元，同比下降1.8%。二季度全球货物贸易总额为11.97万亿美元，同比下降8.3%。①WTO在10月《全球贸易与展望数据》中预计，2023年全球货物贸易增长0.8%，较其4月预测值下调0.9个百分点，显著低于过去12年来（2011—2022年）2.6%的平均增长水平。其中，北美进口增速预测下调1.1个百分点至-1.2%，亚洲进口增速预测下调3.0个百分点至0.4%，欧洲进口增速下调0.1个百分点至-0.7%。而北美、欧洲和亚洲三个地区占据了全球进口商品需求的88%。②

乌克兰危机延宕、大宗商品价格波动、金融市场动荡和债务压力累积等多重危机严重冲击全球外国直接投资。联合国贸发会议《2023年世界投资报告》显示，2022年，FDI下降12%至1.3万亿美元，是2009年以来（不含2020年）表现最差的一年。其中发达经济体FDI下跌37%，美国、欧盟FDI均出现大幅下降。报告预计2023年全球FDI将继续呈下降趋势。③OECD数据显示，2023年上半年全球FDI流量为7270亿美元，虽相较2022年下半年有所反弹，但仍比2022年同期下降30%。跨境并购活动继续呈下降趋势，2023年上半年已完成的跨国并购交易金额比2022年下半年下降28%，完成交易数量下降13%。其中，发达经济体达成交易金额和数量分别下降23%和13%，新兴市场和发展中经济体分别下降49%和13%。2023年上半年宣布的绿地投资项目总体陷入停滞，其中，发达经济体宣布的绿地投资金额下降21%，而新兴市场和发展中经济体则增长21%。从国别看，美国、巴西、加

---

① 笔者根据WTO STAS数据计算得出，参见 https://stats.wto.org/。

② "Global Trade Outlook and Statistics," October 2023, https://www.wto.org/english/res_e/publications_e/gtos_updt_oct23_e.htm.

③ "World Investment Report 2023," UNCTAD, July 2023, https://unctad.org/publication/world-investment-report-2023.

拿大、墨西哥是全球最大的FDI流入国，美国、中国和日本是全球最大的FDI来源国。[①]

（三）大宗商品市场前景不确定

随着全球大宗商品供需改善，2023年前三季度，大宗商品价格总体呈温和震荡下行态势。前三季度世行全球大宗商品价格指数分别为112.9、104.5和109.5，分别同比下降21.8%、47.4%和37.7%。其中，能源类大宗商品指数分别下降26.5%、67.2%和53.6%，农产品价格指数分别下降7.5%、14.4%和5.2%，降幅较低。分项看，前三季度布伦特原油价格均值为82.1美元/桶，明显低于2022年99.8美元/桶的平均水平。前三季度天然气价格同比下降202%，但仍比2015—2019年的平均水平高82%。[②] 因供应改善和各国持续推进清洁能源转型，2023年前三季度煤炭价格延续下降趋势。铝、铜、铁矿石等有色金属因供给相对充足，价格涨跌互现，但空间不大。由于需求放缓，世行、IMF、联合国和《经济学人》等机构均预计2023年大宗商品价格将延续下行趋势。其中，世行在10月《大宗商品展望》中预计，2023年和2024年，能源价格预计将分别下降29%和5%，农产品价格预计下降7%和2%。[③]

---

① "FDI in Figures," OECD, October 2023, https://www.oecd.org//daf/inv/FDI-in-Figures-October-2023.pdf.

② "World Bank Commodities Price Data (The Pink Sheet)," October 2023; "World Bank Commodities Price Data (The Pink Sheet)," May 2023, https://www.worldbank.org/en/research/commodity-markets.

③ "Commodity Markets Outlook: Under the Shadow of Geopolitical Risks," World Bank, October 2023, https://thedocs.worldbank.org/en/doc/52326fbcc888268cd9610034a4321ce-0366012023/origina/Commodity-Markets-Outlook-seminar-jp-111423.pdf.

尽管全球需求收缩对大宗商品价格形成明显压制，但地缘政治不确定性加剧大宗商品价格波动。虽然乌克兰危机对国际能源市场影响的边际效应正在逐渐减弱，但新一轮巴以冲突的潜在升级风险必将扰乱中东能源供应节奏。根据世行分析，冲突以来至10月底，国际油价整体上涨约6%。世行初步评估了冲突对大宗商品市场的影响，其基线预测显示，若冲突不扩大，第三季度油价预计平均90美元/桶，明年将随着经济增长放缓回落至81美元/桶，大宗商品价格下降4.1%。若冲突升级，大宗商品价格前景将极不确定。根据石油供应受干扰的程度，全球石油供应每天将减少50万—800万桶，油价将比三季度上涨3%—75%，达到93—157美元/桶。[①] 此外，"欧佩克+"产油国石油供应决策的变化、资源民族主义对全球贸易的阻碍、美联储货币政策不确定性等也将增加大宗商品价格的波动风险。地缘政治动荡和通胀将严重威胁中东地区和全球的粮食安全。

（四）高利率加剧金融市场动荡风险

2023年以来，美欧主要经济体央行放缓加息步伐，并先后宣布暂停加息，但整体利率水平仍处于历史高位，且高利率可能维持较长时间。利率高企使美元流动性持续收紧，未来仍有可能诱发美欧银行业流动性危机。高利率也使按揭贷款人持续面临更高的还款负担，从而导致房市活动的趋缓和房价下跌。IMF数据显示，由于主要经济体央行的紧缩性货币政策，全球房价自2022年底以来一直处于下跌通道，2023年第一季度，发达经济体实际房

[①] "Commodity Markets Outlook: Under the Shadow of Geopolitical Risks," World Bank, October 2023, https://thedocs.worldbank.org/en/doc/523 26fbcc888268cd9610034a4321ce-0366012023/origina/Commodity-Markets-Outlook-seminar-jp-111423.pdf.

价下跌8.4%，新兴经济体跌幅为2.4%。房地产行业的低迷迅速传导到与其相关的金融体系和实体经济，对金融稳定构成压力。根据IMF全球压力测试，在滞胀情景下，包括中国、欧洲、美国的若干家系统重要性银行均将遭受资本损失。[①]

高利率还将扩大债务规模。国际金融协会9月发布的《全球债务监测》报告称，由于利率上升，全球债务存量在2023年上半年增加了10万亿美元，达到307万亿美元的历史新高。全球债务与GDP之比已提升至336%，预计到2023年底这一数值将升至337%。[②] 其中，新增加的债务中超过80%将来自发达国家，美、日、英、法增幅最大。货币政策调整空间有限、通货膨胀率仍处于高位以及本币持续贬值等问题，使得部分发展中国家的偿债压力持续增加，经济基础薄弱、债务治理能力欠佳、外汇储备短缺、债务存量较大的国家陷入债务困境乃至出现实质性债务违约的可能性增大。

二、主要经济体增长分化明显

2023年，美国经济展现出一定韧性，但高利息政策环境下经济下行风险逐渐积聚。欧元区经济延续低迷态势，增长压力不断加大。日本得益于外贸增长，复苏势头较好。但三大经济体均面

---

① "Global Financial Stability Report: Financial and Climate Policies for a High-Interest-Rate Era," IMF, October 2023, https://www.imf.org/en/Publications/GFSR/Issues/2023/10/10/global-financial-stability-report-october-2023.

② "Global Debt Monitor: In Search of Sustainability," IIF, September 2023, https://www.iif.com/Publications/articleType/TagView?Tag=Debt+Sustainability.

临"控制通胀"和"提振经济"的两难困境，前景仍不容乐观。

（一）美国经济韧性超预期，下行风险犹存

2023年，美国经济非但没有进入预期中的"衰退"，反而表现出较强韧性。美国商务部经济分析局数据显示，前三季度美国实际GDP的环比年化增速分别为2.0%、2.1%和4.9%。[①] 第三季度经济增长更为强劲。其中，三季度私人消费支出环比增长高达4.0%，对GDP增长的拉动达到2.7%。2023年以来，美国制造业PMI连续10个月低于50%，表明美国制造业持续萎缩。[②] 但劳动力市场紧张和工资上涨，带动了服务业活动持续扩张，成为美国经济的重要支撑力量。前10个月美国服务业PMI持续高于50%，综合PMI也在近7个月连续高于50%，表明整体经济活动仍趋于扩张。[③] 由于美国服务业占GDP比重约为80%，而制造业仅占10%左右，因此，服务业的景气一定程度上抵消了制造业的低迷。

尽管美国经济短期内仍具韧性，但高利率政策持续必将冲击美国经济增长的长期前景。虽然美联储在9月和11月暂停了加息步伐，宣布美国联邦基金利率目标区间维持在5.25%至5.50%，

---

① "National Economic Accounts," BEA, October 2023, https://www.bea.gov/news/glance.

② ISM, "Manufacturing PMI at 46.7%," PR Newswire, November 2023, https://www.prnewswire.com/news-releases/manufacturing-pmi-at-46-7-october-2023-manufacturing-ism-report-on-business-301973296.html.

③ ISM, "Services PMI at 53.6%," PR Newswire, October 2023, https://www.prnewswire.com/news-releases/services-pmi-at-53-6-september-2023-services-ism-report-on-business-301946224.html.

并表示将"在较长时间维持较高利率"（Higher for Longer），[1]高利率仍不断推高美国国债收益率，10年期和30年期的美债收益率一度超过5%，导致债务规模迅速膨胀，增大美国政府偿债付息压力。10月17日开始，美国国债已经突破33.6万亿美元，[2]约占GDP的122%。而财政部发布的最新数据显示，2023财年（2022年10月至2023年9月）美国的财政赤字达到1.7万亿美元，同比增加3200亿美元，财政赤字占GDP比重达到6.3%。其中，2023财年净利息支出约6590亿美元，占全年财政支出份额超过10%。[3]在美国财政状况不断恶化、两党政治极化使债务上限危机不断上演的背景下，美国两党难以达成实质性改革共识，美债违约风险持续积聚。

（二）欧元区经济持续低迷

受欧洲央行连续加息、通胀高企抑制消费能力以及全球需求放缓导致出口疲弱等多重因素影响，欧洲经济陷入持续低迷。根据欧盟公布的初始数据，前三季度经季节调整后欧元区GDP同比增速分别为1.3%、0.5%和0.1%，环比增速分别为0.0%、0.2%

① "Federal Reserve Issues FOMC Statement," November 2023, https://www.federalreserve.gov/newsevents/pressreleases/monetary20231101a.htm.

② "Debt to the Penny," Fiscal Date, November 2023, https://fiscaldata.treasury.gov/datasets/debt-to-the-penny/debt-to-the-penny.

③ "Joint Statement of Janet L. Yellen, Secretary of the Treasury, and Shalanda D. Young, Director of the Office of Management and Budget, on Budget Results for Fiscal Year 2023," October 20, 2023, https://home.treasury.gov/news/press-releases/jy1829.

和－0.1%，^① 经济再次面临"技术性衰退"风险。标普全球与汉堡商业银行联合数据显示，欧元区10月综合PMI为46.5%，创下35个月以来的新低，制造业PMI降至43.1%，连续16个月处于低于50%的收缩区间，服务业PMI进一步下跌至47.8%，表明制造业和服务业均处于萎缩状态，显示经济有进一步恶化的可能。^② 在能源价格下降和加息的共同作用下，欧元区通胀显著下降。欧盟统计局数据显示，10月通胀率同比涨幅从9月的4.3%大幅降至2.9%，为2021年7月以来最低。剔除能源、食品、酒类和烟草的核心通胀率也从4.5%降至4.2%。^③

制造业动能下降、居民消费支出乏力等因素使德国经济陷入停滞。2023年前三季度，德国GDP环比增速为0.0%、0.1%和－0.1%。1—9月，德国制造业PMI从46.5%一路下跌至39.6%，连续14个月低于荣枯线，制造业深陷于萎缩泥潭。^④ 前三季度服务业PMI也由扩张转入收缩区间。欧盟委员会和IMF称，德国或将成为欧盟乃至全球主要经济体中唯一出现衰退的国家。法国虽然避免了经济衰退，但增长显著放缓。前三季度GDP环比增

① "GDP and Main Components," Eurostat, November 2023, https://ec.europa.eu/eurostat/databrowser/view/NAMQ_10_GDP__custom_7680558/bookmark/table?lang=en&bookmarkId=a4ce6a9d-7ef1-48f1-a5bf-e23a717fcf75.

② "HCOB Eurozone Manufacturing PMI," November 2023, https://www.pmi.spglobal.com/Public/Home/PressRelease/1e1d572fb99e4adb9421a245b97bc0c7.

③ "Euro Area Annual Inflation Down to 2.9%," Eurostat, October 2023, https://ec.europa.eu/eurostat/documents/2995521/17766951/2-31102023-AP-EN.pdf/e9580ea0-3933-6700-41ad-4bd54f4b9ce0.

④ "HCOB Germany Manufacturing PMI," November 2023, https://www.pmi.spglobal.com/Public/Home/PressRelease/888d3b79a0eb47089fce1c7b2931448e.

长0.1%、0.6%和0.1%，[①] 制造业和服务业 PMI 也呈现下降趋势。德国和法国商业活动的萎缩直接导致欧元区经济活动的低迷态势。新一轮巴以冲突的潜在升级和延宕风险或将使欧洲经济进一步承压。

（三）日本经济温和复苏

消费回暖、出口增加、旅游业复苏支撑日本经济进入恢复轨道。根据日本内阁府公布的宏观经济统计修正值，2023年前两季度日本 GDP 环比增长率为0.8%和1.2%，折算成年率为增长3.8%和4.8%，[②] 连续三个季度保持正增长，显示出日本经济的复苏趋势。外需是此轮日本经济增长主要拉动力量，二季度外需对实际 GDP 增长率的贡献为1.8%，换算成年率为7.1%。2023年上半年日本运输设备出口同比增长24.2%，占日本外贸出口总额的21.9%。[③] 宽松货币政策使日元对美元汇率显著贬值，日元贬值助推日本净出口改善。

日本通胀维持高位。日本总务省数据显示，1—9月，日本消费者物价指数（以2020年为100）同比涨幅波动下降，但均值高达3.3%，连续18个月超过日本央行调控目标。剔除波动较大的

---

① "GDP and Main Components," Eurostat, November 2023, https://ec.europa.eu/eurostat/databrowser/view/NAMQ_10_GDP__custom_7680558/bookmark/table?lang=en&bookmarkId=a4ce6a9d-7ef1-48f1-a5bf-e23a717fcf75.

② "Quarterly Estimates of GDP: April-June 2023 (The Second Preliminary)," September 2023, https://www.esri.cao.go.jp/jp/sna/data/data_list/sokuhou/files/2023/qe232_2/pdf/jikei_1.pdf.

③ "Quarterly Estimates of GDP: April-June 2023 (The Second Preliminary)," September 2023, https://www.esri.cao.go.jp/jp/sna/data/data_list/sokuhou/files/2023/qe232_2/pdf/jikei_1.pdf.

生鲜食品后的综合指数也波动上升，9月达到4.2%，连续6个月保持4%以上增速。[①] 由于物价上涨超过工资增加，作为内需支柱的私人消费陷入负增长。第二季度占GDP比重近六成的私人消费环比增长率降至–0.6%。[②] 三季度经济恢复依然较为稳定，但受全球外需萎缩尤其是欧洲市场需求收缩的影响，日本制造业PMI出现下滑。三季度制造业PMI均值为49.23%，低于前两季度。三季度服务业PMI为53.97%，相较前两季度也呈现明显下滑态势。

日本宏观经济虽然在短期内呈现温和复苏态势，但仍面临高通胀、日元贬值等风险。受货币宽松政策影响，日元持续走弱，11月初跌破1美元兑150日元关口。[③] 日元贬值导致原材料成本上涨，推动日本通胀走高。为应对物价上涨，日本在11月召开的临时内阁会议上通过一项总额超过17万亿日元的经济刺激计划，预计又将增加政府偿债压力。此外，日本少子老龄化问题日趋严峻，劳动力短缺等结构性问题仍严重制约日本经济发展。

三、影响世界经济前景的几大因素

乌克兰危机对世界经济的影响尚未消退，以巴以冲突为代表的新一轮地缘政治冲突进一步扰乱经济复苏节奏，世界经济发展

---

① "Consumer Price Index / 2020-Base Consumer Price Index / Monthly Report," e-Stat, October 2023, https://www.e-stat.go.jp/en/stat-search/files?page=1&layout=dataset&toukei=00200573&tstat=000001150147&cycle=1&tclass1=000001150149&stat_infid=000040107962&cycle_facet=tclass1&tclass2val=0.

② "Quarterly Estimates of GDP: April-June 2023 (The Second Preliminary)," Cabinet Office, September 2023, https://www.esri.cao.go.jp/jp/sna/data/data_list/sokuhou/files/2023/qe232_2/pdf/jikei_1.pdf.

③ "Foreign Exchange Rates," BOJ, November 2, 2023, https://www.boj.or.jp/en/statistics/market/forex/fxdaily/fxlist/fx231102.pdf.

的基调加速从效率优先转向安全优先，从以发展为导向转向价值观导向。美欧央行维持高利率增大新兴经济体偿债压力。全球需求萎缩加速大宗商品供需格局重构，世界经济前景不确定性不断增大。

（一）地缘政治风险集聚，地缘经济竞争加剧

当前，地缘冲突持续，大国博弈激烈，全球安全危机频发。全球发展赤字、和平赤字、安全赤字、信任赤字有增无减，乌克兰危机的外溢效应持续蔓延，政治和安全逻辑超越经济和效率原则成为企业决策布局的重要因素。世界经济论坛发布的《2023年全球风险感知调查》将包括制裁、贸易战和投资筛选在内的"地缘经济对抗"列为未来两年全球第三大风险。[①] 巴以冲突的潜在升级风险凸显地缘政治动荡烈度上升。IMF总裁克里斯塔利娜·格奥尔基耶娃（Kristalina Georgieva）称，新一轮巴以冲突可能成为"又一个不确定的源头"。[②] WTO总干事恩戈齐·奥孔乔-伊韦阿拉（Ngozi Okonjo-Iweala）表示，以色列与哈马斯的军事冲突如果波及整个中东，将会给本已低迷的全球贸易造成"重大影响"。[③] 地缘政治冲突加剧地区间对抗情绪，相互制裁措施产生"寒蝉效应"，影响区域贸易往来，抑制贸易增长，降低贸易增

---

① "The Global Risks Report 2023, 18th Edition," WEF, January 2023, https://www3.weforum.org/docs/WEF_Global_Risks_Report_2023.pdf.

② "Israel-Hamas Conflict Adds Uncertainty to Global Economy: IMF Chief," Xinhua, October 14, 2023, https://english.news.cn/20231014/835f0dae96b544e5a72aff1e0ff9dacc/c.html.

③ "WTO Chief Warns Israel-Hamas War Could Hurt Global Growth If Conflict Spills Over," CNBC, October 30, 2023, https://www.cnbc.com/2023/10/30/wto-chief-warns-israel-hamas-war-could-hurt-global-growth.html.

速，拖累经济增长。IMF研究表明，贸易碎片化可能使全球经济损失高达GDP的7%，约7.4万亿美元。如果加上技术脱钩，一些国家的长期损失可能会高达其GDP的12%。如果再考虑到对跨境移民的限制、资本流动萎缩以及应对全球挑战国际合作的减少，影响可能会更大。[①]地缘政治冲突升级带来的风险或将长期化，加大全球经济运行的不确定性，导致跨境投资环境恶化，投资风险增加，影响全球资本流动。

（二）经济政策工具化倾向明显，导致全球产业链供应链格局加速重构

2023年以来，美国继续推行以《基础设施投资和就业法案》《芯片和科学法案》《通胀削减法案》为代表的产业政策法案，不断加码"购买美国货"政策，对本国企业进行大规模补贴。4月，美国总统国家安全事务助理杰克·沙利文（Jake Sullivan）在"重振美国经济领导地位"的演讲中提出"新华盛顿共识"（New Washington Consensus），指出应放弃传统自由贸易协定的区域合作模式，转向强调产业政策重振美国经济。同时，美国以升级对华投资限制的方式配合其以"去风险"为导向的产业政策。8月，美国总统拜登签署《关于解决美国对受关注国家的特定国家安全技术和产品投资的行政令》，授权财政部审查美国投资者对华特定领域投资活动，进一步夯实其对华科技防御与精准打压的"小院高墙"战略。3月以来，欧盟相继推出《净零工业法案》《欧洲关键原材料法案》《欧盟电池和废电池法规》等法案，纳入大量

---

① "Geoeconomic Fragmentation and the Future of Multilateralism," IMF, January 2023, https://www.imf.org/en/Publications/Staff-Discussion-Notes/Issues/2023/01/11/Geo-Economic-Fragmentation-and-the-Future-of-Multilateralism-527266?cid=bl-com-SDNEA2023001.

扶持欧盟产业发展的政策，加剧全球新能源行业竞争。10月，欧盟《碳边界调解机制法案》正式进入过渡期，该法案意在提高外部产品的准入门槛，增强欧洲本土企业的竞争力，实质上是一种以气候治理为旗号的贸易保护工具。欧盟对产自中国的进口电动汽车启动反补贴调查程序，更是以"公平贸易"为名行保护自身产业之实，违背WTO相关规则，将严重扰乱和扭曲包括欧盟在内的全球汽车产业链供应链。

（三）美欧利率持续高企，新兴经济体面临多重风险

美国积极财政政策和紧缩货币政策的失调增强通胀韧性。尽管美国暂停了加息步伐，但高利率水平将继续维持，降息的时间和幅度均有不确定性。欧洲经济虽然低迷，但在高通胀下，欧洲央行的重点仍是维持高利率水平。受美欧高利率政策的影响，新兴市场和发展中经济体或将面临更大的经济困难。一是外部贸易环境继续恶化。利率维持高位削弱全球消费能力，各国外需疲软，以出口作为经济复苏动能的发展中国家对外贸易持续下降。二是金融风险持续。美元保持强势使新兴市场和发展中经济体持续面临本币贬值和资本流出压力。UNCTAD数据显示，截至2023年6月，69个低收入国家中有36个处于债务高风险，或已经陷入债务困境，52个发展中国家遇到严重的债务问题。[①] 以美元计价的外债偿还负担加重，使发展中国家财政更为窘迫，发生债务爆雷的"黑天鹅"事件的可能性不能排除。三是社会和经济问题更

---

① 《贸易和发展理事会发展筹资问题政府间专家组第七届会议》，UNCTAD，2023年11月1—3日，https://unctad.org/system/files/official-document/tdb_efd7d2_ch.pdf。

加突出。为减缓资本外逃和货币贬值，部分发展中国家或许被迫采取跟随式加息政策，加息将拖累本国经济复苏，引发就业岗位流失等经济社会问题。

四、结语

展望2024年，全球经济面临的不确定性增加，下行风险偏大，各经济体增长前景分化加剧。世界经济的调整和变化使我国经济发展和稳定面临新的复杂挑战和机遇。全球经济疲软和需求萎缩将直接冲击我国外贸外资，对我国稳定经济增长造成压力。但发达经济体货币政策的调整也可能缓解人民币贬值和资本外流压力，扩大我国政策调整空间。中美元首旧金山会晤和中美经济领域多个工作组的成立也将对中美关系产生积极影响。应充分认识到我国经济韧性强、潜力大、空间广的基本特征，全力推进更高水平开放，用切实之举提振市场信心，全面参与世贸组织改革和国际经贸规则调整，推动扩员后的金砖国家和上合组织在区域经贸合作和全球经济治理体系改造中发挥更大作用，以第三届"一带一路"国际合作高峰论坛为新起点，推动"一带一路"国际合作走深走实，为我国经济发展和世界经济复苏注入新动力。

（中国国际问题研究院世界经济与
发展研究所助理研究员　刘晓伟）

第十二章

全球治理：
持续承压　略有进展

2023 年，全球治理既有赤字扩大的一面，也有对话合作的一面，其主要领域仍然承压深重，但也取得一定进展。一方面，一些国家执意牵引全球经济科技合作"泛安全化"，为谋私利损害联合国安理会履职能力，全球新疆域治理赤字仍巨。另一方面，越来越多的发展中国家和新兴经济体更深度参与全球治理，金砖国家力量显著增强，非盟加入二十国集团，中美、中欧各领域交流明显增多，都为全球治理带来了新的希望。中国始终秉持共商共建共享的全球治理观，引领国际社会践行真正多边主义，支持发展中国家扩大在全球治理中的影响力和话语权，有力推动全球治理体系向更加公正合理方向发展。

一、全球经济治理分裂与进展并存

（一）个别国家借"去风险"之名肆行"脱钩断链"

个别国家借所谓"去风险"之名分裂全球产供链。自 2023 年 3 月欧盟委员会主席冯德莱恩首次提出"去风险"概念后，美国总统国家安全事务助理沙利文等美方高官便持续利用"去风险"一词造势，将中国作为"去风险"的主要对象。美方继而推出"新华盛顿共识"，试图以"友岸外包""近岸外包"来强行重塑全球产供链，排挤中国。5月，在美国主导下，本质上针对中国的"去风险"被写进七国集团领导人广岛峰会的公报之中。[①] 自此，美式"去风险"成为这一词汇的主要含义。

美式"去风险"的本质，是打着维护"国家安全"的旗号，行关键领域对华"脱钩"之实，继续遏制孤立中国。6月，美国财长耶伦在国会作证时称，"出于国家安全考虑，美正考虑出台对外投资限制措施，限制私募基金投资与军方有关联的中国企业"。[②] 7月，美国中央情报局局长伯恩斯称，应避免在关键矿产和技术方面受制于中国。[③] 8月，拜登授权美财长管控半导体和微电子、量子信息技术、特定人工智能系统等3个敏感领域对华投资。10月，美方出台对华半导体出口管制最终规则，进一步加强对人工智能相关芯片、半导体制造设备的对华出口限制。此外，美方亦有意联合欧日组建"重要矿产采购方俱乐部"，以"摆脱对中国稀土及锂、钴等关键矿产的依赖"。[④]

美式"去风险"针对的是中国，分裂的是全球经济治理体系。

---

① "G7 Hiroshima Leaders' Communiqué," The White House, May 20, 2023, https://www.whitehouse.gov/briefing-room/statements-releases/2023/05/20/g7-hiroshima-leaders-communique/.

② "Testimony of Secretary of the Treasury Janet L. Yellen before the Committee on Financial Services, U.S. House of Representatives," U.S. Department of the Treasury, February 6, 2024, https://home.treasury.gov/news/press-releases/jy1529.

③ "CIA's Burns: US Needs to De-Risk and Diversify Away from China," https://www.todayonline.com/world/cias-burns-us-needs-de-risk-and-diversify-away-china-2203421.

④ "US and EU Looking to Create 'Critical Minerals Club' to Ensure Their Own Supplies," The Register, February 8, 2023, https://www.theregister.com/2023/02/08/us_and_eu_critical_minerals/.

美方以"去风险"之名，试图打造排除中国的"平行体系"，不仅会打乱全球化条件下原本稳定的全球产供链，给深度交融的全球经济带来巨大风险，更会扰乱全球经济治理体系，破坏国际多边贸易体制和经贸金融规则。同时，美式"去风险"为经济、技术、思想、文明交流人为设障，将破坏各国相互信任基石，消除不平等和贫困、共同应对气候变化等需要国际社会携手推进的议程也将被拖累。

（二）世贸组织、二十国集团等机制履职能力仍未充分恢复

2023年，世贸组织上诉机构仍处于"停摆"状态，争端解决机制依旧瘫痪。2019年12月，世贸组织上诉机构因美方阻挠而停摆。此后几年，多数世贸组织成员进行了数十次努力，希望恢复上诉机构履职能力，都因美国反对而未能成功。2023年2月，127个世贸组织成员共同提出启动上诉机构新法官遴选程序的提案，提案再一次遭美国"独家"无理否决。[①] 10月，美国于世贸组织争端解决会议上第69次拒绝了有关启动相关法官遴选程序以填补上诉机构空缺的提案。美方行为的原因在于，其不愿接受国际规则约束，顽固认为上诉机构对美国与其他成员贸易争端的判决损害了自身的利益。然而，如果没有一个争端解决机制，其实国际规则也是个空架子；美方的相关行为，本质上是架空了世贸组织和多边经贸规则。

部分美西方国家在G20议程中强加乌克兰危机议题，造成多

---

① 《美国再次阻挠重启世贸组织上诉机构新法官遴选程序》，中华人民共和国商务部中国贸易救济信息网，http://www.cacs.mofcom.gov.cn/article/gnwjmdt/db/wto/202303/175914.html。

个部长级会议未能达成联合声明。2023年2月和7月，G20财长和央行行长会议两度召开，均因美欧国家试图在成果文件中强加乌克兰危机议题而无法达成联合声明。3月召开的外长会和7月召开的能源部长会等，均因同样原因未能达成联合声明。G20是重要多边国际经济机制，部分美西方国家执意在其中加入地缘政治议题，无疑弱化了其主要经济治理效能。

（三）全球经济治理取得部分进展

非盟加入G20，全球经济治理体系多极化向前迈进。近年，代表非洲55个成员的非盟积极寻求加入G20。中国则是第一个支持非盟加入G20的国家。2023年9月，在G20领导人第十八次峰会上，非盟被吸纳成为G20正式成员。这是G20成立二十多年来首次扩员，使非盟成为G20成员中继南非之后的第二个非洲成员、继欧盟之后的第二个区域组织成员，将对全球经济治理产生重要积极影响。

中美、中欧高层经济对话重启，对全球经济治理产生积极促进作用。中美方面，2023年6月至8月，美国国务卿布林肯、财长耶伦、商务部长雷蒙多相继访华；8月至9月，中美商业问题工作组、中美经济工作组、中美金融工作组先后成立，[①] 两国高层交往逐渐密切。特别是2023年11月，中美元首在旧金山举行会晤，开辟了面向未来的"旧金山愿景"。双方决定加强高层交往，推进并启动在商业、经济、金融、出口管制等各经济领域的机制性磋商。中欧各领域对话交流全面重启。中欧方面，4月，法国总统马克龙和欧盟委员会主席冯德莱恩访华，中法、中欧就经贸

---

① 《中美成立经济领域工作组》，中国政府网，https://www.gov.cn/yaowen/liebiao/202309/content_6905738.htm。

问题取得一系列共识；9月，第十次中欧经贸高层对话举行，双方就宏观经济政策协调、产供链合作、改善营商环境、世贸组织改革、金融业双向开放和监管合作等达成一系列成果。[①] 中、美、欧作为世界前三大经济体，机制性地坐下来，谈一谈，将有助于全球经济治理体系发挥应有效能。

二、全球安全治理态势恶化

（一）重要军控和裁军治理机制再遭重创

美俄间核军控机制岌岌可危。近两年，俄罗斯遭美西方全方位无底线制裁遏压，安全环境严重恶化。2023年2月，俄总统普京宣布俄罗斯暂停履行《新削减战略武器条约》；6月，美方宣称该条约已经失效，将不再向俄方提供美方导弹和发射器位置。这意味着美俄间最后一个双边军控条约失效。[②] 10月，美国在内华达州南部核试验场进行了一次高爆实验，考虑到美方始终未批准《全面禁止核试验条约》，俄方随即撤销批准该条约。上述两条约是全球核军控的基石，其失能失效将严重削弱全球核军控治理体系。

欧洲安全基石再遭削弱。美及北约近年来不断加大在东欧军事部署，俄与美西方在安全领域的互信已荡然无存。2023年5月，俄罗斯总统普京签署法令，废止《欧洲常规武装力量条约》

---

① 《第十次中欧经贸高层对话举行，何立峰与东布罗夫斯基斯共同主持》，中国共产党新闻网，http://cpc.people.com.cn/n1/2023/0926/c64094-40085340.html。

② 《美停止同俄在〈新削减战略武器条约〉下共享数据》，参考消息网，http://finance.cankaoxiaoxi.com/#/detailsPage/%20e50d1a3168fe40ab9ccc424b9606387f/1/2023-06-02%2011:17?childrenAlias=undefined。

（CFE）；11月，俄方完成退出该条约的法律程序。美方随即表示将暂停履行与CFE其他缔约国间的全部义务。北约发表声明谴责俄退出CFE，称其成员国将暂停履行CFE。俄与美西方常规军控体系再遭重创。

（二）美方在巴以冲突中的不公正立场导致安理会再陷分裂

2023年10月初，巴以冲突再度升级，造成大量平民伤亡。面对加沙地带出现的严重人道主义危机，联合国安理会为寻求统一的应对措施进行了多次努力，至11月10日，共召开8轮会议，对6份关于巴以冲突的决议草案进行了表决，但相关草案都未能获得通过。[①] 究其原因，是美方未能在巴以之间采取公正立场，或提出立场不公的决议草案，或否决他国提出的立场公正的决议草案。10月18日，巴西提交的决议草案在安理会获得12票赞成，仅被美国"独家"反对；12月9日，美方再次否决由阿联酋起草的决议草案，其拒绝草案中"人道主义停火"措辞，主张仅使用"人道主义暂停"措辞。美方的不公正立场直接导致联合国安理会在本轮巴以冲突爆发6周后，依然未能形成任何敦促停火的决议。直至11月15日，在中国担任轮值主席国期间，安理会才在中方大力斡旋下，通过一项聚焦人道关切、保护儿童的决议。

联合国安理会是全球安全治理的核心机制，理应在巴以冲突等热点问题中发出权威、公正的声音。美方的不公正立场导致安理会在巴以问题上严重分裂，难以履行维护世界和平与安全的职能，甚至难以达成停火止战的决议，严重削弱了安理会权威，也

---

① 参见联合国安理会网站，https://research.un.org/en/docs/sc/quick/meetings/2023。

破坏了全球安全治理的政治环境。

（三）日本福岛核污染水排海危害全球海洋生态安全

2023年8月，日本政府无视国内外反对呼声，强行启动福岛核污染水排海。至排海时，福岛第一核电站储存的核污染水多达134万吨，东京电力公司制定的2023年度排放"指标"为3.12万吨，未来数十年间，核污染水将源源不断产生并排入大海，且毫无疑问，后续会大幅增加排放量。其积年累月排放的氚等核素总量将非常惊人，对环境和生物的长期影响无从准确评估，不确定性就是最大的风险之一。

日方此举严重破坏了全球海洋生态安全，对相关全球治理机制也造成了严重损害。核污染水中含有多种放射性元素，除了氚以外，还含有碳–14、锶–90、铯–137、碘–129、钚–239、镅–241等数十种放射性物质，有的"寿命"长达几十万年，不少放射性元素对人体和环境都有危害，将对生态系统的结构和功能产生不可逆的影响。同时，日本处心积虑拉拢国际原子能机构为其核污染水排海行为站台，压制和过滤反对排海的科学界和环保界声音，利用国际原子能机构的评估报告打压异议，既污名化了科学精神，又损害了国际机构声誉，破坏了相关全球治理机制的有效性和权威性。

日本政府应全面回应国际社会对福岛核污染水排海问题的重大关切，履行应尽的道义责任和国际法义务，停止核污染水排海行动，以真诚态度同周边邻国充分沟通，接受严格国际监督，确保核污染水以科学、安全、透明的方式得到处置。

三、全球气候和新疆域治理取得进步但赤字仍大

（一）全球气候治理取得一定进展

2023年3月，政府间气候变化专门委员会发布第六次评估报告的综合报告，为未来全球气候治理提供科学基础、政治指导。报告指出，在过去的一个多世纪，化石燃料的燃烧以及不平等且不可持续的能源和土地使用导致全球气温持续上升，现在已经比工业化前水平高出了1.1℃。这导致极端天气事件愈加频繁和强烈，使全球各个地区的自然和人口日益陷入危险之中。随着气候变暖加剧，粮食和水不安全将会日益严峻；如果这些风险与大流行病或冲突等其他不利事件同时发生，将变得更加棘手。[1] 报告强调，能否将温升水平控制在1.5℃或2℃以内，在很大程度上取决于实现二氧化碳净零排放前的累积碳排放量和关键十年（2020—2030年）的温室气体减排水平。[2] 要实现1.5℃和2℃的温控目标分别需要在2050年和2070年实现全球二氧化碳净零排放。为此，全世界需要迅速实施适应和减缓措施，尽快采取公平合理的气候行动，并保障充足的资金和技术资源，特别是发达国家应正视自身历史责任，切实履行对发展中国家提供资金、技术和能力建设的义务，维持良好的伙伴关系，从而更有效地适应气候变化并减少温室气体排放。而目前国际社会采取的行动尚不足以达

---

[1]　"Climate Change 2023 Synthesis Report: Summary for Policymakers," IPCC, https://www.ipcc.ch/report/ar6/syr/downloads/report/IPCC_AR6_SYR_SPM.pdf.

[2]　"Climate Change 2023 Synthesis Report: Summary for Policymakers," IPCC, https://www.ipcc.ch/report/ar6/syr/downloads/report/IPCC_AR6_SYR_SPM.pdf.

成目标。[①]

中美气候变化高层对话重启。2022年8月，因时任美国会众议长佩洛西窜台，中美气候变化对话中断。2023年7月，时任美国总统气候问题特使克里访华，标志着中美气候变化领域高层交往正式恢复。[②] 此后，中美气候变化对话日渐密切，两国气候特使及团队于11月初在美国加州举行为期5天的气候会谈，双方"全面、深入交换意见"，并一致同意就应对气候变化开展双边合作与行动、共同推动11月底举行的《联合国气候变化框架公约》（UNFCCC）第二十八次缔约方大会（COP28）取得成功达成积极成果。[③] 中美作为世界前两大经济体，其在应对气候变化的诸多具体工作领域中达成政治共识，对于两国共同在气候变化多边机制中发挥引领作用，推动UNFCCC框架下多边合作，尤其是促进COP28达成有力行动，具有重要积极作用。

联合国框架外的多边气候治理进程有喜有忧。7月底，二十国集团环境与气候部长联席会议取得积极平衡成果，但受部分国家无端引入地缘政治问题干扰，会议未能形成公报。而此前，美国总统气候问题特使克里在国会作证时表示，美国不会遵守《联合国气候变化框架公约》第二十七次缔约方大会达成的气候赔偿

---

① "Climate Change 2023 Synthesis Report: Summary for Policymakers," IPCC, https://www.ipcc.ch/report/ar6/syr/downloads/report/IPCC_AR6_SYR_SPM.pdf.

② 《中美应对气候变化对话在京举行》，中华人民共和国生态环境部网站，https://www.mee.gov.cn/ywdt/hjywnews/202307/t20230723_1036910.shtml。

③ 《中美气候变化加州会谈达成积极成果》，中华人民共和国生态环境部网站，https://www.mee.gov.cn/ywdt/hjywnews/202311/t20231109_1055597.shtml。

机制，不会对遭受气候灾害重创的发展中国家提供补偿资金，[①]无疑对相关多边进程造成负面影响。9月，首届非洲气候峰会在肯尼亚首都内罗毕闭幕，会议通过《非洲领导人关于气候变化的内罗毕宣言及行动呼吁》（简称《内罗毕宣言》），呼吁发展中国家和发达国家携手降低温室气体排放，并敦促发达国家兑现相关的出资和技术援助承诺。[②]发展中国家以更积极、更团结的姿态参与全球气候治理，将更有力地平衡UNFCCC框架下南北力量对比，有利于其取得更加全面、均衡的成果。

12月13日，经过两周的密集谈判，COP28就《巴黎协定》首次全球盘点、减缓、适应、资金、损失与损害等多项议题达成"阿联酋共识"。COP28通过了"损失与损害"基金决议，完成了首次全球盘点，通过了全球适应目标框架和公正转型路径工作方案等一系列重要成果。这展现了当前国际社会共同应对气候变化的努力，也反映了各方愿坚持多边主义，积极展现更多灵活性、建设性的趋势。同时，目前的全球气候治理进程中，广大发展中国家的很多关切还没有得到充分的重视和解决；应尽快兑现并切实增强对发展中国家的资金、技术和能力建设支持规模和力度，确保全球公正转型，为发展中国家实现可持续发展提供应有的空间和必要的支持。

（二）人工智能领域治理赤字亟待填补

人工智能发展迅速，但治理赤字凸显。2022年11月，人工智

[①] "John Kerry Says 'Under No Circumstances' Will US Pay Poor Nations for Climate Damages," https://www.commondreams.org/news/kerry-says-no-climate-reparations.

[②] 《首届非洲气候峰会通过〈内罗毕宣言〉》，光明网，https://world. gmw.cn/2023-09/07/content_36815955.htm。

能实验室OpenAI发布聊天机器人程序ChatGPT，至2023年1月其活跃用户就突破1亿。以其为代表的各类人工智能应用在2023年中快速发展，不断迭代，使用场景十分广泛。各类人工智能产品的兴起，也给人类社会带来了新的治理问题。其背后遵循的伦理标准、价值理念、程序规则及其使用范围等，均亟待法律规范。在相关国内法律和国际治理规则尚存在空白的情况下，意大利、加拿大、德国、爱尔兰、西班牙等国家先行禁止或限制使用ChatGPT。[①] 这也说明，为人工智能发展及其社会应用建立法律规则，既是一种治理需求，也是其进一步发展的必要条件。

欧盟《人工智能法案》立法进程取得进展，有望成为第一部通过议会程序专门针对人工智能的综合性立法。该法案的核心内容之一是"基于风险识别的监管框架"，其对不同人工智能的风险程度进行分级并采取不同的监管措施，将人工智能的风险等级区分为不可接受的风险、高风险、有限风险、低或轻微风险，其中前三类将受到监管；该法案还提出对通用型人工智能和基础模型进行特别监管。[②] 同时，该法案亦特别倡导"负责任的研究和创新"。[③] 2023年6月，欧洲议会表决通过了法案草案，其将在欧洲议会、欧盟委员会和欧盟理事会完成谈判后生效。作为第一部人工智能综合性立法，该法案有可能形成"布鲁塞尔效应"，牵

① 《负面情绪正持续发酵 多国计划加强对ChatGPT监管》，央视网，https://news.cctv.com/2023/04/10/ARTIlImrRNUIW2jg9OlZ79Xv230410.shtml。

② "EU Legislation in Progress: Artificial Intelligence Act," European Parliament, https://www.europarl.europa.eu/RegData/etudes/BRIE/2021/698792/EPRS_BRI(2021)698792_EN.pdf.

③ "EU Legislation in Progress: Artificial Intelligence Act," European Parliament, https://www.europarl.europa.eu/RegData/etudes/BRIE/2021/698792/EPRS_BRI(2021)698792_EN.pdf.

动主要国家加快人工智能相关国内立法进程，并为他国提供借鉴和参考。

多边人工智能治理进程起步，达成初步政治共识。11月，为期两天的首届人工智能安全峰会在英国布莱奇利园举行。本次峰会邀请了约100名各国官员、人工智能企业代表和专家。中国、美国、日本、德国、印度等20多个国家的政府代表以及联合国、经合组织、国际电信联盟等多个国际组织的代表参会。最终，28个国家和欧盟共同签署了《布莱奇利宣言》，同意通过国际合作，建立人工智能监管制度。①

（三）外空治理赤字进一步凸显

新一轮"探月热"凸显现有外空治理赤字。2023年，印度、俄罗斯相继发射月球探测器，印度成为世界上第四个在月表实现软着陆的国家。未来几年，中国正向实现载人登月稳步迈进；美国则加紧实施"阿尔忒弥斯计划"，试图抢先实现新一轮载人登月，争夺未来探月和深空国际规则制定主导权；日本、韩国、以色列、阿联酋、沙特等，也都有探月计划。越来越多的国家实施探月计划，迫切需要国际社会进一步完善外空、探月、深空探测国际规则。而当前主要相关国际规则制定于20世纪50—60年代，难以满足当前和未来治理需求，规则赤字凸显。

---

① 《首届人工智能安全峰会发布〈布莱奇利宣言〉》，人民网，http://world.people.com.cn/n1/2023/1103/c1002-40109275.html。

四、中国有力推动全球治理体系更加公正合理

（一）为完善全球治理贡献先进理念和科学方案

习近平主席提出全球文明倡议，形成包括全球发展倡议、全球安全倡议在内的"三大全球倡议"，为全球治理指明前进方向。2023年3月，习近平主席在中国共产党与世界政党高层对话会上提出全球文明倡议，强调要共同倡导尊重世界文明多样性，弘扬全人类共同价值，重视文明传承和创新，加强国际人文交流合作。[①] 这是中国为国际社会提供的又一重要公共产品。2月，中方发布《全球安全倡议概念文件》，提出6项核心理念与原则和20个重点合作方向，为全球安全倡议落实落地提供了科学方案。以"三大全球倡议"为重要依托，中国为各领域全球治理提供了先进、科学、可行的理念与方案。

中方系统全面梳理总结构建人类命运共同体理念的理论创新、实践成就、宝贵经验，也进一步阐明了推动全球治理体系更加公正合理的中国方案。2023年是习近平主席提出构建人类命运共同体理念十周年。9月，中方发布《携手构建人类命运共同体：中国的倡议与行动》白皮书，系统阐释构建持久和平、普遍安全、共同繁荣、开放包容、清洁美丽的世界的实现路径和实践方案，倡导各国一道推动新型经济全球化，走和平发展道路，构建新型国际关系，践行真正的多边主义，弘扬全人类共同价值。[②] 白皮

---

① 习近平：《携手同行现代化之路——在中国共产党与世界政党高层对话会上的主旨讲话》，中华人民共和国外交部网站，https://www.mfa.gov.cn/zyxw/202303/t20230315_11042301.shtml。

② 《携手构建人类命运共同体：中国的倡议与行动》，中国政府网，https://www.gov.cn/zhengce/202309/content_6906335.htm。

书系统阐释了构建人类命运共同体的实现路径，也为完善发展全球治理提供了理念支撑。

（二）引领完善全球治理体制机制

中国大力支持、积极推动金砖合作机制扩员，有力引领全球政治经济治理体系朝着更加公正合理的方向发展。多年来，金砖合作机制努力成为维护新兴市场和发展中国家共同利益的重要平台，积极推动全球经济治理体系改革完善。针对越来越多的国家申请加入金砖机制，习近平主席指出，金砖不能成为一个封闭内向的集团，而应该成为开放包容的平台，吸纳新成员、汇聚新力量，符合金砖发展的现实需要。2017年金砖国家领导人厦门会晤中，习近平主席倡导建立"金砖+"机制，为金砖国家扩员打下了坚实基础；2022年，中方作为金砖轮值主席国，正式启动金砖扩员。通过中方同各方一道努力，2023年8月，在金砖国家领导人第十五次会晤上，金砖国家实现了历史性扩员，沙特、埃及、阿联酋、阿根廷、伊朗、埃塞俄比亚成为金砖大家庭成员。这次扩员壮大了发展中国家在全球治理中的声音，也壮大了世界和平与发展的力量。同时在中方推动下，G20新德里峰会吸纳非盟成为正式成员，提升了发展中国家在全球治理中的代表性和发言权。

（三）为推动各领域全球治理取得实际成果作出中国贡献

中国积极参与全球气候治理。元首气候外交提升全球气候治理凝聚力，自2022年至2023年6月，习近平主席在60余次重要会议和活动中强调践行真正的多边主义，携手应对气候变化等全球性挑战。中国持续加强应对气候变化国际合作，2022年至2023

年6月，中国推动实施中欧绿色行动、建设中欧碳中和联合研究中心，举办中国—北欧碳中和交流活动，实施中欧环境与绿色经济合作项目；牵头制定二十国集团转型金融政策框架，推动绿色气候基金（GCF）、全球环境基金（GEF）和主要国际金融机构支持发展中国家应对气候变化和实现可持续发展；至2023年6月，中国已与39个发展中国家签署46份气候变化南南合作文件，包括建设3个低碳示范区及开展70余个减缓和适应气候变化项目。[①] 同时，中国全力支持UNFCCC第二十八次缔约方大会取得积极成果。习近平主席特别代表、中共中央政治局常委、国务院副总理丁薛祥出席会议期间举行的世界气候行动峰会、"77国集团和中国"气候变化领导人峰会，宣介中国主张，就全球治理提出践行多边主义、加速绿色低碳转型、强化落实行动，为大会的成功注入了强大的政治推动力。

中国积极推动全球人工智能治理向前迈进。面对人工智能蓬勃发展和相关国际治理机制缺位，2023年10月，中方发布《全球人工智能治理倡议》，强调在世界和平与发展面临多元挑战的背景下，各国应秉持共同、综合、合作、可持续的安全观，坚持发展和安全并重的原则，通过对话与合作凝聚共识，构建开放、公正、有效的治理机制，促进人工智能技术造福于人类；强调各国应在人工智能治理中加强信息交流和技术合作，共同做好风险防范，形成具有广泛共识的人工智能治理框架和标准规范，不断提

---

① 《中国应对气候变化的政策与行动2023年度报告》，中华人民共和国生态环境部网站，https://www.mee.gov.cn/ywgz/ydqhbh/wsqtkz/202310/W020231027674250657087.pdf。

升人工智能技术的安全性、可靠性、可控性、公平性。①

中国积极推动政治解决国际和地区热点问题。2023年2月，中共中央政治局委员、中央外办主任王毅在出席慕尼黑安全会议时发表演讲表示，中方将发布《关于政治解决乌克兰危机的中方立场》，强调中方始终站在和平一边，站在对话一边。《关于政治解决乌克兰危机的中方立场》呼吁有关各方保持理性克制，避免危机进一步恶化甚至失控，早日重启谈判，相互尊重，照顾彼此合理关切，建立均衡、有效、可持续的欧洲安全架构。② 2023年3月，经过中方大力斡旋，沙特和伊朗进行北京对话，宣布恢复两国外交关系，这是三方携手落实全球安全倡议的生动实践和巨大成功，也是中国为全球安全治理作出的重大贡献。10月，巴以冲突再度升级，中方始终站在和平一边，站在历史正义一边，反对袭击平民的行为，谴责违反国际法的做法。作为联合国安理会11月轮值主席国，中方积极斡旋，呼吁各方尽快召开国际和会，大力推动达成广泛共识。

（四）"一带一路"国际合作高峰论坛极大推动全球治理进步

2023年10月，第三届"一带一路"国际合作高峰论坛在中国成功举办，极大推动全球发展治理完善和进步，形成大量重要务实合作成果。本次高峰论坛为推动全球治理体系完善发展提供了宝贵思想指引。习近平主席在此次高峰论坛上深刻总结共建"一

---

① 《全球人工智能治理倡议》，中华人民共和国外交部网站，https://www.fmprc.gov.cn/wjb_673085/zzjg_673183/jks_674633/fywj_674643/202310/t20231020_11164831.shtml。

② 《关于政治解决乌克兰危机的中方立场》，中华人民共和国外交部网站，https://www.mfa.gov.cn/zyxw/202302/t20230224_11030707.shtml。

带一路"十年来形成的宝贵经验，强调人类是相互依存的命运共同体；只有合作共赢才能办成事、办好事、办大事；和平合作、开放包容、互学互鉴、互利共赢的丝路精神，是共建"一带一路"最重要的力量源泉。[①]习近平主席首次提出，各国应当携起手来，实现和平发展、互利合作、共同繁荣的世界现代化。[②]这一宏伟愿景同构建人类命运共同体的理念一脉相承，为高质量共建"一带一路"明确了努力方向。上述理念为全球发展治理提供了遵循，为推动全球治理体系更加公正合理凝聚了弥足珍贵的国际共识。

本次高峰论坛的最鲜明特色是坚持行动导向、高效务实。习近平主席在主旨演讲中宣布支持高质量共建"一带一路"八项行动，包括构建"一带一路"立体互联互通网络、促进绿色发展、推动科技创新等重大举措，也包括开展务实合作、支持民间交往、完善"一带一路"国际合作机制等的具体项目。论坛期间，各方共形成了458项成果，企业家大会还达成了972亿美元的商业合同。共建"一带一路"必将为推动世界经济增长、促进全球共同发展提供源源不断的动力。

五、结论

2023年，全球治理虽依然承压深重，但也展现出一定韧性、

---

① 习近平：《建设开放包容、互联互通、共同发展的世界——在第三届"一带一路"国际合作高峰论坛开幕式上的主旨演讲》，中华人民共和国外交部网站，https://www.mfa.gov.cn/zyxw/202310/t20231018_11162839.shtml。

② 习近平：《建设开放包容、互联互通、共同发展的世界——在第三届"一带一路"国际合作高峰论坛开幕式上的主旨演讲》，中华人民共和国外交部网站，https://www.mfa.gov.cn/zyxw/202310/t20231018_11162839.shtml。

取得部分进展，出现了一些"止跌"的迹象。尤其是中美、中欧等大国间各领域交流对话的重启和恢复，也为经贸、金融、气候变化、人工智能等领域全球治理继续向前发展提供了必要条件。未来，全球治理能否"企稳"乃至"回升"，关键仍在于大国关系能否真正稳下来，好起来。这需要各方真正秉持构建人类命运共同体理念，践行真正的多边主义，在相互尊重、平等相待中加强全球治理各领域中的对话与合作。

（中国国际问题研究院国际战略研究所副所长、

副研究员　杨晨曦）

第十三章

国际军控与裁军：
阴云密布　举步维艰

2023年，受部分国家冷战思维和地缘政治冲突等因素影响，国际军控与裁军形势复杂严峻，维护全球战略稳定难度上升，核、生化及常规武器军控面临更大困境，新兴技术治理有待继续加强。中国坚持践行全球安全倡议，为推进国际军控与裁军进程作出积极贡献。

一、多边议程有限进展

以联合国为代表的国际多边机制继续推进军控与裁军进程，但受复杂的国际和地区安全形势等因素影响，有关努力取得的进展十分有限。

（一）联大及安理会通过多项决议

2022年12月30日，第77届联合国大会就外空问题通过两项决议，主题分别是"防止外层空间军备竞赛的进一步切实措施"（A/RES/77/250）和"外层空间活动中的透明度和建立信任措施"（A/RES/77/251）。2023年11月，第78届联大就国际原子能机构的报告通过决议（A/RES/78/8），重申坚决支持该机构在和平利用原子能、向发展中国家转让技术以及核安全、核核查与核安保等方面发挥不可或缺的作用。[①]

2023年，联合国安理会通过两项军控决议。3月，就"不扩散/朝鲜民主主义人民共和国"通过决议（S/RES/2680），认定核生化武器及其运载工具的扩散继续对国际和平与安全构成威胁。6月，就利比亚局势通过决议（S/RES/2684），决定将利比亚沿岸公海有关军火禁运措施再延长12个月。[②]

（二）联合国秘书长发布"新和平纲领"

2023年7月，联合国秘书长古特雷斯提出"新和平纲领"，作为古此前提出《我们的共同议程》的政策简报之一。该报告指出，当前军备控制框架和危机管理安排已经受到侵蚀，核冲突再次成为公共话语的一部分。人工智能和量子技术的发展，包括武器系统相关技术的发展，正在暴露出现有治理框架的短板。报告给出的行动建议包括：消除核武器；减少武器给人类造成的代价；防止新兴领域武器化，促进负责任的创新；等等。

（三）裁谈会和裁审会完成年度议程

日内瓦裁军谈判会议（简称"裁谈会"）2023年首次全会就各项裁军议题开展实质讨论，并协商一致达成年度报告。联合国裁军审议委员会（简称"裁审会"）本轮审议周期于2018年启动。2023年，裁审会在审议收官之年协商一致达成成果文件，就"以防止外空军备竞赛为目标促进执行外空透明与建立信任措施"议

---

① 《联合国大会历届会议决议》，联合国网站，https://www.un.org/zh/ga/documents/gares.shtml。

② 《联合国安全理事会决议》，联合国网站，https://www.un.org/securitycouncil/zh/content/resolutions。

题提出相关建议。

（四）《不扩散核武器条约》审议未取得实质进展

2023年7月至8月，《不扩散核武器条约》第十一次审议大会筹备委员会第一次会议与会各方全面深入讨论了该条约执行问题，但由于有关方在核裁军、防扩散和和平利用核能等三大领域均存在分歧，本次会议未能就总结性文件达成共识。此前该条约2015年九审会、2022年十审会曾连续两次未能通过成果文件，凸显国际核不扩散机制面临挑战之严峻。

（五）加强《禁止生物武器公约》工作组启动

《禁止生物武器公约》第九次审议大会决定设立工作组。2023年以来，加强公约工作组已举行两次会议，主要讨论"国际合作与援助机制""科学与技术发展""国家履约"等议题。如何既能管控生物安全风险，又能促进生物科技造福人类，特别是聚焦建立核查机制，是工作组亟待解决的难点。

（六）《禁止化学武器公约》审议无果而终

2023年5月《禁止化学武器公约》第五次审议大会达成一定共识，但最终未能通过成果文件。部分国家利用叙利亚化武等热点问题进行政治操弄，成为影响禁化武组织发展的最大因素。特别是禁化武组织的"调查鉴定组"，不仅无助于解决叙化武问题，反而为中东和平制造障碍，也损害了公约的权威。

二、全球战略安全形势恶化

2023年，在严重缺乏战略互信、政治与安全关系持续恶化背景下，美国等拥有最大核武库的国家，非但未能履行核裁军特殊、优先责任，反而大力强化军力特别是核力量，推进核导等战略力量前沿部署。

（一）核大国加强军备建设

2023年3月，时任美军参联会主席米利称，当前美军战备状态系多年来最高水平，逾60%士兵可于30日内完成部署，10%可于96小时内完成部署。美2024财年国防部预算草案拟向高超音速等新技术领域投入超过90亿美元，较前一财年增加40%；拟斥资377亿美元用于推进核力量现代化，包括加快研制和列装哥伦比亚级弹道导弹核潜艇、B–21战略轰炸机和"哨兵"洲际弹道导弹等，全面提升"三位一体"核打击能力。美国还计划于2024年在"印太"地区部署陆基中程导弹，此举为该国2019年退出《中导条约》后首次部署该型导弹。

2023年1月，俄罗斯防长绍伊古表示，2023年至2026年，俄军人数将从目前的115万扩编至150万。俄总统普京称，俄将继续致力于加强陆海空"三位一体"核力量，继续大规模生产和供应"匕首"和"锆石"高超音速导弹系统。2023年，俄首次部署可携带10多枚核弹头的新一代"萨尔马特"洲际弹道导弹，启动射程1.2万千米、可携带多个独立瞄准核弹头的"亚尔斯"洲际弹道导弹系统演习，开始生产首批搭载核弹头的"波塞冬"超级鱼雷，计划部署可搭载多枚核弹头的"苏沃洛夫大元帅"号战略核潜艇。

此外，受美国在其盟友领土部署战术核武器影响，俄罗斯与白俄罗斯商定在白西部边境部署战术核武器。截至2023年11月，首批核弹头已运至白俄罗斯。

（二）多个国际军控机制遭受重创

2023年，俄罗斯、美国相继宣布暂停履行两国间唯一军控条约——《新削减战略武器条约》。俄方强调，俄方并非"退出"，只是"暂停履行"该条约。俄仍计划遵守条约核心条款，包括在该条约存续期内严格遵守关于核弹头数量的限制等。俄重返条约的前提条件包括美国彻底改变意在破坏俄国家安全的敌视政策等。美国则宣布，自2023年6月起不再向俄通报美洲际弹道导弹及潜射弹道导弹发射的遥测数据。

2023年11月，俄罗斯撤销批准《全面禁止核试验条约》。该条约于1996年在联大通过，俄于2000年批准。俄方称，美国迄今未批准该条约，在全球安全问题上不负责任，有关决定是对美方的回应，旨在恢复核军控领域各方义务平等。不过，俄也指出，撤销批约并不意味着俄将进行核试验。美方则回应称，美仍致力于使条约生效，重申美承诺暂停核试验。

2023年11月7日，俄罗斯外交部宣布完成退出《欧洲常规武装力量条约》程序。俄认为该条约损害了俄安全利益，俄将全力加大武器、军事装备、特种设备及载具产量。同日，美方宣布将于2023年12月7日暂停履行与条约其他缔约国间的全部义务。北约也表示其成员国将暂停履约。

三、核不扩散体系面临严峻挑战

由于个别核武器国家固守冷战思维，将核不扩散问题政治化、工具化，肆无忌惮采取双重标准，特别是以牺牲别国安全为代价谋求自身绝对安全，国际核不扩散体系受到严重冲击。

（一）伊朗核问题几无进展

当前伊核危局的症结在于，美国单方面退出全面协议，并对伊极限施压，迫使伊方采取相应反制措施，协议恢复履约谈判陷入僵局。据估计，伊朗浓缩铀总储量一度超过伊核协议允许储量的20倍，其中丰度为20%和60%的浓缩铀的储量增加。[①] 2023年3月，国际原子能机构与伊朗原子能组织发表联合声明称，"将酌情加快应对未解决的核保障监督问题"，并"允许国际原子能机构进一步执行适当的核查、监测及报告活动"。此后，伊方也采取了大幅降低60%丰度浓缩铀生产速率等建设性举措。不过，9月，伊朗又决定撤销对该机构数名核查员的任命。伊核局势走向不确定性上升。

值得注意的是，2023年8月宣布达成、9月下旬执行完毕的美伊换囚协议对伊朗核问题的影响尚待观察。分析人士认为，该协议是在为后续的伊核谈判做铺垫，但也有人认为，考虑到美伊关系与两国内政的复杂性，不能想当然地判定其与伊核谈判存在关联。不过，换囚协议至少表明美伊仍存有限共识。[②]

（二）朝鲜半岛核问题出现倒退

2023年以来，朝鲜半岛局势持续紧张。半岛问题的根源在于冷战残余仍存、和平机制缺失，症结在于朝鲜的正当合理关切未

[①] 《政治事务副秘书长：恢复全面执行伊核协议的谈判停滞不前》，联合国网站，2023年7月6日，https://news.un.org/zh/story/2023/07/1119512。

[②] 易洁：《美国观察|美伊换囚谈判的前尘往事：共识有限，交锋未尽》，复旦发展研究院，2023年10月7日，https://fddi.fudan.edu.cn/a4/95/c21253a631957/page.htm。

得到应有重视。美方口头上说愿同朝方无条件对话，实际却继续加大对朝施压，大搞"延伸威慑"。4月，美韩发表《华盛顿宣言》，其核心是将两国共同防御由基于常规武器转让升级为基于包括核武器在内的更强大"延伸威慑"。根据宣言"精神"，美韩成立核磋商小组，并在韩举行首次会议。美海军俄亥俄级核动力潜艇"密歇根"号六年来首次抵韩，"罗纳德·里根"号和"卡尔·文森"号核动力航母接连访韩。美空军考虑在韩部署战略轰炸机，驻韩美军就在韩部署"萨德"反导系统远程发射器进行首次训练。

美韩有关举动加剧了朝鲜半岛局势紧张，不仅阻碍了半岛无核化目标的实现，更刺激了地区核军备竞赛和核扩散，导致各方"强对强"的恶性循环持续上演。2023年9月，朝第十四届最高人民会议第九次会议通过宪法修正案，将核武力政策明文写入宪法。金正恩称，朝要从质量和数量上快速加强核武力，并实现核打击手段多元化和多军种部署，确保有能力随时通过核打击慑止战争。为此，在2023年，朝测试新型水下核打击系统，使用弹道导弹进行空中核爆打击试射，进行模拟战术核打击训练，并宣布建成一艘战术核攻击潜艇。此外，据联合国统计，2022和2023年朝鲜大幅增加了导弹发射活动，包括使用弹道导弹技术进行了90多次发射。[①] 2023年11月，朝年内第三次发射"万里镜–1"号军事侦察卫星，最终将其准确送入预定轨道。随后，韩国宣布部分暂停韩朝2018年签署的"9·19军事协议"，朝则表示本国将不再受该协议约束。12月，韩国首枚自主研制的军事侦察卫星在

---

① 《助理秘书长：朝鲜半岛紧张态势悬而未决是一个"令人悲哀的现实"》，联合国网站，2023年7月13日，https://news.un.org/zh/story/2023/07/1119747。

美国成功发射入轨，并计划于2025年前发射5枚。

（三）美英澳制定核潜艇合作计划

2023年3月，美国、英国和澳大利亚发表联合声明称，三方将合作研制SSN–AUKUS级新型核潜艇，计划于21世纪30—40年代列装英、澳海军。潜艇将由英国设计，配备美式核推进系统。在此之前，美国向澳大利亚出售3艘"弗吉尼亚"级核潜艇，后续经美国国会批准还可再追加2艘。此外，三国海军还将实施人员和潜艇相互派驻，加强信息共享和技术合作。澳方称，整个计划预计于2055年完成，耗资2450亿美元。有关计划违反《不扩散核武器条约》目的和宗旨，构成严重核扩散风险，破坏地区和平与稳定。

（四）乌克兰核电站安全和安保堪忧

乌克兰危机标志着历史上第一次在大型核电设施周围爆发战争，冲突地区核电站的安全和安保问题引起广泛关注。国际原子能机构有关报告指出，乌五座核电站和其他设施都曾遭到直接炮击。[①] 截至2023年8月底，扎波罗热核电厂的局势仍然困难和不稳定，赫梅利尼茨基、南乌克兰和罗夫诺核电厂运行也面临着严峻状况。自2023年1月起，为帮助减少核事故风险，国际原子能机构在包括扎波罗热核电厂在内的五个核场址持续派驻支援工作组。

[①] 《原子能机构负责人向安理会指出避免乌克兰核"灾难"的五项原则》，联合国网站，2023年5月30日，https://news.un.org/zh/story/2023/05/1118382。

四、生化及常规武器军控面临困境

在当前国际安全形势恶化、地缘冲突加剧的背景下，生物武器、化学武器及常规武器军控也面临严峻形势。

（一）美国海外生物军事活动引发国际社会关切

2023年，俄罗斯联邦委员会一致通过了调查美国在乌克兰生物实验室活动的议会委员会报告，认为美、乌违反《禁止生物武器公约》和国际人道法，并且该文件得到俄国家杜马的支持。俄国防部也举行发布会，披露美国已重启在乌克兰的生物军事活动。尽管美方变更了相关项目的名称，但俄方认定有关活动本质上仍是研发生物武器。美方对此未能作出有意义的澄清，反而继续打着生物防御、国际合作等旗号，推进全球生物军事布局。

（二）实现"无化武世界"道阻且长

2023年7月，美国宣布销毁最后一批化学武器库存，全球库存化武已完成销毁，成为禁化武组织的重要里程碑。但彻底消除化学武器的任务依然十分艰巨。一是迄今在中国18个省、市、自治区120多个地点发现日遗化武40万余枚。据不完全统计，日本投降至今，日遗化武已造成中国民众2000余人伤亡。由于日方原因，日遗化武销毁工作已四度逾期。2022年10月，中日就新销毁计划达成一致，日承诺于2027年完成哈尔巴岭和2022年底各地已宣布的日遗化武。截至2023年底，日本遗弃在华化武仅销毁了约8.8万枚，不到已知总量的四分之一，成为实现"无化武世界"的最大挑战。二是在乌克兰危机和新一轮巴以冲突期间，都出现了当事方使用化学武器的媒体报道，引发广泛关注。

（三）常规武器军控任重道远

全球军费开支持续增长。瑞典斯德哥尔摩国际和平研究所有关报告显示，2022年全球军费已连续八年保持增长。2023年，从美洲到欧洲、亚洲，多国大幅增加国防开支。例如，美国2023财年国防预算为8579亿美元，比上一财年增长近14%；英国增幅为17%，法国为7.4%。德国承诺未来十年内军费占国内生产总值的比例达到2%的"北约标准"。日本军费开支比上年增长26%，该国《国家安全保障战略》及其相关文件提出，到2027年日本防卫费将提升至国内生产总值的2%以上，成为世界第三大军费大国。印度军费开支增幅为13%。国际和地区军备竞赛呈加剧态势。

在军品贸易方面，美国2018年到2022年武器出口增长14%。2022年，乌克兰成为第三大武器进口国。2023年8月，联合国裁军事务高级代表中满泉向安理会表示，在乌克兰危机中，对乌武器和弹药转让迅速增加，同时还有有关运送违禁的集束弹药的报道。一些国家正在或计划向俄罗斯武装部队转让武器，包括无人作战飞行器和弹药。[①] 此外，新一轮巴以冲突进一步刺激了全球武器贸易，日本也考虑大幅放宽武器出口禁令。

五、新兴技术治理有待加强

国际社会普遍意识到新兴技术可能对人类和平与安全构成风险，但对于如何有效应对尚未形成明确共识，有关方案、规则和标准仍在酝酿与探索过程中。

---

① 《包括违禁的集束弹药在内的武器转让在乌克兰激增》，联合国网站，2023年8月17日，https://news.un.org/zh/story/2023/08/1120757。

（一）网络空间治理有所进展

当前，网络空间日益充满地缘政治对抗，国际社会构建网络空间命运共同体任重道远。2020年底，根据联大第75/240号决议，联合国设立了信息安全开放式工作组。截至2023年底，工作组已举行六次实质性工作会议。2023年7月，工作组以协商一致的方式通过了第二份年度进展报告，内容主要包括现存和潜在威胁、负责任国家行为规则、规范和原则、国际法、信任建设措施、能力建设和常设机构对话等。

（二）和平利用外空尚无共识

2023年，由于各方在外空安全和治理理念等方面的分歧，联合国"负责任外空行为准则"开放式工作组会议未能就最后文件达成共识。在看待和处理外空困境上，中俄等国主张把重点放在防止外空武器化方面；美国及西方国家则更强调空间资产安全方面。[①] 联合国将再次成立防止外空军备竞赛政府专家组，研究制定防止外空军备竞赛国际法律文书实质性要素。

（三）人工智能治理方兴未艾

各方探索化解人工智能风险之道。2023年2月，荷兰、韩国联合举办军用人工智能峰会。中国、美国等60多国与会代表签署联合声明，呼吁在符合国际法相关义务的前提下，以不损害国际安全稳定且负责任的方式，开发和使用军用人工智能。11月，首届全球人工智能安全峰会在英国召开，中国、美国、英国、欧盟

---

① 翟玉成：《外空安全困境预示更大风险》，环球网，2023年9月11日，https://opinion.huanqiu.com/article/4EUSL3XmeIk。

等多方代表签署《布莱切利宣言》。

联合国积极发挥主渠道作用。2023年7月，安理会就人工智能问题举行首场公开辩论。联合国秘书长古特雷斯强调，联合国是为人工智能制定全球标准与治理手段的"理想场所"。[①]10月，联合国正式组建一个新的人工智能咨询机构，其任务包括就风险和挑战建立全球科学共识，为利用人工智能实现可持续发展目标提供助力，以及加强人工智能治理方面的国际合作。该机构计划在2023年底之前发布初步建议。[②]

六、中国方案与行动

面对复杂的国际安全形势，中国始终倡导以团结精神和共赢思维应对风险与挑战，为国际军控与裁军事业贡献中国力量。

（一）积极参与多边军控进程

人类命运共同体理念连续第七年写入联大裁军与国际安全委员会相关决议。2023年10月，第78届联合国大会裁军与国际安全委员会表决通过"防止外空军备竞赛的进一步切实措施""不首先在外空放置武器"等决议，重申国际社会应采取切实措施防止外空军备竞赛，促进和平利用和探索外空，共同致力于构建人类命运共同体。

①《秘书长：联合国是为人工智能制定全球标准与治理手段的"理想场所"》，联合国网站，2023年7月18日，https://news.un.org/zh/story/2023/07/1119877。

②《秘书长组建高级别咨询机构，全球39名专家共商人工智能治理》，联合国网站，2023年10月26日，https://news.un.org/zh/story/2023/10/1123382。

2023年，中国相继发布《全球安全倡议概念文件》和《全球人工智能治理倡议》，分别就日本遗弃在华化学武器、工业核查、在《禁止化学武器公约》框架下促进国际合作、减少核风险、美英澳核潜艇合作、日本福岛第一核电站事故核污染水处置等问题发布立场文件或工作文件。

（二）批准《枪支议定书》

2023年10月，十四届全国人大常委会第六次会议表决通过了关于批准《联合国打击跨国有组织犯罪公约关于打击非法制造和贩运枪支及其零部件和弹药的补充议定书》（简称《枪支议定书》）的决定，并发布解释性声明。《枪支议定书》是枪支管控领域的唯一全球性法律文书。中国高度重视枪支管控问题，于2002年12月签署该议定书。此次批约体现了中国对联合国军控和打击跨国有组织犯罪进程的支持。作为最大的发展中国家，中方的批约还将起到示范作用。[①]

（三）加强国际协调与合作

2023年，中国分别与荷兰、德国、巴基斯坦、英国和美国举行军控与防扩散磋商，与俄罗斯举行新一轮信息安全磋商，与法国举行第五轮网络事务对话。中国为40名柬埔寨、老挝学员提供了为期3个月的扫雷排爆培训，帮助加强两国国内扫雷能力建设。中国外交部还与东盟区域地雷行动中心签署援助合作协定，计划

---

① 《蓝厅观察丨我国批准〈枪支议定书〉促进控枪国际合作》，央视新闻客户端，2023年10月25日，http://content-static.cctvnews.cctv.com/snow-book/index.html?item_id=674553017557952382&channelId=1119&toc_style_id=feeds_default&track_id=4BEBB99B-4329-4E61-AF47-6018B1F3813B_719881283568&share_to=wechat。

今后三年面向东盟地区开展扫雷合作七大行动。此外，2023年3月，中国决定通过国际原子能机构向乌克兰核安全核安保技术援助项目捐款20万欧元，以实际行动支持该机构解决乌克兰核设施安全问题的努力。

七、结语

当前，国际安全形势正发生深刻复杂变化。在一些国家渲染大国竞争、阵营对抗的阴霾之下，多边裁军机制空前承压，国际军控防扩散体系面临严峻挑战。面对巨大风险与困境，国际社会应共同维护全球战略稳定，坚定捍卫现行核不扩散体系，严格遵守国际安全领域规则，持续加强新兴技术治理，继续坚持多边军控机制，共同推进国际军控、裁军和防扩散进程，推动全球安全治理朝着更加公正合理的方向发展。

（中国国际问题研究院美国研究所副研究员　郭金月）

第十四章

国际恐怖主义新动向：
挑战严峻 合作应对

2023年，恐怖主义在全球多地加速"回潮"，国际恐怖组织化整为零，跳入"外线"作战，实行本土化策略，加速融入当地，严重威胁地区安全。地区恐怖组织与国际恐怖组织、地方反叛势力加大勾连，加剧地方社会乱局。恐怖主义利用战乱继续肆虐，在动荡国家不断渗透，在问题丛生社会暗中发酵，方式和手段顺势演变，增加了反恐难度。美国推行大国竞争博弈，严重冲击国际反恐合作。中国积极倡导践行全球安全倡议，坚持共商共建共享全球安全治理观，为国际反恐大业作出了重要贡献。

一、国际恐怖主义卷土重来势头增强

2023年，国际恐怖主义延续往年发展态势，恐怖组织本土化、多样化和跨国化加速，危害区域安全，激化国家间冲突，抬升国际安全风险。恐怖主义在全球活动增多，引发国际社会的安全担忧。

（一）南亚已成为全球恐怖主义活动重灾区

国际恐怖组织将南亚作为休养生息蛰伏地和对外扩张根据

地，巴基斯坦、阿富汗受害尤其严重。2023年，恐怖主义在南亚部分地区肆虐加剧，引发局势动荡，敲响了地区安全警钟。

阿富汗塔利班（简称"阿塔"）对盘踞阿富汗的恐怖组织采取打击、约束、利用三种策略，效果初现。根据《全球恐怖主义指数2023》报告，阿安全局势逐步改观，2022年暴恐致死633人，为2007年以来最低。[①] 但是，作为饱受长期战乱、社会稳定基础脆弱、暴恐危害依然严重的国家，阿富汗仍是南亚地区安全"洼地"，其再度沦为全球恐怖主义策源地的风险不可低估。

"伊斯兰国呼罗珊省"构成阿富汗主要安全威胁，通过制造恶性暴恐事件破坏阿塔统治，并试图整合地区恐怖组织。ISKP将中国列为主要攻击对象，严重威胁中方人员安全。2022年12月12日，ISKP袭击喀布尔桂园酒店致21人伤亡，系其首次对中方目标发起规模性恐袭。

2023年，ISKP加大了对阿政府和外国驻阿机构的攻击。1月11日，阿外交部附近发生爆炸，造成5名平民死亡，超40人受伤，ISKP宣称负责。[②] 3月27日，ISKP分子在阿外交部附近自爆，造成至少6人死亡。[③] 6月6日，ISKP使用汽车炸弹杀害巴达赫尚副省长尼萨尔·艾哈迈德·艾哈迈迪（Nisar Ahmad Ahmadi），两天后又在举办其葬礼的清真寺内制造爆炸，造成11人死亡，30多

---

① "Global Terrorism Index 2023," Institute for Economics & Peace, March 2023, https://www.economicsandpeace.org/wp-content/uploads/2023/03/GTI-2023-web.pdf, p.21.

② 《"伊斯兰国"分支机构宣称对阿临时政府外交部大楼附近爆炸负责》，光明网，2023年1月12日，https://m.gmw.cn/baijia/2023-01/12/1303252106.html。

③ 《阿富汗临时政府外交部附近发生自杀式袭击 致6人死亡》，中国新闻网，2023年3月27日，https://www.chinanews.com/gj/2023/03-27/9979666.shtml。

人受伤。[1] 8月21日，阿司法部附近发生爆炸，2死1伤。[2] ISKP对阿塔"圣战"，有宗教激进主义意识形态下派别之争的根源。随着临时政府治理推进和国际合作加强，阿实现社会稳定将是总趋势，但若要拔除暴恐隐患，阿塔需实施更全面彻底的反恐政策。

巴基斯坦国内安全形势恶变。阿塔重掌政权至2023年5月底，巴恐袭数增加了73%，死亡人数增加了138%。[3] 跨境恐怖主义和本土恐怖主义增多，与阿富汗接壤的开普省和俾路支省已成暴恐"震中"，加之政局动荡，巴基斯坦安全形势十分严峻。

2023年前9个月，1087人丧生于巴基斯坦恐袭，较2022全年上升10.9%，其中含386名安全部队成员，占遇难者总数的36%。[4] 自杀式袭击激增，全年已发生29起，造成329人死亡，582人受伤，分别同比增长93%、226%、101%，为2014年以来最高水平。[5] 1月30日，巴基斯坦塔利班分支对开普省白沙瓦市警察局清真寺发动自杀式袭击，导致101人丧命，217人受伤，惨烈

---

①　《阿富汗巴达赫尚省副省长追悼仪式上发生爆炸　致11人死亡》，环球网，2023年6月8日，https://world.huanqiu.com/article/4DECArXspcQ。

②　《阿富汗警方：喀布尔发生爆炸，造成2死1伤》，俄罗斯卫星通讯社，2023年8月22日，https://sputniknews.cn/20230822/1052682769.html。

③　"Terror Attacks Increased by 73 Percent in Pakistan since Taliban Takeover," Pak Institute for Peace Studies, May 31, 2023, https://www.pakpips.com/article/7646.

④　"Security Forces' Losses Hit 8-Year High in First 9 Months of 2023, Q3 Records 57% Surge in Violence: CRSS Security Report," Center for Research & Security Studies, September 30, 2023, https://crss.pk/security-forces-losses-hit-8-year-high-in-first-9-months-of-2023-q3-records-57-surge-in-violence-crss-security-report/.

⑤　Ikram Junaidi, "Pakistan Witnessed Highest Number of Suicide Attacks since 2014," Dawn, December 25, 2023, https://www.dawn.com/news/1800530.

程度为十年之最，引发民众对恐怖主义卷土重来的恐慌。[1] 7月30日，ISKP袭击了开普省巴焦尔部落区一政治集会现场，造成至少54人死亡，83人受伤。[2] 当地时间9月29日，俾路支省默斯东（Mastung）一清真寺发生爆炸，造成至少60人死亡，默斯东副警司当场身亡，数小时后，开普省汉沽市（Hangu）一警察局清真寺发生爆炸，造成至少5人死亡，10人受伤，两起袭击针对宗教设施，作案手法与"伊斯兰国"吻合。[3]

2023年，俾路支分离主义势力与巴塔建立了正式联系，效仿后者攻击警局、军营和能源设施，并袭扰瓜达尔港等中巴经济走廊代表项目。8月13日，"俾路支解放军"下属"马吉德旅"袭击瓜达尔港中方车队，并于次日公开叫嚣所谓"最后通牒"，要求中方90天内撤离俾路支省，否则将发起更猛烈袭击。恐怖分子在警局附近发动攻击，显示巴安全形势之严峻。[4]

---

① 《巴基斯坦清真寺爆炸案：白沙瓦再蒙恐袭阴影，巴塔卷土重来？》，澎湃新闻，2023年8月6日，https://www.thepaper.cn/newsDetail_forward_21758999。袭击事件发生后，巴塔分支"自由党人"（Jamaat ul Ahrar）宣称对袭击负责，但巴塔发言人随后否认巴塔与此次袭击清真寺等宗教场所有关，并称巴塔不对清真寺发动袭击。

② 《联合国强烈谴责巴基斯坦发生的自杀式爆炸袭击事件》，联合国网站，2023年7月31日，https://news.un.org/zh/story/2023/07/1120247。

③ "At Least Five Killed as Another Blast Hits Pakistan on Prophet's Birthday," Aljazeera, September 29, 2023, https://www.aljazeera.com/news/2023/9/29/several-killed-as-another-blast-hits-pakistan-on-prophets-birthday.

④ 《中国驻卡拉奇总领馆发言人谈话》，中华人民共和国驻卡拉奇总领事馆，2023年8月13日，http://karachi.china-consulate.gov.cn/xwdt/202308/t20230813_11126224.htm；《中方车队在巴遭袭，23名中方人员均安全，驻巴使领馆启动应急预案》，环球网，2023年8月14日，https://m.huanqiu.com/article/4E7C6kTRZs5。

（二）中东地区恐怖主义顽固生存

中东地区"伊斯兰国"（IS）主体虽被打散，丧失大部分战力，转移到"外线"，但残留伊拉克、叙利亚的势力未被清除。难民遣返问题更加突出。地区地缘政治加剧恐怖主义趁乱回潮风险。

2023年，IS领导人接连被击毙。2月24日，叙利亚空军炸死IS"影子领袖"阿里·贾西姆·萨勒曼·朱布里（Ali Jasim Salman al-Juburi），其他负责欧洲和中东的头目也相继丧命，导致该组织未能发起2023年斋月进攻。[①] 为躲避打击，IS向边缘地区转移，其在伊、叙仍有5000—7000人，作战人员居多。[②]

叙利亚"沙姆解放组织"（HTS）有7000—12000战斗人员，其中约1000人是外籍。通过严酷治理、苛捐杂税、投机倒把和垄断服务，HTS获得稳定收入，试图向伊德利卜以外地区扩

---

① "Monitoring Team's Thirty-Second Report," United Nations Security Council ISIL (Da'esh) & Al-Qaida Sanctions Committee, July 25, 2023, https://www.un.org/securitycouncil/sanctions/1267/monitoring-team/reports, pp.11-12. 根据"伊斯兰国"以往活动规律，每年伊斯兰教斋月期间是其对外进攻激升期。

② 《分析支助和制裁监测组根据关于伊黎伊斯兰国（达伊沙）、基地组织及关联个人和实体的第2610（2021）号决议提交的第三十二次报告》，联合国安全理事会，2023年7月25日，https://documents-dds-ny.un.org/doc/UNDOC/GEN/N23/189/73/PDF/N2318973.pdf?OpenElement，第12页。也有国家认为，"伊斯兰国"在伊拉克的兵力已经低至600—1000人。

张。[①]"东伊运"帮助HTS夺占阿夫林地区，其培训的500名未成年人中有200人已入战斗序列。此外，"东伊运"已装备无人机，在非洲、南亚建立了训练营和中转站，图谋"回流"中亚和中国。[②]恐怖组织获取无人机等高技术装备，攻击能力大幅提升，增加了反恐难度。

恐怖组织加大招募中东难民营和监狱人员。1万多名被关押在伊、叙监狱的"伊斯兰国"囚犯的遣返和去极端化问题构成长期挑战。美西方2023年计划接收遣返人员数量超往年，增加极端主义扩散风险。

[①] 《分析支助和制裁监测组根据关于伊黎伊斯兰国（达伊沙）、基地组织及关联个人和实体的第2610（2021）号决议提交的第三十二次报告》，联合国安全理事会，2023年7月25日，https://documents-dds-ny.un.org/doc/UNDOC/GEN/N23/189/73/PDF/N2318973.pdf?OpenElement，第13页；《分析支助和制裁监测组根据关于伊黎伊斯兰国（达伊沙）、基地组织及关联个人和实体的第2610（2021）号决议提交的第三十一次报告》，联合国安全理事会，2023年2月13日，https://documents-dds-ny.un.org/doc/UNDOC/GEN/N23/038/90/PDF/N2303890.pdf?OpenElement，第14页。

[②] 《分析支助和制裁监测组根据关于伊黎伊斯兰国（达伊沙）、基地组织及关联个人和实体的第2610（2021）号决议提交的第三十二次报告》，联合国安全理事会，2023年7月25日，https://documents-dds-ny.un.org/doc/UNDOC/GEN/N23/189/73/PDF/N2318973.pdf?OpenElement，第13页；《分析支助和制裁监测组根据关于伊黎伊斯兰国（达伊沙）、基地组织及关联个人和实体的第2610（2021）号决议提交的第三十一次报告》，联合国安全理事会，2023年2月13日，https://documents-dds-ny.un.org/doc/UNDOC/GEN/N23/038/90/pdf/N2303890.pdf?OpenElement，第12页。

（三）非洲地区恐怖主义蔓延之势最强烈[①]

恐怖主义在非洲蔓延迅速，恐怖团伙不断加入国际恐怖组织，非洲出现恐怖策源地，萨赫勒地区成为暴恐"震中"。[②] 2022年，至少51%的暴恐受害者来自非洲，[③] 萨赫勒地区暴恐遇难人数占全球43%[④]。2023年，萨赫勒地区恐怖主义肆虐加重，仅1—6月，西非就发生了1814起暴恐事件，致死4593人（其中布基纳法索2725人，马里844人，尼日尔77人，尼日利亚70

[①] "Secretary-General's Remarks to the Security Council High-Level Debate on 'Counter-Terrorism in Africa—An Imperative for Peace, Security and Development', as Delivered by the Deputy Secretary-General, Amina J. Mohammed," UN Security Council, November 10, 2022, https://www.un.org/sg/en/content/sg/statement/2022-11-10/secretary-generals-remarks-the-security-council-high-level-debate-"counter-terrorism-africa-imperative-for-peace-security-and-development.

[②] Lina Raafat, Gerald M. Feierstein, Alex Vatanka et al., "Monday Briefing: What the Niger Coup Means for the Fight against Terrorism in the Sahel," Middle East Institute, July 31, 2023, https://www.mei.edu/blog/monday-briefing-what-niger-coup-means-fight-against-terrorism-sahel. 关于萨赫勒地区的范围，没有统一定义，一般认为是非洲撒哈拉沙漠以南一个长约3800千米，宽350—480千米的区域。沿线有布基纳法索、几内亚、尼日利亚、喀麦隆、马里、塞内加尔、乍得、毛里塔尼亚、冈比亚、尼日尔等国家。

[③] "Global Terrorism Index 2023," Institute for Economics & Peace, March 2023, https://www.economicsandpeace.org/wp-content/uploads/2023/03/GTI-2023-web.pdf, p.14.

[④] "Global Terrorism Index 2023," Institute for Economics & Peace, March 2023, https://www.economicsandpeace.org/wp-content/uploads/2023/03/GTI-2023-web.pdf, p.2.

人）。① 恐怖组织军事化水平迅速提升，冲突型暴恐危害增大，2023年1—7月，在非洲与极端组织相关的14867名遇难者中，有三分之二死于直接军事冲突，索马里成为类似冲突增长最快的非洲国家。②

军事政变频繁，加剧萨赫勒地区暴恐。2020年以来，马里、几内亚、布基纳法索、尼日尔等国多次发生军事政变，引发动荡和冲突，暴恐团体趁机扩张。2021年以来，萨赫勒地区极端暴力事件数量增加了1倍，遇难人数增加了3倍，87%的暴力事件发生在布基纳法索、马里等军事政变国家，布基纳法索三分之二国土已被恐怖组织占据。2023年1—7月，萨赫勒地区发生1100多起恐怖组织杀戮平民事件，占全非洲的59%，约2080人死亡，占68%。③ 马里北部反政府武装勾结暴恐组织，向布基纳法索等邻国

① "West Africa, Sahel Requires Tangible, Long-Term Support to Eliminate Terrorism, Address Humanitarian Crisis, Special Representative Tells Security Council," United Nations, July 25, 2023, https://press.un.org/en/2023/sc15365.doc.htm#:~:text=drivers%20of%20insecurity.-,From%201%20January%20to%2030%20June%202023%2C%20the%20region%20recorded,displaced%20persons%20exceeding%206%20million; "West Africa Recorded over 1800 Terrorist Attack in First Six Months of 2023, Regional Official Says," AP, July 26, 2023, https://apnews.com/article/west-africa-sahel-terrorists-insecurity-mali-932b612a72bc368f9429736b27caf2ce.

② "African Militant Islamist Group-Linked Fatalities at All-Time High," Africa Center for Strategic Studies at National Defense University, USA, July 31, 2023, https://africacenter.org/spotlight/africa-militant-islamist-group-linked-fatalities-at-all-time-high/, p.2.

③ "African Militant Islamist Group-Linked Fatalities at All-Time High," Africa Center for Strategic Studies at National Defense University, USA, July 31, 2023, https://africacenter.org/spotlight/africa-militant-islamist-group-linked-fatalities-at-all-time-high/, p.3.

扩散，使局势进一步恶化。

索马里"青年党"依然是东非地区的主要威胁。2023年政府军击毙其关键头目，但未能有效将其削弱，"青年党"大行报复，加强了在西南州、中朱巴州、下朱巴州的防御。2月11日，"青年党"在索三个区域、蔓延600千米的战线同时发动进攻，并混合使用了汽车炸弹、自杀式围攻、地面突袭等战术。[①] 5月26日，约800名"青年党"分子袭击非洲联盟驻索马里过渡特派团兵营，造成54名乌干达维和士兵死亡。[②] 6月9日，"青年党"袭击摩加迪沙珍珠滩酒店，造成至少9人死亡，10人受伤。[③]

在中非，极端组织继续在莫桑比克北部活动。2023年，莫政府军击毙多名效忠"伊斯兰国"的"圣训捍卫者"组织头目。9月15日，该组织报复性攻击了莫北部省份德尔加杜角的纳基廷格（Naquitengue），造成12人死亡。刚果（金）与乌干达开展联合军事行动，将效忠"伊斯兰国"的"民主同盟军"（ADF）驱离原据点，击毙其重要头目，但该组织袭击有增无减。1月15日，ADF使用其制造的最大简易炸弹袭击了一座教堂，造成16人死亡，60多人受伤。2023年上半年，被ADF杀害的平民已超

---

① "Salafi-Jihadi Movement Weekly Update, February 15, 2023," Institute for the Study of War, https://understandingwar.org/backgrounder/salafi-jihadi-movement-weekly-update-february-15-2023.

② "Al-Shabab Killed 54 Uganda Soldiers in Somalia, Says Museveni," Aljazeera, June 4, 2023, https://www.aljazeera.com/news/2023/6/4/al-shabab-killed-54-ugandan-soldiers-in-somalia-says-museveni.

③ "Nine Killed in Resturant Attack in Somali Capital," Reuters, June 11, 2023, https://www.reuters.com/world/africa/unidentified-attackers-storm-restaurant-somali-capital-witness-ambulance-2023-06-09/.

500人。^①

在北非，从中东和西非"回流"恐怖分子构成安全挑战。阿尔及利亚"伊斯兰马格里布基地组织"已向南迁至马里北部。突尼斯"哈里发战士"组织约15名成员在西部山区蛰伏，威胁较小。摩洛哥捣毁了境内最具威胁的"伊斯兰国"小组。"伊斯兰国利比亚省"在利比亚南部勾结犯罪团伙，渗透当地部落，以费赞地区为根据地，支援在萨赫勒地区的兄弟组织，并试图招募生化武器专家发动新的恐袭。在马里，联合国维和部队逐步撤出致使形势恶化，"大撒哈拉伊斯兰国"（ISGS）趁机扩张，控制领地翻番。"基地"组织附属"支持伊斯兰与穆斯林"组织（JNIM）通过拉拢部落，增强了在马里北部"权威"，部分社区为免受ISGS屠戮，转而依靠与之敌对的JNIM，以求安全保障。^②

（四）美西方暴恐"回潮"势头增加

美西方恐怖态势总体稳定，但风险上升，主要问题是自我激进化问题日益突出，"独狼"袭击增多，社会冲突的恐怖主义化趋势明显。2023年，欧洲安全部门挫败未遂暴恐案件数量较往年增加。

美西方暴恐内生性强，究其缘由，既是敌视伊斯兰教的当地社会环境等外部因素刺激所导致，也有穆斯林等社会群体日益增

---

① 《分析支助和制裁监测组根据关于伊黎伊斯兰国（达伊沙）、基地组织及关联个人和实体的第2610（2021）号决议提交的第三十二次报告》，联合国安全理事会，2023年7月25日，https://documents-dds-ny.un.org/doc/UNDOC/GEN/N23/189/73/PDF/N2318973.pdf?OpenElement，第7页。

② 《安全理事会第2374（2017）号决议所设马里问题专家小组的最后报告》，联合国安全理事会，2023年8月3日，https://digitallibrary.un.org/record/4019115，第2页。

多的个体自我激进化等内因发挥作用。"伊斯兰国"制作《西方圣战者》杂志，操弄群体积怨，煽动"宗教复仇"。2023年新年夜，1名19岁青年受"伊斯兰国"意识形态驱使，在纽约时代广场砍伤3名警察。[①] 1月25日，1名摩洛哥裔青年快速自我激进化后，闯入西班牙教堂，杀害1名司事，砍伤1名牧师等多人。[②] 2023年，瑞典、丹麦发生多起在伊斯兰国家大使馆前焚烧《古兰经》事件，引发宗教对立，恐怖组织扬言"报复"，瑞典将暴恐风险自2016年后首次提升至"高威胁级"。10月16日，1名突尼斯裔非法移民在布鲁塞尔射杀2名瑞典球迷，打伤1人，凶手自称"伊斯兰国"成员，袭击是为报复焚烧《古兰经》行为。[③]

"伊斯兰国"遣返及"回流"人员通常以宗教设施为掩护，

---

① 该青年此前因自我激进化问题被限制出境，但未被收教管理。为报复社会，扩大影响，他在网上购买刀具，然后从缅因州搭乘火车到纽约实行暴恐。该案件引发民众对美当前暴恐预警制度有效性的质疑。Aaron Katersky, Miles Cohen, Josh Margolin et al., "Times Square Machete Attack Suspect Wanted to 'Kill an Officer in Uniform': Complain," January 5, 2023, https://abcnews.go.com/US/new-years-eve-attack-times-square-motivated-islamic/story?id=96109547.

② "Deadly Machete Attack at Two Churches in Spain 'Possible Terrorist Incident'," France 24, January 26, 2023, https://www.france24.com/en/europe/20230126-police-investigate-after-deadly-machete-attack-at-two-churches-in-spain.

③ Sylvain Plazy, Raf Casert and Lorne Cook, "Belgian Police Kill Tunisian Man Suspected of Shooting 3 Swedish Soccer Fans, Killing 2 of Them," AP, October 18, 2023, https://apnews.com/article/belgium-sweden-brussels-shooting-soccer-match-a81ef9502207095ebf0afdc5cac5676a; "Suspected Terrorist Gunman Dies after Being Shot by Brussels Police," France 24, October 17, 2023, https://www.france24.com/en/europe/20231017-brussels-police-hunt-for-suspected-terrorist-gunman-after-killing-of-two-swedes.

开展非法宗教活动，培植暴恐网络。[①] 女性"回流"人员对社区成员特别是未成年人灌输极端思想风险较高。[②] 2019年以来，超过9200人（含2700名第三国公民）被遣返回各自国家。2023年，共13国接收遣返人员2300名，其中超过350人是第三国公民。[③]

---

① 2022年10月，西班牙警方捣毁一处"伊斯兰国"窝点，该窝点头目是清真寺伊玛目，他以清真寺和公园为掩护，成功招募50多名未成年人，已建立完备组织系统。参见《分析支助和制裁监测组根据关于伊黎伊斯兰国（达伊沙）、基地组织及关联个人和实体的第2610（2021）号决议提交的第三十一次报告》，联合国安全理事会，2023年2月13日，https://documents-dds-ny.un.org/doc/UNDOC/GEN/N23/038/90/PDF/N2303890.pdf?OpenElement，第14页。

② 参见《分析支助和制裁监测组根据关于伊黎伊斯兰国（达伊沙）、基地组织及关联个人和实体的第2610（2021）号决议提交的第三十一次报告》，联合国安全理事会，2023年2月13日，https://documents-dds-ny.un.org/doc/UNDOC/GEN/N23/038/90/PDF/N2303890.pdf?OpenElement，第15页。

③ "第三国公民"指来自原"伊斯兰国"主要控制区域即伊拉克和叙利亚以外国家的外籍恐怖分子及其家属，英语称Third Country Nationals，TCN。据统计，2013年至2019年，共有来自除叙利亚、伊拉克以外的80多个国家的约53000名外国人员进入"伊斯兰国"控制区域。截至2022年12月，在叙利亚扣押有10000多名恐怖分子，其中有2000多人来自伊、叙以外的60多个国家。此外，在叙利亚的难民营还居住有上述人员的家属，特别是当地最大的阿尔霍尔（al Hol）难民营，有56000多名来自伊拉克、叙利亚和其他60多个国家的民众，其中一些人是恐怖分子家属。参见Austin Doctor, Haroro Ingram, Devorah Margolin, et al., "Reintegration of Foreign Terrorist Fighter Families—A Framework of Best Practices for the U.S.," National Counterterrorism Innovation, Technology, and Education Center, US Department of Homeland Security, March 2023, https://www.washingtoninstitute.org/policy-analysis/what-do-families-islamic-state-foreign-fighters.

政治极化致本土恐怖主义加剧。[①] 多元化政策和鼓吹身份政治加剧社会对立，激进个人和团体愈加希望通过暴力加速"变革"到来。2023年3月，美国2名种族主义者因密谋破坏马里兰州变电站被捕，类似事件已发生多起。美最高法院2022年废除"堕胎权"后，联邦调查局经手堕胎相关暴恐案件数比2021年增加了近10倍。[②]

二、国际反恐合作进展

恐怖主义是全球性挑战，各国应履行职责坚决打击。个别国家无视国际公义，反恐收缩内顾，甚至以恐谋利，干扰反恐合作努力，削弱反恐合作基础。

---

① 根据美国联邦调查局和美国国土安全部联合报告，"国内暴力极端分子"（Domestic Violent Extremist）被定义为"主要在美国或其领土内活动的个人，不受外国恐怖组织或其他外国势力的指导或启发，通过威胁人类生命的非法武力或暴力行为，完全或部分地寻求推进政治或社会目标"，其特点是本土自生性。国内暴力极端主义可以分为五种类型：涉种族主义、反政府、涉环保、涉堕胎、其他类。参见 Federal Bureau of Investigation and Department of Homeland Security, "Strategic Intelligence Assessment and Data on Domestic Terrorism," Homeland Security, June 2023, https://www.dhs.gov/sites/default/files/2023-07/23_0724_opa_strategic-intelligence-assessment-data-domestic-terrorism.pdf, pp.4-5。

② Ken Klippenstein, "The FBI Is Hunting a New Domestic Terror Threat: Abortion Rights Activists," The Intercept, June 15, 2023, https://theintercept.com/2023/06/15/fbi-abortion-domestic-terrorism/; David Nakamura, "Justice Dept. Focuses on Violence by Protesters at Abortion Clinics," The Washington Post, October 15, 2023, https://www.washingtonpost.com/national-security/2023/10/15/abortion-rights-clinics-violence/.

（一）联合国发挥国际反恐合作主导协调作用

2023年6月19日至20日，联合国举行第三次会员国反恐机构负责人高级别会议，主题为"通过重振多边主义和机构合作打击恐怖主义"，秘书长古特雷斯呼吁各国团结一致应对恐怖主义威胁，强调联合国全球反恐战略是全球反恐核心机制。第77届联大主席克勒希呼吁各国团结起来，采用创新、灵活、多层面和综合的方法继续打击恐怖主义。①

6月22日，联合国大会第八次审议通过《联合国全球反恐战略》，强调均衡实施战略"四大支柱"。《联合国全球反恐战略》自2006年制定以来，每两年对全球恐怖主义形势和国际反恐合作进行评估，以适应形势。第八次审议决议强调根据《联合国宪章》的宗旨原则，促请所有国家作出一切努力，缔结一项关于国际恐怖主义的全面公约。②

8月25日，联合国反恐怖主义办公室向安理会介绍了国际合作打击"伊斯兰国"成就，强调国际法是反恐成功的"基石"。针对非洲恐怖主义扩散情况，反恐办拟与尼日利亚政府共同组织反恐峰会，以加强对非洲的支持。③

（二）上海合作组织成员国不断加强反恐合作努力

上海合作组织在反恐合作方面推动建立更加高效公平的安全

---

① 《联合国举行高级别反恐会议》，环球网，2023年6月20日，https://m.huanqiu.com/article/4DNmpCn2qxI。

② 《联大就〈联合国全球反恐战略〉第八次审议通过决议》，新华网，2023年6月23日，http://m.news.cn/2023-06/23/c_1129712968.htm。

③ 《联合国反恐官员：达伊沙及其附属团体仍对冲突地区构成威胁》，联合国网站，8月25日，https://news.un.org/zh/story/2023/08/1120957。

合作体系，重视综合施策和标本兼治，提倡防范与打击并重，加强预防性反恐投入，为保障地区安全、遏制和打击"三股势力"（暴力恐怖势力、民族分裂势力和宗教极端势力）发挥了重要作用。

2023年，上合组织积极推进反恐合作。7月4日，上合组织成员国元首理事会第二十三次会议举行，会议发表《上海合作组织成员国元首理事会关于打击引发恐怖主义、分裂主义和极端主义的极端化合作的声明》（简称《声明》），强调成员国决心深化本组织执法安全合作，促进多边合作，在全球、地区、国际层面加强协调，坚持维护平等、共同、不可分割、综合、合作、可持续安全，统筹应对传统安全和非传统安全挑战。《声明》指出，引发恐怖主义、分裂主义和极端主义的极端化已成为全球性问题，主张国家层面进行预防性反恐和去极端化工作，呼吁发挥联合国中心作用，摒弃政治化和双重标准，尊重各国主权和独立，加强全球反恐合作，在协商一致基础上通过《联合国全面反恐公约》，强调不允许各国利用恐怖、分裂和极端团伙及其支持者实现特定政治和地缘政治目的。①

会议还发表《上海合作组织成员国元首理事会新德里宣言》，强调就制定在成员国境内禁止活动的恐怖主义、分裂主义和极端主义组织的统一名单形成共同原则和立场，支持阿富汗消除恐怖

---

① 《上合组织成员国元首理事会第二十三次会议发表两项声明》，中国政府网，2023年7月5日，https://www.gov.cn/govweb/yaowen/liebiao/2023 07/content_6889958.htm；《上海合作组织成员国元首理事会关于打击引发恐怖主义、分裂主义和极端主义的极端化合作的声明》，上海合作组织，7月4日，http://chn.sectsco.org/load/949002/，第1页、第2页、第5页。

主义，建立包容性政府。①

（三）非洲国家加强反恐合作共同应对危机

非洲国家加强反恐合作，建立合作机制，加强政策沟通，促进情报共享，通过共同军事行动打击跨境恐怖组织。2023年1月，索马里、吉布提、埃塞俄比亚和肯尼亚等"非洲之角"四国召开安全与反恐四方峰会，就联合打击索马里"青年党"达成协议：四国将采取联合军事行动，加大对"青年党"和"基地"组织的打击力度，在索马里南部和中部发起进攻，使索马里全国获得解放。会议决定，在2024年底前彻底铲除"青年党"武装。②

在西非，马里、尼日尔和布基纳法索三国于9月16日签署建立防御联盟宪章，决定建立"萨赫勒国家联盟"，在联盟共同空间内打击一切形式的恐怖主义和有组织犯罪。马外交部长迪奥普表示：缔约各方将努力防止、应对和解决任何武装叛乱，或对联盟任一成员国领土完整和主权的其他威胁。宪章签署标志着三国在安全和共同防御方面迈出决定性的一步。③

（四）欧洲国家加强应对暴恐"回潮"

恐怖主义在欧洲出现"回潮"迹象，推动欧盟及有关国家更新反恐战略，调整政策。2023年2月8日，欧洲委员会（The

---

① 《上海合作组织成员国元首理事会新德里宣言》，上海合作组织，2023年7月4日，http://chn.sectsco.org/load/949093/，第4页、第6页。

② 《索马里、埃塞俄比亚等非洲之角四国决定联合打击恐怖势力》，人民网，2023年2月2日，http://world.people.com.cn/n1/2023/0202/c1002-32616541.html。

③ 《马里等西非三国宣布建立"萨赫勒国家联盟"》，京报网，2023年9月19日，https://news.bjd.com.cn/2023/09/19/10567644.shtml。

Council of Europe）出台了《欧洲委员会反恐战略（2023—2027）》，旨在强化欧洲反恐举措，打击恐怖主义活动，消除其在当前地缘政治背景下的源头和驱动因素，加强国家层面预防性反恐力度，应对暴恐新技术挑战。该战略的出台说明，虽然欧洲社会对国际恐怖组织威胁的感知有所下降，但对其死灰复燃依旧高度警惕。[①]

欧盟积极应对恐怖主义采用先进技术带来的威胁。10月18日，欧盟委员会向欧盟理事会和欧洲议会以通信形式阐述了应对无人机威胁的建议，包括防范无人机恐怖主义的统一政策框架和适用程序。该通信具有立法建言性质，反映了欧盟成员国在应对无人机暴恐等安全问题上的统一趋向。[②]

三、中国积极推动国际社会凝聚反恐合力

2023年，中国积极倡导和践行全球安全倡议，维护联合国宪章宗旨原则，坚持统筹维护传统领域和非传统领域安全，团结地区国家，凝聚反恐合力，积极引领和推进国际反恐合作，为国际反恐斗争作出了贡献。

---

① "Council of Europe Adopts New Counter-Terrorism Strategy for 2023-2027," The Council of Europe, February 8, 2023, https://www.coe.int/en/web/portal/-/council-of-europe-adopts-new-counter-terrorism-strategy-for-2023-2027;《欧洲委员会反恐战略（2023—2027）》, https://search.coe.int/cm/pages/result_details.aspx?objectid=0900001680a9ad67#_Toc121816434。

② "Communication from the Commission to the Council and the European Parliament on Countering Potential Threats Posed by Drones," European Commission, October 18, 2023, https://eur-lex.europa.eu/legal-content/EN/TXT/?uri=CELEX%3A52023DC0659.

（一）全球安全倡议引领国际反恐合作

习近平主席2022年提出的全球安全倡议，为国际反恐合作开辟了新道路，全球安全倡议《概念文件》共列出20项重点合作方向，包括加强国际反恐合作。2023年9月20日，中共中央政治局委员、中央外办主任、外交部长王毅在全球反恐论坛第十三次部长级会议上提出"坚持以共同、综合、合作、可持续的安全观为理念指引""坚持以联合国宪章宗旨和原则为根本遵循""坚持以重视各国反恐正当合理关切为重要原则""坚持以提升反恐能力为重点方向"等四点主张，呼吁国际社会秉持全球安全倡议理念原则推进反恐合作，共同为国际反恐事业作出新的贡献。[①] 全球安全倡议及其《概念文件》为国际反恐合作全面、持续、深入、公平推进提供了坚实基础。

（二）中国在联合国推动构筑反恐统一战线[②]

中国积极支持联合国在反恐行动中发挥中心协调作用，推动国际反恐合作公平全面、切实可行。2023年1月27日，中方在联合国安理会呼吁国际社会在资金、装备、情报、后勤补给等方面

[①] 《践行全球安全倡议，推进国际反恐合作——王毅在全球反恐论坛第十三次部长级会议上的书面致辞》，中华人民共和国外交部网站，2023年9月21日，http://cja40.fmprc.gov.cn/ziliao_674904/zyjh_674906/202309/t20230921_11146341.shtml。

[②] 《王毅：国际社会要形成反恐统一战线》，环球网，2015年11月16日，https://m.huanqiu.com/article/9CaKrnJRw6p；《耿爽大使在第78届联大六委"消除国际恐怖主义的措施"议题下的发言》，中华人民共和国常驻联合国代表团，2023年10月3日，http://un.china-mission.gov.cn/hyyfy/202310/t20231004_11154683.htm。

加大支持马里反恐能力建设，帮助马提升自主发展能力。[①] 6月22日，中方在《联合国全球反恐战略》第八次审议工作中呼吁国际社会重视全球恐怖主义蔓延，反对双重标准，消除暴恐根源，支持发展中国家反恐能力建设，高度重视阿富汗形势。[②] 8月25日，中方在联合国安理会反恐问题公开会上强调，反对将恐怖主义与特定国家、民族和宗教挂钩，也反对打着保护少数民族和宗教自由的幌子放任恐怖组织滋生发展和暴力袭击。[③] 10月3日，中方在第78届联合国大会第六委员会"消除国际恐怖主义的措施"会上呼吁支持联大六委设立工作组，推进制定《关于国际恐怖主义的全面公约》，进一步完善反恐国际法律框架。[④] 10月19日，中方代表在联合国安理会审议索马里问题时强调全力巩固索反恐成果，支持索政治过渡进程，回应索国防建设关切。[⑤]

新疆是中国反恐斗争的主战场。针对境外反华势力"以疆制华"图谋，中国并行推进国内国际两条战线，维护国家主权、安全和发展利益，强化国际反恐合作。2023年，中国在第52、53、54届联合国人权理事会上向国际社会宣介新疆社会发展成就，阐

---

① 《中国常驻联合国副代表呼吁国际社会帮助马里增强反恐能力建设》，人民网，2023年1月29日，http://world.people.com.cn/n1/2023/0129/c1002-32613285.html。

② 《中国常驻联合国代表：加强国际反恐合作刻不容缓》，中国新闻网，2023年6月23日，https://www.chinanews.com.cn/gj/2023/06-23/10030153.shtml。

③ 《中方呼吁凝聚国际反恐合力》，新华网，2023年8月26日，http://www.news.cn/2023-08/26/c_1129825596.htm。

④ 《中国代表呼吁国际社会继续携手打击恐怖主义》，新华网，2023年10月4日，http://www.news.cn/2023-10/04/c_1129899332.htm。

⑤ 《中方呼吁国际社会帮助索马里应对挑战》，新华网，2023年10月20日，http://www.news.cn/2023-10/20/c_1129926786.htm。

释新疆反恐和去极端化工作的重大意义，揭批反华势力涉疆谎言，挫败少数国家"以疆制华"行动。10月17日，联合国大会第三委员会会议期间，巴基斯坦代表72国做共同发言，就新疆等问题为中国仗义执言，许多国家以单独、集团发言等方式支持中国，100多国发出支持中方声音。[①] 中国同国际友华力量一道，捍卫新疆反恐和去极端化正义斗争，反对外来干涉和"双重标准"，维护和促进了国际反恐合作。

（三）中国积极支持和推动地区反恐合作

2023年，中国加强与周边国家的反恐合作，通过多种形式增进互信，促进安全。

中国积极促进同中亚国家安全合作关系，为打击"三股势力"、维护地区安全注入强大动能。2023年5月，首届"中国–中亚峰会"在西安举办，习近平主席发表主旨讲话，强调共同践行全球安全倡议，保持对"三股势力"零容忍，帮助中亚国家加强执法安全和防务能力建设，支持各国自主维护地区安全和反恐努力，开展网络安全合作，发挥阿富汗邻国协调机制作用，共同推动阿富汗和平重建。[②] 峰会发表六国共同宣言，强调一个稳定、发展和繁荣的中亚符合六国和世界人民的共同利益，确立合力打击"三股势力"的原则和相关领域合作内涵。宣言还强调，六国愿同国际社会一道，帮助阿富汗人民维护和平稳定、重建社会

---

① 《外交部发言人就友好国家在联合国大会做支持中方的共同发言答记者问》，中华人民共和国外交部网站，2023年10月18日，https://www.fmprc.gov.cn/web/fyrbt_673021/202310/t20231018_11163227.shtml。

② 《习近平在中国–中亚峰会上的主旨讲话（全文）》，中国政府网，2023年5月19日，https://www.gov.cn/yaowen/liebiao/202305/content_6874886.htm。

基础设施、融入地区和世界经济体系，支持把阿富汗建成一个和平、稳定、繁荣、免受恐怖主义、战争和毒品威胁的国家。[①]

中国为阿富汗建政促稳、融入国际社会创造条件，不断夯实地区安全基础。第19届亚运会在杭州举办期间，阿富汗体育代表团受邀参会，展现开放包容良好形象，向世界传递了战后重建、发展进步的积极信号。[②] 10月5日，王毅在出席第三届中国西藏"环喜马拉雅"国际合作论坛期间分别会见巴基斯坦外长吉拉尼、阿富汗临时政府代理外长穆塔基，就打击恐怖主义、保护中方人员安全、"一带一路"建设等问题交换意见，促进了互信共识，有利于地区安全巩固。[③] 通过第四次阿富汗邻国外长会、中俄巴伊四国外长阿富汗问题第二次非正式会议等平台，中国与有关国家加强协调，共同应对风险挑战。

中国同东南亚国家积极开展反恐军事合作，增进双方军队关系，促进地区安全。8月，中国和泰国举办联合反恐作战"突击-2023"陆军联训，加强中泰陆军反恐合作，加强探索联合反

---

① 《中国-中亚峰会西安宣言（全文）》，中华人民共和国外交部网站，2023年5月19日，https://www.fmprc.gov.cn/web/gjhdq_676201/gj_676203/yz_676205/1206_676500/xgxw_676506/202305/t20230519_11080194.shtml。

② 《王毅会见阿富汗临时政府代理外长穆塔基》，中华人民共和国外交部网站，2023年10月5日，https://www.mfa.gov.cn/web/wjbz_673089/xghd_673097/202310/t20231005_11155035.shtml。

③ 《王毅会见巴基斯坦外长吉拉尼》，中华人民共和国外交部网站，2023年10月5日，https://www.mfa.gov.cn/web/wjbz_673089/xghd_673097/202310/t20231005_11155027.shtml；《王毅会见阿富汗临时政府代理外长穆塔基》，中华人民共和国外交部网站，2023年10月5日，https://www.mfa.gov.cn/web/wjbz_673089/xghd_673097/202310/t20231005_11155035.shtml。

恐行动、交流战法经验、维护地区和平稳定。[①] 9月，中国同新加坡举办"合作–2023"联合城市反恐实兵综合演练，锤炼联合城市反恐作战能力，凝聚合作共识。[②] 11月，中国与柬埔寨、老挝、马来西亚、泰国、越南等国首次在华举行"和平友谊–2023"联合演习，以增强各方城市反恐和海上反恐反海盗行动能力，深化军事互信和务实合作，共同维护地区和平稳定。[③]

四、国际反恐面临风险与挑战

国际政治演变、新型技术普及、地区冲突加剧，使国际反恐合作面临新的风险与挑战，体现在三个方面。

一是大国竞争博弈弱化国际反恐合作。美国全球战略重心由反恐转向大国博弈，纵容、洗白恐怖组织，将"祸水东引"以攫取地缘政治利益，严重破坏了国际反恐合作基础，刺激了恐怖组织野心。美单方加剧大国竞争博弈，使国际反恐合作面临更严峻挑战。

二是新兴技术应用普及增加防恐反恐难度。恐怖组织利用互联网招募和融资的手段不断翻新，增加了对其侦测、鉴别和防堵难度。恐怖组织使用无人机施袭能力不断提高，加大获取生化核技术，向掌握相关技术的高知人群渗透，给人类安全蒙上阴影。

三是地区冲突加速恐怖主义蔓延。混乱冲突是恐怖主义的温

---

① 《中泰"突击–2023"陆军联训中方参训分队抵泰》，光明网，2023年8月17日，https://mil.gmw.cn/2023-08/17/content_36770747.htm。

② 《中新"合作–2023"陆军联合训练圆满结束》，中国军网，2023年9月13日，http://www.81.cn/yw_208727/16251924.html。

③ 《"和平友谊"多国联合演习将首次在中国举行》，光明网，2023年11月12日，https://m.gmw.cn/2023-11/12/content_1303568573.htm。

床。北约近年向乌克兰持续输送军备，但因管理不善，大量武器散失，流入中东、非洲、欧洲黑市，增加被恐怖组织利用风险。[1] 2023年10月，巴以冲突引发的对立仇恨已蔓延至美西方多国社会，国际恐怖组织和本土极右翼团体煽风点火，一些国家出现反穆反犹浪潮。巴基斯坦启动遣返阿富汗非法移民政策，或激化族群对立，被恐怖主义利用。在地区矛盾冲突刺激下，恐怖主义将加速"回潮"。

五、结语

2023年，国际恐怖主义的分散化、多样化、本土化特征更加凸显。国际恐怖组织与地区恐怖组织进一步结合，搅动地区局势，影响逐步外溢。南亚成为恐怖主义重灾区，巴基斯坦受害尤重，中巴经济走廊安全风险增大。中东反恐未竟其功，后续挑战仍应重视。非洲已成国际反恐主战场，萨赫勒地区国家反恐能力建设水平有待提高。恐怖主义在美西方抬头，暗流涌动冲击社会稳定。面对共同挑战，联合国中心协调作用更加凸显，区域国家增进合作，提升了国际反恐合作效能。中国以总体国家安全观为指导，倡导和践行全球安全倡议，引领地区反恐合作，维护国际反恐大业，为完善全球安全治理体系作出了重要贡献。

（中国国际问题研究院国际战略研究所助理研究员　杨超越）

---

① 《乌克兰承认超57万件武器丢失》，中青在线，2023年11月3日，http://news.cyol.com/gb/articles/2023-11/03/content_NVlddPH8WV.html。

第十五章

朝鲜半岛形势：
营垒高筑　危机四伏

　　2023年，朝鲜半岛形势呈现矛盾加剧，僵局难解的状态。尹锡悦政府上台以来在内政外交中均高度强调理念和意识形态认同及斗争，不仅激化了国内政治斗争，也使韩国的对外政策进一步失衡。美韩同盟关系达到新的高度，日韩关系也在韩方主动重大妥协之下迅速回暖。美日韩针对所谓"朝鲜威胁"加强政策协调和军事合作，朝鲜同样以军事威慑和外交手段强势回应，使朝鲜半岛的"阵营化"风险愈加凸显。中朝关系持续稳步发展，因疫情中断的双边经济、人文交流有序恢复。在尹锡悦政府大力推行"价值观外交"的背景下，中韩关系呈现出大小摩擦不断、发展动力减弱的特征。但进入下半年之后，两国重新确认了维护双边关系健康发展的重要意义，双方保持高层互动，经贸合作和人文交流亦出现积极态势。

一、韩国内政外交"价值观"色彩渐浓

　　韩国的保守阵营历来强调理念斗争，而尹锡悦政府对意识形态的强调更是超越了冷战结束以来的历届韩国政府。2022年5月上台以来，尹锡悦在国内外重要场合的发言中无一例外地高谈

"自由民主主义"，并在实践中把"价值观"渗透到内政外交的方方面面。

（一）韩国国内形势：内斗加剧，经济萎靡

20世纪90年代以来，韩国基本上实现保守和进步阵营轮流执政。朝鲜半岛是全球范围内未能解决"冷战遗留问题"的少数地区之一，半岛的南北分裂状态也导致韩国政坛的两大阵营始终难以摆脱理念之争。

尹锡悦政府高举"价值观"大旗，推动了意识形态斗争在韩国国内沉渣泛起。尤其在2023年，尹锡悦频频宣称追随"共产威权主义"的"反国家势力"正加紧对韩国"自由社会"进行"扰乱"，这种以理念划线的叙事方式仿佛使其回到冷战时代，将过去三十多年来逐渐淡化的二元对立世界观带回政坛。[①] 在此背景下，韩国的国内政治斗争激化到近几年罕有的程度。一方面，政府、执政党和检方形成合力，对在野进步势力采取连续不断的"司法"攻势，共同民主党党首李在明尤其首当其冲，遭到多项指控。而进步阵营也利用国会多数议席的优势展开针锋相对、寸土不让的斗争。

2023年9月初，李在明开始进行长达24天的绝食，并向尹锡悦政府提出三大要求，包括就"破坏民生"向民众道歉、改变漠视日本核污染水排海的政策、彻底改组内阁等。9月21日，韩国国会表决通过了两项议案，一个是共同民主党发起的关于罢免总理韩德洙的议案，另一个是检方提出的对共同民主党代表李在明的同意拘留案，韩国的国内政治斗争达到高潮。韩国盖洛普9月

---

① 李旻、唐晓:《日本核污水排海问题激化韩国国内政治斗争》,《世界知识》2023年第19期，第32—33页。

22日公布的民调结果显示，对李在明逮捕必要性审查问题上，46%的受访者认为"程序正当"，37%认为李在明遭受了"不正当政治弹压"，17%持保留意见。[①] 韩国朝野和民众对李在明的态度很大程度上并非基于对事实本身的是非判断，而是反映了韩国国内的"理念分野"。

在意识形态的有色眼镜下，执政的保守势力轻易地给持不同政见者扣上"反自由民主"的帽子。韩国一些知名人士在社交媒体上表达了对日本核污染水排海的不满，国民力量党党首金起炫却将这种观点表达上升到"特定政治势力的煽动"。理念斗争的泛化甚至引发了韩国国内的历史认知争议，典型案例是2023年8月韩国国防部试图将洪范图等五名独立运动名将的雕像从韩国陆军士官学校迁移出去，理由是洪范图等人"参加共产主义运动"的履历。此举在韩国国内引发巨大争议，甚至引起前总统文在寅发声批判。

在国内矛盾层出不穷的同时，韩国经济在内外因素的拖累下表现不佳。韩国现代经济研究院曾在年初预测2023年韩国经济增长率为1.8%。但由于高利率、高物价、经济主体信心恢复缓慢、民间投资及消费萎缩、出口不振等原因，韩国经济未获实质复苏。[②] 韩国政府、韩国开发研究院（KDI）和国际货币基金组织均将2023年韩国经济增长率预期下调至1.4%，韩国开发研究院将

---

① 李成日：《韩国朝野对抗再度趋于激烈》，《世界知识》2023年第20期。

② 《现代经济研究院将今年经济增长预期从1.8%下调至1.2%》，韩联社，2023年6月13日，https://www.yna.co.kr/view/AKR20230613054600002?section=search。

韩国经济2024年的增速预期也从2.3%下调至2.2%。[①]

（二）韩国外交进一步向美西方靠拢

对外政策方面，尹锡悦政府继续以"价值观"为标杆导向，优先与所谓志同道合的国家发展关系，外交失衡严重。

1. 美韩同盟关系持续升级

美韩同盟关系仍是韩国的首要关注方向。韩国积极迎合美国，美国为了构建"遏华小圈子"也积极诱拉韩国，双方不断相互"示好"，双边关系快速升温。尹锡悦上台仅10天，拜登即访问韩国，给美韩关系注入"兴奋剂"。韩国则于2022年12月28日发布《自由·和平·繁荣的印度太平洋战略》，即韩国版"印太战略"，声称韩美同盟是过去七十年维持朝鲜半岛和"印太"地区和平与繁荣的关键，将以自由、民主、人权、法治等价值共享为基础，不仅在安全领域，而且在经济、高端技术、网络空间、供应链等领域推进一个全球全面的战略同盟。[②] 在 2023 年 4 月对美国的国事访问中，尹锡悦获邀在美国国会发表演讲。在此次演讲中，尹锡悦提及"自由"多达46次，凸显美韩同盟的"价值观"属性。

2023年，美韩双方利用确立同盟关系七十周年的机会加大"相向而行"，全方位加强合作。军事安全方面，美韩首脑在2023年4月签署《华盛顿宣言》，该宣言被称为第二个《美韩共

---

① 《韩国开发研究院：韩国明年增长率预期值从2.3%调低至2.2%，物价上涨率从2.5%调高至2.6%》，韩联社，2023年11月9日，https://www.yna.co.kr/view/AKR20231109071100002?section=economy/all&site=major_news04_related。

② 张颖、于鑫洋：《韩国调整"印太"地区关系网络的路径分析》，《东北亚学刊》2023年第5期，第30—46页。

同防御条约》。美方表示，将通过新增美韩军事训练和模拟演习、成立"美韩核磋商小组"机制、扩大半岛周边美战略资产出动等，升级对韩提供的"延伸威慑"。韩方倾向于将此解释为"核共享"，尹锡悦公开表示，韩美同盟已经升级为"以核为基础的同盟"。在经济领域，美国驻韩大使菲利普·戈德堡于 2023 年 6 月 1 日在韩国举办的济州论坛上表示，自 2021 年 1 月拜登上台后，韩国企业对美直接投资超过 1000 亿美元。庞大的对美投资凸显韩国对美国的重视。[①] 科技方面，双方以 2023 年 4 月的美韩峰会为契机，在电池、机器人、核电、氢能等领域签署 23 份备忘录，加速走向"技术同盟"。[②]

2. 韩方妥协推动日韩关系回暖

自上台以来，尹锡悦总统多次将日本描绘为"共享自由民主主义和市场经济的价值观伙伴"，甚至在"三一运动"纪念日和"光复节"这样与日本殖民统治相关的敏感时点也不讳言。

为了实现恢复日韩关系的核心目标，尹锡悦政府在一些敏感问题上作出重大妥协。2023 年 3 月，韩国政府提出解决强征劳工问题的"第三方代赔"方案，即由韩方设立公共赔偿基金，向韩国私人企业筹措资金，赔偿给被日本强征为劳工的韩国受害者。这种"自己赔自己"的方式引起韩国国内舆论哗然，但尹锡悦政府坚持"即使支持率降低 10% 也要改善韩日关系"，强推对日

---

① 董向荣：《美日韩强化同盟关系：动机、表现与前景》，《当代世界》2023 年第 7 期，第 44—49 页。

② 《韩美就电池、核电站、氢气领域签署全方位合作谅解备忘录，成为技术同盟》，韩联社，2023 年 4 月 26 日，https://www.yna.co.kr/view/AKR20230426014451003?section=search。

和解。[①]

以韩方的妥协为代价，日韩关系在政治、经济、科技等领域迅速回暖。2023年3月16日至17日，尹锡悦访问日本，重启中断十一年三个月的韩日首脑互访。双方就重启"穿梭外交"、恢复《韩日军事情报保护协定》等达成一致。两国还决定尽快重启长期中断的韩日安全保障对话和日韩副部长级战略对话，并决定新设有关经济安全保障的磋商机制。经济方面，韩国于2023年4月将日本重新纳入出口优待"白名单"，日本政府也在6月决定将韩国重新拉回出口"白名单"，并于同年7月21日正式生效。至此，两国持续四年的"贸易战"落幕，经济领域实现"融冰"。科技方面，双方于2023年6月在首尔举行"韩日技术共同研究合作事业"启动仪式，将核心材料、半导体、未来移动通信、电池、显示器等尖端产业列为战略合作课题。[②]

在日本决定将核污染水排入太平洋后，韩国从所谓对日外交大局出发，仍然选择了退让。尹锡悦政府和执政党认为日本核污染水处理过程科学安全，主动为国际原子能机构调查报告背书。韩国执政党国民力量党首席发言人评论称，韩国应虚心接受该结果，并基于冷静的分析应对日后的问题。

3. 韩国与北约的互动得到加强

除了加强美韩、日韩关系，韩国与北约的互动同样引人关注。2023年1月，北约秘书长斯托尔滕贝格时隔六年访问韩国，

① 《韩日强征劳工案解法……"尹锡悦承受政治负担，但岸田选择回避"》，韩联社，2023年3月7日，https://www.yna.co.kr/view/AKR20230307111900073?section=search。

② 《韩日将在半导体、显示器、精密化学领域进行合作》，韩联社，2023年6月14日，https://m.yna.co.kr/view/AKR20230613137600003?section=politics/all&site=major_news04。

与韩约定升级双边合作。2月，韩国与北约举行第一次军事参谋对话，该部长级定期会议机制旨在增进北约对朝鲜半岛安全状况的理解和彼此交流合作。7月，尹锡悦继2022年6月北约马德里峰会后再度参与北约峰会，其间还同澳大利亚、日本、新西兰首脑一同举行北约亚太伙伴（AP4）会议。此次峰会签订了《韩国与北约个别针对性伙伴关系计划》（ITPP），比之前韩国与北约签订的《个别伙伴合作计划》（IPCP）更加深入，涵盖了"对话与协商""反恐合作""军控与非扩散""新兴技术""网络防御""公共外交"等11个领域的制度化合作。同时，韩决定加入北约的战地信息收集和开发系统（BICES），与北约成员国共享军事机密，并经常举行军事演习。韩还将参加北约援助乌克兰的信托基金，与北约在乌克兰问题上共进退。[①] 参加北约峰会后，尹锡悦突访乌克兰，向外界表明其在国际热点问题上与以美国为首的西方保持一致立场。

二、半岛南北对峙加剧，冲突风险上升

尹锡悦上台后主张以"压倒性的力量维护和平"，本已举步维艰的半岛南北关系进一步紧张。

（一）朝韩相互为"敌"，韩国倚重美韩同盟和美日韩三边合作

朝鲜在2022年12月举行的劳动党八届六中全会上将韩国定义为"明确的敌人"后，韩国于2023年2月发布《2022国防白皮

---

① 王付东、孙怡龙：《韩国向北约积极靠拢，意欲何为？》，《大众日报》2023年8月3日。

书》，时隔六年再称朝鲜为"敌人"，朝韩对立对抗进一步加剧。近几年，朝韩双方在军事上"斗强""斗狠"之激烈极为罕见。美韩不仅重启文在寅政府时期所有被叫停的联合军事演习，美国相关战略武器也参与了演习，而且双方正在积极推进在韩国"重新部署"战略设施。进入2023年以来，韩美两国已9次展示美"延伸威慑"能力，包括B–52H战略轰炸机与韩国空军进行联合训练，美战略核潜艇（"肯塔基"号）四十二年来首次入韩领海，等等。[①]

从美国的角度看，拜登政府正从以解决半岛核问题为"目标"转向利用核问题服务于其他外交政策目标。一是面对朝鲜核导技术的迅速发展，不是以解决问题为主，而是以管控为主，旨在拖延解决问题的时间；二是利用韩国对朝核问题的担忧，加大在韩国的军事部署，以此服务于其"印太战略"。[②]

除了美韩同盟以外，加强美日韩三边合作成为韩国震慑朝鲜的重要途径。以日韩和解为契机，美日韩三边互动明显增多，尤其突出的现象是频繁的首脑峰会。据统计，美日韩领导人自1994年在印度尼西亚茂物亚太经合组织领导人非正式会议期间首次举行三边会谈以来，截至2023年10月已举行13次三边峰会，其中4次发生在2022年以后，分别为马德里北约峰会、金边东亚系列峰会、广岛七国集团峰会以及戴维营三边峰会。值得注意的是，三国首脑的前12次峰会均是利用国际多边场合举行。2023年8月18日，美国总统拜登、日本首相岸田文雄、韩国总统尹锡悦在美国总统度假地戴维营举行三边会谈，这是美日韩三方首次在多边

---

① 《韩美今年9次展示延伸核威慑能力，对朝发出警告》，韩联社，2023年11月7日电。

② 王俊生：《拜登政府的朝核政策：目标与手段的异化》，《当代美国评论》2023年第2期，第1—18页。

场合以外专门举办峰会。

近年来，在美国全球战略逐步聚焦大国竞争的背景下，美日韩合作也被赋予"遏华""抗俄""压朝"三重指向，重塑"铁三角"成为美国东北亚战略的优先目标。未来美日韩三边合作将呈现机制化、宽领域、外向型的新特点，反映出集团政治和阵营对抗思维的进一步发展。[①] 对于韩国而言，美日韩三边合作更具有针对性，明显带有以阵营力量应对"朝鲜威胁"的意图，并且已经落实到具体措施中。2023年6月，美日韩三国防长在新加坡举行三方会晤，重申了深化三方在关键问题上的合作以促进"自由开放的印太"的重要性，包括信息共享、高级别政策磋商和三方军事演习。三国还将启动数据共享机制，以在2023年底前交换实时导弹预警数据，提高各国探测和评估朝鲜发射导弹的能力。[②]

（二）朝鲜加强国防建设，积极发展俄朝关系

2023年2月18日，朝鲜成功发射了"火星–15"洲际弹道导弹。4月13日，朝鲜又成功试射"火星–18"新型洲际弹道导弹。5月31日、8月24日和11月21日，朝鲜三次发射侦察卫星，并最终取得成功。

外交方面，加强与俄罗斯的合作成为朝鲜在2023年的重要发力点。随着朝鲜逐渐放开新冠疫情管控，俄罗斯与朝鲜之间的经贸关系开始重启。

---

① 项昊宇:《美日韩同盟协作的"戴维营时刻"》,《世界知识》2023年第17期，第26—28页。

② "United States-Japan-Republic of Korea Trilateral Ministerial Meeting (TMM) Joint Press Statement," U.S. Department of Defense, June 3, 2023, https://www.defense.gov/News/Releases/Release/Article/3415860/united-states-japan-republic-of-korea-trilateralministerial-meeting-tmm-joint/.

俄朝之间的高层互动达到了近几年罕有的高水平。2023年7月，俄罗斯在朝鲜庆祝战胜节之际派出以国防部长绍伊古为首的高级代表团访问平壤。朝鲜国防相强纯男在欢迎绍伊古到访时谈及朝俄友谊的历史和传统，并说实力对抗激烈的当前国际军事政治形势正在要求朝俄两军坚决抗衡美国强盗般的称霸世界战略，本着维护国权、维护国益的原则，进一步加强彼此合作与协同。强纯男对俄罗斯军民维护国家主权和安全的正义斗争表示完全支持，并重申，我们两军将在反帝斗争的同一个战壕里进一步密切合作，坚持互相声援的立场，同时衷心祝愿在普京总统的领导下，俄罗斯在建设过程中取得更多成果。①

9月，朝鲜劳动党总书记、国务委员长金正恩在俄罗斯远东地区阿穆尔州的东方航天发射场同俄罗斯联邦总统普京举行历史性会晤。朝鲜官方媒体称，在金正恩同志和普京同志的深厚友情和特殊友谊基础上，跨世纪接代的、在历史考验中得到巩固的朝鲜民主主义人民共和国和俄罗斯联邦之间的传统友好关系正在进一步升华并发展成为牢不可破的战友关系、百年大计的战略关系。② 通过此次首脑会晤，俄朝两国在经贸、科技、人文等领域的合作有望进入快车道。

---

① 《我国国防省设宴欢迎俄罗斯联邦军事代表团访朝》，《劳动新闻》，2023 年 7 月 28 日，http://www.rodong.rep.kp/cn/index.php?MTJAMjAyMy0wNy0yOC1IMDA5QDExQDA5pmu5LqsQDBAMjQ===。

② 《建立朝俄关系发展新里程碑的历史性契机》，《劳动新闻》，2023 年 9 月 14 日，http://www.rodong.rep.kp/cn/index.php?MTVAMjAyMy0xMC0yMC1IMDAxQA==。

三、中朝关系持续向好发展、中韩关系在波折中前行

中国既重视与朝鲜的传统友谊，也重视与韩国发展战略合作伙伴关系。2023年，中朝关系延续向好发展势头，而中韩关系则在尹锡悦政府的"价值观外交"影响下波折不断，直到下半年才逐渐呈现些许积极态势。

（一）中朝传统友谊继续加深

总体来看，中朝关系在2023年保持了良好态势，高层互访和经贸关系均得到有序恢复。2023年7月，中共中央政治局委员、全国人大常委会副委员长李鸿忠应邀率中国党政代表团访问朝鲜，并出席朝鲜战争停战七十周年纪念活动。9月，中共中央政治局委员、国务院副总理刘国中应邀率中国党政代表团出席朝鲜国庆七十五周年庆祝活动并访问朝鲜。12月，中共中央政治局委员、外交部长王毅在北京会见来华举行中朝外交磋商的朝鲜外务省副相朴明浩。2024年1月1日，中共中央总书记、中国国家主席习近平同朝鲜劳动党总书记、国务委员长金正恩互致新年贺电，共同宣布将2024年确定为"中朝友好年"并启动系列活动。据中国海关总署的数据，2023年1—10月中朝贸易额达到128.02亿元人民币，较2022年同期增长167.4%。[①]

[①]《2023年10月进出口商品国别（地区）总值表（人民币）》，中华人民共和国海关总署网站，http://www.customs.gov.cn//customs/302249/zfxxgk/2799825/302274/302277/302276/5503898/index.html。

（二）中韩之间的矛盾摩擦增多，经贸关系面临下行压力

2023年1月，韩国以防控疫情为由对自华赴韩人员采取歧视性的入境限制措施。此后，尹锡悦政府在一些中方高度关注的敏感问题上频频"触雷"。2023年4月24日至30日，尹锡悦对美国进行国事访问。出发之前，尹锡悦接受路透社采访时将台湾问题与朝鲜问题共同归属为"全球性问题"，将台海局势紧张的原因归咎于中方，声称"坚决反对以武力改变台海现状"。对此，美国国务院立即回应称将与韩国共同合作"解决台湾问题"。针对韩方将朝韩两个主权国家之间的问题和台湾问题混为一谈的原则性谬误，中方采取坚决回应措施。中国外交部紧急召见韩国驻华大使，对韩国提出严正交涉。4月26日，韩美在首脑会谈后发表《华盛顿宣言》，其中再次强调"维持台湾海峡和平稳定的重要性"，中国外交部亚洲司司长刘劲松向韩国驻华使馆公使姜相旭提出严肃交涉。2023年5月19日至21日，七国集团首脑峰会在日本举行，尹锡悦作为观察员国领导人参加会议，会议及峰会联合公报中就台湾问题、南海问题、核武扩张和所谓的经济胁迫等问题悍然对中国进行指责污蔑，加剧地区紧张局势。[1]

在经贸领域，中韩合作也出现了令人担忧的情况。自中韩建交以来，经贸合作一直是中韩关系的重要"引擎"和"压舱石"。双方之间的贸易额早在2018年就突破3000亿美元，2022年更是达到3623亿美元。然而在2023年，中韩贸易额出现一定下滑，韩国的对华出口更是降幅明显。据韩国产业通商资源部统

---

① 姜龙范、金可：《尹锡悦政府对华外交政策探析》，《延边大学学报》2023年第4期，第5—13页。

计，2023年第一季度韩国对华出口同比下降29.7%，第二季度同比下降22.2%，7月至10月分别同比下降24.9%、19.9%、17.6%和9.5%。[①] 中韩贸易额的下降固然是复杂的内外因素所致，但也在很大程度上反映了两国经贸合作的结构性问题。尤其在美国加力实施对华全方位特别是科技打压的背景下，中国一些关键产业在无理打压下奋发实现自主创新，中韩贸易高度依赖半导体相关产品的结构受到冲击在所难免。可见，中韩经贸合作已发展到"逆水行舟，不进则退"的阶段，提质升级和拓宽合作领域已势在必行。

（三）中韩高层保持必要互动，双边交流不乏亮点

首先是两国高层借助多边场合实现互动。2023年9月7日，李强总理在雅加达出席东亚合作领导人系列会议期间会见韩国总统尹锡悦。李强表示，中方愿同韩方一道，落实好两国元首重要共识，秉持建交初心，增进政治互信，排除干扰，相向而行，推动中韩关系与时俱进发展，更好造福两国人民，促进本地区和平稳定与发展繁荣。李强同时也强调双方要尊重彼此核心利益和重大关切，维护中韩关系大局。尹锡悦表示韩方愿同中方一道，加强各层级沟通对话，深化经贸、人文等领域交流合作，践行多边主义和自由贸易，推动韩中关系稳定健康发展，促进世界和平与繁荣。韩方愿同中方加强协调，推进韩中日三方合作。[②]

---

① 《20个月以来首次同时达成出口增加和贸易顺差……出现转折迹象》，韩联社，2023年11月1日，https://www.yna.co.kr/view/AKR20231101084151003?section=search。

② 《李强会见韩国总统尹锡悦》，中华人民共和国外交部网站，2023年9月7日，https://www.fmprc.gov.cn/zyxw/202309/t20230907_11139762.shtml。

9月23日，习近平主席在杭州会见来华出席第19届亚洲运动会开幕式的韩国总理韩德洙。习近平主席指出，中国和韩国是搬不走的近邻，也是分不开的合作伙伴。中方愿同韩方一道努力，推动中韩战略合作伙伴关系与时俱进、不断发展。韩德洙表示，当前国际社会面临诸多挑战，韩中保持高层交往，有利于推动两国关系发展，合作应对挑战。韩方愿同中方一道，致力于发展健康成熟的韩中关系。希望双方加强经贸合作、人员交往和文化交流，坚持多边主义和自由贸易，共同促进世界经济复苏增长。[①]

韩国产业通商资源部（简称"产业部"）11月5日表示，共有212家韩国企业参加第六届中国国际进口博览会（CIIE）。韩国参展企业数量创历届之最，仅次于日本和美国。[②] 中国在韩国跨境电商网购市场的地位得到快速提升。2023年第一至第三季度，韩国跨境电商网购额约为4.79万亿韩元（约合人民币266.2亿元），同比增加20.4%。从交易对象来看，中国约为2.22万亿韩元，占46.4%；美国约为1.39万亿韩元，占29.1%。前三个季度，韩国消费者海淘中国货金额同比猛增106%，远高于美国的增幅9.7%。企业层面，阿里巴巴旗下的全球速卖通（AliExpress）于2018年进军韩国市场，凭借价格优势快速提升市场占有率。据相关统计，截至2023年9月，全球速卖通应用程序韩国用户数量为

---

① 《习近平会见韩国总理韩德洙》，中华人民共和国外交部网站，2023年9月23日，https://www.fmprc.gov.cn/zyxw/202309/t20230923_11148685.shtml。

② 《212家韩企参加中国进博会，规模创历届之最》，韩联社，2023年11月5日，https://cn.yna.co.kr/view/ACK20231105000600881?section=china-relationship/index。

545万，较2020年9月的152万增加了2.6倍。[①] 两国的人员往来也在迅速恢复。据韩国观光公社统计，2023年9月中国游客访韩人数达到26.4万人次，占据外国人访韩人数第一位，约占访韩外国人总数的24%。[②]

四、结语

2023年的朝鲜半岛形势持续紧张，南北擦枪走火风险不断上升。中方一贯主张维护半岛和平稳定，将继续致力于推动解决半岛问题，实现半岛长治久安。

（中国国际问题研究院亚太研究所助理研究员 李旻）

---

① 《中企在韩海淘市场走红，前三季市占率近五成》，韩联社，2023年11月5日，https://cn.yna.co.kr/view/ACK20231105000200881?section=china-relationship/index。

② 《上月外国人访韩游客达到109万人，连续三个月保持100万人以上》，韩联社，2023年10月30日，https://www.yna.co.kr/view/AKR20231030057500030?section=search。

第十六章

伊朗核问题：
坚冰难破 前景黯淡

2023年，伊核协议恢复履约谈判，相关各方继续推进谈判，但美国在伊核谈判与改善美伊关系问题上瞻前顾后，伊朗在遭遇多次挫折后立场转趋强硬，伊核谈判依旧坚冰难破。总体看，美国与伊朗在地区政策上的考量、对核谈判的诉求及中东局势变化等综合因素，使伊朗核问题与美伊关系缓和前景将难有实质性突破，伊朗核问题将处于长期化趋势。

一、伊核谈判现状

2023年，伊核协议恢复履约谈判仍在艰难推进之中，由于美国与伊朗立场差距过大，同时受到美国与伊朗内政因素影响，伊核谈判难以走出僵局。

（一）美国需要稳住伊朗，但难改对伊朗强硬政策

拜登政府全力推进以大国竞争为主线的全球战略，在中东持续进行战略收缩政策，为此美国需要在一定程度上稳住伊朗，启动伊核协议恢复履约谈判是拜登政府中东政策调整的重要内容之一。美国认为通过核谈判，将伊核计划压制在可控轨道符合美国

利益。同时，美国认为过去伊核协议内容相对宽松，但伊朗在中东热点问题上并未有所收敛，伊核协议配合美国中东政策总体顺利推进的作用甚微，应该有一个内容更广泛、约束力更强的核协议，约束伊朗核计划；如果暂时不能达成更广泛的协议，可以先达成一个过渡性协议，为更广泛协议做准备。伊核协议恢复履约谈判在维也纳重新启动时，拜登政府要价不菲。首先，美国要求伊朗先严格遵守伊核协议，将其核能力退回到伊核协议规定的最初水平，表示只有这样，美国才可能减轻对伊朗制裁。其次，美国要求以伊核协议为基础，达成一个有效期更长、更强有力的协议。新协议还将包括限制伊朗导弹能力与地区政策等问题。

2023年9月，在伊朗妇女马赫萨·阿米尼之死引发伊朗持续抗议示威活动一周年之际，美国于9月15日宣布对与马赫萨·阿米尼之死相关的29名伊朗个人与组织进行制裁，显示出美国持续加大在人权领域对伊朗的施压力度。2022年9月，伊朗发生全国范围内的持续抗议示威活动，使美国对伊核谈判心态再次发生改变，"不再认为与伊朗展开核谈判是其优先选项"。[1] 美国认为伊朗经济困难引发政治动荡，美国不愿在此时达成核协议，减轻伊朗政府的政治与经济压力，而是希望对伊朗政权以压促变。拜登政府重拾对伊朗以压促变政策与谋求政权更迭目标，致使艰难前行的伊核协议恢复履约谈判再次受到重挫。

（二）伊朗需要推进核谈判，但政策转趋强硬

伊朗莱希政府继续推进伊核协议，恢复履约谈判，但核谈判

---

[1] Marie Abdi, "The Iran Protests and US Policy on Tehran's Nuclear Program," Middle East Institute, January 19, 2023, http://www.mei.edu/publications/iran-protests-and-us-policy-tehrans-nuclear-program.

立场转趋强硬，拒绝对美国作出过多让步。首先，伊朗称美国单方面退出伊核协议在先，并且在退出协议后对伊朗施加了新制裁，伊朗要求美国先解除这些新制裁，再讨论重返伊核协议问题。其次，伊朗坚持导弹问题应与伊核协议完全脱钩，即使讨论导弹问题也应当在联合国监督之下进行。再次，伊朗要求美国保证不再单方面退出已经签署的核协议。最后，在维也纳谈判期间，伊朗还与美国在两个问题上展开激辩：一是美国是否应把伊斯兰革命卫队从"恐怖主义组织"名单中删除；二是伊朗政府是否应取消对刺杀苏莱曼尼将军的美国责任人进行追查报复。

伊核协议恢复履约谈判屡受挫折，伊朗指责美国在谈判中要价太高，并且要求伊朗对国内持续抗议活动采取宽容政策，实质上是寻求改变伊朗政治制度，美国应对谈判停滞不前负有责任。[①] 自2021年起，伊朗持续提高核能力与导弹技术，既是在增强自身实力，同时还可增加在谈判中与美国讨价还价的筹码。伊朗在2021年4月宣布首次生产出丰度为60%的浓缩铀，根据国际原子能机构的一份报告，伊朗已经获得近88千克丰度为60%的浓缩铀，有少量浓缩铀的丰度达到83.7%。[②] 伊朗还持续安装数量更多、质量更高的离心机，据国际原子能机构报告，"伊朗在纳坦兹和福尔多核设施中已经安装了IR-1型、IR-2型、IR-4型、IR-5型、IR-6型等多款离心机级联，用于生产不同丰度的浓缩铀"。[③]

---

① Mahmood Sariolghalam, "Diagnosing Iran's Emerging Pivot toward Russia and China," Middle East Institute, June 1, 2023, http://www.mei.edu/publications/diagnosing-irans-emerging-pivot-toward-russia-and-china.

② 杜源江:《美方提出"双暂停"，伊朗"拒绝"》，参考消息网，2023年4月4日。

③ 鹿音:《朝鲜半岛核问题与伊朗核问题评估》，李驰江主编《2023国际军备控制与裁军》，世界知识出版社，2023，第75页。

此外，伊朗的导弹能力也在不断提升，2023年6月6日，伊朗伊斯兰革命卫队航空航天部队首次对外展示国产高超音速弹道导弹"征服者"，标志着伊朗也进入"高超音速导弹大国俱乐部"。2023年6月11日，伊朗最高领袖哈梅内伊重申"伊朗根本就不想制造核武器"，同时，再次明确伊朗达成新协议的前提条件。哈梅内伊要求政府遵守伊朗议会和宪法监护委员会在2020年底通过的《反制裁战略法案》。这项法案对伊朗生产、储存一定丰度的浓缩铀，安装各种型号离心机等应对举措和执行时限都列出明确规定，要求政府在美西方对伊朗制裁没有缓解的情况下进一步突破2015年伊朗核协议的限制。

二、美国的政策考量

美国与伊朗之间的敌对关系根深蒂固，美国内政因素也牵制拜登政府改善美伊关系及推动伊核谈判的努力。乌克兰危机持续发酵，伊朗与俄罗斯持续提升多领域战略合作，成为影响伊核协议恢复履约谈判的新阻力。

（一）美国对伊朗以压促变的根本政策目标不会改变

首先，拜登政府延续对伊朗制裁，希望以此打击伊朗经济，对内加剧其经济困难与社会动荡，对外则使其无力支持地区盟友，最终动摇伊斯兰政权统治基础，促成政权更迭。"过去10年，由于美国主导国际社会施加制裁，伊朗损失了约4500亿美元的石油收入。"① 其次，美国全方位加强与中东盟友关系，应对地区安全威胁及与伊朗竞争。美国推动阿联酋、巴林、苏丹和摩洛哥四个阿拉伯国家与以色列实现关系正常化后，继续大力推动阿以全方位发展关系，加强实质性合作。2023年美国续推以色列与沙特和解，从而打造升级版的反伊朗大联盟，以遏制伊朗在中东影响力的扩张。最后，美国长期在中东地区保持对伊朗军事威慑与压制。2023年10月，巴以爆发新一轮大规模流血冲突，地区局势骤然紧张，美国迅速在地中海东部部署了"福特"号与"艾森豪威尔"号两个航母战斗群，意在威慑伊朗及其支持下的也门胡塞武装、叙利亚、真主党、哈马斯和杰哈德不要轻举妄动。因此，拜登政府执政后，虽然美伊关系出现一定程度缓和，伊核协议恢复履约谈判也在艰难推进，但美伊四十余年的敌对关系与互不信任难以在短期内化解，伊朗的地区大国抱负与美国中东战略形成直接冲撞，这是造成伊核问题久拖不决的深层次原因。

（二）美国国内存在强大的反伊朗政治势力

当前美国两党激烈政治争斗进一步加剧国内政治撕裂，其实质是共和党与民主党各自代表的庞大选民群体和利益集团对国家政治权力、经济利益和社会权利如何进行资源分配的激烈角逐。在美国国内长期存在强大的反对伊朗政治势力，他们发出反对伊核协议的强烈声音，反对者包括多数共和党议员，以及民主党重量级人物、美国国会参议院民主党领袖查克·舒默和民主党参议员乔·曼钦等人。他们认为核谈判只会帮助伊朗政权摆脱困境，美国应继续对伊朗采取强硬立场，维持严厉制裁，只有这样才能

---

① 王林聪：《大变局下中东地区新发展：特征、挑战及前景》,《当代世界》2023年第10期。

迫使伊朗在核问题上作出妥协。2023年6月底，美国伊朗问题特使罗伯特·马利因涉嫌处理保密信息不当被"停薪休假"，反映出拜登政府在推进伊核谈判与改善美伊关系问题上遇到阻力。7月18日，时任美国众议院议长凯文·麦卡锡表示，国会将使用一切手段确保不会与伊朗达成"有害协议"。8月10日，美伊达成一项互换因犯的谅解协议，伊朗还将获得约60亿美元被冻结的石油收入。共和党方面则立即发出质疑，称拜登政府"开创了一个极其危险的先例"，不应该向"支持恐怖主义的国家支付赎金"。10月7日，巴以冲突爆发后，多位美国参议员呼吁拜登政府立即冻结这项60亿美元的资金，10月12日，美国表示保留完全冻结该项资金账户的权利。美国两党政治斗争进一步白热化，以及2024年总统大选在即，各方势力登台角逐，诸多因素都在掣肘拜登政府对伊朗政策，使拜登政府在推进伊核协议恢复履约谈判进程中瞻前顾后，不能轻易作出政治决断。

（三）乌克兰危机持续发酵，是影响美国对伊核协议恢复履约谈判态度的重要因素

随着乌克兰危机持续发展，2023年度伊朗与俄罗斯持续提升战略合作关系，双方通过一系列高层互访，推动政治、经济、军事、国防与安全多领域深化合作，希望通过紧密合作"在地区创造安全环境并打击单边主义"。伊朗与俄罗斯积极推动国际南北运输走廊建设进程，努力提升地缘政治与经济影响力，两国于2023年5月17日签署拉什特–阿斯塔拉铁路建设协议。伊朗与俄罗斯军事合作关系在叙利亚战场上得以发展，在乌克兰危机中得以巩固，这种合作使伊朗军事装备、网络软件技术、数字侦察技能都得以提升，也增加了伊朗在美伊战略博弈中的筹码。在乌克兰危机期间，伊朗向俄罗斯提供"沙赫德"无人机，引起西

方警觉，并且西方指责伊俄正在合建无人机工厂。2023年3月伊朗完成购买俄罗斯制苏–35战斗机合同，西方认为在乌克兰危机的敏感时刻，伊俄正在不断加强军事合作，伊朗已经在事实上深度参与了乌克兰危机。因此，从运筹乌克兰危机的角度出发，美国不愿放松对伊朗的压制与制裁，以防止俄罗斯获得回旋空间与支持。

三、伊朗的应对之策

伊朗在伊核协议恢复履约谈判问题上采取双轨并行政策，一方面积极推动核谈判，并与国际原子能机构进行建设性合作；另一方面大力加强与中俄战略合作关系。伊朗在推动伊核协议恢复履约谈判问题上刻意高调，在推进与中俄实质性合作时非常低调，显示其政治谋略与深层次考量。

（一）伊朗推动核谈判的系列努力

伊朗一直没有放弃推动伊核协议恢复履约谈判前行的努力，希望解除制裁，推动经济发展，改善民生状况，因此显示出愿意与国际原子能机构进行建设性合作的灵活立场。2023年3月3日至4日，国际原子能机构总干事马里亚诺·格罗西访问伊朗，取得积极成果，伊朗表示愿就三个未申报地点发现铀痕迹达成解决问题的框架，将与国际原子能机构继续合作，并提供进一步信息和访问权限；伊朗将允许国际原子能机构实施进一步适当的核查和监督活动。6月13日，伊朗核谈判首席代表阿里·巴盖里·卡尼与英法德三国代表在阿联酋举行会谈；6月21日，他又与欧盟协调员恩里克·莫拉在卡塔尔举行会谈，讨论推进核谈判事宜。

（二）伊朗大力加强与中、俄的战略合作

2018年美国特朗普政府退出伊核协议，使伊朗认识到美国对伊朗缓和政策并不可靠，美国根深蒂固的对伊朗敌视政策难以改变，伊朗在核问题上一味让步难有成效。[①] 伊朗要威慑和防止美以发动可能的军事打击，也需要对美西方制裁与遏制政策进行长期抵御。伊朗加强与中俄战略合作有助于其拓展战略回旋空间，减缓经济与地缘政治压力，并不断扩展地区影响力。伊朗认为中俄与美国进行战略竞争，同时中俄并不敌视伊朗的政治制度，是伊朗可以借重的世界级大国。在2021年8月莱希政府执政后，伊朗就采取双轨并行策略：一方面大力加强与中俄关系，另一方面采取适当妥协措施，推动伊核协议恢复履约谈判继续前行。伊朗在推进与中俄实质性合作时非常低调，在推动伊核协议恢复履约谈判问题上刻意高调。尤其在当前，最高领袖哈梅内伊年事已高，伊朗需要新领导人成功继位，需要伊斯兰政权继续执政，这是伊朗最优先的政治考量。伊朗认为，发展与中俄的全方位合作，可使伊提升经济与军事实力，有助于其应对变化中的外部局势，并更好地抵御内部潜在安全威胁，从而巩固伊斯兰政权的长治久安。

2023年2月14日，伊朗总统易卜拉欣·莱希访问中国，两国就中伊全面合作计划的实施签署多项合作文件，元首外交有力推动中伊全面战略伙伴关系深入发展，促进中伊多领域战略合作提质升级。伊朗还与中俄进一步深化军事与安全合作，3月，中俄

[①] Mahmood Sariolghalam, "Diagnosing Iran's Emerging Pivot toward Russia and China," Middle East Institute, June 1, 2023, http://www.mei.edu/publications/diagnosing-irans-emerging-pivot-toward-russia-and-china.

伊三国举行"安全纽带-2023"联合军演。7月4日，伊朗成为上海合作组织正式成员国，这也是伊朗实施"向东看"政策取得的标志性成果。未来中俄伊三国将以这个世界上面积最广、人口最多的地区组织为平台，拓展经济往来、能源贸易与基础设施互联互通，打造升级版的安全合作机制，推动军事、安全合作与军售达到新水平，进一步提升三国在中东、北非、中亚、高加索地区以及南亚安全格局中的影响力。

（三）伊朗塑造周边安全环境

针对美国在中东地区大力推动阿以和解进程，伊朗通过缓和与周边阿拉伯国家关系，应对美国不断升级的安全威胁。伊朗与沙特曾在2016年断交，2023年3月10日，两国在中国斡旋下达成恢复外交关系协议；6月6日，伊朗驻沙特大使馆重新开馆；6月17日，沙特外交大臣费萨尔·本·法尔汉在两国断交七年后首次访问伊朗；9月5日，沙特与伊朗互派大使。伊沙关系缓和还带动伊朗与巴林、阿联酋、埃及改善关系，有助于伊朗突破外交围堵，并为国内经济发展和政治稳定创造良好周边环境。11月11日，伊朗总统莱希抵达沙特，出席在沙特首都利雅得举行的阿拉伯-伊斯兰国家领导人联合特别峰会，共商加沙紧张局势与巴以冲突问题，为缓和地区危机发挥积极作用。美国忌惮伊朗在中东的崛起势头，还担心"伊朗与中东各国重新建立关系，使伊朗货币与美元和欧元脱钩，最终使伊朗商品能够绕过美欧制裁"。[①]

---

① Jamshid K. Choksi and Carol E.B. Choksi, "Iran Is Breaking Out Its Box," July 20, 2023, http://www.foreignaffairs.com/iran/breaking-out-its-box-washington-tehran-regional-influence.

四、伊朗核问题呈现长期化趋势

2023年10月，中东局势再度骤然紧张，地区多方势力下场并复杂联动，伊核协议恢复履约谈判取得成果的可能性更加渺茫。同时，美国与伊朗各自在地区政策及核谈判问题上的政策考量，都使未来伊核谈判与美伊关系缓和前景将难有实质性进展，未来伊朗核问题将呈现长期化趋势。

（一）中东紧张局势对伊核谈判的直接消极影响

2023年10月7日，哈马斯对以色列实施名为"阿克萨洪水"的军事行动，以色列总理内塔尼亚胡随即宣布国家进入"战争状态"，并发动对加沙战争，清剿哈马斯武装力量，中东地区"抵抗轴心"的多个力量随之介入。10月8日，黎巴嫩真主党的军事组织"黎巴嫩伊斯兰抵抗组织"向以色列发射火箭弹和炮弹，以军则对黎巴嫩南部实施打击。10月18日，美军在伊拉克西部的阿萨德空军基地遭到无人机袭击，造成多国部队人员受轻伤，随后伊拉克伊斯兰抵抗组织宣布对袭击事件负责。10月19日，美国在叙利亚的坦夫军事基地也受到无人机袭击。美国快速在地中海东部部署了两个航母战斗群，意在防止伊朗及其盟友叙利亚和黎巴嫩真主党开辟针对以色列的新战线，同时对伊朗及其支持下的也门胡塞武装、叙利亚、黎巴嫩真主党、哈马斯和杰哈德进行军事威慑。"现如今，以色列与巴勒斯坦长达数十年的争端引爆成为一场地区性灾难的所有条件都已经成熟了。"[1]中东战火持续升级，

---

[1] 张琳：《美媒：美国朝着卷入中东战争迈进》，参考消息网，2023年10月23日。

多方势力下场并复杂联动，以色列与沙特关系正常化进程中断，以色列安全形势进一步恶化，伊朗与美国、以色列关系紧张，这些因素均使伊核协议恢复履约谈判取得成果的可能性更小。

（二）美伊各自政策考量对伊核谈判的影响

未来，美国仍将聚焦以大国竞争为核心的全球战略，在中东地区继续实施战略收缩政策，尽力避免与伊朗发生直接军事对抗，坚定支持地区盟友以色列，推动以色列与阿拉伯国家关系正常化进程。同时，美国将从大国竞争角度，加强与中东盟友更广泛合作，进一步打造其中东政策，增强与中俄在中东地区的竞争力。2022年7月，美国与以色列、阿联酋和印度举行首脑会议，组建"I2U2四方机制"，不仅推动四国在贸易、基础设施建设、能源、海上通道安全等领域展开密切合作，同时显示美国欲在美日印澳"四边机制"基础上，再次打造"中东版四边机制"，并将"印太"盟伴板块与中东盟伴板块连为一体，共同抵御中俄在中东的"日益进取"态势。2023年9月，美国提出"印度—中东—欧洲经济走廊"（IMEC）计划，加强相关国家在基础设施、能源、数据、贸易等领域合作，对冲中国的"一带一路"倡议。随着美国总统大选日益临近，美国推动伊核谈判的动力也在日益减少，美国将继续对伊朗实施政治孤立、经济制裁、外交封锁与军事威慑政策，遏制伊朗日益上升的地区影响力，同时以软硬两手压制伊朗的核能力。

未来伊朗仍然存在发展经济与改善民生这个关键挑战，同时莱希政府还需维护伊斯兰体制，捍卫伊斯兰政权与价值观，因此需要在执行对美国强硬政策与推动核谈判、争取解除对伊朗制裁问题上取得艰难平衡。伊朗会继续提升核能力与导弹技术，与国际原子能机构在伊朗的核查活动进行周旋。此外，伊朗还将立足长远进行谋势，缓和与地区阿拉伯国家关系，加强与中俄战略合作，在美伊战略博弈与百年未有之大变局的战略环境中，争取更加有利的战略地位。综合因素决定未来伊核谈判与美伊关系缓和都只能有限小步向前，难有实质性进展，未来伊朗核问题将处于长期化趋势。

五、结语

展望未来，伊朗核协议相关各方应积极推动核谈判继续前行，美伊也需拿出政治决断，使伊核协议恢复履约谈判，早日取得阶段性成果，从而维护海湾与中东地区稳定，共同支持《不扩散核武器条约》，维护国际防扩散体系。中国在2023年度推动伊朗与沙特恢复外交关系，提出多个解决中东热点问题与打造地区安全机制倡议，与中东国家在传统安全与非传统安全领域合作持续提升。在百年未有之大变局与当前中东和解潮大背景下，中国提出的全球发展倡议、全球安全倡议、全球文明倡议等理念，中国与中东国家携手高质量共建"一带一路"等实践，必将有力推动中东地区走出安全困境和发展困境，助力一个和平与发展的新中东。

（中国军控与裁军协会副研究员　孙立昕）

第十七章

乌克兰危机：
延宕升级　和平难觅

始于2022年2月的俄罗斯对乌克兰的特别军事行动，没有在2023年结束，但相较于2022年战场上的势均力敌，2023年乌克兰危机发生了有利于俄的变化。乌克兰危机延宕，折射出俄同美西方战略博弈的烈度前所未有。俄美在战场外较量加剧，对抗不断升级。乌克兰战场硝烟弥漫，和平曙光难觅。

一、战事由高强度攻防转入低烈度僵持

相较于2022年战场上的势均力敌，2023年乌克兰危机发生了有利于俄的变化。2023年战场形势分为巴赫穆特争夺战和乌克兰大反攻两个阶段，俄军艰难取得巴赫穆特攻坚战的胜利，而乌克兰夏秋"大反攻"失败，战争进入拉锯战和消耗战，战场将维持僵局。

（一）俄巴赫穆特攻坚战艰难取胜

自2022年10月到2023年5月下旬，俄乌围绕巴赫穆特进行了长期的争夺。尽管在军事上这一城市并不具有战略意义，但乌克兰赋予巴赫穆特特殊的政治和精神意义，认为守住该城可进一

步坚定西方盟友和乌克兰民众战胜俄罗斯的信心，泽连斯基总统多次到巴赫穆特鼓舞士气。俄方以瓦格纳雇佣兵为尖刀，配合优势的火力，最终于2023年5月20日宣布占领该地。巴赫穆特被喻为"绞肉机"，巴赫穆特之战是俄乌之间持续时间最长、最血腥的争夺战。俄军虽取得最后胜利，但攻坚战的惨烈也让瓦格纳集团负责人普里戈任与国防部产生嫌隙，其多次公开指责国防部不作为。

（二）乌克兰"大反攻"无果

巴赫穆特战役后，俄军进行修整和防御，战事进入乌克兰"大反攻"阶段。2023年6月4日，在美西方支持下，乌克兰对俄罗斯阵地发动大规模反攻，目标是切断克里米亚半岛的陆上走廊和夺回巴赫穆特。双方共投入兵力约104万，乌军投入75个旅，共34.5万人，俄军参战兵力及军事装备都是乌军的2倍，战线绵延1500千米，"大反攻"主要位于卢甘斯克、红利曼、巴赫穆特、扎波罗热和南顿涅茨克方向，最终形成扎波罗热-顿涅茨克州结合部和巴赫穆特两个主攻方向。经过持续将近6个月的攻防战，俄军以较小的代价赢得了防御战的胜利。乌军战果甚微，仅夺回扎波罗热和顿涅茨克地区的约370平方千米领土，大量有生力量和武器装备被消耗。2023年12月1日，俄罗斯国防部长绍伊古在与俄军队领导人举行电话会议时表示，乌军反攻半年来损失了超过12.5万人和1.6万件各式武器。俄军对乌军进行了有效、有力的火力打击，大大削弱了其战斗力。俄军在各个方向上都扩大了控制区域。[①] 2023年11月14日，北约秘书长斯托尔滕贝格公开承

---

① Шойгу назвал потери ВСУ за полгода наступлениея, https://ria.ru/20231201/spetsoperatsiya-1913256562.html.

认乌军在战场上局势艰难。

乌克兰反攻失利的主要原因有二。一是俄罗斯及时调整战略，创新战术战法。俄军从2022年的受挫中及时总结经验教训，边打边改，独创了传统模式与现代技术融合的新战法，用火力密度和强度弥补了精确打击能力的不足，采用"稳固防守、消耗敌军、积聚力量、伺机反击"的战术，利用坚固的"苏罗维金防线"，有效消耗乌军有生力量。同时，改善了后勤保障体系，全国1300余家军工企业全负荷生产，有力保障了作战需要。二是乌克兰作战计划过于理想化。乌军缺乏兵力与装备优势，精锐部队消耗殆尽，且官兵平均年龄已达43岁，体能、战术技能和战斗意志下降。此外，关于乌领导层与军方矛盾的消息不时传出，影响乌内部团结。北约主导制定乌军的反攻战略，但未充分考虑乌军和战场实际，战法生硬照搬。

（三）短期内俄乌战场仍将维持僵局

从乌克兰方面来看，虽然2023年乌军利用无人机、巡航导弹成功袭扰俄方重要城市、黑海舰队以及塞瓦斯托波尔军港等，但尚无法对战场形势产生决定性影响，更多的是为了鼓舞士气，向西方要援助。短期内，要根本性扭转战场不利局面，乌军必须立刻补充优质、有作战经验的部队及大量新武器装备，但近期很难得到满足。德国国防部公开承认，欧盟无法兑现2024年3月之前向乌提供100万枚炮弹和导弹的目标。乌国内动员潜力接近极限，新补充兵员需长时间训练，短期无法形成战斗力。

从俄罗斯方面看，为保持国内政局稳定以及2024年普京赢得总统大选，俄不愿再进行新一轮军事动员，也不愿出现过多的伤亡，而且俄军战线较长，在3到4个月甚至半年之内再发动大规模战役的军事储备不足，俄还是希望通过持久战，稳扎稳打，来消耗乌的军事潜力和西方的耐心。

进入2023年冬季后，乌军的重点是防御俄军反击，进行休整和重建部队等，继续使用无人机对俄罗斯主要城市及克里米亚进行攻击。而俄军将继续采取积极防御政策，反攻为辅，进攻阿夫季耶夫卡等顿涅茨克堡垒城市，继续消耗乌军的有生力量。

二、俄美战场外地缘政治博弈加剧，对抗不断升级

俄同美西方在战场外进行激烈较量。以美国为首的北约继续挤压俄战略空间，持续加大对俄制裁力度和范围，利诱独联体国家"去俄向西"。俄针锋相对全力反击，应对西方的遏制与制裁。

（一）美欧继续援乌耗俄，北约扩员夹击

2022年3月以来，美西方不断加大对乌军事援助规模。截至2023年9月，美对乌承诺军援超过437亿美元。11月3日，五角大楼宣布4.25亿美元军援新方案，此次援乌武器包括与"先进地对空导弹系统"和"海马斯"多管火箭炮系统适配的导弹和火箭弹等。2023年欧盟采取了更加严厉的对俄制裁措施。欧盟通过的第10轮和第11轮制裁措施主要包括：严格限制俄从海外进口军民两用的技术和产品，并对为俄提供敏感技术和产品的第三国实施制裁；严格限制被禁止出口俄罗斯的货物和技术向第三国销售、供应、转让或出口；禁止更多可能有助于俄加强军事、技术能力的商品和技术，如航空材料，过境俄领土出口到第三国；制裁名单中还增加了87个实体，对其实施更严格的出口限制，包括4家制造并向俄罗斯提供无人机的伊朗实体，其他参与规避贸易限制的第三国实体，以及某些参与为俄军方开发、生产和供应电子元件活动的俄罗斯实体。

北约扩员，欧洲安全格局发生重大改变，俄战略安全空间进一步受挤压。2023年4月4日，北约正式吸纳芬兰加入北约，瑞典在得到土耳其和匈牙利的批准后也将成为北约国家。芬兰入约不仅使得北约与俄罗斯的边界长度增加了一倍，而且北约与俄罗斯之间的物理距离历史性靠近。俄罗斯在波罗的海的出海口呈现被北约两面夹击的态势。如今，圣彼得堡西南105千米和西北140千米之外都是北约国家，而北约援乌的海马斯火箭炮、纳萨姆斯中远程防空导弹系统的飞行距离都超出140千米。加之乌克兰已变成北约"准成员国"，再无可能成为俄罗斯期望的战略缓冲地带和中立国，俄罗斯的战略安全空间受到空前挤压。

（二）加快向欧亚地区渗透，试图釜底抽薪"弱俄"

美西方利用俄陷入乌克兰战场之际，努力将俄传统盟友亚美尼亚拉入其势力范围。在美国挑拨之下，2023年俄亚关系渐趋紧张。5月，亚总理宣称，如果集体安全条约组织无法为亚美尼亚提供安全保障，亚将考虑退出该组织。随后，亚同美国举行了"雄鹰伙伴"联合军演。9月19日，阿塞拜疆对纳卡地区采取军事行动后，俄亚关系裂痕加大。10月3日，亚议会批准《国际刑事法院罗马规约》，而该法院于年初对普京发出了逮捕令。10月13日，亚总理缺席在吉尔吉斯斯坦举行的独联体峰会。关于俄亚关系走向紧张，俄外交部称，亚美尼亚疏俄政策受西方驱使，亚已成为"西方地缘政治游戏的人质"。

欧盟加快吸纳欧亚地区国家入盟的步伐。2023年11月初，欧盟委员会建议启动2022年成为欧盟候选国的乌克兰和摩尔多瓦的入盟谈判。同时建议给予格鲁吉亚欧盟候选国地位。至此，部分独联体国家在"加盟入约""疏俄亲西"的道路上越走越远。

（三）俄罗斯全方位抗衡美西方的战略遏制

首先，为应对北约新一轮扩张，2023年俄罗斯采取了针锋相对的回应措施。一是宣布重建莫斯科和圣彼得堡新的跨军种、地区性战略集团军。二是在白俄罗斯部署战术核武器，以增强对北约欧洲成员国的核威慑。三是同美西方在军控领域的合作按下停止键。2月21日，普京总统在发表国情咨文时宣布，俄罗斯暂时停止参与《新削减战略武器条约》。5月29日，俄罗斯总统普京签署法令，废止《欧洲常规武装力量条约》。11月7日，俄罗斯彻底完成退出《欧洲常规武装力量条约》程序。俄高官表示，芬兰加入北约是俄罗斯退出该条约的重要原因。[①]

其次，俄罗斯取消对黑海西北水域航行安全保证，终止黑海粮食外运协议。7月17日，俄罗斯通知土耳其、乌克兰和联合国，黑海粮食外运协议于2023年7月18日失效。俄官方表示，协议关于解除对俄罗斯粮食和化肥的出口封锁、将俄罗斯农业银行重新接入环球银行间金融通信协会（SWIFT）系统等内容都未落实，且乌克兰的粮食并没有全部输送到最需要的非洲，多数都运到西方发达国家。俄方指责乌方将部分港口设施和粮仓用于军事目的。在粮食交易掩护下，西方的武器、弹药和远程导弹不断运往乌克兰。因此，俄方不再对黑海水域过往船只提供安全保证。

暂停黑海粮食外运协议影响乌波关系，削弱了波兰援乌力度。俄方拒绝提供安全保障，导致乌克兰多个港口的粮食在码头滞留。海运不畅，乌只得过境波兰、匈牙利等欧洲国家外运小

---

① 《俄罗斯国际事务杂志主编阿尔曼对俄罗斯外交部副部长里亚布科夫的专访》，观察者网，https://www.guancha.cn/SergeiRyabkov/2023_06_16_697035.shtml。

麦、玉米等农产品。在欧洲滞留且低价销售的乌克兰粮食对波兰等国农产品市场构成严重冲击，引起农民对政府的强烈抗议，也诱发了波兰等国同乌克兰的矛盾，动摇了波兰等国对基辅的军援立场。9月15日，不顾欧盟反对，波兰、匈牙利和斯洛伐克三国宣布继续禁止乌农产品进口，致使乌克兰向世贸组织提起诉讼。

最后，俄罗斯加大对外政策"向东看"力度，积极应对美西方的大规模经济制裁。在俄欧能源"脱钩"背景下，俄加强同亚太地区国家的能源贸易，大幅增加对中国、印度和中亚国家的油气出口。针对西方的金融制裁，俄加大去美元化步伐，强制要求不友好国家用卢布购买俄天然气。俄利用"创造出的卢布需求"扭转了卢布汇率暴跌态势。美西方对俄海运石油每桶60美元的限价并没有奏效，2023年10月，俄石油收入同比增加25%。俄经济恢复到乌克兰危机升级前的水平。新一轮巴以冲突爆发后，全球能源价格出现波动，美国原油期货一度上升至每桶87美元以上，这将有利于增加俄财政收入。普京在年度记者招待会上表示，2023年俄GDP增幅达到3.5%。西方助推之下持续升级的战争没能拖垮俄罗斯经济。

三、乌克兰危机呈现持久战态势，和平曙光难觅

"乌克兰疲劳症"在欧美蔓延。俄乌军事对垒陷于僵局，双方在和谈问题上立场严重对立，和平曙光难觅。

（一）"乌克兰疲劳症"在欧美蔓延

进入2023年以来，西方对俄罗斯经济制裁的反噬效应不断显现，西方民众对持续的乌克兰危机感觉到疲倦，声援乌克兰的声音渐弱，许多欧洲国家对乌克兰难民态度变冷，对乌援助热情

降温。美国9月中旬的民调显示，美国内支持向乌克兰提供额外援助的人越来越少，41%的受访者认为美国在援乌方面"做得太多"。美国政界在援乌问题上的分歧加大，出现了要求减少对乌军援的声音。

此外，乌克兰粮食过境欧洲外运问题不断发酵。北约国家内部在对乌军援问题上出现分歧。9月20日，坚定支持乌克兰的波兰称，不再向乌克兰提供武器。波兰官方表示，支持乌克兰农产品过境，但不能接受乌克兰在波兰市场售卖农产品。乌农产品强行推入波兰境内损害波兰农民利益，破坏了农产品市场的稳定，波兰必须捍卫自身利益。11月初，因不满欧盟给予乌克兰运输行业的特殊待遇，数百名波兰卡车司机自发地用货车在波乌边境设置车障，封堵3个主要过境口岸，以此阻挡跟自己抢生意的乌克兰车辆进入波兰境内。波乌紧张关系升级。

"乌克兰疲劳症"反映在一些北约国家领导人言论中。欧洲国家不得不承认，乌克兰持续数月的大规模反攻没有取得预期效果。面对胶着的乌克兰战场，为避免冲突可能持续多年的噩梦，法国、意大利等国领导人开始谈论如何"在不违反国际法的情况下，找到一个双方都能够接受的解决方案"。

（二）国际社会呼吁停火止战

在乌克兰危机全面升级一周年之际，中国政府发布了《关于政治解决乌克兰危机的中国立场》文件。中方主张国际社会应该共同支持一切致力于和平解决乌克兰危机的努力；呼吁有关各方保持理性和克制，尽快开展直接接触，为重启谈判创造条件；呼吁尊重各国主权，摒弃冷战思维，停火止战，启动和谈，解决人道危机，保护平民和战俘，维护核电站安全，保障粮食外运安全。2023年5月，中国政府派出欧亚事务特别代表李辉先后到访乌克兰、波兰、法国、德国、欧盟总部和俄罗斯，就政治解决乌克兰危机同各方进行广泛接触和沟通。南非总统拉马福萨等五位非洲领导人组成劝和止战团，先后到基辅和莫斯科劝和，希望俄乌双方通过谈判和外交手段结束战争。2023年夏季以来，在哥本哈根、吉达和马耳他先后举行了旨在结束乌克兰危机的多边国际会议，但在关键方俄罗斯缺席的情况下，会议流于形式。

（三）俄乌和谈立场严重对立，和平遥遥无期

2023年10月，普京总统明确表示，愿意就乌克兰问题进行对话，但要满足俄方条件。[①] 俄方与乌方恢复和谈的前提条件，一是基辅接受新现实，即2022年2月俄采取特别军事行动之后，乌东的卢甘斯克、顿涅茨克、扎波罗热、赫尔松四个州并入俄罗斯的现实。二是废除有关禁止与俄罗斯谈判的法令。乌方始终坚持的"十点和平计划"的核心内容是俄罗斯将所有部队撤到乌克兰边界之外，和谈的基础条件是乌俄边界回到1991年乌克兰独立时的领土边界，即除乌东四州之外，还有2014年并入俄罗斯的克里米亚，5个地区全部归还乌克兰。另一个障碍是，2022年10月4日，泽连斯基签署总统法令，批准乌克兰国家安全和国防委员会关于不可能与俄罗斯总统普京进行谈判的决定。

实际上，停火和谈的主动权既不在乌克兰手中，也不是莫斯科说了算，而是美国不希望战争停下来。2022年3月，特别军事行动开始一个月后，俄乌一度达成停火意向。俄罗斯军队先行撤出基辅，作为回应，乌克兰承诺采取不加入北约的中立政策。但

---

① 《普京重申：俄愿就乌克兰问题进行对话》，参考消息网，http://www.cankaoxiaoxi.com/#/detailsPage/yaowen/dcfa32dc210e436db8ca8b1c4714eee4/1/2023-10-24%2009:35?childrenAlias=undefined。

是，和谈被"操盘手"美国叫停了。

截止到11月中旬，俄乌双方都没有重新回到谈判桌的愿望，都寄希望通过军事手段达到既定目标。11月6日，乌总统泽连斯基向最高拉达提交了关于延长战时状态和总动员令的法律草案，建议从2023年11月16日起再延长90天。俄方一再强调，目前不具备和谈的先决条件，俄实现特别军事行动的目标只能通过军事手段实现。

（四）俄乌战事陷入僵局，巴以冲突给俄乌局势带来变数

11月初，乌军总司令扎卢日内在接受《经济学人》杂志采访时首次承认，与俄罗斯的战事已陷入僵局。乌反攻持续数月，而前线几乎没有发生任何变化。10月7日爆发的新一轮巴以冲突给俄乌战事带来联动性影响。美国和北约国家的关注焦点转移至中东，对乌克兰关注度下降。最令泽连斯基总统担忧的是弹药补给问题。虽然拜登总统表示不会放弃支持乌克兰，但以色列毕竟是美国优先关注的目标。若巴以冲突旷日持久，美西方对乌军援必定会大幅减少，战场形势也会向有利于俄的方向发展。况且，北约国家大规模援乌几乎耗尽家底，加之见不到乌军反攻成效，援乌的热情明显降温。与此同时，北约国家呼吁和谈的声音渐起。斯洛伐克新总理菲佐不支持对乌军援，呼吁就乌克兰问题进行和谈。西方媒体《大西洋月刊》载文称，可以用朝鲜半岛的方式来解决乌克兰问题。

四、结语

持续两年左右的乌克兰危机尚看不到尽头。2023年5月，俄

罗斯外交部长拉夫罗夫在俄外交与国防政策会议上指出，"西方设定的目标不仅是在军事上击败俄罗斯，还希望在地缘政治上摧毁俄罗斯"。俄同美西方围绕乌克兰的地缘政治博弈还将持续。战争不会有赢家，乌克兰战火对地区与世界和平安宁带来的威胁还在上升。出于维护世界霸权和地缘政治利益需要，以美国为首的北约为对抗俄罗斯不会轻易放弃"援乌抗俄"。

（中国国际问题研究院欧亚研究所研究员　陈玉荣）

下篇

2023年中国外交评析

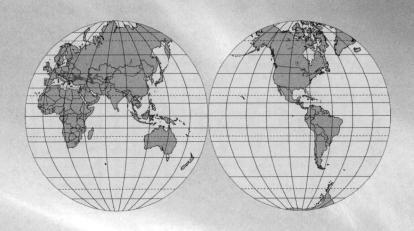

**International Situation
and China's Foreign Affairs**

第十八章

中国外交:
勇毅前行　奋力开拓

2023年是全面贯彻党的二十大精神的开局之年，也是实施"十四五"规划承上启下的关键之年。回望一年，面对大国关系纵深演变、地缘政治动荡加剧的国际环境，中国特色大国外交在以习近平同志为核心的党中央领导下，以推动构建人类命运共同体为主线，勇毅前行，奋力开拓新局面。在元首外交引领下，中国特色大国外交运筹帷幄，积极践行全球发展倡议、全球安全倡议、全球文明倡议，以恢宏的气魄、开阔的视野、宏大的格局、精深的理念、创新的思维，开展形式多样、内容丰富的外交活动，主场外交高潮迭起，叱咤多边国际舞台，彰显中国大国责任和担当，谱写了中国与世界相互交融、相互成就的崭新篇章。

一、维护大国关系战略稳定

一年来，大国关系跌宕起伏，中国外交积极有为，促进大国协调和良性互动，推动构建和平共处、总体稳定、均衡发展的大国关系格局。面对纷繁复杂的国际形势，中俄两国元首密切互动，为两国关系发展定向领航，开展高水平的战略沟通、高标准的战略谋划和高质量的战略协作，展现出新时代中俄关系成熟、韧性和强劲活力。中美关系从年初紧张到年底止跌企稳，经历各种曲折，中方敦促美方相向而行，在相互尊重、和平共处、合作共赢基础上共同推动两国关系重回健康稳定发展轨道。中欧领导人密集互动，进行有效的战略沟通，努力化解分歧，使对话合作成为中欧关系的主导面。

（一）保持中俄关系高位运行

坚持元首外交引领作用。中俄元首频密互动，为两国关系发展定向领航，使其成为大国关系的典范。一年来，中俄元首实现互访。3月，习近平主席访俄，两国元首就许多重大问题进行了深入沟通，达成重要共识。10月，普京总统访华并出席第三届"一带一路"国际合作高峰论坛，两国元首再次会晤，保持战略沟通。在元首外交指引下，两国政治互信不断深化，战略协作密切有效。双方共同举办中俄总理第二十八次定期会晤，发表联合公报及经贸、海关等领域合作文件。中俄还举办第十八轮战略安全磋商，加强沟通协调。

促进务实合作迈入新阶段。双边贸易额再创新高，2023年，中俄贸易额为2401.1亿美元，同比增长26.3%，[1] 提前超额完成2000亿美元目标。中俄在投资领域也取得新进展。2022年以来，中俄本币结算规模持续增长，目前人民币和卢布在双边贸易结算中占比超过90%。[2] 中俄双方还发布了关于2030年前经济合作重点方向发展规划的联合声明，将双边经贸合作推向高质量发展新

---

① 《中国海关总署：1—10月中俄贸易额增长27.7%，达1965亿美元》，俄罗斯卫星通讯社，2023年11月7日，https://sputniknews.cn/20231107/1054750933.html?continueFlag=fc02126fc5e08c5e680e7c818002957a。

② 《中俄双边贸易用本币结算达95%》，搜狐网，2023年11月23日，https://www.sohu.com/a/738480039_114911。

阶段。

加快推进互联互通合作。深化共建"一带一路"和欧亚经济联盟合作。截至2023年11月，经满洲里铁路口岸出入境的中欧班列运行线路达21条，经俄罗斯通达13个国家。2023年前10个月，满洲里铁路口岸通行中欧班列4157列，运送货物44.9万标箱，同比分别增长4%、17.3%。[①]继中俄东线天然气管道等重大基础设施项目投入运营之后，2023年1月两国又签署了通过"远东天然气管道"长期供气的政府间协议。

（二）推动中美关系止跌企稳

一年来，中美关系波澜迭起，美方一边希望缓和局势同时又对中国进行打压。中国坚持原则立场，以斗争促合作，采取有力措施，坚决维护国家主权、安全和发展利益；同时保持与美对话接触，敦促美方与中方相向而行，使双边关系回到健康、稳定、可持续发展轨道。

坚守原则，捍卫底线，对美方损害我国主权安全利益行为进行有力回击。一是制裁相关机构和个人。对为台湾地区领导人蔡英文"过境"窜美从事分裂活动提供平台和便利的哈德逊研究所、里根图书馆及其负责人进行制裁。对美国窜访台湾的反华议员、众议院外交事务委员会主席麦考尔实施制裁。二是制裁美国军火巨头。针对洛克希德·马丁公司、雷神公司及诺斯罗普·格鲁曼公司对台售卖军火，中方对其予以制裁。三是驱离美军机战舰。针对美方军机和军舰频繁在南海、东海、台湾海峡等敏感地区抵

[①]《满洲里铁路口岸中欧班列通行和货物运送量首次跃居中国第一》，人民网，11月18日，http://finance.people.com.cn/n1/2023/1118/c1004-40121091.html。

近侦察，中方坚决对其予以驱离，维护国家安全和领土主权。

针对美国出台多项打压中国科技发展的措施，中方坚决反制。美国宣布升级对华芯片出口限制令，禁止美企向中国出售4090显卡。中方随即宣布限制高密度、高强度、高纯度人造石墨材料及制品，天然鳞片石墨及制品的出口。美国宣布对华为实施更严厉禁令，禁止其使用美国技术和设备生产芯片，包括7纳米以下的先进制程芯片。中国精准反制，宣布禁止美国芯片企业向中国出口任何芯片产品，包括7纳米以上的普通制程芯片。

在对美斗争同时，保持与美方接触。6月以来，美国国务卿布林肯、财政部长耶伦、商务部长雷蒙多等先后访华。中方作出积极回应，与美方开展了一系列高层交往。中方还接待了美国国会参议院多数党领袖舒默率领的两党参议员代表团以及加利福尼亚州州长纽森一行。在密集交往中，双方启动了一系列对话机制，就经济、金融、亚太事务、海洋事务等建立工作组或开展磋商。经过数月沟通和接触，促美在重返巴厘岛共识基础上面向旧金山。11月，美国总统拜登邀请习近平主席赴旧金山举行中美元首会晤，出席亚太经合组织第三十次领导人非正式会议。两国元首认可双方团队自巴厘岛会晤以来讨论确立中美关系指导原则所作努力，强调要相互尊重、和平共处、保持沟通、防止冲突、恪守《联合国宪章》，在有共同利益的领域开展合作，负责任地管控双边关系中的竞争因素。习近平主席指出，中美应该有新的愿景，共同努力浇筑中美关系的五根支柱，包括共同树立正确认知、共同有效管控分歧、共同推进互利合作、共同承担大国责任、共同促进人文交流。[①] 拜登总统重申在巴厘岛会晤中作出的

---

① 《习近平同美国总统拜登举行中美元首会晤》，《人民日报》2023年11月17日。

五点承诺，并表示美国政府对于中美关系持开放态度。两国元首同意推动和加强在人工智能、禁毒合作、两军关系、人文往来等方面的对话和合作，规划了两国下一步工作的具体路线图。

（三）维护中欧关系稳定向好

2023年是中欧建立全面战略伙伴关系二十周年，双方加强高层往来，全面恢复各层级交往，达成了一些新的共识和成果，展现了中欧关系的韧性和活力。

中欧领导人通过对话，树立正确相互认知，弥合分歧，促进政治互信。3月，西班牙首相桑切斯访华。4月，习近平主席同法国总统马克龙、欧盟委员会主席冯德莱恩举行中法欧三方会晤。11月，习近平主席同德国总理朔尔茨举行视频会晤。中欧还举行第十二轮高级别战略对话。12月，中欧领导人会晤成功举行，冯德莱恩和欧洲理事会主席米歇尔出席。中欧就双边关系稳定性、维护开放互信的合作环境、避免将经贸问题政治化等达成重要共识，一致认为要加强对话合作，反对阵营对抗。

一年来，中欧经贸关系既有摩擦也有合作，但总的看合作仍是主基调。10月，欧盟委员会对进口自中国的电动汽车发起反补贴调查，中方立即回应，要求欧方严格遵守世贸组织规则和欧盟法律，充分保障中国企业合法权益。中欧举行第十次经贸高层对话，围绕宏观经济、贸易与投资、产业链供应链等议题进行讨论，达成一系列成果和共识。中欧贸易和投资忧喜参半。2023年1—9月，双边贸易额为5942亿美元，下降了7.7%。从投资看，1—9月非金融领域欧洲对华投资为92.1亿美元，增长了8.9%，中国对欧投资为59.3亿美元，增长了13.8%。双向投资增长与贸易形成了鲜明对比。

中欧共建"一带一路"。2023年4月6日同法国总统马克龙、欧盟委员会主席冯德莱恩会晤时，习近平主席表示，中欧要构建稳定互信的供应链，对接"一带一路"倡议同欧盟"全球门户"战略。2023年8月6日同中国外交部长王毅通电话时，欧盟外交与安全政策高级代表博雷利表示，欧盟"全球门户"计划同"一带一路"倡议并不对立，而是互补关系。10月，塞尔维亚总统武契奇、匈牙利总理欧尔班等欧洲各国政要出席第三届"一带一路"国际合作高峰论坛。中欧班列是中欧共建"一带一路"倡议的一张亮丽名片，已通达欧洲25个国家217个城市，为促进双方经贸往来、维护产业链供应链稳定发挥了支撑作用。

二、推动周边命运共同体走深走实

2023年是习近平主席提出亲诚惠容周边外交理念十周年，中国外交秉持这一重要理念，与周边国家携手前行，在国际风云激荡中守护来之不易的和平安宁，在重重危机挑战中建设全球最有活力的发展高地。一年来，中国周边外交以元首外交为引领，以"一带一路"为合作平台，积极落实"三大倡议"，全面深入推进周边命运共同体建设。

（一）密切高层往来，深化政治互信

习近平主席接待了20多位周边国家领导人的来访。中国举办第三届"一带一路"国际合作高峰论坛、博鳌亚洲论坛、中国–东盟博览会等活动，大力开展主场外交，习近平主席会见了前来访问的柬埔寨首相洪玛奈，马来西亚总理安瓦尔，新加坡总理李显龙，越南总理范明政，印尼总统佐科，老挝人民革命党总书记、国家主席通伦，泰国总理他威信等领导人，就双边关系和地区国际事务深入交流意见，推动构建更加紧密的中国–东盟命

运共同体。尽管中菲在南海问题上存在分歧，但两国依然保持高层交往，并建立了外交部门紧急沟通热线。中国领导人也多次出访东南亚或在多边场合会见东盟国家领导人。2023年12月，中共中央总书记、中国国家主席习近平对越南进行历史性国事访问，双方达成的最重要政治成果就是将两国关系提升为具有战略意义的中越命运共同体。这一定位不仅标注了中越两个社会主义邻国"同志加兄弟"关系的新高度，也标志着命运共同体建设在中南半岛实现了全覆盖。习近平主席在出席旧金山亚太经合组织第三十次领导人非正式会议时，会见了文莱苏丹哈桑纳尔。李强总理访问印尼并出席第26次中国–东盟领导人会议，同缅甸领导人共同主持澜湄合作第四次领导人会议。中国举办了中国–中亚峰会，中国和中亚各国元首成立了中国–中亚首脑会晤机制，习近平主席同中亚五国领导人，就推动构建更加紧密的中国–中亚命运共同体达成重要共识。在南亚方向，习近平主席接待了来华访问的巴基斯坦总理卡卡尔、斯里兰卡总统维克拉马辛哈、尼泊尔总理普拉昌达，在南非出席金砖国家领导人会晤期间应约同印度总理莫迪交谈，还会见孟加拉国总理哈西娜。

（二）推进务实合作，共建发展共同体

中国深入推进同周边地区经济一体化、贸易便利化。加快推进中国–东盟自贸区3.0版谈判，积极推动中国东盟框架下"一带一路"倡议与"东盟印太展望"进行互利合作。中老铁路"澜沧号"客运实现朝发夕至。印尼雅万高铁正式开通。"中老泰"全铁快速货运列车实现双向对开。中新国际陆海贸易新通道与中老铁路对接。李强总理在出席第26次中国–东盟领导人会议时表示，将与东盟携手打造经济增长中心、推进新兴产业合作。中国与东盟的经贸合作蓬勃发展。2023年前三季度，东盟继续保持中国第

一大贸易伙伴地位，中国与东盟贸易总值4.68万亿元，同比增长0.8%，占中国外贸总值的15.2%[①]

中国与中亚经贸合作不断拓展，从轻工业到高科技领域，再到"一带一路"基础设施建设，合作加快推进。2023年前4个月，中国与中亚五国的进出口额同比增长37.3%，达250多亿美元。对比2021年，中国对塔吉克斯坦和乌兹别克斯坦的出口几乎翻番，对土库曼斯坦、哈萨克斯坦和吉尔吉斯斯坦的出口也增长一半以上。[②]

中国已连续多年成为巴基斯坦、孟加拉国、马尔代夫等国最大贸易伙伴。2022年，中国与南亚贸易额达到1974亿美元，创历史新高。截至2023年7月，中国在南亚地区累计投资接近150亿美元，完成工程承包营业额超过2000亿美元。[③] 中巴经济走廊项目稳步推进。斯里兰卡首条高速公路、孟加拉国帕德玛大桥等成为南亚"一带一路"标志性工程。

（三）加强机制建设，推进区域合作

2023年5月，中国–中亚峰会在西安举行，六国领导人决定正式成立中国–中亚元首会晤机制。习近平在主旨讲话中就建设中国–中亚命运共同体提出"四个坚持"：坚持守望相助，携手建设一个守望相助、团结互信的共同体；坚持共同发展，携手建设

---

① 《2023年前三季度中国–东盟贸易简况》，中华人民共和国商务部网站，10月13日，http://asean.mofcom.gov.cn/article/jmxw/202310/20231003 445810.shtml。

② 《中企展翅，中亚看重对华务实经贸关系》，新浪网，10月13日，https://finance.sina.com.cn/jjxw/2023-10-13/doc-imzqxazw1286805.shtml。

③ 《国务院新闻办就第7届中国–南亚博览会及中国与南亚经贸合作有关情况举行发布会》，中国政府网，2023年7月26日，https://www.gov.cn/govweb/lianbo/fabu/202307/content_6894378.htm。

一个合作共赢、相互成就的共同体；坚持普遍安全，携手建设一个远离冲突、永沐和平的共同体；坚持世代友好，携手建设一个相知相亲、同心同德的共同体。

中日韩合作发出重整行装再出发的明确信号。习近平主席在APEC领导人非正式会议期间会见日本首相岸田文雄，两国领导人重新确认全面推进战略互惠关系。中国在原则性问题上促韩纠正错误、回到双边关系正轨同时，也保持与韩接触，2023年底中韩恢复外长对话。11月，第十次韩中日外长会议在釜山举行，就韩中日领导人会谈的举行、三国合作发展方向等广泛交换意见。中日韩正式启动商事调解中心。

中方积极搭建南亚次区域对话平台。10月，中国举行第三届"环喜马拉雅"国际合作论坛，40个国家、地区以及国际组织参加。论坛发布《林芝倡议》，呼吁深化环喜马拉雅地区国际合作。

三、更加重视同"全球南方"国家合作

中国作为发展中国家、"全球南方"一员，始终同其他发展中国家同呼吸、共命运，深化同发展中国家合作，助力"全球南方"国家应对全球挑战。一年来，在元首外交的指引下，中国深化了中阿、中非、中拉关系，推动落实全球发展倡议、全球安全倡议、全球文明倡议，共同构建人类命运共同体。

（一）全力构建面向新时代的中阿命运共同体

中国同阿拉伯国家领导人互动频密，就国际和地区事务密切沟通，通过双边和多边会谈积极协调立场，推进务实合作。一年来，习近平主席接待了巴勒斯坦、阿尔及利亚总统对华进行国事访问，分别会见来华出席成都大运会开幕式的毛里塔尼亚总统、

出席杭州亚运会开幕式的叙利亚总统和科威特王储、出席第三届"一带一路"国际合作高峰论坛的埃及总理。中国举办第四届中国–阿拉伯国家政党对话会，来自19个阿拉伯国家的67个政党和政治组织领导人、智库媒体代表等现场参会。中阿经贸合作蓬勃发展，中国多年保持阿拉伯国家第一大贸易伙伴的地位。自2022年起，海湾国家已成为中国第七大贸易伙伴，中国连续五年成为海湾国家第一大贸易伙伴。中国举办了中国–海合会经贸合作论坛，中海就加强金融投资合作，推进制造业等产业对接进行了研讨。中国已同22个阿拉伯国家及阿盟签署共建"一带一路"合作文件，多个阿拉伯国家领导人出席第三届"一带一路"国际合作高峰论坛。中阿在能源、基础设施等领域实施200多个大型合作项目。[①] 中方举行第四届中国–阿拉伯国家改革发展论坛，中阿围绕高质量共建"一带一路"和落实全球发展倡议等议题进行了深入交流。

（二）推动构建高水平中非命运共同体

中方秉持真实亲诚理念，积极落实全球发展倡议，为中非合作注入强劲动力。2023年2月，习近平主席向第36届非洲联盟峰会致贺电，强调推动构建高水平中非命运共同体。在出席南非金砖国家领导人会晤期间，习近平主席与南非总统拉马福萨共同主持中非领导人对话会，发起"支持非洲工业化倡议"，实施"中国助力非洲农业现代化计划"和"中非人才培养合作计划"。习近平再次明确表示支持非盟加入二十国集团，还宣布2024年将

---

① 《阿中合作前景广阔，大有可为》，《人民日报》2023年10月1日。

在中国举办第九届中非合作论坛会议。[①] 中国已连续十四年成为非洲第一大贸易伙伴国。2023年前5个月，中非贸易进出口值为8223.2亿元，同比增长16.4%。[②] 截至2023年6月，中国已与52个非洲国家以及非盟委员会签署了共建"一带一路"合作文件。过去二十多年里，54个非洲国家均获得了中国帮助。[③] 中国在非洲修建了超过6000千米铁路、6000千米公路，近20个港口，80多个大型电力设施，援建了130多个医院和诊所，170多所学校，45个体育场馆，500多个农业项目。[④]

（三）加快推进构建中拉命运共同体

习近平主席向拉共体第七届峰会视频致辞，强调中方将与拉携手共进，推动构建中拉命运共同体，共同开创更加美好的未来。中拉领导人会晤更加频密，不断深化政治互信。中国同洪都拉斯建立外交关系，习近平主席接待了前来访问的洪总统卡斯特罗，开创了两国关系新篇章。习近平主席还接待了巴西总统卢拉、委内瑞拉总统马杜罗、阿根廷总统费尔南德斯、智利总统

① 《习近平在中非领导人对话会上的主旨讲话》，中国人民政治协商会议全国委员会，2023年8月25日，http://www.cppcc.gov.cn/zxww/2023/08/25/ARTI1692925290637107.shtml。

② 《中国–非洲贸易指数首次对外发布》，中国政府网，2023年6月30日，https://www.gov.cn/govweb/lianbo/bumen/202306/content_6889116.htm。

③ 《非媒：非洲要抓住新契机　共建"一带一路"下一个十年》，中国日报网，2023年11月2日，https://cn.chinadaily.com.cn/a/202311/01/WS65421c3ba310d5acd876cf0d.html。

④ 《惠民生、促发展、通人心——共建"一带一路"推动中非关系迈上新台阶》，上观众览，2023年10月10日，https://export.shobserver.com/baijiahao/html/665158.html。

博里奇、哥伦比亚总统佩特罗、乌拉圭总统拉卡列、圭亚那总统阿里、巴巴多斯总理莫特利、古巴总理马雷罗。在旧金山出席APEC领导人非正式会议期间，习近平主席还分别会见墨西哥总统洛佩斯、秘鲁总统博鲁阿尔特。中拉经济关系快速发展，中国连续十年成为拉美地区第二大贸易伙伴和第三大投资来源地，2023年第一季度，中国对拉美进出口总额增长11.7%。中拉资金融通更加多元，越来越多的拉美国家加入亚洲基础设施投资银行（简称"亚投行"）和新开发银行。巴西和阿根廷积极探讨对华贸易使用人民币结算。① 截至2023年，已有22个拉美国家同中方签署了"一带一路"谅解备忘录。牙买加、苏里南、古巴、阿根廷、智利、乌拉圭等国已与中国商定具体规划。"一带一路"倡议同地区国家发展战略合作，深入推动了经济一体化发展。

（四）加强同太平洋岛国合作

一年来，习近平主席同三位太平洋岛国领导人进行会晤，升级了中所关系，密切了中巴新关系，深化了中斐关系。7月，所罗门总理索加瓦雷对中国进行正式访问，中所宣布建立新时代相互尊重、共同发展的全面战略伙伴关系。10月，巴布亚新几内亚总理马拉佩出席第三届"一带一路"国际合作高峰论坛，并对中国进行正式访问，两国领导人就深化全面战略伙伴关系、促进互利合作达成诸多重要共识。11月，习近平主席在旧金山出席APEC领导人非正式会议期间会见斐济总理兰布卡，就推动中斐全面战略伙伴关系健康稳定发展、深化务实合作达成重要共识。

---

① 袁勇:《中拉经贸合作超过疫前水平》,《经济日报》2023年5月4日。

四、打造开放的多边合作体系

中国始终维护和践行真正的多边主义，坚持开放包容原则，积极参与国际机制建设。中国以举办多边对话合作为主线，通过金砖国家机制、上海合作组织等平台，积极拓展国际"朋友圈"，与广大新兴市场国家、发展中国家一道探索全球治理新思路、新实践。

（一）搭建多边对话合作平台

推动"一带一路"合作迈上新台阶。2023年是习近平主席提出共建"一带一路"倡议十周年。中国成功举行第三届"一带一路"国际合作高峰论坛，来自151个国家和41个国际组织代表参会，各方共形成了458项成果，数量远远超过第二届高峰论坛。习近平宣布中国支持高质量共建"一带一路"的八项行动，包括构建"一带一路"立体互联互通网络；支持建设开放型世界经济；开展务实合作；促进绿色发展；推动科技创新；支持民间交往；建设廉洁之路；完善"一带一路"国际合作机制。中方将同共建"一带一路"各国加强能源、税收、金融、绿色发展、减灾、反腐败、智库、媒体、文化等领域的多边合作平台建设。中方还表示将继续举办"一带一路"国际合作高峰论坛，并成立高峰论坛秘书处。

首提全球文明倡议，推动建设开放包容的世界。3月，中国共产党与世界政党高层对话会以视频连线方式举行，来自150多个国家的500多个政党和政治组织的领导人出席。习近平主席在对话会上提出全球文明倡议，包括尊重世界文明多样性；弘扬全人类共同价值；重视文明传承和创新；加强国际人文交流合作。

全球文明倡议是继全球发展倡议、全球安全倡议后，新时代中国为国际社会提供的又一重要公共产品，为推动人类文明对话合作、推动构建人类命运共同体注入强劲动力。

（二）开启上合组织合作新进程

习近平主席指出，上合组织扩大本组织"朋友圈"，构建起对话不对抗、结伴不结盟的伙伴关系，壮大了维护世界和平稳定的进步力量。中国支持上海合作组织继续扩大。2023年7月，上合组织成员国元首理事会第二十三次会议接收伊朗为成员国，签署白俄罗斯加入本组织义务的备忘录。上合组织已发展成为世界上幅员最广、人口最多的综合性区域合作组织。习近平就上合组织未来发展提出建议：要把牢正确方向，增进团结互信；维护地区和平，保障共同安全；聚焦务实合作，加快经济复苏；加强交流互鉴，促进民心相通；践行多边主义，完善全球治理。李强总理出席上合组织成员国政府首脑（总理）理事会第二十二次会议，就深化上合组织合作提出四点建议：共同筑牢地区安全屏障；共同推动经济加快复苏；共同推进"一带一路"建设；共同促进人民相知相亲。

（三）拓展金砖国家合作机制

习近平主席指出，金砖国家要一起向未来，携手构建更加全面、紧密、务实、包容的高质量伙伴关系，共同开启金砖合作新征程。中方积极与其他金砖国家进一步完善合作框架，开拓创新合作模式。8月，金砖国家领导人在南非举行第十五次会晤，60多位非洲国家及其他新兴市场和发展中国家领导人应邀参会。经过各方反复深入沟通，会议决定邀请沙特、埃及、阿联酋、阿根廷、伊朗、埃塞俄比亚作为新成员加入金砖合作机制，并欢迎其他有意愿并符合条件的发展中国家成为金砖伙伴国。金砖国家实现历史性扩员，这将给金砖合作机制注入新活力，有力推动全球政治经济治理体系朝着更加公正合理的方向发展。习近平还就加强金砖务实合作提出具体举措，宣布设立"中国－金砖国家新时代科创孵化园"，探索建立"金砖国家全球遥感卫星数据与应用合作平台"，愿同各方共建"金砖国家可持续产业交流合作机制"。①

五、努力斡旋地区热点问题

2023年，面对地区冲突增多、热点频发的形势，中国外交秉持客观、公正的立场，坚守人类命运共同体的责任担当，积极践行全球安全倡议，不懈努力斡旋各方，用自己的方式，为推动政治解决地区热点问题提出中国特色热点问题解决之道，用中国智慧为动荡不定的世界注入确定性。

（一）成功促成沙伊复交

2月，习近平主席同来华进行国事访问的伊朗总统莱希举行会谈，表示中方赞赏伊方愿意积极改善同周边邻国关系，支持地区国家通过对话协商化解矛盾。在中国斡旋下，沙特和伊朗代表在北京举行对话，中沙伊三方签署并发表联合声明，宣布沙伊同意恢复外交关系。随后，沙伊两国宣布恢复外交关系。11月，伊朗总统莱希抵达沙特出席阿拉伯－伊斯兰国家领导人联合特别峰

---

① 《王毅谈习近平主席出席金砖国家领导人第十五次会晤并对南非进行国事访问》，中国政府网，2023年8月25日，https://www.gov.cn/yaowen/liebiao/202308/content_6900170.htm。

会，沙特阿拉伯王储萨勒曼在峰会期间会见了伊朗总统莱希，讨论了加沙局势。这次会晤是两国领导人今年恢复外交关系以来的首次会面。这也是伊朗总统2012年以来首次访问沙特。

（二）积极推动政治解决乌克兰问题

2月，中国发布《关于政治解决乌克兰危机的中国立场》文件，为解决危机提出全面、综合、可行的方案，得到包括当事方在内的国际社会广泛认同。中国还发布《全球安全倡议概念文件》，为解决全球安全难题提供了更系统的思路、更可行的举措。在中法欧三方会晤时，习近平主席表示，中方敦促各方保持冷静和理智，共同为和谈创造条件，支持欧方从自身根本和长远利益出发，提出政治解决乌克兰危机的思路和方案，推动构建均衡、有效、可持续的欧洲。中方代表还出席在沙特吉达举行的乌克兰问题国际会议。11月，中国在联合国安理会紧急审议乌克兰问题时，呼吁各方避免激化矛盾，为实现和平营造有利环境；反对一切针对平民的暴力和袭击；再次呼吁冲突当事方保持冷静克制，严格遵守国际人道法，全力保护平民和关键民用设施安全。

（三）努力促进巴以重回和平

习近平主席在6月与巴勒斯坦总统阿巴斯会谈时表示，中方愿为巴方实现内部和解、推动和谈发挥积极作用，并提出解决巴勒斯坦问题的三点主张。10月，新一轮巴以冲突爆发后，中方明确反对和谴责一切针对平民的暴力和袭击，积极劝和促谈，推动冲突降级。11月21日，习近平主席出席金砖国家领导人巴以问题特别视频峰会，提出应对当前冲突局势的三个"当务之急"，包括冲突各方立即停火止战，停止针对平民的暴力；保障人道主义救援通道的畅通；国际社会拿出实际举措，防止冲突扩大。中国作为11月联合国安理会轮值主席，积极协调斡旋，不断累积、巩固国际社会在实现人道主义停火方面的共识，成功促成安理会通过了本轮冲突升级以来的首份安理会决议。11月29日，习近平主席向"声援巴勒斯坦人民国际日"纪念大会致贺电。同日，王毅在纽约联合国总部主持安理会巴以问题高级别会议，并发布《中国关于解决巴以冲突的立场文件》，提出应对当前局势及推动巴勒斯坦问题解决的五点倡议，重申"两国方案"是解决巴勒斯坦问题的根本出路。阿拉伯-伊斯兰国家外长联合代表团将中国作为其国际斡旋的第一站，凸显各国对中国的看重与信任。中国以积极的建设性姿态推动局势缓和，为实现地区持久和平而努力，体现了负责任大国的使命担当。

（四）推动创建国际争端解决机制

为顺应国际调解发展态势和需求，2022年以来，中方与印尼、巴基斯坦等国共同发起建立国际调解院，在香港特区设立筹备办公室。2023年2月，筹备办公室正式运行，积极推动《关于建立国际调解院的公约》谈判及其他方面筹备工作。一年来，相关方已就该公约举行了两次谈判。国际调解院是全球首个专门以调解方式解决国际争端的政府间国际法律组织。这是践行《联合国宪章》规定的和平解决国际争端原则的重要实践，也是向国际社会提供的一项全球法治公共产品，将超越司法和仲裁你输我赢的局限性，为各国和平解决国际争端提供新的选择。

六、结语

2023年，面对世界大变局加速演进，中国外交敏锐观察国际形势新变化，准确识变，科学应变，主动求变，在元首外交引领下不断开拓进取，硕果累累。中国积极运筹同各大国关系，为稳定全球战略格局注入积极动能。中国作为"全球南方"重要一员，坚定地维护广大发展中国家共同利益，努力促进全球治理朝着更加公平合理的方向发展。中国外交理念深入国际社会，得到广泛支持，成为世界和平与发展动力源泉。中国积极践行全球发展倡议、全球安全倡议、全球文明倡议，坚持互利共赢、开放包容，积极斡旋地区冲突，始终做世界和平的建设者、全球发展的贡献者、国际秩序的维护者，携手国际社会推动构建人类命运共同体。

（中国国际问题研究院副院长、研究员 刘卿）

第十九章

大国关系：
迎难而上　开拓进取

2023年，中国坚决维护国家利益，有效应对美国遏制围堵，中美关系呈现止跌企稳态势。中俄加强战略沟通协作，促进各自发展振兴，努力维护国际公平正义，树立新型大国关系典范。中欧保持对话沟通势头，推动务实合作，中欧互动促欧强化战略自主。中国迎难而上，开拓进取，推动构建和平共处、总体稳定、均衡发展的大国关系格局。

一、中美关系呈现止跌企稳态势

2023年，美国继续对华进行全方位围堵和遏制打压，加码升级科技战。中国在坚决维护国家利益的基础上保持与美沟通，旨在推动中美关系止跌企稳，尽快回到健康稳定发展轨道。

（一）美国加码对华"科技战"

2022年10月，美国政府以出台临时规则形式更新《出口管理条例》，将31家中国实体列入"未经核实清单"，并升级对华半导体出口管制。随后，美国推进一系列政策和行动。2023年1月，美日荷三国就限制向中国出口先进芯片制造设备达成管制协议。

2月，美国司法部和商务部联合成立"颠覆性技术打击小组"，加强对华出口管制的监督执法，美国将33家中国实体列入"未经验证清单"。3月，美国商务部公布"芯片法"护栏条款的拟议规则，禁止受资助实体十年内同中国进行任何半导体产能的实质性扩产交易。8月，拜登签署有关对外投资审查的行政令，限制美企业及公民对中国半导体等尖端领域投资。这些规定不仅试图限制中国获取最先进芯片，还意图使中国无法获得任何与芯片"沾边"的设备、技术、软件乃至人才支持。10月，美国商务部以"支持俄罗斯国防工业基础"为由，将42家中国企业列入出口管制清单。显然，美国泛化国家安全，滥用出口管制措施，对中国企业肆意实施单边制裁和"长臂管辖"。

与此同时，美国商务部长雷蒙多在参议院就《芯片与科学法》的实施与监管的听证会上作证时表示，美国现有的对华芯片出口管制措施存在"不足"。美国国会众议院外交委员会主席麦考尔与"中国问题特别委员会"负责人加拉格尔致信美国总统国家安全事务助理沙利文，敦促拜登政府在管制向中国出口芯片等方面立即采取更严厉的措施，包括对中芯国际和华为采取行动。信中还要求美国政府对2022年10月出台的出口管制规定进行更新。种种迹象显示，美国准备推出新措施，"以堵住先前禁令的漏洞"。

然而，美国一方面不放弃对中国企业的遏制打压，另一方面又寻求缓和紧张关系。包括总统拜登在内的美方官员多次表示，无意与中国"脱钩"。在年内美国商务部长访华前，美国商务部工业与安全局决定，将27个中国实体从"未经验证清单"中移除，不再对相关企业进行出口管制。10月，美国国会参议院多数党领袖舒默率两党参议员访华，希望中国向美国公司开放市场，包括半导体、金融服务和航空航天行业。英特尔、高通、英伟达等美国芯片巨头加紧游说拜登政府不要进一步收紧对华出口芯片和半导体制造设备的限制，希望政府意识到，进一步扩大限令或许能限制中国发展，但最终将损害美国利益。

（二）中国坚决维护国家核心利益

2023年，美国继续基于将中国定位为"最严峻地缘挑战和战略竞争对手"推进大国博弈，加大力度对华打压遏制，其中不乏针对主权和安全利益的挑衅和试探。中国敢于斗争，善于斗争，抓住美国不愿把博弈转化为冲突的心态，促美方认识到中美关系失控的风险及成本，坚决维护国家利益，主动塑造中美关系。

中国坚决维护国家主权和领土完整。2022年11月，习近平主席在印度尼西亚巴厘岛同美国总统拜登举行会晤时就指出，台湾问题是中国核心利益中的核心，是中美关系政治基础中的基础，是中美关系第一条不可逾越的红线。2023年6月，针对美国"钟云"号导弹驱逐舰、加拿大"蒙特利尔"号护卫舰过航台湾海峡并公开炒作，中国人民解放军东部战区组织海空兵力全程跟监警戒，依法依规处置。10月，中共中央政治局委员、外交部长王毅访美期间，强调一个中国原则和中美三个联合公报是两国关系最重要的政治基础，必须排除干扰，切实维护。

中国有力回击美国借意外偶发事件制造事端。2023年1月，一艘民用无人飞艇偏离了预定轨道，进入美国上空。中方多次向美方说明情况，但美国无视基本事实，出动战机用导弹击落飞艇，借机炒作"中国威胁"，并以此为借口非法制裁中国企业和机构。针对上述情况，中国外交部、国防部等部门接连发声，揭露美国为国内政治需要而制造政治闹剧的实质；指出美方使用武力袭击民用无人飞艇明显反应过度，严重违反国际惯例；强调两国外交团队的职责之一是妥善管控双边关系，尤其是冷静、稳妥处理一些意外情况；明确中方将依法对损害中国主权、安全的有关美国实体采取反制措施，坚决维护国家主权和正当权益。美国未能因制造事端获利，拜登政府反而受到国内政治反噬。6月，美国国防部发言人莱德在例行记者会上表示，飞艇在飞越美国期间没有收集情报。美方借此寻求事件软着陆，适当管控中美两国关系风险。

（三）中国推动双方"重回巴厘岛"共识

2022年11月，习近平主席同拜登总统在巴厘岛成功会晤，达成一系列重要共识，为中美关系指明了方向。美方表示美国国务卿布林肯希尽早访华，跟进会晤后续工作，中方对此表示欢迎。但2023年初以来，中美关系遭遇无人飞艇事件的冲击，美方宣布布林肯推迟访华行程。此后，蔡英文"过境"窜美，美国国内反华力量不断兴风作浪，中美两国对话进程进一步受到影响。

美国担心，双方外交团队无法保持战略沟通易引发误判并造成失控。美方反复表示希望向前看，实现翻篇，回到两国元首巴厘岛会晤共识轨道，也多次提出布林肯国务卿仍希望尽快访华。国际社会也普遍希望中美缓和紧张关系。应美方要求，中美进行了一系列接触沟通。中方在沟通中阐明了原则立场和重大关切，要求美方为高层互动营造氛围，排除干扰，创造条件。最终，美国国务卿布林肯于2023年6月访华。双方达成一系列积极共识和成果，其中最重要的一条是，双方同意落实两国元首巴厘岛会晤时确定的共识，回到会晤确定的议程。此后，拜登政府接连派出高层级官员访华。7月，美国财政部长耶伦、美国总统气候问题特使克里访华。8月，美国商务部长雷蒙多访华。10月，王毅访美。此访是对布林肯访华的回访，是自6月以来中方高层首次专程访美，也是2016年2月以来，中国外交部长首次正式访美。

（四）元首会晤形成"旧金山愿景"

2023年11月，习近平主席在美国旧金山斐洛里庄园同美国总统拜登举行会晤。会晤持续4个小时，全程使用同传。两国元首面对面深度交流，就树立彼此正确认知、妥善管控分歧、推进对话合作等最突出问题提出指导性意见，就应对巴以冲突、乌克兰危机以及气候变化、人工智能等全球性挑战进行全方位沟通，进一步探讨了中美两个大国的正确相处之道，进一步明确了中美共同肩负的大国责任，形成了面向未来的"旧金山愿景"，为实现中美关系的健康、稳定、可持续发展指明方向，规划了蓝图。两国元首同意，双方团队继续保持高层互动和互访，跟进落实旧金山会晤后续。中方强调，2024年是中美建交四十五周年。双方应当从旧金山再出发，打造新愿景，进一步夯实中美关系的根基，打造和平共处的支柱，推动两国关系朝着健康、稳定、可持续的方向发展。

（五）中美推动沟通机制和磋商渠道建立和恢复

拜登就任之初，一度中止对华沟通机制。鉴于打压遏制中国未达预期，且面对各种不确定性和风险，美方逐渐认识到沟通对于保持中美关系稳定的重要性。

2023年8月，中国商务部长王文涛在京与来访的美国商务部长雷蒙多举行会谈。双方宣布在中美两国商务部之间建立新的沟通渠道，成立一个工作组，由中美副部长级和司局级的政府官员组成，并有企业代表参加，以寻求解决具体商业问题的办法。工作组将每年举行两次副部级会议。两位部长同意经常性沟通，每年至少会见一次。此外，双方还启动了出口管制信息交流机制，作为解释各自出口管制制度和改善沟通的机制。双方将按照各自法律，就出口管制信息进行交流。双方讨论并同意两国专家将就强化行政许可过程中的商业秘密和保密商务信息保护问题进行技术磋商。[①]

9月，中美两国财政部宣布，成立经济领域工作组，包括"经济工作组"和"金融工作组"。"经济工作组"由中美两国财政部副部长级官员牵头，"金融工作组"由中国人民银行和美国财政部副部长级官员牵头。两个工作组将定期、不定期举行会议，就经济、金融领域相关问题加强沟通和交流。[②]10月，中美经济工作组以视频方式举行第一次会议。此次会议由两国财政部副部长级官员主持。双方就两国及全球宏观经济形势和政策、双边经济关系、合作应对全球挑战等议题进行了深入、坦诚、建设性的沟通。

10月，王毅访美期间，双方商定将分别举行中美海洋事务磋商、中美军控和防扩散磋商、中美外交政策磋商、中美残疾人事务协调会并探讨签署残疾人事务合作谅解备忘录。

11月，中美元首会晤期间，双方同意推动和加强中美各领域对话合作，包括建立人工智能政府间对话；成立中美禁毒合作工作组，开展禁毒合作；在平等和尊重基础上恢复两军高层沟通、中美国防部工作会晤、中美海上军事安全磋商机制会议，开展中美两军战区领导通话；同意明年早些时候进一步大幅增加航班；扩大教育、留学生、青年、文化、体育和工商界交流等。在此期间，中美还发布了《关于加强合作应对气候危机的阳光之乡声

---

① 《王文涛部长与美国商务部长雷蒙多举行会谈》，中华人民共和国商务部网站，2023年8月28日，http://www.mofcom.gov.cn/article/xwfb/xwbldhd/202308/20230803436346.shtml。

② 《中美成立经济领域工作组》，新华网，2023年9月22日，http://www.news.cn/fortune/2023-09/22/c_1129878513.htm。

明》，加强两国在应对气候变化问题上的合作与交流。

二、中俄树立新型大国关系典范

中俄坚持不结盟、不对抗、不针对第三方，坚持相互尊重、相互信任，不仅促进各自发展振兴，也努力维护国际公平正义，树立了新型大国关系典范。面对全球性动荡变革，中俄进一步深化互信，加强战略沟通协作，推进务实合作。

（一）元首外交巩固中俄关系高位运行

2023年3月，国家主席习近平应邀对俄罗斯进行国事访问。这是时隔十年，习近平主席再次将俄罗斯作为新任期出访的首站。10月，习近平主席在人民大会堂同来华出席第三届"一带一路"国际合作高峰论坛的普京总统举行会谈。普京连续三次出席了该高峰论坛。

两国元首间的高度互信为中俄新时代全面战略协作伙伴关系提供了战略引领和有力政治保障。习近平主席访俄期间，普京总统同习近平主席进行长时间真挚友好、富有成果的会谈交流，俄罗斯联邦总理、副总理和几乎所有内阁成员参加了有关活动。两国元首共同签署《中俄关于深化新时代全面战略协作伙伴关系的联合声明》和《中俄关于2030年前中俄经济合作重点方向发展规划的联合声明》，对下阶段两国关系发展和各领域合作作出规划和部署。双方重申在涉及彼此核心利益问题上继续相互支持，共同抵御外部势力干涉内政图谋。

普京访华期间表示，俄方愿同中方密切在金砖国家等多边机制内的沟通协作，捍卫以国际法为基础的国际体系，推动建立更加公正合理的全球治理体系。两国愿以2024年庆祝两国建交七十五周年为契机，进一步推进全面战略协作伙伴关系发展。

（二）中俄战略协作聚焦国际和平与安全

世界进入新的动荡变革期。作为世界主要大国和联合国安理会常任理事国，中俄关系如何发展关乎全球战略稳定与安全，关乎未来世界格局演变。国际形势越是复杂，中俄加强沟通协作的必要性就越突出。两国元首就相关重大问题进行长时间深度战略沟通。双方一致认为，各国应该弘扬和平、发展、公平、正义、民主、自由的全人类共同价值，对话而不对抗、包容而不排他，和睦相处，合作共赢，促进世界和平发展。双方将以宽广视野、长远眼光看待和把握中俄关系，坚定维护以联合国为核心的国际体系、以国际法为基础的国际秩序、以联合国宪章宗旨和原则为基础的国际关系基本准则，坚持真正的多边主义，推动世界多极化和国际关系民主化。

2023年7月，根据两军年度合作计划，俄罗斯军队参加了中国人民解放军北部战区在日本海中部组织的"北部·联合-2023"演习，双方共派出10余艘舰艇和30余架飞机。演习以"维护海上战略通道安全"为课题，围绕相关课目进行演练，并接续组织海上联合巡航，反映出双方战略互信水平，进一步巩固两军传统友谊。

（三）中俄在"一带一路"框架下推进合作

习近平主席指出，普京总统连续三次出席"一带一路"国际合作高峰论坛，体现了俄方对共建"一带一路"倡议的支持。俄罗斯是中国开展共建"一带一路"国际合作的重要伙伴。中俄东线天然气管道等重大基础设施项目投入运营，为两国人民带来了实打实的好处。中方愿同俄方及欧亚经济联盟各国一道，推动共建"一带一路"与欧亚经济联盟对接，开展更高水平、更深层次的区域合作，希望中蒙俄天然气管道项目尽早取得实质性进展，开展好"万里茶道"跨境旅游合作，把中蒙俄经济走廊打造成一条高质量联通发展之路。普京表示，"一带一路"倡议取得巨大成功，已经成为世界公认的重要国际公共产品。[①]

三、中欧关系延续开放合作势头

2023年，在世界进入新的动荡变革期背景下，中欧作为世界多极化格局中的两支重要力量，保持了沟通和合作势头，推动务实合作。中欧互动促欧强化战略自主，为世界注入稳定性和正能量。

（一）中欧均重视对话沟通和务实合作

2023年是中欧建立全面战略伙伴关系二十周年。欧洲政要密集访华。自2022年11月和12月，德国总理朔尔茨和欧洲理事会主席米歇尔访华后，2023年3月，西班牙首相桑切斯访华；4月，法国总统马克龙和欧盟委员会主席冯德莱恩联袂访华。11月，习近平会见来华进行正式访问的希腊总理米佐塔基斯，同德国总理朔尔茨举行视频会晤。

9月，第十次中欧经贸高层对话举行，双方围绕宏观经济、贸易与投资、产业链供应链、金融合作四个专题，进行了务实、坦诚、富有成效的讨论。达成一系列新的互利共赢成果和共识，

---

① 《习近平同俄罗斯总统普京会谈》，中华人民共和国外交部网站，2023年10月18日，https://www.mfa.gov.cn/web/wjdt_674879/gjldrhd_674881/202310/t20231018_11163311.shtml。

主要包括六个方面：加强宏观政策的协调，共同应对全球经济挑战；双方同意共同维护和加强以世贸组织为核心、以规则为基础的多边贸易体制，反对单边主义和保护主义；共同维护全球产业链供应链的韧性和稳定；双方承诺保持双向开放，为对方企业提供公平非歧视的营商环境；扩大中欧经贸合作；加强金融领域的合作。

10月，第十二轮中欧高级别战略对话举行。王毅表示，中方高度重视对欧关系，视欧盟为多极世界中重要和独立的一极，中欧关系有着内在逻辑，不受第三方影响和干扰。欧盟外交与安全政策高级代表博雷利表示，欧盟重视对华关系，致力于发展建设性和稳定的欧中关系。

（二）欧反思对华战略，强化战略自主

2023年4月，习近平与来访的法国总统马克龙举行会谈。习近平指出，当今世界正在经历深刻的历史之变，中法作为联合国安理会常任理事国和具有独立自主传统的大国，作为世界多极化、国际关系民主化的坚定推动者，有能力、有责任超越分歧和束缚，坚持稳定、互惠、开拓、向上的中法全面战略伙伴关系大方向，践行真正的多边主义，维护世界和平、稳定、繁荣。

马克龙总统先是在结束访华之行返回法国的专机上对媒体表示，建立战略自主性对于防止欧洲国家成为附庸至关重要，欧洲的首要任务不是在世界各地的议程上配合其他国家，不应陷入阵营对抗。随后在访问荷兰期间，马克龙总统再次表示，欧洲需要战略自主，法国不会成为美国的附庸。这些表态迅速在欧洲引发共鸣。

6月，马克龙在接受美国有线电视新闻网专访时再次强调，法美是"价值观"一致的北约盟友，但法国同样也希望与中国建

立尽可能好的关系，并且与中国在应对气候变化、生物多样性危机等全球挑战上进行合作。此外，马克龙强调一个更加自主的欧洲和欧盟是非常重要的，因为这有助于全球秩序，甚至对美国也有帮助。马克龙还说，应对不平等、贫困、气候变化等全球挑战，离开中美合作是行不通的。[①]

（三）中欧就乌克兰危机交换意见

2023年2月，中国外交部发布《关于政治解决乌克兰危机的中国立场》文件，提出应坚持共同、综合、合作、可持续的安全观，着眼世界长治久安，推动构建均衡、有效、可持续的欧洲安全架构，反对把本国安全建立在他国不安全的基础之上，防止形成阵营对抗，共同维护亚欧大陆和平稳定。3月，中国驻欧盟使团团长在接受英国《金融时报》专访时表示，中国理解一些欧洲国家与中方有不同看法，同时指出，欧盟官员也表示，尽最大努力实现和平是中欧共同点。因此，存在中欧携手促和的空间，欧盟将欧中关系与乌克兰危机捆绑并不是理性做法。

马克龙访华期间，两国元首也就乌克兰危机交换了意见。习近平强调，中方在乌克兰问题上立场一以贯之、清晰明确，核心就是劝和促谈、政治解决。马克龙介绍了法方看法，赞赏中方为政治解决乌克兰危机发挥的重要作用，表示法方主张重启政治谈判，以外交手段解决危机，实现欧洲持久和平，希望同中方加强沟通，为和平作出共同努力。德国总理朔尔茨在视频会晤中

① "President Emmanuel Macron of France Interviewed by CNN's Fareed Zakaria in Paris as Summit for a New Global Financial Pact Concludes," CNN, June 25, 2023, https://cnnpressroom.blogs.cnn.com/2023/06/23/president-emmanuel-macron-of-france-interviewed-by-cnns-fareed-zakaria-in-paris-as-summit-for-a-new-global-financial-pact-concludes/.

介绍了德方对巴以冲突和乌克兰危机的看法，表示希望同中方保持密切沟通。习近平指出，无论是巴以冲突还是乌克兰危机，要从根子上解决，需要对安全问题进行更深入思考，坚持共同、综合、合作、可持续的安全观，推动构建均衡、有效、可持续的安全架构。中欧应该致力于调解冲突、缓和紧张，为促进地区和平与发展发挥积极作用。

四、结语

2023年是习近平主席提出构建人类命运共同体理念和"一带一路"倡议十周年。在处理大国关系方面，中国坚守原则，坚定维护国际公平正义，倡导践行真正的多边主义，旗帜鲜明反对一切霸权主义和强权政治，毫不动摇反对任何单边主义、保护主义、霸凌行径。同时，在应对全球性挑战、共同维护地区和国际稳定、实现共同发展方面，中国积极拓展与各大国合作的空间。

（中国国际问题研究院美国研究所副所长、副研究员　苏晓晖）

第二十章

周边外交：
继往开来　再启新程

2023年是亲诚惠容周边外交理念提出十周年。十年来，中国积极践行亲诚惠容理念，全面发展同周边国家的友好合作关系，不断增强政治互信，持续深化利益融合，走出了一条睦邻友好、合作共赢的光明大道。2023年以来，随着中国国内外疫情形势转好，中国周边外交工作进一步按下"加速键"，吹响"集结号"，有序恢复同周边国家交往，深化互利共赢合作，持续推进共建命运共同体，不断开创周边外交新局面。

一、元首外交引领睦邻友好新格局

2023年，习近平主席亲自擘画，积极践行同周边国家"重感情、常见面、多走动"政策取向，开展密集的元首外交，为中国同周边国家关系把舵指向。2023年前10个月，习近平主席同周边国家元首和政府首脑举行近40次会谈会见，进一步增进中国同周边各国的政治互信。习近平主席提出的全球发展倡议、全球安全倡议和全球文明倡议也得到了周边国家广泛支持和积极响应。

（一）周边合作伙伴关系网络提质升级

2023年1月，周边国家元首率先开启访华行程，菲律宾总统马科斯、土库曼斯坦总统别尔德穆哈梅多夫先后来华访问，中菲元首同意进一步加强中菲全面战略合作关系，中土元首一致决定将中土关系提升为全面战略伙伴关系。3月20日，习近平主席开启新年首次出访，应邀访问俄罗斯，与俄总统普京一致同意深化新时代中俄全面战略协作伙伴关系。3月至9月，习近平主席先后接待了来访的白俄罗斯总统卢卡申科、新加坡总理李显龙、吉尔吉斯斯坦总统扎帕罗夫、东帝汶总理夏纳纳，中白元首同意进一步发展两国全天候全面战略伙伴关系，中新元首同意将两国关系提升为全方位高质量的前瞻性伙伴关系，中吉元首同意将两国关系提升为新时代全面战略伙伴关系，中东元首同意将两国关系提升为全面战略伙伴关系。

（二）周边命运共同体不断落地生根

在习近平主席同外国领导人的交谈交往中，在中国与各国各地区关系的蓝图擘画里，"命运共同体"频频成为关键词，围绕它形成的共识越来越广泛，产生的共鸣越来越强烈。[①] 1月，习近平主席同土库曼斯坦总统别尔德穆哈梅多夫共同宣布在双边层面践行命运共同体。2月，柬埔寨时任首相洪森时隔三年再次访华，两国元首一致同意打造中柬"钻石六边"合作架构，开启共同建设高质量、高水平、高标准中柬命运共同体的新时代。3月，

---

① 《领风踏浪启新程——2023年年中中国元首外交回眸》，新华网，2023年7月22日，http://www.xinhuanet.com/2023-07/22/c_1129762596.htm。

习近平主席与马来西亚总理安瓦尔就共建中马命运共同体达成重要共识，开启中马关系新的历史篇章。5月，习近平主席与吉尔吉斯斯坦总统扎帕罗夫和塔吉克斯坦共和国总统拉赫蒙分别就构建中吉、中塔命运共同体达成一致。7月和10月，印度尼西亚总统佐科两次访华，两国元首就持续深化中印尼全面战略伙伴关系和命运共同体建设达成重要共识。10月，习近平主席还分别接待泰国总理赛塔和老挝国家主席通伦来访。中泰元首同意不断丰富"中泰一家亲"的时代内涵，实现更为稳定、更加繁荣、更可持续的中泰命运共同体。中老元首续签新的构建中老命运共同体五年行动计划，同意携手共建高标准、高质量、高水平的中老命运共同体。12月，中共中央总书记、中国国家主席习近平对越南进行国事访问，同越共中央总书记阮富仲共同宣布构建具有战略意义的中越命运共同体。此外，中国成功召开首届中国-中亚峰会，构建更加紧密的中国-中亚命运共同体成为峰会最重要的政治成果，命运共同体理念首次在地区多边和双边层面全落地。澜沧江-湄公河国家命运共同体建设不断取得新进展，上海合作组织命运共同体成果丰硕，为地区和世界持久和平、共同繁荣作出积极贡献。

二、互利合作深化双边关系

中国始终把发展摆在优先位置，本着互惠互利原则同周边国家开展合作，共享发展成果。随着疫情防控政策放开，2023年中国与周边国家各领域合作迅速重启，呈现积极的发展态势。

（一）经贸往来发展势头良好

双向经贸投资额持续增长，拉紧中国与周边国家利益纽带。

根据中国海关总署发布的数据统计得出，2023年1—9月，中国同周边29个国家[①]的商品进出口总额达10.7万亿元人民币，同比增长2%。[②] 中国是其中18个国家的最大贸易伙伴，与周边国家的经贸往来呈现较为积极的复苏态势。2023年前10个月，东盟继续保持中国第一大贸易伙伴地位，双方贸易总值达5.23万亿元，同比增长0.9%，占中国外贸总值的15.2%。其中，对东盟出口3.00万亿元，增长0.6%；自东盟进口2.23万亿元，增长1.3%。在东盟成员国中，中国前三大贸易伙伴依次为越南、马来西亚和印度尼西亚。[③] 截至2023年7月，中国同东盟国家累计双向投资额超过3800亿美元，在东盟设立直接投资企业超过6500家。中国与东盟同时互为重要的投资来源地和目的地，双方依托"两国双园"共建经贸创新发展示范园区，开辟了东盟国家融入中国地方开放发展的新通道。[④]

中国通过主场外交活动积极推动与周边国家经贸合作。2023

[①] 本文中的中国周边国家包括俄罗斯，中亚5国（哈萨克斯坦、吉尔吉斯斯坦、塔吉克斯坦、土库曼斯坦、乌兹别克斯坦），东北亚4国（日本、韩国、朝鲜、蒙古国），南亚8国（印度、巴基斯坦、斯里兰卡、孟加拉国、尼泊尔、阿富汗、不丹、马尔代夫），东南亚11国（新加坡、马来西亚、印度尼西亚、越南、泰国、文莱、柬埔寨、老挝、菲律宾、缅甸、东帝汶）。

[②] 《（2）2023年9月进出口商品国别（地区）总值表（人民币）》，中华人民共和国海关总署网站，2023年10月18日，http://www.customs.gov.cn/customs/302249/zfxxgk/2799825/302274/302277/302276/5435752/index.html。

[③] 《贸易快报|2023年1—10月中国-东盟贸易简况》，中华人民共和国驻东盟使团网站，2023年11月7日，http://asean.china-mission.gov.cn/chn/dmdt/202311/t20231107_11175290.htm。

[④] 李婕：《中国-东盟经贸合作提质升级》，《人民日报海外版》2023年8月26日第3版。

年8月，第七届中国-南亚博览会在云南昆明举行，这是新冠疫情以来该博览会首次全面恢复线下举行，吸引了85个国家和地区及国际组织代表嘉宾，线上线下超3万家展商参会、参展，共达成签约项目483个，总金额近5000亿元。9月，第20届中国-东盟博览会和中国-东盟商务与投资峰会在广西南宁举行，吸引了40多个国家的近2000家企业参展，签约项目总投资额超4800亿元，为促进中国和东盟贸易、投资与旅游合作注入了强劲动力。此外，中国还通过举办第三届"一带一路"国际合作高峰论坛和第六届中国国际进口博览会等活动，为推动与周边国家经贸关系的提质升级提供新动能。

（二）互联互通发展继续高歌猛进

2023年，中国与周边国家深化互联互通合作成果喜人。首先，雅万高铁正式开通运营。10月17日，中国和印尼共建"一带一路"合作旗舰项目——雅万高铁正式开通运营，习近平主席与印尼总统佐科共同为其揭幕，这是印尼和东南亚地区的首条高速铁路。根据有关数据，10月17日至31日，雅万高铁最高日载客量约14200人次；10月17日至11月4日，雅万高铁售出车票约16.5万张。据雅万高铁业主方印尼中国高速铁路有限公司介绍，从售票情况看，公众热情很高，"我们每天约有7000名乘客，平均上座率为90%"。[1]

其次，中老铁路发展呈现新气象。作为中老共建"一带一路"标志性项目，中老铁路今年以来持续"上新"，客货运输稳步增长，国际物流黄金通道跑出"加速度"。客运方面，开行国际旅

---

① 《印尼：雅万高铁受到民众追捧》，新华网，2023年11月5日，http://www.xinhuanet.com/silkroad/2023-11/05/c_1129958985_10.htm。

客列车和"中老铁路—云贵鄂"旅游专列；货运方面，开行"中老泰"全程铁路运输往返专列、"澜湄蓉欧快线"、中老国际冷链货运班列、"沪滇·澜湄线"国际货运班列等。截至12月3日，中老铁路开通运营满两周年，累计发送旅客超2400万人次，发送货物超2900万吨，"黄金大通道"效应不断显现，[①]为沿线各地注入了新的发展动能。

再次，西部陆海新通道跑出"加速度"。近年来，西部陆海新通道建设不断提速，"朋友圈"持续扩大，已成为有机衔接"一带一路"、西部地区货物出海出边的主通道，以及《区域全面经济伙伴关系协定》框架下连接中国与东盟地区的最快速、最便捷通道。2023年1—10月，西部陆海新通道沿线省区市经新通道进出口货值近5000亿元，同比增长23%；西部陆海新通道铁海联运班列运输货物突破70万标箱，同比增长15%。目前，西部陆海新通道铁海联运班列已覆盖我国中西部18个省区市，货物流向通达全球100多个国家的300多个港口，为我国推进"一带一路"深入实施发挥了重要作用。[②]

最后，其他中方援建项目陆续完工或开工。4月，中国向斯里兰卡移交国家医院门诊楼项目，该项目是在中国政府无偿援助项下实施的中斯民生合作项目，是截至当时已竣工的最大规模援斯成套项目。该项目投入使用后，医院日接诊人数将大幅提高至6000人，有效缓解当地医疗资源紧张现状。中国政府还通过无偿援助对斯高等法院大楼进行全面翻修和现代化改造。6月，由中国企业投资建设的柬埔寨第二条高速公路（金边—巴域）顺利开

---

① 王绍芬：《中老铁路累计发送旅客超2300万人次》，《昆明日报》2023年11月9日第1版。

② 李银雁：《2023"高水平共建西部陆海新通道"研讨会在南宁举行》，《中国经济时报》2023年12月1日第2版。

工，第三条高速公路（金边—暹粒—波贝）签署项目框架协议。未来柬埔寨有望形成密度适当、高效便捷的高速公路网，有效拉动内需、推动货物运输降费增效，持续促进国民经济发展和区域互联互通。[①]

（三）人文交往快速有序复苏

2023年以来，中国出境游有序恢复并迅速回暖。2月7日，一架载有125名乘客的中国国航航班在柬埔寨首都金边国际机场降落，受到隆重的"水门礼"接待。自2月6日起，中国试点恢复赴柬等20个国家的出境团队旅游和"机票+酒店"业务，其中10个国家位于周边。截至10月底，中国已先后三次放开出境游，目的地恢复至138个国家和地区，几乎涵盖所有周边国家。周边国家也对中国游客充满期待，以各种形式吸引中国游客，马尔代夫、泰国、斯里兰卡、俄罗斯、哈萨克斯坦、马来西亚等国纷纷公布对华免签措施，希望借此提振本国经济复苏。据统计，2023年上半年出境游目的地共计接待中国游客4037万人次，其中93.95%的游客集中在亚洲，东亚、东南亚地区接待中国出境游客最多，泰国、新加坡、马来西亚、越南等国受热捧。[②]

中国积极采取措施优化入境政策，进一步促进中外人员往来和合作交流。3月14日，中国政府调整签证及入境政策，对来华外国人持2020年3月28日前签发且仍在有效期内签证的，准予入境，并恢复海南入境免签、上海邮轮免签、港澳地区外国人组团入境广东免签、东盟旅游团入境广西桂林免签政策。11月17日，

---

① 武传兵:《"一带一路"助力中柬命运共同体建设行稳致远》,《当代世界》2023年第8期，第48页。

② 李志刚:《出境旅游呈现有序复苏良好态势》,《中国旅游报》2023年8月1日第2版。

中国移民管理局发布最新公告，将中国72/144小时过境免签政策适用国家范围增至54国，包括澳大利亚、新西兰2个大洋洲国家和韩国、日本、新加坡等6个亚洲国家。11月24日，中国宣布2023年12月1日至2024年11月30日，对马来西亚等6个国家持普通护照人员试行单方面免签政策。该政策实施首日，相关国家人员共有2029人次通过免签入境中国，其中马来西亚籍人员免签入境1113人次，为当日6国免签入境人数最多国家。①

（四）扶危济困中国没有缺席

在周边国家面临困难时，中国积极伸出援手。5月14日，热带气旋"穆查"在缅甸西部若开邦登陆，造成160万人受灾，140余人死亡。风灾发生后，中国政府紧急向缅方捐赠救灾物资，随后多批次提供价值900万元人民币的人道主义物资援助，包括1万顶蚊帐和1万条毛毯、食品、便携式发电机、水泵等，还捐赠100万元人民币现汇援助，用于蒲甘地区因风灾受损的佛塔修复。10月7日，阿富汗西北部发生地震，造成超过2400人遇难，上千座房屋被毁。地震发生后，中国政府第一时间决定向阿富汗提供3000万元人民币的紧急人道主义援助物资，在极短时间内完成物资筹措和军机运输等相关准备工作，将帐篷、折叠床等在内的救灾物资运抵阿富汗。11月4日，尼泊尔西部发生强烈地震，造成150余人死亡、数百人受伤。中国政府第一时间向尼方表示慰问，并迅速将600顶棉帐篷、4600条毛毯等紧急物资运抵尼泊尔。中方还从中国南亚国家应急物资储备库向尼方提供价值1亿卢比的人道主义救援物资，通过吉隆口岸送至灾区。

---

① 《六国入境免签首日2029人次享便利》，国家移民管理局网站，2023年12月1日，https://www.nia.gov.cn/n897453/c1616900/content.html。

三、开放共赢谱写区域合作新篇章

近年来，中国提出的"开放的区域主义"理念得到亚洲国家普遍认可，成为地区合作发展的源头活水和重要保障。中国同周边国家积极践行该理念，以自由贸易推动地区经济一体化，以平等协商深化区域和次区域合作，以开放包容搭建合作平台、构建朋友伙伴圈。

（一）区域经济一体化深入发展

首先，RCEP全面生效，进一步助推中国与地区国家贸易往来。2023年1月2日和6月2日，RCEP分别对印度尼西亚和菲律宾正式生效，至此协定内15个成员国全部完成生效程序，标志着全球人口最多、经贸规模最大、最具发展潜力的自由贸易区进入全面实施新阶段。2022年初RCEP开始生效实施以来，区域内经贸潜力已逐步释放。2023年上半年，中国对RCEP其他14个成员合计进出口6.1万亿元，同比增长1.5%，对中国外贸增长的贡献率超过20%。其中，对新加坡、老挝、澳大利亚、缅甸分别增长27%、25.8%、16.4%和15.2%。[1] 据中国海关总署9月发布的数据，2023年以来，RCEP项下享惠进出口货值已分别达到560亿元和1817亿元，同比增长53.6%和20.2%。[2] 在各方共同努力

---

[1] 《国新办举行2023年上半年进出口情况新闻发布会》，中华人民共和国国务院新闻办公室网站，2023年7月13日，http://www.scio.gov.cn/xwfb/gwyxwbgsxwfbh/wqfbh_2284/49421/50133/。

[2] 《RCEP落地惠企，助推国际贸易合作新发展》，中华人民共和国海关总署网站，2023年9月15日，http://www.customs.gov.cn/customs/xwfb34/302425/5377136/index.html。

下，RCEP各成员间货物贸易往来更加密切，区域内贸易成为稳定和拉动各成员对外贸易增长的关键力量。未来RCEP将成为亚太地区重要的经济增长动力引擎，也将是全球经济增长的重要动力源。①

其次，中方积极推进加入CPTPP和DEPA相关进程。自2021年9月正式申请加入CPTPP以来，中方对协定全部条款进行了深入全面的分析、研究和评估，梳理了可能需要采取的改革举措和修改的法律法规。为主动对标CPTPP高标准，中国在6月底出台了33条试点措施，在部分自贸试验区和海南自贸港先行试点，并向各成员递交中国加入该协定的一份交流文件。目前，新加坡、马来西亚、新西兰、越南、秘鲁等CPTPP成员国均对中国加入表示欢迎。自2022年8月全面启动中国加入DEPA谈判以来，中方与成员方持续开展各层级密切沟通，截至2023年11月已举行2次部级会议，3次首席谈判代表会议和3次技术磋商，谈判取得积极进展。同时，中国国内多个地方都在主动对接DEPA，与成员方一道探索相关领域的务实合作。

（二）中国-东盟自贸区3.0版建设稳步推进

2022年11月，中国与东盟共同宣布正式启动中国-东盟自贸区3.0版谈判，谈判将涵盖货物贸易、投资、数字经济和绿色经济等领域，旨在打造更加包容、现代、全面和互利的中国-东盟自贸区。2023年以来，中国和东盟各国已举行了四轮谈判，在10月举行的第四轮谈判中，各方就经济技术合作章节达成一致，并深入推进数字经济、绿色经济、供应链互联互通、货物贸易、投

---

① 明慧:《RCEP全面生效为区域经济一体化注入强劲动力》,《中国改革报》2023年6月12日第3版。

资、中小微企业、卫生与植物卫生措施、海关程序与贸易便利化、标准技术法规与合格评定程序、竞争和消费者保护、法律与机制事务等领域的磋商，进一步扩大经贸领域相互开放，拓展新兴领域互利务实合作。

（三）主场外交推动区域合作机制持续升级赋能

2023年3月，博鳌亚洲论坛年会首次完全恢复线下会议，来自50多个国家和地区约2000名代表参会，包括119位部长级以上的高官和前高官、11位国家领导人以及众多商界领袖和知名学者。本次年会发布了《亚洲经济前景及一体化进程2023年度报告》《可持续发展的亚洲与世界2023年度报告——亚洲发展融资：政府社会共行动》，提出全球经济治理进入"亚洲时刻"，呼吁亚洲国家采取行动，规划长期、可持续的健康、绿色和数字基础设施，应对可持续发展面临的危机。菲律宾贸易与工业部助理部长赫普蒂认为，中国经济增长在拉动亚洲地区经济发展方面作用不容忽视，中方提出的一系列倡议措施不仅促进各国发展，更聚焦共同繁荣，不断促进更深层次区域一体化和经济全球化。[①] 5月，习近平主席邀请中亚五国元首齐聚陕西西安，举行首届中国-中亚峰会。峰会发布了《中国-中亚峰会西安宣言》，通过《中国-中亚峰会成果清单》，各方同意在中国设立中国-中亚机制常设秘书处，商定由哈萨克斯坦于2025年主办第二届中国-中亚峰会。此次峰会是中国同中亚国家建交三十一年来首次以实体形式举办峰会，也是中国-中亚机制建立三年来的首次峰会，意义重大，影响深远。2023年12月，国务院总理李强以视频方式出席

---

① 刘梦、张斐晔、王晓樱：《浩渺行无极　扬帆但信风——博鳌亚洲论坛2023年年会圆满闭幕》，《光明日报》2023年4月1日第8版。

并共同主持澜湄合作第四次领导人会议。会议发表《澜湄合作第四次领导人会议内比都宣言》《澜湄合作五年行动计划（2023—2027）》等文件，各方一致同意加强团结，携手构建澜湄国家命运共同体，共同迈向现代化。此外，中国还通过上海合作组织、澜湄合作机制等积极发挥作用，为区域合作贡献中国智慧和方案。

四、对话协商塑造地区和平稳定新局面

在地区热点问题上，中国坚持通过对话协商解决分歧，努力探索和践行中国特色热点问题解决之道，展现大国责任担当。

（一）"南海行为准则"磋商取得积极进展

中国同东盟国家致力于全面有效落实《南海各方行为宣言》（简称《宣言》），积极推进海上对话合作，推动"南海行为准则"（简称"准则"）磋商不断取得新进展，制定有利于维护南海和平稳定的规则。7月19日，在印尼首都雅加达召开的中国-东盟外长会上，各方宣布完成"准则"案文二读。10月26日，落实《南海各方行为宣言》第21次高官会在北京召开，各方一致同意继续全面有效落实《宣言》，深化海洋科研、海洋环保、海上搜救、海上执法等领域的务实合作，并正式启动"准则"案文三读，同意加快推进"准则"磋商，争取早日达成有效、富有实质内容、符合国际法的"准则"。这将为更有效管控南海分歧、更有力推进合作、更积极共同治理提供坚实规则保障。

（二）积极推动阿富汗问题政治解决进程

目前，阿富汗正处在由乱及治的关键时期。作为阿友好近邻

和真诚朋友，中国为阿重建发展持续作出不懈努力。4月12日，中国政府发布《关于阿富汗问题的中国立场》文件，全面系统阐释中方政策主张，内容涵盖坚持"三个尊重""三个从不"，支持阿富汗温和稳健施政、和平重建等11个方面，展现了负责任大国的正义担当。13日，中国参与在乌兹别克斯坦撒马尔罕举行的第四次阿富汗邻国外长会，与各方就与阿临时政府保持沟通、引导推动阿临时政府切实履行内外承诺、切实打击恐怖主义和毒品贩运、反对域外势力破坏阿富汗和地区安全稳定等达成多项共识。中方还主持召开中俄巴（基斯坦）伊（朗）四国外长阿富汗问题第二次非正式会议，与各有关方共同出席阿富汗邻国+阿富汗外长对话，为推动阿富汗问题政治解决出谋划策。

（三）坚定维护国家利益，对话协商解决分歧

中国坚定不移走和平发展道路，尊重各国主权和领土完整，反对干涉别国内政，坚定捍卫国家主权、安全、发展利益。在台湾问题上，中国旗帜鲜明地反对"台独"分裂活动，有力反制破坏台海稳定的挑衅行为，坚决反对任何外部势力损害中国的核心利益。在南海问题上，2023年南海形势保持总体稳定，但个别域内外国家为一己私利，打着"航行自由""宣示主权"旗号挑衅生事，破坏地区和平稳定。美国军舰抵近滋扰在南海海域正常训练的中国海军海上舰艇编队，加拿大舰载直升机采取超低空飞行等挑衅动作逼近中国西沙领空，菲律宾海警船以危险方式穿越正常执法航行的中国海警舰舰艇。有关国家事后还通过媒体大肆渲染炒作，倒打一耙指责中方。中国军机军舰依法采取反制措施，第一时间公布事实真相和证据视频，坚定维护领土主权，展示现场处置正当合法、专业规范。此外，中国继续通过外交和军事渠道与印度保持顺畅沟通，努力维护中印边境局势总体稳定。

（四）合作应对地区共同安全挑战

中国继续致力于为地区传统安全问题贡献中国理念和方案。2月21日，中方发布《全球安全倡议概念文件》，指出要发挥上海合作组织、金砖合作、亚信、"中国＋中亚五国"、东亚合作相关机制等作用，围绕彼此一致或相近目标逐步开展安全合作。中国还专门强调支持和完善以东盟为中心的地区安全合作机制和架构，秉持协商一致、照顾各方舒适度等"东盟方式"，加强地区国家间的安全对话与合作等重要内容，获得东盟国家积极响应。中国致力于维护朝鲜半岛和平稳定，继续按照"双轨并进"思路，通过对话协商推进政治解决半岛问题。中国就解决缅北冲突问题提出建设性的意见和建议，敦促相关各方尽快停火止战，坚持通过对话协商，以和平方式解决分歧，为推动缅甸和平进程发挥建设性作用。

中国不断深化同地区国家在抗疫、反恐、生物、网络、粮食、气候变化等非传统安全问题上的合作。中国提出支持落实好《中国-东盟非传统安全领域工作计划（2024—2028）》，支持在澜沧江-湄公河合作框架下推进非传统安全领域合作，努力打造全球安全倡议实验区。8月，中国与泰国、老挝、缅甸四国警方启动专项合作打击跨国犯罪，首次就打击跨境电信诈骗问题进行联合执法。9月，中国与联合国和东盟共同发布打击有组织犯罪和人口贩运活动的新协议，致力于在东盟国家和中国建立国家机构间协调中心网络。9月以来，针对缅北电信网络诈骗犯罪严峻形势，中国公安部部署云南等地公安机关与缅甸相关地方执法部门开展边境警务执法合作，开展一系列打击行动。截至11月21日，缅北相关地方执法部门共向中方移交电信网络诈骗犯罪嫌疑人3.1万名，其中幕后"金主"、组织头目和骨干63名，网上在逃人员 1531 名，打击工作取得显著战果。[①]

五、十年再出发，擘画周边外交新愿景

2023 年是亲诚惠容周边外交理念提出十周年，也是周边外交工作座谈会召开十周年。十年前，习近平主席把握世界大势和周边地区发展规律，提出了亲诚惠容的周边外交理念。十年来，中国积极践行这一重要理念，始终将周边置于中国外交全局的首要位置，坚定不移走长期睦邻友好、共同发展繁荣的正确道路。亲诚惠容从理念到行动，从愿景到现实，思想内涵不断丰富，实践效果持续显现，为亚洲友好合作、团结振兴注入了强大动力，为构建人类命运共同体提供了有益镜鉴。[②]

当前，亚洲置身世界百年未有之大变局，站在迈向发展振兴的新起点，面临前所未有的机遇和挑战。在这一新的时代背景下，中国既要回顾总结十年历程，也要继往开来，不断充实拓展周边外交政策。10 月 24 日，中国举办纪念亲诚惠容周边外交理念十周年国际研讨会，中共中央政治局委员、中央外办主任王毅出席会议并宣读习近平主席的书面致辞，中方还发布了《新时代中国的周边外交政策展望》文件。新时期中国的周边外交政策主要包括四个方面。

---

① 《公安机关打击缅北涉我电信网络诈骗犯罪取得显著战果　累计 3.1 万名电信网络诈骗犯罪嫌疑人移交我方》，中华人民共和国公安部网站，2023 年 11 月 21 日，https://www.mps.gov.cn/n2253534/n2253535/c9301226/content.html。

② 《王毅出席纪念亲诚惠容周边外交理念 10 周年国际研讨会开幕式》，中华人民共和国外交部网站，2023 年 10 月 24 日，https://www.fmprc.gov.cn/web/zyxw/202310/t20231024_11167132.shtml。

一是对地区形势发展的看法。中方认为，亚洲是全球最富活力和潜力的地区，将持续成为全球发展繁荣的热土，但同时面临着诸多传统与非传统安全挑战，坚持开放的区域主义还是重拾冷战思维，成为摆在亚洲面前的两条道路和选择。亚洲的未来，关键在做好自己的事情。亚洲的振兴，关键在地区国家团结奋斗。中方主张应坚持开放、团结、合作、公道、共生，而不是封闭、分裂、对抗、霸道、零和，这是中国就地区未来走向发出的明确信号。

二是对中国同周边国家关系的评价。中方认为，2012年中国共产党第十八次全国代表大会召开以来，中国同周边国家关系加快提质升级，取得丰硕成果，主要包括政治互信不断增强、互利共赢合作深化、"一带一路"惠利周边、区域合作走深走实、有效管控热点问题、有力应对风险挑战。这些显著的成绩既是中国与周边国家关系蓬勃发展的具体表现，也是未来阔步前行的有力保障。

三是提出新时代中国周边外交理念主张。中方重申，将在习近平外交思想指引下，保持周边外交政策延续性和稳定性，继续奉行与邻为善、以邻为伴方针，践行亲诚惠容理念。同时，中方提出五项重要主张：推动构建新型国际关系，同地区国家共同深化平等、开放、合作的伙伴关系；坚持平等互利、合作共赢原则，同地区国家共同推进现代化进程；坚持共同、综合、合作、可持续的安全观，同地区国家共同维护地区和平稳定；坚定维护以联合国为核心的国际体系、以国际法为基础的国际秩序、以联合国宪章宗旨和原则为基础的国际关系基本准则；坚定不移推进祖国统一大业，坚决反对任何形式的"台独"分裂活动，坚决维护国家主权和领土完整。

四是描绘新时代"亚洲世纪"新愿景。中方明确提出，愿同地区各国齐心协力，携手同进，共建和平安宁、繁荣美丽、友好共生的亚洲大家园。^① 中国还提出，愿依托联通、发展、安全和人文四大支柱，聚焦政治、经贸、科技、安全、人文、全球性挑战六大领域，构建理念有共鸣、发展共规划、成果共分享、安全共维护、责任共担当的周边命运共同体，共同打造高质量共建"一带一路"示范区、全球发展倡议先行区、全球安全倡议实验区和全球文明倡议首善区。

六、结语

习近平主席曾表示，做好周边外交工作，是实现"两个一百年"奋斗目标、实现中华民族伟大复兴的中国梦的需要；做好新形势下周边外交工作，要从战略高度分析和处理问题，提高驾驭全局、统筹谋划、操作实施能力，全面推进周边外交。^② 2023年的中国周边外交，正是在习近平外交思想的战略指引下，继续奉行与邻为善、以邻为伴方针，践行亲诚惠容理念，所取得的成绩也是中国和周边国家共同努力的结果。事实一再证明，中国的发展离不开和平稳定的周边环境，中国同周边的发展相互促进，相得益彰。中国的发展将给亚洲各国带来重大机遇和长期利好，将为亚洲的和平与发展作出更大贡献。

（中国国际问题研究院美国研究所副所长、副研究员　张腾军）

---

① 《新时代中国的周边外交政策展望》，中华人民共和国外交部网站，2023年10月24日，https://www.fmprc.gov.cn/web/zyxw/202310/t20231024_11167069.shtml。

② 《习近平：让命运共同体意识在周边国家落地生根》，中国政府网，2013年10月25日，https://www.gov.cn/jrzg/2013-10/25/content_2515555.htm。

第二十一章

中国与发展中国家关系：
风雨同舟　共迎挑战

发展中国家外交是中国外交的基础。2023年，在国际形势深度动荡、全球秩序遭遇多重挑战之际，中国作为最大的发展中国家和"全球南方"的天然成员，坚持同广大发展中国家同呼吸、共命运，坚定维护发展中国家的正当权益。加强同广大发展中国家的团结合作，是中国外交坚定不移的战略选择。

一、与其他发展中大国：心志相孚 携手同行

2023年，以高层访问为引领，中国与巴西、南非等发展中大国密切互动，战略性、长期性合作共识显著增强，为动荡变革的世界注入稳定性和正能量。

（一）中国–巴西：开辟全面战略伙伴关系新未来

2023年4月12日至15日，巴西总统卢拉对中国进行国事访问，中巴两国决定深化全面战略伙伴关系，并在多个领域达成合作共识。在元首会晤的战略引领下，中国和巴西向世界发出了加强合作、携手并进的时代强音。

此次访问是卢拉率代表团第五次访华，也是其再度就任巴西

总统以来首次出访美洲以外的国家，充分体现了巴西对中巴关系的重视。虽然相隔遥远，但巴西是第一个同中国建立战略伙伴关系的发展中国家（1993年），也是第一个同中国建立全面战略伙伴关系的拉美国家（2012年）。①两国关系历经风云变幻，日臻成熟活跃，全局性、战略性影响持续提升。

中巴两国具备高度的政治与战略互信，此次会晤中，两国元首不约而同使用"战略高度"一词来阐述对两国关系的定位。习近平主席指出，中方始终从战略高度和长远角度看待和发展同巴西关系，将中巴关系置于外交优先位置。卢拉总统则表示，巴西从推动建立公正合理的国际秩序的战略高度致力于同中国发展更紧密的关系。经贸合作方面，两国同为重要新兴经济体，比较优势互补，合作空间广大。巴西是首个对华贸易突破千亿美元的拉美国家，是中国在拉美最大贸易伙伴和主要投资对象国，中国则多年一直是巴西全球最大贸易伙伴和最大出口市场。

作为东西半球最大的发展中国家和重要新兴市场国家，中巴在国际舞台上密切合作。习近平主席表示，面对世界百年未有之大变局，中巴要站在历史正确一边，践行真正的多边主义，弘扬全人类共同价值，推动全球治理体系朝着更加公正合理的方向发展，切实维护好广大发展中国家共同利益和国际公平正义，携手构建人类命运共同体。卢拉总统亦强调，中巴在很多重大国际问题上拥有共识和共同利益，双方都捍卫多边主义和国际公平正义，巴方愿同中方加强在二十国集团、金砖国家等多边框架内战略协作，就国际金融、应对气候变化和环境保护加强协调合作，

---

① 卞卓丹：《综述：以两国元首共识为引领 开辟新时代中国巴西关系新未来》，新华网，2023年9月20日，http://www.news.cn/world/2023-09-20/c_1129874030.htm。

为推动发展中国家摆脱不公平规则束缚、实现更加公平平衡发展作出贡献。[①]

（二）中国–南非：步入"黄金时代"

2023年是中国与南非建交二十五周年。二十五年来，中南关系实现从伙伴关系、战略伙伴关系到全面战略伙伴关系的"三级跳"，成为发展中国家最具活力的双边关系之一。

2023年8月21日，习近平主席抵达南非约翰内斯堡，出席金砖国家领导人第十五次会晤并对南非进行国事访问。回顾中南友谊历程，习近平主席指出，中南两国两党在各自发展道路上休戚与共，结下深厚友谊，是中南关系保持友好的关键。习近平主席建议，未来中南要做志同道合的同行者、团结合作的引领者、中非友好的传承者和共同利益的捍卫者。作为"全球南方"天然成员，中南更要团结一致，共同呼吁扩大发展中国家在国际事务中的话语权和影响力，加快推动国际金融机构改革，共同反对单边制裁和"小院高墙"，携手维护共同利益。[②]南非总统拉马福萨对中方的合作共赢主张表示完全赞同，表示南非和其他全球南方国家都希望同中国加强团结合作，推动建立更加平等、公正、合理的国际秩序。在两国元首战略引领下，中南关系已经超越双边范畴，具有越来越重要的全球意义。

[①] 《习近平同巴西总统卢拉举行会谈》，新华网，2023年4月14日，https://www.news.cn/politics/leaders/2023-04/14/c_1129524596.htm。

[②] 《习近平在南非媒体发表署名文章：让中南友好合作的巨轮扬帆远航》，《人民日报》2023年8月22日第1版。

二、与发展中地区：联合自强 守望相助

对发展中地区的整体外交是中国特色大国外交的重要特色。2023年，中国继续发力，夯实与非洲、拉美、中东、中亚地区友好关系，携手构建人类命运共同体。

（一）中非：真实亲诚的典范

中非友谊深植于相似的历史遭遇和共同的历史使命。在争取民族解放和国家独立的斗争中，中非建立了深厚情谊；在实现经济发展和民族振兴的道路上，中非互帮互助，合作不断深化；新冠疫情发生后，中非患难与共、守望相助，铸就了团结友好、共克时艰的新篇章。

2023年8月24日，中非领导人对话会在约翰内斯堡召开，习近平主席发表题为《携手推进现代化事业 共创中非美好未来》的主旨讲话。习近平主席指出，自2013年提出真实亲诚对非政策理念以来十年间，中方秉持这一理念，同非洲朋友一道推动中非关系不断迈上新台阶，进入共筑高水平中非命运共同体的新阶段。

习近平主席强调，中国坚定支持并愿做非洲自主探索现代化道路的同行者。为助力非洲伙伴的现代化进程，中方将发起"支持非洲工业化倡议"，实施"中国助力非洲农业现代化计划"和"中非人才培养合作计划"，包括每年为非洲培训500名职业院校校长和骨干师资，培养1万名"中文+职业技能"复合型人才，邀请2万名非洲国家政府官员和技术人才参加研修研讨活动等。这三大举措涵盖非洲现代化迫切需要的领域，是中国以实际行动

支持非洲发展的生动体现，受到与会非洲领导人热烈欢迎。①

中国不仅在双边和地区层面支持非洲发展，更注重在国际多边场合提升非洲国家地位。习近平主席在讲话中明确表示，中方将积极推动非盟成为二十国集团正式成员，在联合国安理会改革问题上支持就优先解决非洲诉求作出特殊安排，呼吁多边金融机构提高非洲国家发言权。习近平主席指出，当今世界变乱交织，百年变局加速演进。如何解决发展赤字、破解安全困境、加强文明互鉴是中非共同面临的时代课题。中国和非洲正在通过共同探索现代化的生动实践回答历史之问，携手推进合作共赢、和合共生、文明共兴的历史伟业。②

（二）中国-阿拉伯：助力地区稳定与发展

2022年底，首届中国-阿拉伯国家峰会、中国-海湾阿拉伯国家合作委员会峰会召开，习近平主席对沙特阿拉伯进行国事访问，以此为标志，中国与阿拉伯国家的合作再上新台阶，展现出盎然生机和巨大潜力。

进入2023年，巴勒斯坦总统阿巴斯、阿尔及利亚总统特本、毛里塔尼亚总统加兹瓦尼、叙利亚总统巴沙尔、科威特王储米沙勒、埃及总理马德布利等阿拉伯国家领导人先后访华，中国与巴勒斯坦、叙利亚建立战略伙伴关系，阿拉伯地区成为中国战略性

---

① 《大道众行远，携手启新程——中共中央政治局委员、外交部长王毅谈习近平主席出席金砖国家领导人第十五次会晤并对南非进行国事访问》，中华人民共和国外交部网站，2023年8月25日，https://www.mfa.gov.cn/web/wjbz_673089/zyjh_673099/202308/t20230825_11132979.shtml。

② 《习近平在中非领导人对话会上的主旨讲话（全文）》，中国政府网，2023年8月25日，https://www.gov.cn/yaowen/liebiao/202308/content_6900005.htm。

质伙伴关系最密集、合作最密切的地区之一。

2023年3月，沙特和伊朗在北京举行对话，宣布同意恢复外交关系，开展各领域合作。在这场令世界瞩目的和解中，中国忠实履行东道主职责，积极促成沙特、伊朗复交，对地区和平作出重要贡献，为地区国家解决争端提供了中国智慧，展现了大国担当。

2023年10月，以色列与巴勒斯坦爆发新一轮军事冲突。中国同有关各方开展密集沟通，积极参与联合国安理会磋商，全力劝和促谈，推动局势降温。同时，中方积极向巴勒斯坦提供紧急人道主义援助，着力解决加沙地带食品、医疗、居住等急需。广大阿拉伯国家高度评价中方的公正立场和大国担当，赞赏中方为推动政治解决巴勒斯坦问题、维护中东和平稳定发挥的重要作用。

此外，中阿之间发展合作也在徐徐展开。2023年9月，第六届中国-阿拉伯国家博览会在宁夏银川召开，33个国家的上百家企业参会，共达成合作成果403项，计划投资和贸易总额达1709.7亿元。① 中阿博览会历经十年，见证了中阿合作蓬勃发展的宝贵历程：2022年，中阿双边贸易额增长至4314.4亿美元，较2012年的2224亿美元近乎翻倍增长。② 中国已连续多年成为阿拉伯国家的最大贸易伙伴，双方在基础设施、清洁能源、科技、信息等新领域的合作也不断推进。同样在9月，第四届中国-阿拉伯国家改革发展论坛在上海举办，论坛围绕"落实首届中阿峰会成果，全力构建面向新时代的中阿命运共同体"主题，深入探讨

---

① 《第六届中国-阿拉伯国家博览会成果丰硕》，新华网，2023年9月26日，https://www.news.cn/fortune/2023-09/24/c_1129882216.htm。

② 李良勇、王雅晨等：《十年来，这一盛会见证中阿共建"一带一路"合作》，《光明日报》2023年9月24日第4版。

"高质量共建'一带一路'，推动中阿合作提质升级""落实全球发展倡议，探索独立自主的现代化道路"等议题。

（三）中国-拉美：南南合作坚定伙伴

2023年，拉美和加勒比国家多位元首相继访华，多国与中国的双边关系实现提质升级，中国在拉美和加勒比地区的"朋友圈"不断扩大，新时代中拉关系不断深化，树立起南南合作的典范。

2023年3月，中国与洪都拉斯历史性建交，中国在拉美和加勒比地区的建交国升至26个，[①] 6月洪都拉斯总统卡斯特罗访华，两国政府签署共建"一带一路"谅解备忘录，携手推动发展；9月，委内瑞拉总统马杜罗访华，中委两国元首宣布将两国关系升级为全天候战略伙伴关系，"铁杆"情谊进一步加深；10月，哥伦比亚总统佩特罗访华，中哥宣布建立战略伙伴关系，双边关系迎翻开崭新篇章。同样是10月，阿根廷总统费尔南德斯、智利总统博里奇来华出席第三届"一带一路"国际合作高峰论坛。费尔南德斯称"中国是阿根廷的真正朋友"，两国是"相互信任、相互成就的伙伴"，博里奇表示"智利和中国是隔海相望的邻居"，智利期待成为中国进入拉美和加勒比的桥头堡。[②]

地区合作方面，自2014年7月中国-拉美和加勒比国家领导人会晤成功举行、中国-拉共体论坛（简称"中拉论坛"）建立以来，中拉整体合作驶入"快车道"，多渠道对话合作机制畅通。2023年1月，应拉共体轮值主席国阿根廷总统费尔南德斯邀请，

---

① 《中华人民共和国与各国建立外交关系日期简表》，中华人民共和国外交部网站，https://www.fmprc.gov.cn/ziliao_674904/2193_674977/200812/t20081221_9284708.shtml。

② 《元首外交｜擘画新时代中哥关系蓝图》，新华网，2023年10月28日，https://www.news.cn/politics/leaders/2023-10/28/c_1129945456.htm。

习近平主席向拉共体第七届峰会作视频致辞，强调中方一贯高度重视发展中拉关系，将拉共体视为巩固发展中国家团结、推动南南合作的重要伙伴。

日益紧密的经贸合作是中拉关系的重要推动力。2012年以来，中国一直保持拉美和加勒比地区第二大贸易伙伴地位。疫情期间，中拉经贸的韧性进一步彰显，2022年中国同拉美和加勒比地区贸易总额再创新高，达4857.90亿美元，连续第二年突破4500亿美元，较2021年涨幅超过7%。[①] 与中国的贸易为拉美和加勒比人民提供了更多质优价廉的选择，也是疫情之后拉美和加勒比经济复苏的重要动力。

中国和拉丁美洲是南南合作的两支重要力量。正如习近平主席2022年底接待来访的古巴共产党中央委员会第一书记、古巴国家主席迪亚斯–卡内尔时所指出的，中拉合作本质上是南南合作，以相互尊重为前提，以互利共赢为原则，以开放包容为特质，以共同发展为目标，顺应世界大势和历史潮流，符合地区国家共同利益。[②]

（四）中国–中亚：开启合作新时代

2023年5月18日至19日，中国–中亚峰会在中国西安举行，这是中国同中亚五国建交三十一年来首次以实体形式举办峰会，在中国与中亚关系发展史上具有里程碑意义。

[①] 《元首外交｜当"拉美味道"遇上"中国机遇"——中拉命运共同体之船扬帆远航》，新华网，2023年1月25日，https://www.news.cn/politics/leaders/2023-01/25/c_1129312503.htm。

[②] 《习近平同古巴共产党中央委员会第一书记、古巴国家主席迪亚斯–卡内尔举行会谈》，中国政府网，2022年11月25日，www.gov.cn/xinwen/2022-11/25/content_5728714.htm。

习近平主席在峰会上发表主旨讲话，完整、集中、系统地向国际社会阐述了中国对中亚外交政策。习近平主席指出，世界需要一个稳定、繁荣、和谐、联通的中亚，而建设中国–中亚命运共同体，要做到"四个坚持"，即坚持守望相助、共同发展、普遍安全和世代友好。习近平主席强调，中方愿同各方密切配合，加强机制建设，拓展经贸关系，深化互联互通，扩大能源合作，推进绿色创新，提升发展能力，加强文明对话，维护地区和平，将中国与中亚合作规划好、建设好。六国元首一致决定建立中国–中亚元首会晤机制。峰会期间，六国达成了包括《中国–中亚峰会西安宣言》《中国–中亚峰会成果清单》等在内的7份双多边文件，签署了100余份各领域合作协议。

三、与"全球南方"：天然成员 并肩向前

"全球南方"是新兴市场国家和发展中国家的集合体，[①] 中国是"全球南方"的天然、当然成员。半个多世纪以来，中国同广大亚非拉发展中国家在争取民族独立和人民解放的运动中并肩前行，在反对外来干涉、谋求自主发展的时代命题下共同探索，相互支持。作为发展中国家、"全球南方"的一员，中国始终同其他发展中国家同呼吸、共命运，坚定维护发展中国家共同利益，推动增加新兴市场国家和发展中国家在全球事务中的代表性和发言权。

---

① 《王毅出席第十三次金砖国家安全事务高级代表会议》，新华网，2023年7月25日，https://www.news.cn/politics/leaders/2023-07/25/c_1129767833.htm。

（一）夯实金砖机制影响力

金砖国家是新兴市场国家和发展中国家的领头羊。金砖国家合作机制始于2006年，诞生于新兴市场国家和发展中国家群体性崛起的历史大潮之中，经过十七年的发展，已经成为新兴国家和发展中国家团结合作的最重要平台，是代表南方国家的核心机制。当前，面对全球范围内多重挑战和危机交织叠加的严峻局面，"全球南方"独立自主发展诉求上升，金砖机制寄托着"全球南方"的殷切期待。

2023年8月23日，金砖国家领导人第十五次会晤在南非召开，中国国家主席习近平发表题为《团结协作谋发展 勇于担当促和平》的重要讲话。习近平主席强调，当前世界进入新的动荡变革期，正在经历大调整、大分化、大重组，金砖国家是塑造国际格局的重要力量，金砖国家一直是独立自主外交政策的倡导者、践行者，在重大国际问题上坚持从事情本身的是非曲直出发，说公道话、办公道事，不拿原则做交易，不屈从外部压力，不做别国的附庸。

习近平主席建议，金砖国家合作应重点从以下四方面展开：一是深化经贸、财金合作，做发展振兴道路上的同行者，反对"脱钩断链"、经济胁迫，聚焦务实合作；二是拓展政治安全合作，坚持和平发展的大方向，在涉及彼此核心利益问题上相互支持，就重大国际和地区问题加强协调，积极斡旋热点问题，推动政治解决；三是加强人文交流，倡导不同文明和平共处、和合共生，尊重各国自主选择的现代化道路，反对意识形态对立、制度对抗、"文明冲突"，促进文明互鉴；四是坚持公平正义，完善全球治理，充分发挥新开发银行的作用，推动国际金融货币体系改革，提升发展中国家的代表性和发言权，用好"金砖+"合作，加速扩员进程。在中国的支持下，本届峰会决定吸收阿根廷、埃及、埃塞俄比亚、伊朗、沙特、阿联酋六国为成员国。

（二）落实"三大全球倡议"

2023年3月15日，中国共产党与世界政党高层对话会在北京召开，习近平主席发表主旨讲话，系统阐述了中国共产党关于探索现代化道路的认识，主张共同倡导尊重世界文明多样性、共同倡导弘扬全人类共同价值、共同倡导重视文明传承和创新、共同倡导加强国际人文交流合作，全球文明倡议就此问世。

继全球发展倡议、全球安全倡议后，新时代中国提出全球文明倡议，为国际社会提供了又一重要公共产品。全球文明倡议与全球发展倡议、全球安全倡议一起，共同构成了"三大全球倡议"体系，深刻回答全球需要什么样的发展理念、各国如何实现共同安全、不同文明之间应当如何相处等重大问题，为解决困扰"全球南方"已久的全球发展问题、安全问题和文明交流互鉴问题提供了切实可行的路径和方案。

中国一直致力于推动发展问题重回国际议程核心。2023年，习近平主席在出席"金砖+"领导人对话会时宣布，中方已经成立总额40亿美元的全球发展和南南合作基金，中国金融机构也即将推出100亿美元专项资金，专门用于落实全球发展倡议。中国与发展中国家合作的200多个项目已开花结果，减贫、教育、卫生等领域合作机制不断拓展。中国还启动了中国–联合国粮农组织南南合作信托基金，落实促进粮食生产专项行动，向多国提供粮食援助、分享农业技术知识，并发起全球清洁能源合作伙伴关系，助力实现能源安全。[①]

中国以实际行动践行全球安全倡议。2023年2月，中国发布《全球安全倡议概念文件》，列出20项重点合作方向，包括坚定支持联合国安全治理核心作用、努力促进大国协调和良性互动、积极推动对话和平解决热点问题、有效应对传统与非传统安全挑战、不断加强全球安全治理体系和能力建设。年内，中国发布《关于政治解决乌克兰危机的中国立场》《关于阿富汗问题的中国立场》文件，推动沙特伊朗复交，在新一轮巴以冲突时始终秉持客观公正立场，积极呼吁停火止战、保护平民，开辟人道救援走廊，推动巴勒斯坦问题重回"两国方案"的正确轨道，这些都是中国落实全球安全倡议的努力，受到国际社会，尤其是"全球南方"的普遍赞誉。

（三）共建"一带一路"十年：分享发展机遇

2023年是"一带一路"倡议提出十周年。十年来，"一带一路"务实合作持续深化拓展，为发展中国家增加就业、改善民生、推动经济增长作出了积极贡献，已经成为深受欢迎的国际公共产品和国际合作平台。

十年来，"一带一路"倡议为参与方带来了切实的经济发展和民生福祉。2013年至2022年，中国与"一带一路"共建国家货物贸易进出口额、非金融类直接投资额年均分别增长8.6%和5.8%，双向投资累计超过2700亿美元，中企在共建国家建设的境外经贸合作区已为当地创造了42.1万个就业岗位。预计到2030年，共建

---

① 《习近平在"金砖+"领导人对话会上的讲话（全文）》，中华人民共和国外交部网站，2023年8月24日，https://www.mfa.gov.cn/zyxw/202308/t20230824_11132240.shtml。

"一带一路"可使相关国家760万人摆脱极端贫困、3200万人摆脱中度贫困，使全球收入增加0.7%至2.9%。[①]

2023年10月，第三届"一带一路"国际合作高峰论坛在北京举办，包括阿根廷、智利、刚果、印度尼西亚、哈萨克斯坦、肯尼亚、老挝多个发展中国家领导人出席会议。习近平主席表示，中方愿同各方深化"一带一路"合作伙伴关系，推出支持高质量共建"一带一路"的八项行动，推动共建"一带一路"进入高质量发展的新阶段，得到各方积极呼应支持，论坛共形成458项成果，包括《深化互联互通合作北京倡议》《"一带一路"绿色发展北京倡议》《"一带一路"数字经济国际合作北京倡议》等重要合作倡议和制度性安排。

当今世界，全球发展事业面临严峻挑战，贫富差距和南北鸿沟不断拉大，"一带一路"倡议打造了难得的共同发展合作平台，不仅为发展中国家提供了能源、交通基础设施等"硬联通"，亦推动参与国发展战略和市场规则标准的"软联通"，更为"全球南方"提供了现代化新思路，打破了西方对现代化实践和理论的垄断，助力"全球南方"迈向自主现代化的步伐。

四、结语

当前，世界百年未有之大变局进入加速演变期，发展中国家身处其中，面临格外严峻的安全挑战和更加艰巨的发展任务。中国将坚定同广大发展中国家站在一起，以团结合作共迎挑战，加

---

① 《我国已与152个国家、32个国际组织签署共建"一带一路"合作文件》，新华网，2023年8月24日，http://www.news.cn/fortune/2023-08/24/c_1129822163.htm。

速共同发展，提高"全球南方"在国际事务中的地位和影响力，实现"全球南方"的和平、发展与繁荣。

（中国国际问题研究院发展中国家研究所副研究员　宁胜男）

第二十二章

多边外交：
中国倡议　世界共赢

2023年，中国践行真正的多边主义，携手相关各方一道落实全球发展倡议、全球安全倡议、全球文明倡议，参与和引领全球治理体系变革，推动构建人类命运共同体。

一、元首外交引领，践行真正的多边主义

习近平主席密集开展元首外交，推动国际社会践行真正的多边主义，为世界和平与发展领航定向。

（一）中国共产党与世界政党高层对话会：现代化之问的中国方案

2023年3月15日，中国共产党与世界政党高层对话会（以下简称"政党对话会"）以视频连线方式举行，习近平主席就"我们究竟需要什么样的现代化？怎样才能实现现代化？"等一系列现代化之问给出了中国答案：坚守人民至上理念，突出现代化方向的人民性；秉持独立自主原则，探索现代化道路的多样性；树立守正创新意识，保持现代化进程的持续性；弘扬立己达人精神，增强现代化成果的普惠性；保持奋发有为姿态，确保现代化领导

的坚定性。习近平主席在此次政党对话会上首次提出全球文明倡议,倡导各方应共同尊重世界文明多样性、弘扬全人类共同价值、重视文明传承和创新、加强国际人文交流合作。

(二)首届中国–中亚峰会：携手建设中国–中亚命运共同体

5月19日,首届中国–中亚峰会上,习近平主席就建设一个什么样的中亚提出"四点主张",就如何建设中国–中亚命运共同体提出"四个坚持",就中国同中亚国家合作提出"八点建议",为建设中国–中亚命运共同体指明了努力方向,为地区和世界和平稳定、发展繁荣注入了信心和动力。此次峰会确立了中国–中亚元首会晤机制,设立中国–中亚机制常设秘书处的可行性,为中国–中亚命运共同体提供强大制度保障。

(三)上海合作组织成员国元首理事会第二十三次会议：为世界注入更多确定性和正能量

7月4日,着眼上海合作组织面临的发展机遇与风险挑战,习近平主席在上海合作组织成员国元首理事会第二十三次会议上提出五点建议：把牢正确方向,增进团结互信；维护地区和平,保障共同安全；聚焦务实合作,加快经济复苏；加强交流互鉴,促进民心相通；践行多边主义,完善全球治理。一系列建议为上海合作组织不断发展壮大指引正确方向,为维护世界和平与发展注入更多确定性和正能量。

(四)金砖国家领导人第十五次会晤系列活动：携手打造和平发展的大格局

8月22日至24日,习近平主席在金砖国家工商论坛闭幕式、金砖国家领导人第十五次会晤、"金砖+"领导人对话会和中非领导人对话会等场合发表重要讲话，强调各国要秉持正确的世界观、历史观、大局观，把构建人类命运共同体的理念转化为行动、愿景转化为现实。习近平主席同其他金砖国家领导人密切沟通，擘画金砖机制发展蓝图，与亚非拉国家领导人深入交流，共谋和平繁荣之道。

（五）第三届"一带一路"国际合作高峰论坛：共建"一带一路"进入高质量发展新阶段

10月17日至20日，中国举办了第三届"一带一路"国际合作高峰论坛，151个国家、41个国际组织的代表踊跃与会，注册人数超过1万。[①] 习近平主席在高峰论坛开幕式上宣布中国支持高质量共建"一带一路"八项行动，为"一带一路"明确了新方向，开辟了新愿景，注入了新动力。习近平主席出席近30场双多边活动，向世人宣告共建"一带一路"迎来了更高质量、更高水平发展的新阶段。

（六）亚太经合组织第三十次领导人非正式会议：指明亚太区域合作方向

11月17—18日，习近平主席在亚太经合组织第三十次领导人非正式会议上，深刻总结亚太合作历程的有益启示，提出要坚持创新驱动、坚持开放导向、坚持绿色发展、坚持普惠共享，以高质量增长推动构建亚太命运共同体，为亚太合作擘画蓝图，得

---

① 《王毅谈第三届"一带一路"国际合作高峰论坛重要成果》，中华人民共和国外交部网站，2023年10月19日，https://www.mfa.gov.cn/wjbzhd/202310/t20231019_11163476.shtml。

到与会各方高度认同。会议通过的领导人宣言充分反映了落实布特拉加亚愿景、构建亚太共同体、建设亚太自贸区等中方理念主张。

二、推进中国式现代化，推动构建全球发展共同体

在推进中国式现代化进程中，中国始终把中国人民利益同各国人民共同利益结合起来，推动构建全球发展共同体。

（一）推动普惠包容的经济全球化，构建开放型世界经济

一是引导维护全球化正确方向，反对"脱钩断链""小院高墙"，共同维护全球产业链供应链稳定畅通。中方在政党对话会上指出，任何国家追求现代化，都应该秉持团结合作、共同发展的理念，坚决反对通过打压遏制别国现代化来维护自身发展"特权"。中方在上合峰会上强调，要坚持经济全球化正确方向，反对泛化国家安全概念。中国在金砖峰会上强调，发展是各国不可剥夺的权利，不是少数国家的"专利"。中国在二十国集团领导人第十八次峰会第一阶段会议上指出，要加强宏观经济政策协调，坚定推进经济全球化，做推动全球开放合作的伙伴。①

二是推动发展问题重回国际议程的核心，让发展中国家更好融入国际分工，让发展成果更多更公平惠及各国人民。中方在"金砖+"领导人对话会上强调，要坚持真正的多边主义，构建全

---

① 李强：《在二十国集团领导人第十八次峰会第一阶段会议上的讲话》，中华人民共和国国务院新闻办公室网站，2023年9月10日，http://www.scio.gov.cn/yw/lq_/202309/t20230910_768196.html。

球发展伙伴关系，支持发展中国家实现更好发展。中方在亚太经合组织领导人同东道主嘉宾非正式对话暨工作午宴、第78届联合国大会一般性辩论中表示，要将发展牢牢置于全球议程中心，支持联合国在落实2030年议程中发挥统筹协调作用，倡导开放包容。

三是积极参与全球经济治理，推动构建公正、合理、透明的国际经贸规则体系。在上合峰会上，中方建议扩大本组织国家本币结算份额，拓展主权数字货币合作，推动建立本组织开发银行。在金砖峰会、新全球融资契约峰会上，中方强调要坚定推进全球金融治理改革，构建公正高效的全球金融治理格局。在第三届"一带一路"国际合作高峰论坛专题论坛上，与会各方强调支持以世贸组织为核心的多边贸易体制，支持推进世贸组织必要改革，实现多边贸易规则与时俱进。为此，中国及相关参与方共同发布了《数字经济和绿色发展国际经贸合作框架倡议》。

（二）坚定扩大高水平开放，与世界各国共享发展机遇

习近平主席在政党对话会上指出，中方努力以中国式现代化新成就为世界提供新机遇，为世界提供更多更好的中国制造和中国创造，为世界提供更大规模的中国市场和中国需求。习近平主席在金砖国家工商论坛闭幕式致辞中指出，中国具有社会主义市场经济的体制优势、超大规模市场的需求优势、产业体系配套完整的供给优势、大量高素质劳动者和企业家的人才优势，始终是世界发展的重要机遇。在第三届"一带一路"国际合作高峰论坛上，中方宣布了创建"丝路电商"合作先行区、全面取消制造业领域外资准入限制措施、每年举办"全球数字贸易博览会"等一

系列扩大开放政策。[①] 中国相继举办博鳌亚洲论坛2023年年会、中国发展高层论坛2023年年会、第十四届夏季达沃斯论坛、2023年中国国际服务贸易交易会全球服务贸易峰会、第六届中国国际进口博览会、第三届中非经贸博览会等多边经贸论坛，推进高水平对外开放，让世界共享中国式现代化建设成果。

（三）坚定推进区域一体化进程

中国坚定推进区域一体化进程，抵制各种逆全球化。2023年5月，中国签署《"中国–中亚五国"经贸部门关于数字贸易领域合作的谅解备忘录》。中方在2023年中日韩合作国际论坛上强调，各国都应践行开放的区域主义，支持10+3宏观经济研究办公室打造区域知识中心。中方在第26次中国–东盟领导人会议（简称"10+1领导人会议"）上强调，力争2024年内完成中国东盟自贸区3.0版谈判。中方在第26次东盟与中日韩领导人会议（简称"10+3领导人会议"）上提议，2024年举办10+3产业链供应链对接大会、数字化赋能10+3供应链研讨会。[②] 中方相继举办了第七届中国–南亚博览会、第20届中国–东盟博览会和中国–东盟商务与投资峰会，推动构建更加紧密的区域合作，共同维护发展中国家利益。

（四）推动全球数字科技合作

一是推动完善全球科技治理。2023年4月，习近平主席在向

---

① 《第三届"一带一路"国际合作高峰论坛主席声明》，中国政府网，2023年10月19日，https://www.gov.cn/yaowen/liebiao/202310/content_6910132.htm。

② 《东亚合作领导人系列会议合作倡议清单》，新华网，2023年9月6日，http://www.news.cn/world/2023-09/06/c_1129849260.htm。

中国与世界知识产权组织合作五十周年纪念暨宣传周主场活动贺信中指出，中国坚定维护国际知识产权多边体系，持续优化创新环境和营商环境，推动全球知识产权治理体系向着更加公正合理方向发展。中方在金砖峰会上强调，要充分发挥金砖国家人工智能研究组作用，拓展人工智能合作。中方在第三届高峰论坛上提出《全球人工智能治理倡议》，共促全球人工智能健康有序安全发展。在11月举办的首届"一带一路"科技交流大会上，中方提出《国际科技合作倡议》，携手构建全球科技共同体。

二是推动国际科技创新合作。第三届高峰论坛上，中方宣布未来五年把同各方共建的联合实验室扩大到100家，支持各国青年科学家来华短期工作。中国及相关参与方共同发布了《"一带一路"数字经济国际合作北京倡议》。中国相继举办第四届联合国世界数据论坛、2023中国国际智能产业博览会、2023世界互联网大会乌镇峰会，携手构建网络空间命运共同体。

三是加强区域科技合作。中方在中国-中亚峰会上提出要加强与中亚国家绿色创新合作，邀请中亚国家参与可持续发展技术、创新创业、空间信息科技等"一带一路"专项合作计划。中方在金砖峰会上宣布将设立"中国-金砖国家新时代科创孵化园"，探索建立"金砖国家全球遥感卫星数据与应用合作平台"。10+1领导人会议上通过《中国-东盟关于加强电子商务合作的倡议》《中国-东盟技术合作协议》《共同推进实施中国-东盟科技创新提升计划的联合倡议》。

（五）落实全球发展倡议

加大对全球发展合作资源投入，携手共同发展。中方在中国-中亚峰会上宣布制定中国同中亚国家科技减贫专项合作计划，实施"中国-中亚技术技能提升计划"，向中亚国家提供总额260

亿元人民币的融资支持和无偿援助。① 中方在金砖峰会上表示，中方愿同各方共建"金砖国家可持续产业交流合作机制"，为落实2030议程提供产业对接和项目合作平台。在"金砖+"领导人对话会上，中国宣布已经成立总额40亿美元的全球发展和南南合作基金，中国金融机构即将推出100亿美元专项资金，专用于落实全球发展倡议。同时，中方还将为非洲国家提供卫星测绘成套数据产品，实施"智慧海关"合作伙伴计划，协同联合国教科文组织开展"全球发展倡议助力非洲未来"行动。在中非领导人对话会上，中方宣布发起"支持非洲工业化倡议"，实施"中国助力非洲农业现代化计划""中非人才培养合作计划"，积极支持非洲实现可持续发展。

（六）共建"一带一路"，携手实现世界现代化

一是巩固了共建"一带一路"的国际共识。本届高峰论坛除开幕式外，围绕互联互通、绿色发展、数字经济主题举办了3场高级别论坛，并结合贸易畅通、民心相通、智库交流、廉洁丝路、地方合作、海洋合作等议题平行举办6场专题论坛，回顾共建'一带一路'十年来的宝贵经验，展示了"一带一路"中国倡议、全球响应、世界共赢的鲜明特点，对外传递世界各国团结、合作、共赢的积极信号。

二是丰富了共建"一带一路"的合作成果。本次高峰论坛发布一份多边合作成果文件清单、一份务实合作项目清单，形成了458项成果，数量远远超过第二届高峰论坛。其中包括通过《深化互联互通合作北京倡议》等倡议，中国国家开发银行和中国进

---

① 《习近平在中国-中亚峰会上的主旨讲话》，人民网，2023年5月19日，http://politics.people.cn/n1/2023/0519/c1024-32690277.html。

出口银行各设立3500亿元人民币融资窗口、丝路基金新增资金800亿元人民币支持共建"一带一路"项目，实施1000个小型民生援助项目，决定继续举办"一带一路"国际合作高峰论坛，并成立高峰论坛秘书处等。[①]

三是拓展了共建"一带一路"的光明前景。本届高峰论坛上，习近平主席宣布支持构建"一带一路"立体互联互通网络，加快建设"数字丝绸之路"和"绿色丝绸之路"，为实现世界各国现代化不懈努力，共建"一带一路"进入高质量发展的新阶段。本届高峰论坛发表的主席声明，梳理总结与会各方达成的共识，明确下阶段推进高质量共建"一带一路"的合作方向及重点领域，为推进高质量共建"一带一路"开辟了光明前景。

三、践行全球安全倡议，推动构建人类安全共同体

中国提出全球安全倡议，倡导以团结精神适应深刻调整的国际格局，以共赢思维应对复杂交织的安全挑战。

一是深入阐述全球安全倡议理念，倡导走新型安全之路。2023年2月，中国正式发布《全球安全倡议概念文件》，全面系统阐释全球安全倡议"六个坚持"核心理念和原则，明确了倡议重点合作方向，并就倡议合作平台和机制提出建议设想。中方在政党对话会上倡导以对话弥合分歧、以合作化解争端。在博鳌亚洲论坛2023年年会、第十一届世界和平论坛、第三届中非和平安全论坛、全球公共安全合作论坛（连云港）2023年大会、第十届

[①] 《第三届"一带一路"国际合作高峰论坛务实合作项目清单》，中华人民共和国外交部网站，2023年10月18日，https://www.fmprc.gov.cn/zyxw/202310/t20231018_11163412.shtml。

北京香山论坛等多边场合，中方呼吁共同落实全球安全倡议，反对选边站队、集团对抗和"新冷战"。中方积极参与第59届慕尼黑安全会议、第11届莫斯科国际安全会议等多边安全外交活动，强调各国共建安全合作平台，维护全球安全。

二是积极参与区域安全合作。中方发布《新时代中国的周边外交政策展望》，宣示中国将坚持走和平发展道路，以自身发展促进周边发展，同地区国家共同推进现代化进程，共同构建周边命运共同体。10+1领导人会议上，中方强调要积极推进"南海行为准则"案文磋商，落实好《中国-东盟非传统安全领域工作计划（2024—2028）》。10+3领导人会议上，中方指出要夯实10+3机制的合作根基，努力推动构建亚洲命运共同体。在第78届联大一般性辩论上，中方宣布在今后三年面向东盟地区开展扫雷合作行动。中方在上合峰会上强调，要拓展数据安全、生物安全、外空安全等非传统安全领域合作。中方积极参与第20届香格里拉对话会、第30届东盟地区论坛外长会、第13届亚洲国际海事防务展等多边活动，坚持以东盟为中心的区域安全架构，反对搞"亚太版北约"的图谋，努力建设开放、包容、透明、平等的地区安全合作架构。

三是维护国际核裁军与核不扩散体系。8月，中方在《不扩散核武器条约》第一次审议大会第一次筹备会上表示，拥有最大核武器库的国家应切实履行核裁军特殊、优先责任，进一步大幅实质消减核武库；支持五核国继续探讨减少战略风险的可行举措，谈判缔结"互不首先使用核武器条约"，并在裁谈会谈判缔结无核安保法律文书；有关国家应降低核武器在国家和集体安全政策中的作用；国际社会应通过政治外交手段解决地区核热点问题；任何国家均不得将地缘政治私利凌驾于核不扩散之上，美英澳核潜艇合作构成严重核扩散风险，违反《不扩散核武器条约》目的和宗旨，反对在亚太地区复制"核共享"安排。

四是合作应对各类非传统安全挑战。10+1领导人会议通过《中国－东盟关于深化农业合作的联合声明》《中国－东盟农业绿色发展行动计划（2023—2027）》，中方并在会上宣布将持续向10+3大米紧急储备机制捐资，维护地区粮食安全。中国－太平洋岛国防灾减灾合作中心在广东省江门市正式启用，为中国－太平洋岛国灾害管理合作提供灾害风险监测预警技术交流、防灾减灾培训及能力建设、救灾物资保障、灾后救援行动及海洋防灾减灾"五大支撑"。首次中国－巴基斯坦－伊朗三方反恐安全磋商在北京举行，三方就地区反恐形势，共同打击跨境恐怖分子等问题深入交换意见，并决定将此磋商机制化，为破解国际反恐困局贡献中国智慧、中国经验。

四、推动文明交流互鉴，促进人类文明进步

中国式现代化作为人类文明新形态，与全球其他文明相互借鉴，必将极大丰富世界文明百花园。

（一）提出全球文明倡议

习近平主席在政党对话会上提出全球文明倡议，指出要共同倡导尊重世界文明多样性，共同倡导弘扬全人类共同价值，共同倡导重视文明传承和创新，共同倡导加强国际人文交流合作。[①]全球文明倡议从文明维度明确回答了"人类需要什么样的文明理

[①] 《习近平在中国共产党与世界政党高层对话会上的主旨讲话（全文）》，中国政府网，2023年3月15日，https://www.gov.cn/xinwen/2023-03/15/content_5746950.htm。

念、怎样实现交流互鉴"的历史之惑，为推动构建人类命运共同体夯实了文明之基。

（二）展现体育外交魅力

中国秉持奥林匹克精神，抵制体育政治化，促进人类团结。2023年7月、9月，中国分别举办第31届世界大学生夏季运动会（简称"大运会"）和第19届亚洲运动会（简称"亚运会"），20多国领导人参加开幕式。习近平主席在大运会、亚运会开幕式欢迎宴会致辞中强调，要弘扬全人类共同价值，以体育促团结，以体育促和平，以体育促包容，合作应对全球挑战，抵制冷战思维和阵营对抗。习近平主席分别会见国际奥林匹克委员会主席、亚洲奥林匹克理事会代理主席时指出，要坚持体育非政治化原则，为推进奥林匹克事业和构建人类命运共同体作出新的更大贡献。

（三）加强政党外交

中国积极参与多边政党交流合作。中方相继举办政党高层对话会、第三届中国－太平洋岛国政党对话会、首届中国－中亚政党对话会、第五次发展中国家议员研讨班、第四届中国－阿拉伯国家政党对话会等，凝聚发展共识，增进文明交流互鉴。中国积极参与"共同抵制新殖民主义"国际政党论坛、亚洲政党国际会议青年组织第六次会议等多边政党交流，与各国政党深入互学互鉴，共同应对全球挑战。

（四）促进周边民心相通

中方在中国－中亚峰会上宣布，邀请中亚国家参与"文化丝路"计划，将在中亚设立更多传统医学中心，加快互设文化中心、支持中亚国家高校加入"丝绸之路大学联盟"。上合峰会上，中方宣布未来三年向本组织国家提供1000个国际中文教师奖学金名额和3000个"汉语桥"夏令营名额，邀请100名青年科学家来华参加科研交流。[①] 中方在10+1领导人会议上表示，未来三年中方将在东盟国家建设10所"中国–东盟现代工匠学院"，启动"万人研修研讨计划"，深化文明交融。

（五）搭建文明对话平台

中国相继主办亚洲文化遗产保护联盟大会、全球人权治理高端论坛、第三届文明交流互鉴对话会暨首届世界汉学家大会、中国同中亚国家人民文化艺术年暨中国–中亚青年艺术节、亚洲青年领袖论坛等，建设全球文明对话合作网络，践行全球文明倡议。中方在第三届"一带一路"国际合作高峰论坛上将"支持民间交往"作为八大行动之一，并宣布将举办"良渚论坛"，实施"一带一路"青年精英计划，设立"一带一路"民心相通公益基金，发布《"丝路心相通"共同倡议》等新举措。

五、展现大国担当，参与和引领全球治理体系变革进程

面对各种层出不穷的全球性挑战，中国积极推动全球治理变革朝着更加公正合理的方向发展，维护新兴市场和发展中国家的根本利益和发展空间。

---

① 《习近平在上海合作组织成员国元首理事会第二十三次会议上的讲话》，中国政府网，2023年7月4日，https://www.gov.cn/yaowen/liebiao/202307/content_6889909.htm。

（一）推动全球治理体系改革，推进人类社会现代化

中方在政党对话会、上合峰会等多边场合强调，要携手推进全球治理体系改革和建设，在促进权利公平、机会公平、规则公平的努力中推进人类社会现代化。中方在金砖峰会、中非领导人对话会等多边活动中指出，作为发展中国家、"全球南方"的一员，中国积极推动非盟成为二十国集团正式成员，在联合国安理会改革问题上支持就优先解决非洲诉求作出特殊安排，呼吁多边金融机构提高非洲国家发言权。在中国等新兴市场和发展中国家的努力下，《二十国集团领导人新德里峰会宣言》多次重申了二十国集团作为国际经济合作主要论坛的功能定位，邀请非盟正式加入二十国集团，重申确保发展中国家在全球经济治理中有更大的代表性和发言权。中方积极参与"77国集团和中国"峰会，推动峰会通过《哈瓦那宣言》，呼吁构建更包容、协调的全球经济治理格局。

（二）推动联合国在全球治理体系改革中发挥更大作用

一是中国领导人多次会晤联合国秘书长、联大主席，维护联合国在国际体系的核心地位。习近平主席会见联合国秘书长古特雷斯时强调，中方愿同联合国机构加强合作，促进多边主义和世界多极化，推动全球治理朝着更加公正合理的方向发展。李强总理在会见古特雷斯时强调，要加强全球经济治理体系改革，切实增加发展中国家代表性和发言权。韩正副主席在出席联大期间会见古特雷斯时表示，支持联合国在国际事务中发挥核心作用，在第78届联合国大会一般性辩论上的讲话中表示，联合国应当平

衡推进安全、发展、人权三大支柱领域工作。古特雷斯在同中方领导人会谈时表示，联合国愿与中方密切协作，推动完善全球治理，期待中方继续在国际重大议程中发挥领导力。另外，中方领导人多次会见第77届联大主席克勒希，强调中国将继续支持联合国推进全球治理体系改革。

二是在联合国平台中坚定维护以国际法为基础的国际秩序。中国多次在安理会公开辩论会上揭露"基于规则的国际秩序"的霸权主义本质，强调要维护以联合国为核心的国际体系和以国际法为基础的国际秩序。韩正副主席在第78届联大指出，中国是以联合国为核心的国际体系的坚定支持者，联合国应平衡推进安全、发展、人权三大支柱领域工作，由各国共同维护普遍安全、共同分享发展成果、共同掌握世界命运。在第78届联大开幕期间，中方积极参与上海合作组织成员国外长非例行会议、亚洲合作对话外长会、亚信成员国外长非例行会议、第47届"77国集团和中国"外长会、金砖国家外长会议等，推动各国践行真正的多边主义，提升全球治理体系有效性。

三是积极参与未来峰会筹备进程，推动全球治理朝着更加公正合理的方向发展。联合国决定在2024年召开未来峰会，以加强国际合作，解决全球治理赤字。中方在联合国秘书长未来峰会政策文件吹风会、未来峰会筹备非正式磋商、联合国未来峰会部长级筹备会等场合，就峰会目标、范围等表明立场，强调未来峰会应聚焦可持续发展、和平安全、全球治理等突出问题，坚持以人民为中心，筹备过程应由会员国主导，成果应面向行动。

（三）推动共建地球生命共同体

中国坚持共同但有区别的责任原则，积极参与应对气候变化、全球生物多样性保护等领域国际合作。

一是"一带一路"绿色合作提质升级。在第三届"一带一路"国际合作高峰论坛上，中方将绿色发展作为"一带一路"合作的八大行动之一，强调要加大对"一带一路"绿色发展国际联盟支持，建设光伏产业对话交流机制和绿色低碳专家网络，落实"一带一路"绿色投资原则，到2030年为伙伴国开展10万人次培训，发起绿色发展投融资合作伙伴关系。中国及相关参与方共同发布了《"一带一路"绿色发展北京倡议》《"一带一路"蓝色合作倡议》。

二是积极参与联合国环境治理。中方深入参与2023年联合国水事会议，担任互动对话会共同主席，推动大会取得丰硕成果，并向《水行动议程》提交28项自愿承诺。中方与联合国环境署、《生物多样性公约》秘书处共同举办"昆明-蒙特利尔全球生物多样性框架"吹风会，呼吁各国有效落实"昆明-蒙特利尔全球生物多样性框架"，欢迎各方在全球发展倡议、绿色"一带一路"框架下开展务实合作。中国签署《〈联合国海洋法公约〉下国家管辖范围以外区域海洋生物多样性的养护和可持续利用协定》，体现了中方对保护和可持续利用海洋的高度重视。

三是推动周边环境合作。2023年10月，中方举办第三届"环喜马拉雅"国际合作论坛，对凝聚生态保护国际共识、提升地区国家生态环保能力水平、推动环喜马拉雅地区可持续发展具有重要意义。

六、结语

中国坚定站在历史正确的一边，站在人类文明进步的一边，为人类和平与发展事业贡献的理念不断丰富，落实机制不断健全，推进路径更加清晰，务实合作逐步落地。展望未来，中国将以共建"一带一路"为实践平台，努力汇聚全球正能量，共同推动全球发展倡议、全球安全倡议、全球文明倡议落实，推动构建人类命运共同体。

（中国国际问题研究院国际战略研究所助理研究员　张蛟龙）

第二十三章

中美关系:
遭遇困难　止跌企稳

　　2023年,中美关系在两国元首巴厘岛会晤精神引领下起步。然而,受美方炒作无人飞艇事件的影响,中美关系快速转冷。美方一方面呼吁加强对华接触对话,另一方面仍在多领域强化对华围堵打压。中方坚决抵制美国的错误对华政策,强调坚持相互尊重、和平共处、合作共赢的正确相处之道。下半年来,双方高层互动和对话交流提速。中美元首旧金山会晤开辟"旧金山愿景",为推动双边关系止跌企稳、重回正轨发挥关键作用,为世界发展注入更多确定性和稳定性。受美国坚持"竞赢中国"战略目标叠加美国国内政治和对台政策等因素的负面影响,2024年中美关系仍面临不少风险。

一、美国强化对华遏压

　　2022年11月14日中美元首巴厘岛会晤后,双边关系气氛一度好转,中美快速开展高级别、多层次、多领域对话。拜登政府并未改变对华"竞争、合作、对抗"的"三分法"和"投资、结盟、竞争"的"三点论",但呈现出更加强调"管控竞争"、在全球性挑战上"寻求合作"的阶段性特点。然而,受美方对无人飞艇事件借题发挥、炒作升级、扩大事态的冲击，中美关系降至低谷。拜登政府谋求"竞赢中国"战略目标，继续在多领域制造矛盾。

（一）炒作无人飞艇事件

2023年1月下旬中国春节期间，美国单方面传出国务卿布林肯即将访华的消息。同时，美国媒体和官方开始渲染中国无人飞艇飞入美国国境事件。2月3日，美国国务院称，受此事件影响，布林肯"已决定推迟访华行程"。4日，美国空军悍然出动F-22战斗机，在北美东海岸的大西洋上空发射导弹，击落因不可抗力飘入美国上空的中国无人飞艇。5日，中国外交部就美方宣称击落中国无人飞艇发表声明，表示强烈不满和抗议。6日，美国总统拜登称，他始终认为美方应在条件允许时尽快击落中方"气球"。6日至7日，美国国务院和驻华使馆对外举行大范围吹风会，散播"无人飞艇属于中国军方""并非用于气象科研而是用于间谍目的"等无稽之谈。9日和15日，美国众议院和参议院分别通过"谴责"决议。18日，应美方请求，中共中央政治局委员、中央外办主任王毅出席慕尼黑安全会议期间，同美国国务卿布林肯进行非正式接触。王毅表明了中方在无人飞艇事件上的严正立场，要求美方改弦更张，正视并解决滥用武力给中美关系造成的损害。[①] 慕安会期间，王毅还在多个其他场合就该事件作出严正表态并批评美国。受事件影响，中美各层级交往在此后一段时间明显转冷，双边关系陷入低谷。

[①] 《王毅就飞艇事件向美方表明立场》，中华人民共和国外交部网站，2023年2月19日，https://www.fmprc.gov.cn/web/wjb_673085/zzjg_673183/xws_674681/xgxw_674683/202302/t20230219_11027107.shtml。

（二）加大干涉内政

美方继续围绕涉疆、涉港、西藏、南海等涉我主权、领土完整及敏感议题造谣生事，大搞政治操弄。

第一，强化涉疆"强迫劳动"制裁。2022年6月所谓"维吾尔强迫劳动预防法"生效以来，美国已全面禁止进口中国新疆地区生产的全部产品，大量扣押涉疆进口产品。美国不断将多个中国实体列入"维吾尔强迫劳动预防法"实体清单。截至2023年9月底，该清单已包含27家中企。第二，大搞涉港制裁表演。2023年7月11日，美国以所谓中国政府"破坏香港自治"为由，第三次延长涉港"国家紧急状态"。作为2023年亚太经合组织领导人非正式会议主办方，美国利用制裁香港特区行政长官一事大做文章，威胁不邀请其参加APEC领导人非正式会议。第三，炒作涉藏议题。2023年1月第118届美国国会就职以来，众院外委会主席麦考尔等众议员再次共提"涉藏法案"，国会举办所谓听证会。8月22日，美国国务院宣布就涉藏问题"制裁"中方官员。第四，激化南海局势。美国快速推进"美日菲三边架构"，显著深化军事合作，并借仁爱礁事件煽风点火，持续挑动介入中菲关系。中方在相关问题上持续强化斗争，回应污蔑抹黑，有力维护国家主权、安全和发展利益。

（三）借"去风险"话术，推动"精准脱钩"

2023年美方对华经贸和高科技政策呈现一系列新特点。

一是以"去风险"话术，更新"脱钩"思路。继2023年3月欧盟首提对华"去风险"后，美国政府快速跟进这一概念，将其作为替代"对华脱钩"的新话语。一方面，美国意识到传统的"脱钩"推销不出去，难获盟伴的认同和跟随。另一方面，美国仍坚持在高技术领域搭建"小院高墙"，试图阻碍中国科技实力和综合国力提升。二是加强半导体出口管制。单边层面，美国于10月17日出台对华半导体出口管制最终规则。该规则在2022年10月7日的临时规则基础上，进一步加强对人工智能相关芯片、半导体制造设备的对华出口限制。多边层面，美国与荷兰、日本等半导体领先盟伴进一步协同出口管制政策，后者围绕光刻机等高端半导体制造设备新增对华禁运措施。三是出台对华投资限制新规。在此前以"国家安全"为借口收紧对中国对美直接投资的制度性审查后，拜登政府以双向方式继续推动双边投资"脱钩"。7月以来，美国众议院"中国特设委员会"对多家美国风投机构发起涉华高技术投资调查。8月9日，美国颁布限制对华投资拟议新规，限制美国主体投资中国半导体和微电子、量子信息技术和人工智能等领域。美国还宣布，其主要盟伴正就对外投资审查机制与美方协调立场。四是强化对华制裁。美国持续将中企、科研院所等拉入"实体清单"等出口管制"黑名单"，并以中国实体"违反"美国对俄、伊朗、朝鲜等国所谓制裁"规定"为由，对中方大搞"二级制裁"。美国以"制造和贩运芬太尼"为由对华制裁的力度也显著加强。截至2023年7月，美国已将1300多家中企列入各类制裁清单。五是集中打压TikTok。2023年以来，新泽西州、密西西比州、威斯康星州、北卡罗来纳州、肯塔基州、缅因州、纽约州等以"国家安全"为由禁用TikTok。六是鼓噪"中国经济胁迫"。美方在联合其盟伴对华实施贸易、投资、供应链等限制同时，又炮制所谓"中国经济胁迫"不实指责。5月20日，七国集团峰会发表"关于经济韧性与经济安全的声明"，宣布成立"应对经济胁迫协调平台"。美国及其盟伴不断炒作这一概念，意在影射抹黑中国对外政策，为在经济和高技术领域对华遏制打压找借口。

（四）美国国内政治对华影响更为负面

随着美国国内右翼保守势力坐大，以及对华强硬的"两党一致"和"府会一致"共识进一步凝聚，美国国会和国内选举周期在对华政策上的负面外溢效应更明显。

第一，共和党右翼在国会建立对华遏压机制。在夺回众议院控制权之后，共和党推动建立了"中国特设委员会"。该委员会主席、共和党众议员加拉格尔大肆渲染"中国威胁"，妄称美中竞争"是关乎未来与基本自由的存亡之争"。在该委员会推动下，众院围绕"挺台抗陆"、金融制裁等议题炮制并通过数项涉华法案。该委员会通过召开听证会、施压行政部门、制造舆论等方式，在涉疆、出口管制、投资限制、制裁、科技交流限制、禁止中资购买美农业用地等领域制造反华噪音。第二，两党对华强硬态度进一步"合流"。参议院多数党领袖舒默提出"中国竞争法案2.0"，升级此前的"美国创新与竞争法案"和"2022年美国竞争法案"。该法案由多名参议院委员会主席及资深民主党议员"站台"，强调限制先进技术对华出口、限制对华投资、加大对美国国内关键产业投资、与"一带一路"开展"竞争"、强化对台勾连等内容。参院外委会通过"终止中国发展中国家地位法案"、"保护台湾与国家韧性法案"、涉中印边界决议等，在相关议题上展现出更为强硬的倾向。第三，2024年大选周期恶化涉华舆论氛围。部分共和党内候选人围绕对华经贸等议题鼓噪对华强硬。进入大选年之后，为攫取更多政治资本，两党候选人炒作"中国威胁"、对华示强斗狠的倾向将更为明显。

二、中方坚决反制美台勾连

面对美国对华持续遏压，以及蔡英文、赖清德"过境"窜美的恶劣挑衅，中方敢于亮剑、坚决斗争，打出了掷地有声的反制"组合拳"。

（一）美台勾连加剧，蔡英文、赖清德"过境"窜美引发恶劣影响

为强化对华遏压，拜登政府持续打"台湾牌"，"以台制华"的冒进性、危险性不断加强。同时，民进党当局误判形势、"倚美谋独"，更加不择手段拉拢外部势力。同时，美台勾连也迎来新高潮。军事上，美国新批准四笔对台军售，首次动用"总统提用权"向台提供援助。经济上，美台签署"21世纪贸易倡议"首批协定，开启第二阶段协定磋商。战略上，美国官方和战略界不断炮制台海将"爆发战事"舆论。对此，中方密集打出反制措施，对"台独"分裂势力与外部势力的勾连发出严重警告。

2023年3月底，美方不顾中方严正交涉和反复警示，执意允许台湾地区领导人蔡英文"过境"窜美。4月6日，美国政府第三号人物、时任众议长麦卡锡同蔡在加州里根图书馆会见。同日，美国得克萨斯州联邦众议员麦考尔率团窜台。蔡"过境"窜美期间，美方官员、国会议员同其接触。此举实质是美以"过境"为幌子，纵容"台独"分裂分子在美从事政治活动、开展美台官方往来、提升美台实质关系。此举严重违反一个中国原则和中美三个联合公报规定，严重损害中方主权和领土完整，向"台独"分裂势力发出严重错误信号。

8月12日至18日，中国台湾地区副领导人赖清德以参加巴拉

圭总统就职仪式为由，"过境"窜访美国纽约和旧金山，"美在台协会"人士、纽约州议员等与其接触。美方执意安排赖清德往返两次"过境"窜美，严重违反一个中国原则，严重损害中方主权和领土完整，向"台独"分裂势力发出严重错误信号。

（二）中方多管齐下开展坚决反制

针对蔡英文"过境"窜美的恶劣行径，4月6日，中共中央台办发言人发表声明，强调这是民进党当局推动台美勾连、"倚美谋独"的又一挑衅行径，我们予以强烈谴责，将采取坚决措施惩戒"台独"分裂势力及其行径，坚决维护国家主权和领土完整。[①]同日，外交部发言人发表谈话，强调台湾问题是中国核心利益中的核心，是中美关系第一条不可跨越的红线，再次敦促美方恪守一个中国原则和中美三个联合公报规定，将美领导人作出的不支持"台独"、不支持"两个中国"或"一中一台"承诺落实到行动上。[②]全国人大外事委员会、国防部发表声明，对蔡行径表示坚决反对、强烈谴责。7日，中央台办宣布对"台独"顽固分子萧美琴实施制裁，国台办宣布对宣扬"台独"的机构台湾"远景基金会""亚洲自由民主联盟"予以惩戒，外交部宣布对美国哈德逊研究所、里根图书馆及其负责人采取反制措施。8日至10日，中国人民解放军东部战区圆满完成环台岛战备警巡和"联合利剑"

---

① 《中共中央台办发言人就蔡英文"过境"窜美发表声明》，中华人民共和国外交部网站，2023 年 4 月 6 日，http://new.fmprc.gov.cn/ziliao_674904/zt_674979/dnzt_674981/qtzt/gytwwtdlc/zxxx/202304/t20230406_11054911.shtml。

② 《外交部发言人就蔡英文"过境"窜美发表谈话》，中华人民共和国外交部网站，2023 年 4 月 6 日，http://new.fmprc.gov.cn/ziliao_674904/zt_674979/dnzt_674981/qtzt/gytwwtdlc/fyrbt_131928/202304/t20230406_11054879.shtml。

演习各项任务，全面检验了实战条件下部队多军兵种一体化联合作战能力。

针对赖清德"过境"窜美的恶劣行径，中央台办负责人发表谈话，外交部发言人答记者问，表示坚决反对，予以强烈谴责。8月19日，中国人民解放军东部战区位台岛周边组织海空联合战备警巡，举行海空等兵力联合演训，重点演练舰机协同、夺取制权等科目，检验战区部队联合作战实战能力。9月15日，外交部宣布，根据《中华人民共和国反外国制裁法》，对参与售台武器的两家美国军工企业实施制裁。

三、中方重申坚持三原则，引领带动双方加强互动

作为全球前两大经济体，中美能否确立正确相处之道，攸关世界和平发展和人类前途命运。在2023年初双边关系因无人飞艇事件转冷后，中方不断强调，习近平主席提出相互尊重、和平共处、合作共赢三条原则，指明了新时期中美正确相处的治本之道，双方应以实际行动落实两国元首巴厘岛会晤达成的重要共识，争取中美关系早日回归正轨。[①] 在中方的引领带动下，中美沟通交往逐渐增多，为双边关系止跌企稳注入动力。

（一）中方重申落实两国元首巴厘岛会晤精神和相互尊重、和平共处、合作共赢三原则

面对美方反复表示希望向前看、实现翻篇，但同时不断加强

---

① 《中国驻美大使谢锋：中美要探索新时期正确相处之道》，中华人民共和国驻美利坚合众国大使馆网站，2023年6月7日，http://us.china-embassy.gov.cn/dshd/202306/t20230608_11091411.htm。

对华遏压，中方强调，2023年初以来，中美关系先是遭遇无人飞艇事件的冲击，接着又受蔡英文"过境"窜美的影响，加上美方不断采取损害中方利益的错误言行。当前中美关系处在建交以来最低谷，这种状况不符合两国人民根本利益，也不符合国际社会共同期待。导致中美关系陷入低谷的根源在于，美方抱持错误的对华认知，制定错误的对华政策。当务之急是把两国元首巴厘岛会晤共识真正落到实处，根本遵循是习近平主席提出的三原则。稳定中美关系，需要中美双方共同努力，相向而行。6月18—19日美国国务卿布林肯访华期间，习近平主席于19日礼节性会见，高屋建瓴阐明对稳定发展中美关系的原则立场，提出战略性、指导性意见。习近平主席强调，希望美方采取理性务实态度，同中方相向而行，坚持两国元首巴厘岛会晤达成的共识，把有关积极表态落实到行动上，让中美关系稳下来、好起来。中共中央政治局委员、中央外办主任王毅会见布林肯，就中美关系、台湾问题、科技打压等涉及中方核心关切的重大问题表明立场。[①]

　　在中方的引领带动下，2023年中以来，中美高层互动和双边交往明显提速。5月26日，商务部长王文涛在APEC贸易部长会期间会见美国贸易代表戴琪，双方就双边经贸关系等议题开展交流并同意继续保持交流沟通。6月2日，中美防长在香格里拉对话会期间简短交谈。此后，美国财政部长耶伦、气候问题特使克里、前国务卿基辛格、商务部长雷蒙多也实现访华。双方同意鼓励扩大两国人文和教育交流，就增加中美之间客运航班进行积极探讨，欢迎更多学生、学者、工商界人士到彼此国家互访，并为

---

　　① 《外交部美大司司长杨涛向中外媒体介绍美国国务卿布林肯访华情况》，中华人民共和国外交部网站，2023年6月21日，http://newyork.fmprc. gov.cn/web/wjb_673085/zzjg_673183/bmdyzs_673629/xwlb_673631/202306/ t20230621_11101851.shtml。

此提供支持和便利。

（二）美方在加强对华接触沟通上的声音增多

随着多个地区热点问题升温，美方对"管控竞争"以避免对华冲突对抗，以及在全球性议题上寻求对华合作的需求愈发强烈。同时，美方感到此前对华激烈遏压措施反噬自身，对华"脱钩"并不可行，并意识到须回应国际社会对中美关系走低的关切。

面对中方反复重申的相互尊重、和平共处、合作共赢三原则，以及争取中美关系早日回归正轨的声音，美国国内各界也不断出现希尽快恢复对华接触的呼声，并在加强对华对话上呈现积极势头。拜登多次称希望与习近平主席举行会晤。美国安会、军方、外交、财政、商务等部门多次表达加强沟通愿望，传递缓和信号，强调希望在芬太尼、气候变化、人工智能等领域开展合作，围绕军控、军事沟通等加强对话。工商界和民间层面，苹果等多家美国跨国公司高管，以及美中关系全国委员会、盖茨基金会等友好人士、团体访华，表达看好中国发展、希继续加强合作的强烈意愿。

（三）中美围绕"面向旧金山"密集互动

在中美交往显著增多的带动下，双边关系明显回暖。8月23日，美方宣布拟将《美中科技合作协定》延长6个月，以便与中方开展谈判。作为2023年APEC领导人非正式会议的主办方，美方对于邀请习近平主席赴美国旧金山并开展元首会晤的诉求非常强烈。9月以来，中美围绕"重返巴厘岛""面向旧金山"的互动愈发密集，高层交往和多领域互动进一步增多。9月18日，韩正副总理出席联合国大会期间会见布林肯、克里。10月25日，习近平主席会见来华访问的加利福尼亚州州长纽森。10月26日至

28日，王毅访美期间与拜登、布林肯、沙利文等举行会见会谈。11月8日至12日，何立峰副总理访美并与耶伦举行数次会谈。

中美宣布继续增加客运直航航班，成立商务、经济和金融工作组，举行工作层会议并达成多项共识。中美举办海洋事务、军控和防扩散、外交政策磋商，这标志着在经济领域对话基础上，双方将沟通拓展至政治和安全领域。中美还宣布举行残疾人事务协调会并探讨签署残疾人事务合作谅解备忘录。中方于10月第三届"一带一路"国际合作高峰论坛期间宣布全面取消制造业领域外资准入限制措施。11月上旬，美国政府首次组织17家展商、超200家企业参加第六届中国国际进口博览会，这是进博会历史上规模最大、规格最高的美国参展团。

中美对话沟通显著回暖和多领域交流合作稳步恢复，为元首会晤营造积极良好氛围。同时，中方不断重申对中美关系的原则立场，强调要切实落实两国元首重要共识，在重返巴厘岛基础上，面向旧金山，推动中美关系止跌企稳，尽快回到健康稳定发展轨道；要本着对世界、对历史、对人民负责任态度，按照习近平主席提出的相互尊重、和平共处、合作共赢三原则，推动中美关系真正稳下来、好起来。[①] 中方还强调，回首2023年以来中美关系曲折历程，经验值得总结，教训需要汲取，最关键是要做到"五个必须"：必须遵守两国元首共识；必须稳定中美双边关系；必须保持沟通渠道畅通；必须管控分歧矛盾摩擦；必须推

---

① 《美国总统拜登会见王毅》，中华人民共和国外交部网站，2023年10月28日，https://www.mfa.gov.cn/wjbzhd/202310/t20231028_11170037.shtml。

进互利合作。[①]

四、中美元首会晤开辟"旧金山愿景"，
推动双边关系再出发

11月14日晚，习近平主席应拜登邀请，赴美国旧金山举行中美元首会晤，同时应邀出席亚太经合组织第三十次领导人非正式会议。11月15日，习近平主席在美国旧金山斐洛里庄园同拜登举行会晤。

（一）会晤具有战略性、历史性、引领性，形成"旧金山愿景"

这次会晤是在中美关系处于关键阶段的大背景下举行的。国际社会比以往任何时候都需要一个稳定的中美关系。习近平主席时隔六年再次访美，两国元首时隔一年再次面对面会晤，凸显了中美元首外交的历史传承和时代价值，也延续了习近平主席同拜登总统多年来的交往，必将成为中美关系史中的里程碑、当今国际关系中的大事件。会晤持续4个小时，全程使用同传。两国元首面对面深度交流，就树立彼此正确认知、妥善管控分歧、推进对话合作等最突出问题提出指导性意见，就应对巴以冲突、乌克兰危机以及气候变化、人工智能等全球性挑战进行全方位沟通，进一步探讨了中美两个大国的正确相处之道，进一步明确了中美共同肩负的大国责任，形成了面向未来的"旧金山愿景"，为

---

① 《王毅同美国国务卿布林肯举行会谈》，中华人民共和国外交部网站，2023年10月28日，https://www.mfa.gov.cn/wjbzhd/202310/t20231028_11170041.shtml。

实现中美关系的健康、稳定、可持续发展指明了方向，规划了蓝图。[①]

（二）习近平主席全面阐述中方对于稳定改善中美关系的权威立场

两国元首在相互尊重的气氛中就事关中美关系的战略性、全局性、方向性问题以及事关世界和平与发展的重大问题交换意见。习近平主席从要作出正确历史选择、要找到正确相处之道、要开辟"旧金山愿景"三个方面全面阐述中方对于稳定改善中美关系的权威立场。习近平主席强调，中美到底是伙伴还是对手，是互利合作还是对立对抗，这是一个根本性的问题，不能犯颠覆性错误。我们希望两国做伙伴，在符合双方利益的合作议程上积极行动，在国际和多边场合良性互动，这样中美关系的前途就会是光明的。正确的做法是坚持相互尊重、和平共处、合作共赢。这三项原则既是从半个世纪来中美关系提炼的重要经验，也是历史上大国冲突对抗带来的深刻启示，应该成为中美双方共同努力的方向。这次旧金山会晤，中美应该有新的愿景，共同努力浇筑中美关系的五根支柱，[②]包括共同树立正确认知、共同有效管控分歧、共同推进互利合作、共同承担大国责任、共同促进人文交流。

同时，拜登表示，美中关系是世界上最重要的双边关系，美

---

① 《王毅就中美元首旧金山会晤向媒体介绍情况并答问》，中华人民共和国外交部网站，2023 年 11 月 16 日，https://www.mfa.gov.cn/wjbzhd/202311/t20231116_11181420.shtml。

② 《习近平同美国总统拜登举行中美元首会晤》，中华人民共和国外交部网站，2023 年 11 月 16 日，https://www.mfa.gov.cn/zyxw/202311/t20231116_11181125.shtml。

中冲突并非不可避免，一个稳定和发展的中国符合美国和世界的利益，中国经济增长有利于美国，也有利于世界。美中关系保持稳定，防止冲突，管控分歧，并在符合双方利益的领域开展合作，有助于两国更好应对各自和共同面临的问题。

（三）中美达成多方面共识和成果

此次元首会晤达成了 20 多项共识，涵盖政治外交、人文交流、全球治理、军事安全等领域。一是指导原则上，两国元首认可双方外交团队自巴厘岛会晤以来为讨论中美关系指导原则所做的努力以及取得的共识。强调要相互尊重、和平共处、保持沟通、防止冲突，恪守《联合国宪章》，在有共同利益领域开展合作，负责任管控双边关系中的竞争因素。两国元首欢迎双方团队继续就此讨论。二是对话合作上，双方决定加强高层交往，推进并启动在商业、经济、金融、出口管制、亚太事务、海洋、军控和防扩散、外交政策规划、联合工作组、残疾人等各领域的机制性磋商。双方同意启动续签《中美科技合作协定》磋商，重启中美农业联委会。三是人文交流上，双方重申中美人文交流的重要性，同意 2024 年早些时候大幅增加两国间直航航班，就中美教育合作达成一致，鼓励扩大留学生规模，加强文化、体育、青年、工商界交流。四是全球治理领域，两国元首强调当前中美应加快努力应对气候危机，欢迎两国气候特使近期开展的积极讨论，包括 21 世纪 20 年代国内减排行动，共同推动 COP28 取得成功，启动中美"强化气候行动工作组"。双方还发表了《关于加强合作应对气候危机的阳光之乡声明》。双方同意建立人工智能政府间对话机制。五是军事安全和执法领域，双方同意在平等和尊重基础上恢复两军高层沟通，恢复中美国防部工作会晤、中美海上军事安全磋商机制会议，开展中美两军战区领导通话。双方宣布成立中美禁毒合作工作组，开展禁毒合作。六是两国元首同意，双方团队继续保持高层互动和互访，跟进落实旧金山会晤后续。①

（四）习近平主席强调中方将坚定维护自身主权安全发展利益

两国元首在会晤中还谈及了分歧和敏感问题。习近平主席强调，中国有必须维护的正当利益，有必须捍卫的原则立场，也有必须坚守的红线底线。如果美方执意以竞争为名，围堵打压中国，中方将坚定维护自身主权安全发展利益。台湾问题始终是中美关系中最重要、最敏感的问题。中方要求美方恪守一个中国原则，反对"台湾独立"，停止武装台湾，停止干涉中国内政，支持中国的和平统一。习近平主席还就经贸科技问题表明了中方的立场，指出美方在经贸科技领域对华遏制打压不是在"去风险"，而是在制造风险。这些错误做法以及由此造成的中美关系不确定性，已经成为最大的风险。打压中国科技就是遏制中国的高质量发展，剥夺中国人民的发展权利，我们决不答应，也绝不可能得逞。美方应严肃对待中方关切，取消单边制裁，为中方企业提供公平公正非歧视的环境。

拜登表示，美中经济相互依赖，美国乐见中国发展富裕，不寻求打压遏制中国发展，不寻求同中国"脱钩"。拜登强调，愿重申在巴厘岛会晤中作出的五点承诺，即：美国不寻求新冷战，不寻求改变中国体制，不寻求通过强化同盟关系反对中国，不支持"台湾独立"，无意同中国发生冲突。美方恪守一个中国政策，

① 《王毅就中美元首旧金山会晤向媒体介绍情况并答问》，中华人民共和国外交部网站，2023年11月16日，https://www.mfa.gov.cn/wjbzhd/202311/t20231116_11181420.shtml。

欢迎双方各部门各层级开展对话，愿继续同中方保持开放坦诚的沟通，增进了解，避免误解，管控分歧。[①]

（五）中美元首旧金山会晤意义重大，影响深远

旧金山会晤是一次为中美关系增信释疑、管控分歧、拓展合作的重要会晤，也是一次为动荡变革的世界注入确定性、提升稳定性的重要会晤。在两国元首把舵领航下，中美关系这艘巨轮穿越暗礁险滩，从巴厘岛抵达旧金山，殊为不易。但旧金山不是终点，而应该成为新的起点。在美期间，习近平主席出席了美国友好团体联合欢迎宴会并发表重要演讲。美国国内和国际社会高度关注中美元首旧金山会晤，普遍积极评价此次会晤所取得的战略性、重大性和积极性成果。

五、结语

中美元首旧金山会晤开辟"旧金山愿景"，为推动双边关系止跌企稳、重回正轨发挥关键作用，为世界发展注入更多确定性和稳定性。在高层交往、工作机制、沟通渠道、交流合作计划等多层级接触对话的带动下，中美关系有望释放新的发展活力。2024年将迎来中美建交四十五周年。双方应当从旧金山再出发，夯实中美关系的根基，打造和平共处的支柱，推动两国关系朝着健康、稳定、可持续的方向发展。

与此同时，不应低估中美关系在2024年即将面临的挑战。美

[①] 《习近平同美国总统拜登举行中美元首会晤》，中华人民共和国外交部网站，2023年11月16日，https://www.mfa.gov.cn/zyxw/202311/t20231116_11181125.shtml。

国仍抱持对华"竞赢"思维，将坚持以"竞争"为主的对华战略，继续在政治、外交、经济、高科技等领域强化对华围堵遏压。此外，2024年美国总统大选和对台政策也将给双边关系带来新的冲击。

（中国国际问题研究院美国研究所副研究员　龚婷）

第二十四章

中俄关系：
踔厉前行　共谱新章

2023年是新冠疫情结束后的第一年，全球经济百业待兴，国际形势依然动荡不安，不确定、不稳定、难预料因素增多。面对机遇与挑战交织的国际局势，中俄两国保持战略定力，化解风险，踔厉前行，各领域合作呈现更加积极向上的势头，中俄新时代全面战略协作伙伴关系开启新篇章。在新的发展起点上，中俄两国全面落实两国元首达成的各项共识，持续深化中俄"背靠背"战略协作，为纷繁复杂的国际形势注入强大正能量，为构建人类命运共同体作出新贡献。

一、各领域合作蓬勃发展

2023年新冠疫情结束，中俄交流与合作释放了更大潜力，各领域合作迸发勃勃生机，新时代中俄关系不断前行。

（一）元首外交积极发挥战略引领作用

元首交往是中俄关系的指南针和定盘星。2013年，习近平就任中国国家主席后首次出访就选择了莫斯科。时隔十年，2023年3月20日至22日，习近平主席再次将俄罗斯作为新任期出访首站，充分体现了新时代中俄关系的高水平和特殊性，为中俄关系下一阶段发展注入强大推动力，对中俄关系发展具有里程碑意义。访问期间，两国元首共同签署《中俄关于深化新时代全面战略协作伙伴关系的联合声明》和《关于2030年前中俄经济合作重点方向发展规划的联合声明》，对下阶段两国关系发展和各领域合作作出规划和部署，双方还签署了农业、林业、基础科学、市场监管、媒体等领域多项双边合作文件。2023年10月17日至18日，普京总统访华并出席第三届"一带一路"国际合作高峰论坛，习近平主席同普京总统进行了长时间真挚友好、富有成果的会谈和交流，就中俄下一阶段各领域合作进行对表，为中俄关系发展开辟了新愿景。

在中俄两国元首的战略引领和政治保障下，两国高层通过各种方式开展更加频繁互动，各层级、各领域合作机制积极运转。2023年，中俄两国总理举行了3次会谈，为下一阶段两国各领域务实合作指明了方向。5月21日至28日，中共中央政治局委员、中央政法委书记陈文清赴俄参加中俄执法安全合作机制第八次会议及第十一届安全事务高级代表国际会议。7月9日至12日，俄罗斯联邦委员会主席马特维延科访华并出席中国人大与俄罗斯联邦会议合作委员会第八次会议。2023年9月10日至12日，中共中央政治局委员、国务院副总理张国清出席俄罗斯主办的第八届东方经济论坛，并会见普京总统，就深化两国合作交换了意见。2023年9月19日，中俄第十八轮战略安全磋商在莫斯科举行，双方就中俄关系和事关国际安全与战略稳定的一系列重大问题深入探讨。参与磋商的中共中央政治局委员、中央外办主任王毅与普京总统举行了会见。此外，2023年中俄外长互动更为频繁，进行了7次会晤和2次通话，就中俄关系、乌克兰危机以及国际和地区问题进行沟通和协调。

（二）战略协作成熟稳定

一是在涉及彼此核心利益问题上相互坚定支持。在乌克兰危机一周年之际，中国发布《关于政治解决乌克兰危机的中国立场》文件，并派中国政府欧亚事务特别代表李辉访问了乌克兰、波兰、法国、德国、欧盟总部和俄罗斯，就政治解决乌克兰危机同各方进行了广泛的接触和交流。中国劝和促谈的立场得到俄罗斯的高度支持和肯定。俄罗斯坚定奉行一个中国政策，在涉台、涉港、涉疆和南海问题上坚决支持中国。2023年习近平主席访俄期间，普京总统再次明确表示，俄方坚定支持中方在涉台、涉港、涉疆等问题上维护自身正当利益。

二是携手促进世界多极化。在两国共同发表的《中俄关于深化新时代全面战略协作伙伴关系的联合声明》中，双方呼吁各国弘扬和平、发展、公平、正义、民主、自由的全人类共同价值，对话而不对抗，包容而不排他，和睦相处，合作共赢，促进世界的和平与发展。两国共同捍卫联合国宪章宗旨和原则，坚决反对霸权主义，推动上海合作组织、金砖机制实现历史性扩员，不断增强新兴市场国家和发展中国家在全球事务中的代表性和发言权。在推动阿富汗和平重建、巴以冲突降温方面，中俄也在双边和多边层面进行了深度战略沟通与协作。

（三）军事合作高位运行

2023年，中俄两军继续深化高层交往、联合演训等领域的交流合作，军事合作继续保持高水平发展态势。8月15日，中俄两国国防部长在第十一届莫斯科国际安全会议期间举行会见，就两国两军合作问题交换意见。10月30日，中央军委副主席张又侠与访华并出席第十届北京香山论坛的俄罗斯国防部长绍伊古举行会谈。11月8日，中央军委副主席张又侠率团访俄，与普京总统、绍伊古防长举行了会见，继续深化两军互信与合作。

根据年度军事合作计划，2023年6月6日至7日，中俄两军在日本海、东海相关空域组织实施第六次联合空中战略巡航。7月5日至11日，俄罗斯太平洋海军舰艇编队到访上海，两国海军进行了专业技术交流。7月20日至23日，俄罗斯军队参加了中国人民解放军北部战区在日本海中部组织的"北部·联合-2023"演习，演习课题为"维护海上战略通道安全"。7月28日，中俄海军舰艇编队开始在太平洋海域进行第三次联合海上巡逻。上述活动进一步提升了中俄两军战略协作水平，增强共同维护地区和平稳定、应对各种安全挑战的能力。

此外，2023年8月14日，中国军工部门还参加了在俄罗斯举办的"军队-2023"论坛，凸显了中俄在军贸和军事技术领域的深化合作意向。

（四）务实合作如火如荼

2023年，中俄经贸合作取得丰硕成果。主要有以下四个亮点。

第一，货物贸易快速增长。由于欧盟对俄出口大幅下滑和国际大宗商品价格上升，2023年，中俄贸易额同比增长26.3%，达到2401.1亿美元，其中，中国对俄出口1109.7亿美元，同比增长46.9%；中国自俄进口1291.4亿美元，同比增长12.7%，[①] 提前实现两国元首提出的2000亿美元贸易目标。中国连续十四年保持俄

---

① 《2023年10月进出口商品国别（地区）总值表》，中华人民共和国海关总署网站，http://www.customs.gov.cn/customs/302249/zfxxgk/2799825/302274/302275/5474072/index.html。

罗斯第一大贸易伙伴国地位，俄罗斯成为中国第六大贸易伙伴，连续两年进入中国十大贸易伙伴之列。

能源贸易是中俄贸易增长的最大贡献者，油气贸易则是中俄能源贸易的重中之重。俄罗斯已成为中国第一大石油，第三大天然气进口来源国。此外，2023年第五届中俄能源商务论坛期间，两国公司共签署约20项协议，其中，中国石油与俄气签署《东线天然气购销协议附加协议》，根据协议，俄气将进一步增加对华供气量。这标志着两国能源合作迈上了新的台阶。

第二，新的增长点不断涌现。中俄在汽车、家电、消费电子等领域的合作取得长足进展。汽车领域，2023年，中国汽车品牌在俄罗斯市场上的销量达105.87万辆。预计，2023年中国品牌汽车在俄市场的总销量将达到38万至40万辆。中国汽车在俄市场占有率从上一年的7%增加到49%，企业合作模式日渐多元。家电及消费电子领域，2023年上半年，中国对俄出口额达40.9亿美元，同比增长9.3%。中国品牌智能手机、电视、洗衣机、冰箱等兼具质量上乘和高性价比优势，日益受到俄罗斯消费者青睐。此外，中国超越欧盟重新成为俄农产品最大进口国。2023年1月至10月，俄罗斯向中国出口农产品62亿美元，同比增长63%。

第三，金融服务不断创新。两国人民币结算规模快速攀升。截至2023年末，中俄贸易本币结算比例已超90%，在莫交所的交易额中人民币占比由2022年4月的6%增至2023年10月的50%。[1] 同时，俄政府将人民币列为储备货币。2023年1月，俄财政部开始购买人民币作为国家财富资金储备，截至2023年，人民

---

[1] "Полрынказаюань", https://www.kommersant.ru/doc/6323457?ysclid
=lovfj2lles822847770.

币份额在俄罗斯国家财富基金中的占比提高到60%。[1]

第四，跨境运输加速发展。2023年，中俄大力拓展包括铁路、公路、海运、空运在内的跨境运输，取得一定成效。铁路运输方面，2023年前三季度，途经满洲里和绥芬河、同江铁路口岸的中欧班列开行量超过4583列，运送货物48.9万标箱，[2] 创历史新高，占全国总量的三成。中俄新陆路粮食走廊项目成为中俄东部铁路运输的新通道。中蒙俄沿亚洲公路网4号线（AH4）国际道路运输试运行，将为两国地方建立牢固的经济和贸易联系提供良好条件。海运方面，中国部分港口相继开通了至俄远东港口的新航路。如福建泉州港至俄远东外贸集装箱航线、青岛—符拉迪沃斯托克（海参崴）港"中俄快线"以及广东南沙港至俄罗斯符拉迪沃斯托克港的集装箱海运。2023年7月，中俄北极航线集装箱班轮启动，一定程度上满足了两国日益增长的物流运输需求。航空货运方面，中俄货运包机成为新增长点。哈尔滨、郑州、青岛、西安、广州、厦门、上海（浦东机场）、南京、北京相继开通了飞往莫斯科、圣彼得堡、叶卡捷琳堡等俄罗斯城市的货运包机线路，为提升中俄之间货物运力发挥了积极作用。

此外，2023年中俄还举办了一系列商务论坛、博览会、地方合作论坛、地方投资发展与贸易合作大会等活动，极大促进了中俄各地区在贸易、投资和生产领域的合作。

（五）人文合作生机勃勃

2023年，随着新冠疫情的结束，中俄人文交流活动焕发新

---

[1]　"Минфин обнулит долю евро в ФНБ", https://ria.ru/20230209/evro-1850891739.html?ysclid=lovfwgo8mq692571665.

[2]　《中欧班列"东通道"三大铁路口岸助力构建向北开放新高地》，光明网，https://m.gmw.cn/2023-09/23/content_1303522826.htm。

颜。中俄人文合作委员会文化、媒体、旅游、科技等各领域分委会纷纷举行线下会议，回顾过去一年来的合作，就下一步合作确定重点工作计划。

文化合作方面，中国文化节、中俄端午节、首届中俄图书馆论坛、第七届中俄油画交流展、首届中俄地方文化艺术季、第十三届中俄文化大集等活动的纷纷举行以及两国优秀艺术团体的频繁交流，充分反映出疫情后两国开展文化交流合作的愿望迫切强烈。

体育交流方面，2022—2023年是中俄"体育交流年"。在此框架内两国举办了一系列内容丰富的体育交流活动，包括中俄体育交流周、中俄民间体育艺术节、中俄青少年棒球友谊赛、中俄青少年运动会、中俄儿童足球友谊赛、围棋赛、健身气功等，进一步提升了中俄体育交流的热度，加深了两国人民的友谊。

媒体合作方面，两国媒体机构通过搭建新闻素材互换平台、开设新闻专栏、合作出版专刊等多种方式，加强新闻报道合作，有力地服务中俄关系发展大局。双方签署了中俄电视合拍协议，加强书籍翻译出版、节目联合创作和互译互播合作。"阅读中国"栏目在俄主流电视频道的启动、"中国式现代化与世界新机遇"中俄媒体圆桌会也为俄罗斯民众更好了解中国提供良好途径。两国还积极举办中俄网络媒体论坛、中俄动画产业对话会等活动，积极推动中俄媒体产业共同发展，筑牢中俄友好的民意基础。

教育合作方面，"汉语热"和"俄语热"持续升温。在俄开设的19所孔子学院、4个孔子课堂，以及俄罗斯在华设立的35个俄罗斯文化中心等机构，有力推动了中俄语言互通。两国合作办学硕果累累。联合培养多点并进，60多所两国高校加入中俄综合性大学联盟。双向留学稳定发展。截至2023年1月，在俄中国留学生达到4万人左右，俄罗斯在华留学生为1.5万人左右。

旅游合作方面，随着全球疫情形势好转，2月，中国恢复中国公民赴俄罗斯团队旅游，中俄旅游交流的大门已经敞开。同时，中俄互免团体旅游签证的恢复，极大促进了跨境旅游市场持续升温。

2023年中俄科技合作稳步推进。双方在科技组织交往、大科学装置框架下合作、联合研发项目合作、中俄科技会展活动以及大力推动青年科研人才培养和学术交流等方面取得丰硕成果，包括成功举办中俄生命科学技术产业转化园区授牌仪式暨首届中俄生物技术产业合作发展交流会、中俄青年科技论坛暨青年百人会论坛、中俄基础科学研究领域合作专题研讨会、第十届中俄工程技术论坛暨2023中俄数字经济高峰论坛等。

二、新时期中俄关系深化发展面临的问题和挑战

《中俄关于深化新时代全面战略协作伙伴关系的联合声明》的发布，标志着新时代中俄关系踏上新征程。新时期的中俄关系主要面临着内外两个因素的考验。

（一）中俄关系发展的外部环境更加恶化

当今世界进入冷战结束以来最复杂多变的时期。世界多极化加速推进，大国博弈和战略竞争加剧，不稳定因素增强；贸易保护主义泛起，逆经济全球化浪潮兴起，世界经济面临长期风险；一系列传统和非传统安全威胁加大，各种全球性挑战层出不穷，全球治理形势复杂。美国为维护自身的霸权地位，对中俄实施双遏制战略，渲染阵营对立，试图制造"新冷战"。中俄新时代全面战略协作伙伴关系建立在"不结盟、不对抗、不针对第三方"的基础之上，却一直受到来自第三方的干扰和挑拨。特别是

乌克兰危机升级以来，美西方一直渲染"中国有责论"和"负担论"。所谓"有责论"，即中国应该采取"实际措施"敦促俄方停火撤军；"负担论"，即中俄合作严重影响中国的国际形象。无论是"有责论"还是"负担论"，都是对中俄关系的蓄意挑拨离间。外部环境的恶化对中俄深化各领域合作造成一定的压力。

（二）务实合作有待进一步提质增效

尽管两国经贸合作取得了历史性突破，但双方合作面临的挑战不容忽视，有些问题甚至会制约务实合作的长期发展，如贸易商品结构更加固化。目前，俄方对华出口仍以能源矿产品为主。2021年能源占俄对华出口总额的65.4%，2023年这一比例已上升到68.7%以上。多年来，双方一直推动贸易商品结构多元化，力求增加高附加值商品的贸易份额，扩大农产品贸易等。同时，随着中俄贸易和货运量的不断增长，两国口岸拥堵、货物交接不畅、换装能力不均、班列去程和回程计划不平衡等问题日益凸显。此外，美欧的经济制裁也使中俄投资合作遭遇新障碍，影响两国后续投资合作的健康发展。因此，双方如何加强协调沟通，务实有效地解决新形势下合作中的问题，将困难转化为动力，以推动两国务实合作水平进一步提升，这是摆在两国政府面前的重要任务。

三、推动中俄新时代全面战略协作伙伴关系向前发展

新时代中俄关系开启新篇章再次证明了两国关系具有内在的发展逻辑，不受外在变化的影响，也展现了新时代中俄关系具有广阔的发展前景。习近平主席指出，不管国际风云如何变幻，中

方都将继续致力于推进中俄新时代全面战略协作伙伴关系。[①] 未来，应坚持中俄睦邻友好和全面战略协作方针不动摇，在更大范围、更宽领域、更深层次上推进中俄新时代全面战略协作伙伴关系。

第一，做好战略规划。中俄两国应保持两国元首密切往来，持续发挥两国高层交往的顶层设计和战略引领作用。加强统筹规划，聚焦两国各自发展振兴事业，开拓发展新思路，增添发展新动力。要充分利用和发挥两国各层级交往机制和完备的合作平台，进一步增进战略沟通和互信，始终保持中俄关系高水平运行。

第二，要相向而行，推动投资经贸合作量质齐升。中俄两国应继续拓展合作领域，加强创新领域合作，打造更多利益契合点和合作增长点；破解合作瓶颈，完善边境基础设施特别是重点口岸建设，提升通关和查验效率；创新合作方式，打造由两国本土工业企业参与的新产业链；加强政策协调，为两国投资合作高质量发展创造有利条件；持续推进共建"一带一路"同欧亚经济联盟对接合作，为双边和区域合作提供更多制度性安排。

第三，促进两国人民相知相亲，不断夯实两国世代友好的社会民意基础。中俄两国应用好地方合作机制，推动两国友好省州、友城积极开展对口交往；鼓励双方人员往来，拓展旅游合作和往来，鼓励构建舒适旅游环境；加强两国博物馆、图书馆、美术馆、剧院等文化、文学、艺术机构交流交往；开展好夏令营、联合办学等活动，不断增进两国民众特别是青少年相互了解和友谊。

---

① 《习近平同俄罗斯总统普京举行会谈》，人民网，http://cpc.people.com.cn/n1/2023/0322/c435113-32648814.html。

第四，深化战略协作，共御风险挑战。后疫情时期的世界更加不确定和不稳定，传统与非传统安全挑战错综交织，霸权行径危害深重，世界经济复苏道阻且长。同时，和平、发展、合作、共赢的历史潮流不可阻挡，世界多极化、经济全球化、国际关系民主化大势不可逆转。在此背景下，中俄作为联合国安理会常任理事国和重要新兴市场国家，要坚决维护全球和地区战略稳定，继续开展水平更高、程度更深的战略协作，共同应对各种威胁和挑战。

四、结语

2013年习近平就任中国国家主席首访俄罗斯已过去十年。十年来，历经国际风云考验，中俄新时代全面战略协作伙伴关系日益成熟坚韧。俄罗斯成为中国共建"一带一路"合作中最重要的战略协作伙伴，中俄关系已成为共建人类命运共同体的国家关系典范，两国合作的内生动力和特殊价值不断显现。正如习近平主席所强调的，"中俄关系已经走过七十余年风风雨雨。抚今追昔，我们深深感受到，今天的中俄关系来之不易，中俄友谊历久弥新，必须倍加珍惜。历史和实践告诉我们，中俄关系之所以能够经受住国际风云变幻考验，关键在于找到了国与国正确相处之道"。[①]

2023年是中国全面贯彻落实中共二十大精神的开局之年，也是新冠疫情结束后的第一年。这一年里，中俄两国统筹高层交

[①] 习近平：《踔厉前行，开启中俄友好合作、共同发展新篇章》，中华人民共和国驻俄罗斯联邦大使馆网站，http://ru.china-embassy.gov.cn/zxdt/202303/t20230324_11048591.htm。

往，重启对话合作机制，各领域合作欣欣向荣，两国关系实现了更大发展。在中俄元首的战略引领下，新时代中俄全面战略协作伙伴关系步入了新阶段。

2024年是中俄建交七十五周年，也是全面落实习近平主席同普京总统达成的进一步深化新时代中俄关系的各项共识的第一年，中俄双方要携手努力继续开拓新的合作领域，不断激发合作的内生性动力；规划好纪念活动，深化战略互信，巩固传统友谊，促进世代友好，为新时代中俄全面战略协作伙伴关系注入新内容。

（中国国际问题研究院欧亚研究所副所长、副研究员　韩璐）

第二十五章

中欧关系：
疫后重启　变中求稳

2023年是中欧关系全面重启的一年。受新冠疫情以及乌克兰危机影响，欧盟对华政策处于深度调整进程中。自2019年起，欧盟以"合作伙伴、竞争者和制度性对手"三分法定义对华关系，目前更趋向后两者倾斜。在中欧关系重启背景下，双方均努力加强战略沟通，恢复政治互信，深化务实合作，妥善管控分歧，共同应对全球挑战。

一、高层互动频繁，合作机制线下重启

在中美博弈、新冠疫情和乌克兰危机等多重冲击下，中欧关系面临深度调整。自2022年底以来，中欧重启线下交流，高层互访频繁，线下机制有效恢复，从各方面"重启"并"激活"中欧互动合作机制，引领中欧关系稳定健康发展。

领导人互访频繁。中欧双方均视保持畅通的对话渠道为优先关切，2023年以来高层互动为双方增信释疑、扩大共识和务实合作奠定了良好基础。3月底西班牙首相桑切斯访华后，4月初，法国总统马克龙、欧盟委员会主席冯德莱恩访华并举行中法欧三方会晤。冯德莱恩表示，欧方尊重中国历史和文化。欧中进行坦诚

和建设性的对话，保持欧中关系持续发展，对欧洲的和平稳定至关重要。欧中互为重要贸易伙伴，彼此经济高度关联，同中国"脱钩"不符合欧方利益，不是欧盟的战略选择，欧盟独立自主地决定对华政策。[①]5月上旬，中国国家副主席韩正参加英国查理三世国王加冕仪式，随后访问了葡萄牙、荷兰。6月，中国国务院总理李强访问欧洲，这是2019年以后中国对欧盟的最高级别正式访问。9月初，李强再次在新德里G20峰会期间与欧盟委员会主席冯德莱恩、欧盟理事会主席米歇尔、意大利总理梅洛尼、英国首相苏纳克等举行会谈，就中欧双方关心的热点问题交换意见。总体上看，双方接触意愿较高，互动频繁积极，为培育共识增加合作提供了良好的引擎和动力。

各层级对话机制线下重启。2023年下半年以来，中欧双方设立的高层对话机制也顺利实现线下重启。人权领域，2月中旬第38次中欧人权对话在比利时首都布鲁塞尔举行，这是中欧双方时隔三年再次就人权问题展开对话，双方外交、司法、妇女等部门代表围绕人权观念和实践积极展开交流沟通，努力增信释疑弥合双方分歧。7月初，中共中央政治局常委、国务院副总理丁薛祥在北京同欧盟委员会执行副主席蒂默曼斯举行第四次中欧环境与气候高层对话，对话成果显著，欧方称对话超越了政治分歧。9月下旬及10月中上旬，第九次中欧环境政策部长对话和第十一次中欧能源对话均顺利在京举行，双方就生物多样性保护及推动"昆明–蒙特利尔全球生物多样性框架"落实、加快能源转型、保障能源安全、实现碳中和等议题进行了深入交流。9月中旬，中

---

① 《习近平同法国总统马克龙、欧盟委员会主席冯德莱恩举行中法欧三方会晤》，中华人民共和国外交部网站，2023年4月6日，https://www.fmprc.gov.cn/zyxw/202304/t20230406_11055593.shtml。

共中央政治局委员、国务院副总理张国清与欧盟委员会副主席尧罗娃共同主持第二次中欧数字领域高层对话，就数字领域双方关心的问题进行沟通，围绕数字领域发展和政策、人工智能、信息通信技术和标准、研究与创新、数据跨境流动、非食品消费品安全等议题进行了深入讨论，欧方高度评价中国随后作出的提高在华企业数据流动性的措施。9月下旬，第十次中欧经贸高层对话在北京举行，双方就宏观经济政策协调、产业链供应链合作、改善营商环境、世贸组织改革、金融业双向开放和监管合作等达成一系列成果和共识。2023年10月13日，中共中央政治局委员、外交部长王毅在北京同欧盟外交与安全政策高级代表博雷利举行第十二轮中欧高级别战略对话，积极扩大双边共识，并为四年以来首次线下举行的中欧峰会做了政治准备。

双多边场合扩大交流。除欧盟层面外，中国与欧盟主要大国的线下重启成果丰硕，包括第二十三和二十四次中法战略对话、第六轮中德外交与安全战略对话、第七轮中德政府磋商、中意政府委员会第十一次联席会议等都如期举行，为中方与欧盟成员国之间的不同对话机制按下"重启键"和"加速键"。多边场合中欧携手合作，共同发力。2023年初，中国国务院副总理刘鹤在达沃斯发表演讲指出，中国的基本国情决定了必须对外开放，不断提高对外开放质量和水平，我们反对单边主义、保护主义，推动全面加强国际合作。[①]2月中旬，中共中央政治局委员、中央外办主任王毅在德国出席慕尼黑安全会议并发表题为《建设一个更加安全的世界》的主旨讲话，强调中国在国际安全中发挥的积极建

---

① 《刘鹤出席世界经济论坛2023年年会并发表致辞》，中国政府网，2023年1月17日，https://www.gov.cn/guowuyuan/2023-01/17/content_5737643.htm。

设性作用。6月下旬李强总理在法国出席新全球融资契约峰会并发表讲话，随后参加第十四届夏季达沃斯论坛开幕式并致辞，就中国的政策立场和关切进行沟通交流。

二、经贸关系遇考验，"压舱石"效应承压

经贸关系是中欧关系的压舱石。疫情期间，中欧经贸领域逆势而上，保持稳定增长，为双方关系健康发展奠定了坚实基础。但2023年以来，受制于经济形势变化和欧盟政策调整，中欧经贸的积极态势正出现微妙变化，将对未来中欧关系产生复杂影响。

双边贸易额现负增长态势。2023年以来，受欧盟经济疲软和能源危机冲击影响，中欧双边经贸数据总体呈下降趋势。1月至9月中欧双边经贸总额为5942亿美元，下降7.7%。其中对欧出口3822亿欧元，下降10.6%，从欧进口2120亿美元，下降2.1%，对欧贸易顺差为1702亿美元，下降19.6%。[①]从进出口结构上看，中国对欧顺差额下降更快，向有利于欧出口的方向发展。商务部前欧洲司长孙永福称，贸易负增长是中欧经贸关系发展三十多年来未有的趋势，应引起高度重视。[②]与此同时，双向投资仍保持稳定增速。1月至9月欧盟对华投资92.1亿美元，增加8.9%，中国对欧投资59.3%亿美元，上升13.8%，与贸易形成鲜明对比，一方面或预示中欧经贸合作的转型，另一方面也表明中欧经贸合作根本逻辑仍强大。

欧方持续强调中欧经济不平衡问题。欧盟继续在多个场合强调中欧经贸关系中的不平衡问题。8月，欧洲对外行动署亚太总

---

① 孙永福：《在中欧智库论坛上的讲话》，北京，2023年10月24日。
② 孙永福：《在中欧智库论坛上的讲话》，北京，2023年10月24日。

司司长魏甘德表示，2022年中欧货物贸易总额约为8530亿欧元，其中包含4000亿欧元的贸易逆差；虽然目前这个问题正在得到解决，欧洲工业出口得以改善，但贸易不平衡问题仍需解决。[①] 10月，博雷利在北京大学发表演讲时同样提及贸易不平衡问题。他指出，"欧中的经济关系很深，贸易额每日达 23 亿欧元，双方都从中受益。但双方贸易关系多年来一直是不平衡的""这种不平衡还在继续恶化"，"我们的贸易逆差在一年内增加了60%：这是一个相当大的增幅。这也并不是我们各自生产力差距所造成的"。他指出这种不平衡在欧盟看来"不仅是量化的，也是质化的"。[②]

欧盟"去风险"战略将增加合作壁垒。2023年初以来欧盟提出"去风险"概念，并于6月出台"经济安全战略"，意在在"反脱钩"基础上进行经贸领域风险管控。该文件没有具体提及中国，但明显有涉华指向。从实际效果来看，"去风险"进一步放大了中欧双方分歧。首先，欧盟有试图借"去风险"进一步强化经济关系"政治化""安全化""工具化"的倾向。通过将经济政策与对外政策结合，扩大所谓"风险"范围，并服务于欧盟的地缘政治转型。博雷利明确表示，该战略"将确保促进经济安全的努力成为欧盟对外行动的一个组成部分，并与更广泛的外交政策保持一致"。[③] 其次，欧盟要求降低外部依赖，实行"多元化"战略，具有明显涉华指向性。欧盟竞争委员副主席玛格丽特·维斯塔格表

---

① "Interview Gunnar Wiegand," Table Briefing, August 14, 2023, https://table.media/china/en/professional-briefing/interview-gunnar-wiegand-wind-turbines/.

② 《欧盟外交与安全事务高级代表兼欧洲委员会副主席何塞普·博雷利在北京大学进行演讲》，https://www.eeas.europa.eu/delegations/china/。

③ European Commission, "An EU Approach to Enhance Economic Security," Press Release, June 20, 2023, https://ec.europa.eu/commission/presscorner/detail/en/ip_23_3358.

示该战略"与国家无关"，但欧盟在评估风险时将应用"地缘政治过滤器"，并表示"我们不能像对待盟友那样对待对制度性竞争对手的供应依赖"，明显指涉中方。[①]欧方甚至将对华经济依赖与对俄能源依赖进行类比。最后，欧盟以"经济安全战略"为平台，实施"去风险"战略，进一步扩大经贸政策工具箱。其中囊括了欧盟已经讨论中的《反胁迫工具法案》《外国补贴条例》等，也包括新提出的"敏感技术清单"等。欧盟有意加大综合使用政策工具力度，确保其"经济安全"，在对华关系中加大其"经济威慑能力"。10月初，欧盟委员会正式公布一份关键技术清单，将先进半导体、人工智能、量子技术和生物技术列为可能出现技术安全和技术泄露的四个最敏感和最直接风险领域。欧盟还将其他六种技术纳入未来待定清单，将在欧盟层面采取风险评估和相应措施。

经贸保护主义政策落实力度增大。欧盟及成员国在多个层面采取经贸保护主义政策，加大政策工具落实力度。据报道，1月底，荷兰在美国压力下与美日达成协议，对先进芯片制造设备实施新的出口管制。6月底，荷兰宣布将部分光刻机等半导体相关产品纳入出口管制，自9月1日起生效实施。欧盟层面，9月中旬，冯德莱恩宣布欧盟委员会将对中国电动汽车补贴展开调查。鉴于中国电动汽车生产商在欧洲电动汽车市场的市场份额迅速扩

---

① European Commission, "Press Remarks by Executive Vice-Presidents Vestager and Dombrovskis and High Representative/Vice-President Borrell on Economic Security Strategy," Press Release, June 20, 2023, https://ec.europa.eu/commission/presscorner/detail/es/speech_23_3388.

大，[1] 欧盟认为中国对电动汽车的补贴将导致不公平竞争并扭曲欧盟的电动汽车市场。[2] 10月，欧盟通过《反胁迫工具法案》，进一步扩充其政策工具箱。欧盟认为，作为最后手段，欧盟将强化采取反制措施的能力，例如实施贸易限制、增加关税、进出口许可证、服务贸易或外国准入限制直接投资或公共采购。[3] 此外，欧盟也正在积极商讨对中国风电行业补贴进行调查的可行性，以支持其风电行业更有效应对来自中国的竞争。

三、政治安全领域强化地缘政治诉求

2019年末欧盟委员会提出"地缘政治转型"诉求以来，欧盟加快其"软实力硬化"过程，积极塑造其地缘政治议程，增加了中欧关系中的"地缘政治"维度。

扩大在"印太"地区的存在。2023年以来，欧盟及成员国进

---

① 欧盟官员预计，到2025年，中国品牌电动汽车在欧盟的市场份额将达到15%。参见János Allenbach-Ammann and Sean Goulding Carroll, "How Will the EU's Investigation into Chinese Electric Vehicle Subsidies Work?" Euractiv, September 14, 2023, https://www.euractiv.com/section/economy-jobs/news/how-will-the-eus-investigation-into-chinese-electric-vehicle-subsidies-work/.

② 冯德莱恩在《盟情咨文》中正式提出反补贴调查，称"全球市场现在充斥着更便宜的中国电动汽车。而且国家巨额补贴人为地压低了它们的价格。这正在扭曲我们的市场""如果这些补贴不符合世界贸易组织的规则，欧洲必须能够反击。"参见Ursula von der Leyen, "2023 State of the Union," European Commission, Strasbourg, September 13, 2023, https://ec.europa.eu/commission/presscorner/detail/en/speech_23_4426。

③ Heinrich Böll Stiftung, "Towards a Common European China Strategy?" E-Paper, October 2023, https://eu.boell.org/sites/default/files/2023-10/e-paper_china_strategies_final.pdf.

一步增强对"印太"的接触力度。5月欧盟轮值主席国瑞典召集了第二次欧盟–"印太"外长会和"印太"论坛，中国仍未受邀，但美国派代表参加了部长级论坛。来自欧盟和"印太"国家的部长讨论了乌克兰危机影响、国际经贸格局走向等。其中，中国与西方竞争、台湾问题等也是热点问题。7月底冯德莱恩在菲律宾马尼拉发表讲话，将矛头指向中国，抨击北京在"印太"地区"日益激进"的立场，警告说中国在南海、东海以及台湾海峡展示军事力量可能会产生"全球影响"，并表示欧盟一直在加强其在"印太"地区的参与。[①]

成员国层面，欧洲多国均表示将加大介入"印太"事务力度，并质疑中国在该地区的影响力。5月意大利总理梅洛尼表示，"印太"地区的平衡、稳定和繁荣（对意大利）至关重要。7月马克龙访问"印太"地区，谴责了该地区出现的"新帝国主义"，称法国可为该地区在中美竞争中提供"替代方案"，承诺法国将加强在该地区的存在，以捍卫较小国家的主权。立陶宛发布其"印太战略"，并表示发展与台湾的经济关系是立陶宛的"战略重点"之一。10月下旬英国议会国防委员会发布报告，敦促政府制定一项单一的、跨政府的"印太战略"，纳入全面的防御和外交应对措施，应对中国所构成的"日益增长的威胁"。

密切与台湾的联系。2023年以来，欧盟主要大国与中国台湾地区往来密切，个别欧盟国家炒作台湾问题，给中欧关系带来严重负面影响。德国联邦议院国防委员会主席、教育和研究部长先后窜访台湾。法国方面，虽然马克龙接受采访时表示在台湾问题

[①]　European Commission, "Keynote Speech by President von der Leyen at the Philippines Business Forum," Press Release, July 31, 2023, https://ec.europa.eu/commission/presscorner/detail/en/speech_23_4030.

上不在中美之间选边站，要寻求欧洲"第三条道路"，但随后四名法国议员组成的代表团即窜访了台湾。捷克当选总统彼得·帕维尔（Petr Pavel）2月初致电台湾地区领导人，成为首位与其通话的欧盟国家元首，并在9月再次在联合国大会上猛烈抨击大陆对台政策，继续表达对台湾当局的"支持"。此外，瑞士议会也通过了加强与台湾地区立法机构关系的动议。①

对冲"一带一路"倡议。欧盟铺开"全球门户"计划，作为对冲中国"一带一路"倡议最重要的抓手。2023年以来，欧盟提出了"全球门户"的"旗舰计划"，通过首批近90个项目。7月欧盟提出欧盟-拉美地区全球门户投资议程（GGIA），该议程围绕绿色、数字转型、发展和健康等支柱展开，为此欧盟承诺到2027年投入超过450亿欧元加强与拉丁美洲和加勒比地区的伙伴关系。9月初G20会议上，欧盟又与美国、中东国家和印度联手，在全球基础设施和投资伙伴关系（PGII）框架下，推出"印度—中东—欧洲走廊"项目和"非洲走廊"项目。根据计划，前者着眼于将印度的货物通过阿联酋、沙特阿拉伯、约旦和以色列运往欧洲，后者将通过安哥拉洛比托港将刚果（金）南部和赞比亚北部连接到全球市场。②10月下旬，欧盟效仿中国"一带一路"高峰论坛，召开"全球门户论坛"，重点讨论关键原材料、绿色和数字转型等问题。

---

① Markus Häfliger, "Nationalrat sendet Liebesgrüsse nach Taiwan," Tages Anzeiger, https://www.tagesanzeiger.ch/nationalrat-sendet-liebesgruesse-nach-taiwan-china-ist-veraergert-270628169965.

② European Commission, "Statement by President von der Leyen at the Partnership for Global Infrastructure and Investment Event in the Framework of the G20 Summit," Statement, September 9, 2023, https://ec.europa.eu/commission/presscorner/detail/en/statement_23_4420.

争夺对"全球南方"影响力。乌克兰危机以来，欧盟开始正视"全球南方"崛起的现实，调整其全球布局，从战略高度加强与"全球南方"的联系，对冲中方影响力。首先，明确其对"全球南方"的需要不仅源自"地缘政治转型"需求，也源自欧盟希望其关键原材料"多元化"，保障供应链的现实需求。其次，选择支点国家重点接触。欧盟重点选择了四个"全球南方"国家——南美洲原材料丰富的巴西和智利，西非经济强国尼日利亚和中亚拥有丰富石油、天然气和铀矿资源的哈萨克斯坦作为重点接触对象。① 目前，欧盟已与哈萨克斯坦签署了一份路线图，以推进原材料伙伴关系。② 此外，欧盟也积极利用多种机制和平台推进与"全球南方"国家关系。6月，法国发起新全球融资契约峰会，寻求与"全球南方"国家新的利益契合点。7月，欧盟时隔八年之后再次举办欧洲-拉丁美洲峰会，意在解决欧盟议会提出的"中国成功运用软实力手段扩大在拉美和加勒比地区的影响力"的问题。③

在涉华问题上加强与美协调。虽然欧美在对华问题上利益认知不同，且双方关系中也存在各种矛盾，但在中国问题上的互动不断增强。3月初冯德莱恩访美，被认为与其3月下旬发表的对华"强硬"的讲话有直接关系。6月欧盟依托"去风险"提出"经济

① Jacopo Bargigazzi, "EU Schemes up Sweeteners to Woo Countries Away from Russia and China," Politico, April 24, 2023, https://www.politico.eu/article/eu-schemes-up-sweeteners-to-woo-countries-from-russia-and-china/.

② European Commission, "EU-Kazakhstan Strategic Partnership Becomes Operational," Press Release, May 19, 2023, https://ec.europa.eu/commission/presscorner/detail/en/ip_23_2815.

③ European Parliament, "Trade Aspects of China's Presence in Latin America and the Caribbean," https://www.europarl.europa.eu/RegData/etudes/BRIE/2022/702572/EXPO_BRI(2022)702572_EN.pdf.

安全战略"后，美也逐渐接受"去风险"逻辑，逐渐软化其"脱钩"论调，向欧方立场靠拢，进一步寻求协调对华政策空间。欧美还在七国集团广岛峰会上共同支持在经济安全框架下重点讨论"经济胁迫"问题。根据声明，"将通过启动'经济胁迫'协调平台加强合作，加强对'经济胁迫'的集体评估、准备、威慑和反应，并进一步促进与七国集团以外伙伴的合作"。秋季的欧美峰会上，双方就"去风险"和"多元化"，减少关键供应链的过度依赖达成共识，表明其对台海局势的"严重关切"，并呼吁中方在乌克兰危机中发挥"更直接的建设性作用"。

四、欧盟及成员国对华政策持续分化

自2019年欧盟提出对华政策"合作伙伴、竞争者和制度性对手"三分法定位后，鉴于内外形势的快速变化，各方利益和理解差异，欧盟及成员国对华政策虽有顶层共识，但具体领域分化持续上升。

欧洲理事会与欧盟委员会涉华政策现分歧。欧洲理事会主席米歇尔倾向于对华"增加接触、减少对抗"的立场，并支持欧盟通过与美政策保持距离来获得更大战略自主权。2023年3月中旬米歇尔在欧洲议会发表讲话，强调在中美之间并非等距外交，同时也表明与中国在全球治理中合作的必要性。6月的欧盟峰会上，也得出较为积极的结论，认为"尽管政治和经济制度不同，但欧盟和中国在追求建设性和稳定的关系方面拥有共同利益，这种关系的基础是尊重基于规则的国际秩序、平衡接触和互惠"。在呼吁"去风险"和"多元化"的同时，强调欧盟和中国仍然是重要的经贸伙伴，欧盟"无意脱钩或转向内部"。[①]但欧盟委员会主席冯德莱恩则为典型的大西洋主义者，对华政策强硬且倾向与美保持合作。冯德莱恩数次涉华演讲均表明其对华鹰派立场，与米歇尔形成鲜明对比。

德法等主要大国持"保持接触，避免脱钩"的务实立场。双方均强调对华双边关系互惠性和全球治理合作的必要性。马克龙访华期间表示其发展欧盟独立自主能力，发挥其中美之外"第三极"影响力的意愿，并在经贸领域强化对华合作。德国坚持与中国保持对话与接触，商界仍然持续看好中国市场，德国经济研究所（IW）报告显示，2023年上半年德国外国直接投资的16.4%流向中国，比2022年的11.6%上升超过30%，达到2019年新冠疫情暴发前的两倍多。[②]此外，德国也在政策领域保持积极态度，如全力公开表示支持亚投行，并将继续加强在亚投行框架下与中方的协调和全面合作。

同时，双方均对"去风险"持谨慎态度。法国财长勒梅尔访华时表示："去风险并不意味着中国是一个风险，而是意味着我

---

①　European Council, "European Council Conclusions on China, 30 June 2023," Press Release, June 30, 2023, https://www.consilium.europa.eu/en/press/press-releases/2023/06/30/european-council-conclusions-on-china-30-june-2023.

②　Nick Alipour, "German Investments in China Increased Despite Pledges to Reduce Dependency," Euractiv, September 21, 2023, https://www.euractiv.com/section/politics/news/german-investments-in-china-increased-despite-pledges-to-reduce-dependency/.

们想要更加独立。"[1] 德国于 2023 年首次出台《国家安全战略》和"中国战略"，强调对华政策的重要性和德国进行调整的必要性。但德明确反对对华"脱钩"，朔尔茨表示"去风险"不是"去中国化"，且认为"去风险"首先是企业层面的事。

意、英等国对华政策两面性上升。意政府对参与"一带一路"合作立场动摇。意加入"一带一路"五年来，中意贸易额从 500亿美元增至 800 亿美元，意大利对华出口增长约 30%。[2] 总理梅洛尼称，意大利是唯一签署"一带一路"备忘录的 G7 成员，但不是欧洲或西方国家中与中国经贸关系最密切的国家。"这意味着有可能与北京保持良好关系，而不必将它们纳入总体战略计划。"[3]同时，意大利政府以国家安全为由，利用其"黄金权力"规则，禁止中国中化集团入股轮胎制造商倍耐力。梅洛尼 7 月底访美，并在涉华问题上加强与美协调，双方重申维护台海和平稳定至关重要。

英国在对华政策上明显追随美国立场。年初首相苏纳克明确表示，中国"是一个与我们有着根本不同价值观的国家，它代表着对世界秩序的挑战"，并认为需要保持警惕并采取措施保护自

---

① Kandy Wong and Frank Tang, "De-Risking and Market Access Dominate China-France Economic Talks," SCMP, July 30, 2023, https://www.scmp.com/news/china/diplomacy/article/3229404/de-risking-and-market-access-dominate-china-france-economic-talks.

② 《王毅谈中意合作丰硕成果》，中华人民共和国外交部网站，2023年 9 月 4 日，https://www.mfa.gov.cn/web/wjbz_673089/xghd_673097/202309/t20230904_11137857.shtml。

③ Gregorio Sorgi, "Italy's Meloni: Good China Relations Possible without Belt and Road," Politico, May 28, 2023, https://www.politico.eu/article/we-can-have-good-china-relations-even-without-belt-and-road-says-italys-pm/.

己，"以捍卫我们的价值观并保护我们的利益"。[①] 但4月底外交大臣克莱弗利的涉华讲话中，又重申对华保持接触的重要性，警告不要与中方进入公开对抗。

匈牙利、塞尔维亚等国对华友好。2023年以来，匈塞等国与中国往来密切，关系继续保持良好态势。上半年匈牙利外长访华时表示，"我们认为中国不是'风险'，而是可以为我们提供巨大合作机遇的国家"。8月下旬，匈牙利国会常务副主席玛特劳伊访华，全国人大常委会委员长赵乐际表示，两国关系进入2017年两国建立全面战略伙伴关系以来的最好时期。[②] 塞尔维亚总统武契奇于10月来华出席"一带一路"国际合作高峰论坛，中塞双方签订自由贸易协定，在欧洲开创先例。

五、结语

2023年是中欧全面战略合作伙伴关系建立二十周年。二十年来，中欧关系的健康稳定发展为双方的稳定和繁荣作出了积极贡献，同时也为世界提供了文明互鉴、利益共享的合作样本。在百年未有之大变局加速演进背景下，中欧关系发展正面临新的机遇和挑战，但"中欧关系不针对、不依附、也不受制于第三方"的本质没有改变。双方对彼此战略需求仍然稳固，合作利益远大于分歧，双方均有意保持对话接触，夯实基础、扩大共识并弥合分

---

① Becky Morton, "Rishi Sunak: China Represents Challenge to World Order," BBC, March 13, 2023, https://www.bbc.com/news/uk-politics-64943445.

② 《赵乐际会见匈牙利国会常务副主席》，新华网，2023年8月22日，http://www.npc.gov.cn/npc/c2/kgfb/202308/t20230822_431101.html。

歧。未来，中欧合作仍将是主流，"脱钩"不符合双方意愿，共同利益将继续引导双方关系朝建设性方向发展。

（中国国际问题研究院欧洲研究所助理研究员　许钊颖）

第二十六章

中日关系：
困局重重　求索新径

2023年是中日和平友好条约缔结四十五周年。四十五年来，中日两国总体坚持了和平、友好、合作的正确方向，各领域交流合作取得的进展有目共睹。当前，中日关系面临的内外形势空前复杂严峻，遇到的风险与挑战前所未有。国际环境深刻变迁之下，中方在坚定维护自身权益的同时坚持促进中日双方良性互动，积极推动两国重新确认全面推进战略互惠关系这一定位，力求为新时代的和平友好注入新的内涵。

一、中日关系面临多重困局

中美战略竞争长期化、复杂化背景下，日本有意借助美日同盟合作，助推自身政治军事"大国化"与"正常化"。在岸田政府"新现实主义外交"思路下，日以西方阵营"核心成员"自居，联美遏华的战略取向逐步清晰，持续加码对华强硬举措，导致两国间新旧问题并起，矛盾对立增多。

（一）日安保战略调整凸显中日关系结构性矛盾

2022年底，日本岸田政府出台新版《国家安全保障战略》，将中国明确定位为"前所未有的最大战略挑战"。这一错误定位在日2023年版《外交蓝皮书》与《防卫白皮书》中被反复沿用，体现出日以"中国威胁论"为借口，不断推动扩军修宪，其安保外交和军事战略针对中国的对抗色彩进一步增强，并严重破坏两国互信基础。

在台湾问题上持续挑战中国核心利益。日本主动追随美"以台制华"策略，粗暴干涉中国内政。2023年5月，美日首脑会谈再次声言要"维护台海和平稳定"。年内，包括日本前首相、自民党副总裁麻生太郎，自民党政调会长萩生田光一等在内的多位重要政客窜访台湾，妄称美日将"做好战争准备"以确保对台海局势的"威慑力"。[①] 日防卫副大臣井野俊郎公然表示，一旦台海爆发冲突，日本很有可能向台湾当局提供防务装备或后勤支持。2023年7月，日智库"战略研究论坛"首度纠集美、日、台三方人员，以"台海有事"为想定，于东京举办大型兵棋推演。日本无视历史罪责及政治承诺，反复在台湾问题上挑衅滋事，背弃了国际关系基本准则和中日四个政治文件的原则，动摇中日关系政治基础。

围绕领土领海争议继续制造事端。日本2023年版《外交蓝皮书》继续在东海及钓鱼岛问题上严重歪曲历史事实，妄称"钓鱼岛是日本固有领土"。日内阁官房长官松野博一就中国新版地图"将钓鱼岛列为中国领土"提出所谓抗议声明。年内，日本海上保安厅巡视船与右翼船只、科考船等多次非法进入中国钓鱼岛及附属岛屿领海，中国海警舰艇依法对其采取必要管控措施并警告驱离。对此，日罔顾真相，诬指中国"用武力单方面改变现状"，

---

① 「自民 麻生副総裁 "『戦う覚悟』が地域の抑止力に"台湾で講演」，https://www3.nhk.or.jp/news/html/20230808/k10014156921000.html。

渲染紧张局势，破坏中日关系大局。

配合美国强化遏华军事部署。调整后的日本安保政策背离"专守防卫"原则与和平宪法精神，进攻性日益明显。日配合美"印太战略"，共同维护霸权秩序的动向更趋清晰。日防卫费持续大幅增加，日通过积极扩军备战提升美日军事一体化程度，为美"强化对华威慑"提供重要支撑。在美鼓动下，日持续强化西南诸岛军事化建设，计划在西南诸岛布局拥有"对敌基地攻击能力"的"冲绳防卫集团"，将其打造为前沿军事要塞，并部署大量导弹，使其打击范围覆盖中国东部沿海地区，用以加强"对华威慑封锁"。美日以台海及钓鱼岛爆发危机为出发点，协商拟制作战计划，围绕后勤补给、情报搜集、夺取离岛等课题反复展开演练，加紧形成联合作战能力，为介入台海、东海局势预做准备。

（二）日以"维护国际秩序"为名，煽动分裂对抗

主导七国集团峰会操弄涉华议题。2023年，日本作为东道主举办七国集团领导人广岛峰会及相关系列活动。日自居"维护国际秩序的领导者之一"，伙同美国引导会议将"应对中国"作为重点。峰会联合声明20次直接点名中国，声称"民主盟国"应紧密团结应对来自中国的"战略挑战"。声明对东海和南海局势表示"严重关切"，重申所谓"台海和平稳定的重要性"，关注西藏、新疆及香港的所谓"人权问题"，并将经济与安全问题挂钩，抹黑中国实施"经济胁迫""缺乏核透明度"。[①] 日还邀请印度、越南、印尼等多个"印太"国家及发展中国家参加此次峰会扩大会议，意在拉拢地区国家及"其他发展中国家"加入西方阵营，对

---

① "G7 Hiroshima Leaders' Communiqué," https://www.mofa.go.jp/mofaj/files/100506875.pdf.

抗中俄。

拼凑"小多边"合作机制围堵遏制中国。日借助美日同盟，以所谓"共同价值观"作为意识形态纽带，力求将更多的"志同道合国家"拉入合作范围，制造阵营对抗。2023年5月，美日印澳"四边机制"在日举行第三次首脑峰会，声言共推"自由开放的印太"，炒作"基于规则的秩序面临威胁"。[①] 2023年8月，美日韩首脑举行戴维营会谈，宣布开启"伙伴关系新时代"，强调"将推进基于共同价值观的'自由开放的印太'，强烈反对以武力和胁迫单方面改变现状"。日积极推进同菲律宾、马来西亚、越南、印尼等东南亚国家的安全合作。美日菲搭建"三边安全对话"框架，声称将"共同维护海上航行自由"，三国在南海首度开展海上执法力量联合演习，并协同澳大利亚共同实施海上军演，意在干预南海局势。日本还继续推动强化对北约的安全合作，将欧洲与"印太"地区的安全挂钩，引北约势力涉足亚太，共同遏制中国。

（三）日强排核污染水入海危害全球及地区环境安全

2023年8月24日起，日本不顾国内民众以及亚洲、太平洋岛国强烈反对，单方面强行启动福岛核污染水向太平洋排放作业。至2023年11月，日本已向海洋排放三批合计超2.3万吨核污染

---

① "Remarks by President Biden, Prime Minister Kishida, Prime Minister Modi, and Prime Minister Albanese at the Third In-Person Quad Leaders' Summit," The White House, https://www.whitehouse.gov/briefing-room/speeches-remarks/2023/05/20/remarks-by-president-biden-prime-minister-kishida-prime-minister-modi-and-prime-minister-albanese-at-the-third-in-person-quad-leaders-summit/.

水，预计排污将持续三十年，排放污水总量超百万吨。日本无视国际社会，特别是邻国的合理关切与强烈质疑，违背《联合国海洋法公约》等国际法规定的义务与国际道义责任，拒绝讨论排海之外的其他核污染水安全处置方案，从自身经济成本出发，一意孤行向邻国乃至全人类转嫁核污染风险。作为日本的近邻与核污染水排海的利益攸关方，中国坚决反对这一极端不负责任的错误行径，多次基于科学与事实向日方表达关切并提出严正交涉，敦促其停止核污染水排海计划，切实以科学、安全、透明的方式进行处置。

为维护食品安全和中国人民的身体健康，中国政府在日方启动排污入海后，依法依规全面暂停进口原产地为日本的水产品。对此，日方非但拒绝反思自身责任，纠正错误行为，反将矛头对准中国。日本首相岸田文雄等多位政客强硬要求中方取消对日本水产品的进口限制措施，甚至扬言要采取所谓反制对策，并向世界贸易组织提交申诉。日本政府加大宣传力度，意图通过歪曲国际原子能机构的有关评估报告"洗白"核污染水排海做法，诬称中国"拒绝客观沟通"，"强调排海风险的观点没有得到国际社会认可"，混淆舆论并将自身伪装成"受害者"。部分日媒借机渲染"中国国内反日情绪升温"，大量来自日本国内的骚扰电话对中国驻日使领馆的正常运转造成严重干扰。

（四）日推进经济"去风险化"，动摇中日经贸压舱石

新冠疫情及乌克兰危机背景下，日本经济复苏乏力，对中日经济竞争更加敏感，迫切希望通过深度参与美国主导的产业链供应链重构来挽救自身颓势。日本在经济安全保障领域进一步加强对美追随依附，对华"脱钩"并实施经济、科技打压态势更趋明

显，希发挥自身在资本、技术、产业链等领域的优势助美"竞赢中国"，同时凸显其在西方阵营中的重要性。这一动向导致中日经贸合作不确定性增强，近年来中日"政冷经热"局面逐渐滑向"政冷经冷"。2023年11月，美日"经济政策协商委员会"（经济版2+2会议）举行第二次部长级会议，商定将共同应对"非市场经济的政策与行动""经济胁迫""不以科学为依据的贸易管制""不透明、不公正的开发性金融"，维护"以规则为基础的'印太'地区经济秩序"，"强化经济韧性"并"保护和推广关键新兴技术"。[①] 2023年1月，日本与美国、荷兰就限制向中国出口先进半导体芯片制造设备达成协议，以打压中国自主建设高端芯片产业链。2023年3月，日本经济产业省不顾商界反对意见，宣布将修改《外汇和外国贸易法》，对六大类23种芯片制造设备实施出口管制，事实上为上述设备出口至中国设置了巨大障碍。2023年5月，广岛七国集团峰会以"去风险化"说法取代"脱钩"，日媒借机炒作包括地缘政治风险、经济风险、政策法规风险、战争风险等在内的多重"中国风险"，甚至利用个别在华人员从事间谍活动被抓扣事件煽动所谓"人身安全风险"，实质上仍企图推动"去中国化"，试图通过经济打压限制中国影响力。由此，中日双边贸易总额持续缩水，2023年1月至9月较上年下降6.5%，其中日本对华出口下降10.5%。[②] 9月中旬，《日本经济新闻》的调查显示，6成日本企业家认为在华投资风险正在上升；中国日本

---

① 「日米経済政策協議委員会（経済版『2＋2』）第2回閣僚会合」、https://www.mofa.go.jp/mofaj/na/na2/us/page4_006063.html。

② 《2023年9月进出口商品国别（地区）总值表（人民币）》，中华人民共和国海关总署网站，2023年10月18日，http://www.customs.gov.cn/customs/302249/zfxxgk/2799825/302274/302277/302276/5435752/index.html。

商会的问卷调查也表明，近5成的在华日企2023年减少或暂停新增对华投资。

（五）日社会右倾保守化加剧中日国民感情对立

受经济长期低迷影响，炒作渲染所谓"日本沉沦""国难"，主张以强硬手段"恢复日本昔日地位"的右倾国家主义思潮在日本社会甚嚣尘上，其中不乏排外主义、极端主义论调。岸田政府上台以来，未能扭转日本政坛多年以来的右倾保守趋势，反而为争取自民党内保守派系支持，在涉华外交上表现得更加激进强硬。受到美国强化对华舆论打压政策影响，中日民众对对方国家的亲近感呈低迷态势。2023年10月，中国国际传播集团与日本言论NPO联合开展的年度民意调查结果显示，92.2%的日本受访者对中国持有负面印象，高于2022年的87.3%，为2005年开始调查以来的第二低水平。认为中日关系"重要"或"总体来说重要"的日本受访者比例为65.1%，较2022年的74.8%大幅下降，对中日关系走势持悲观看法的日本受访者比例从2022年的37.1%增加至39.7%，持乐观看法的比例则从2022年的8.2%下降至4.2%。对日本持有负面印象的中国受访者比例亦达到62.9%，较2022年略有升高。[①] 2023年，中日陆续解除新冠疫情相关的人员往来管制措施，但中国赴日游客人数较疫情前仍有较大差距。日本民间机构预测，2023年中国大陆赴日游客人数或将仅达到2019年水平的四分之一到三分之一。[②]

---

① 「相手国の印象ともに悪化　日中共同世論調査結果」、https://spc.jst.go.jp/experiences/economy/economy_2368.html。

② 「中国からの訪日客激減の背景と23年の見通し」、https://www.mizuho-rt.co.jp/publication/report/research/express/2023/express-jp230802.html。

二、推动中日关系沿着健康轨道稳定改善发展

（一）以多边外交平台推动高层往来

习近平主席会见岸田文雄。2023年11月16日，习近平主席在旧金山出席亚太经合组织领导人非正式会议期间会见日本首相岸田文雄，为双边关系发展指明了努力方向。习近平指出，当前，中日关系正处于承前启后的关键时期，双方应该顺应时代潮流，把握正确方向，本着"以史为鉴、开辟未来"的精神，保持邦交正常化初心，客观理性看待彼此发展，树立积极友善相互认知，建设性管控矛盾分歧，将"互为合作伙伴、互不构成威胁"的政治共识体现到具体政策和实际行动中。岸田文雄表示，日方希望着眼未来，同中方加强高层沟通对话，增加两国关系积极因素。两国领导人重申恪守中日四个政治文件的原则和共识，重新确认全面推进战略互惠关系的两国关系定位，致力于构建契合新时代要求的建设性、稳定的中日关系。

李强总理与岸田文雄于东亚峰会期间简短交谈。2023年9月6日，国务院总理李强在雅加达出席东亚合作领导人系列会议期间，应约同日本首相岸田文雄简短交谈。此系李强总理就任以来两国领导人首次会晤。李强总理就日本福岛核污染水排海的问题阐明了中方立场，要求日方忠实履行国际义务，同邻国等利益攸关方充分协商，以负责任的方式处置核污染水。

（二）以共同纪念活动重温中日和平友好条约缔约初心

两国领导人互致贺电。2023年10月23日，国务院总理李强同日本首相岸田文雄就中日和平友好条约缔结四十五周年互致贺

电。李强表示，中日和平友好条约以法律形式为中日这两个邻国确立了和平共处、世代友好的大方向，强调反对霸权主义，成为两国关系发展进程中的重要里程碑。李强指出，中方愿同日方一道，重温缔约精神，牢牢把握两国关系正确发展方向，致力于构建契合新时代要求的中日关系。岸田文雄表示，日中和平友好条约明确写入发展两国间持久的和平友好关系。日方愿同中方重温条约精神，努力推动日中关系取得更大发展。

两国各界纪念中日和平友好条约缔结四十五周年。10月23日，中日分别举行纪念中日和平友好条约缔结四十五周年招待会。中共中央政治局委员、外交部长王毅出席中方招待会并发表讲话。日本外相上川阳子、经产大臣西村康稔、法务大臣小泉龙司、日中友好议员联盟会长二阶俊博、日本经济团体联合会会长十仓雅和等总计约1000名各界代表出席日方招待会。由中国社会科学院主办的"中日关系与国际秩序"国际学术研讨会和中国外文局主办的第19届"北京-东京论坛"汇集两国专家学者，共同深入探讨中日和平友好条约的重大意义与新时代践行和平友好条约、促进中日关系健康发展的方式与路径。

（三）以面对面沟通促进各层级坦诚深入交流

中日举行高级别政治对话。2023年11月9日，中共中央政治局委员、外交部长王毅在北京会见日本内阁特别顾问、国家安全保障局长秋叶刚男并举行中日高级别政治对话机制磋商。王毅阐明了中方对当前中日关系的原则立场，指出了改善和发展中日关系的正确路径。王毅还就福岛核污染水排海、台湾、历史等问题表明中方的立场和关切，强调日方应把希尽快改善中日关系的表态体现在具体行动上。双方重申恪守中日四个政治文件确定的各项原则，努力推动两国关系重回健康稳定发展轨道。

日本外相时隔三年再度访华。2023年4月，时任日本外相林芳正访华。国务院总理李强在会见林芳正时指出，2023年是中日和平友好条约缔结四十五周年。双方要重温和恪守条约精神，着眼大局和长远，坚定致力于发展两国间持久的和平友好关系。历史、台湾等重大原则问题事关两国关系政治基础。中日作为重要经贸伙伴，双方应该也完全可以做大经贸合作的蛋糕，在数字经济、绿色发展、财政金融、医疗养老等方面加强合作，实现更高水平的互利共赢。王毅在会见林芳正时表示，日国内一些势力刻意追随美国的错误对华政策，配合美方在涉及中方核心利益问题上抹黑挑衅。中国对日政策保持连续性和稳定性，希望日方回归中日和平友好条约缔约初心，摆脱零和思维，以实际行动将两国"互为合作伙伴、互不构成威胁"的重要共识落到实处。中方在两国外长会谈中敦促日方恪守中日四个政治文件的原则和迄今承诺，不得插手台湾问题、不得以任何形式损害中国主权。日方要负责任地处置福岛核污染水问题，正确引导七国峰会基调和方向，不应助美打压中国半导体产业。林芳正表示，日中关系富有发展潜力。日方愿同中方一道，推动构筑具有建设性、稳定的日中关系，共同作为负责任国家为地区和世界繁荣稳定作出积极贡献。

中日恢复外交当局定期磋商和安全对话机制。2023年2月21日，中日于东京举行第二十九次中日外交当局定期磋商。外交部副部长孙卫东介绍了中国共产党第二十次全国代表大会的主要内容和重大历史意义，阐释了中国式现代化的特征和中国内外政策，并就中日关系、台湾问题、核污染水排海问题阐明中方立场。日本外务省外务审议官山田重夫表示，日方一贯高度重视日中关系，愿同中方一道，落实两国领导人关于构建稳定建设性日中关系重要共识。2月22日，中日外交、防务部门于东京举行第十七次安全对话。孙卫东表示日本新出台的三份安保文件中出现了与域外势力勾连及在台湾、南海问题上的消极动向，中方对此表达严重关切。两国政府确认将在安保、防务领域加强沟通。两场对话均系相应沟通机制2019年2月以来首次启动。

中日建立经贸投资合作新机制。2023年11月14日，商务部部长王文涛会见日本经济产业大臣西村康稔，双方同意建立中日出口管制对话机制、中日优化营商环境工作组。两国就日方半导体制造设备出口管制、维护产业链供应链稳定、中国加入CPTPP及支持新成员加入RCEP等问题交换意见。

（四）以危机管控机制建设化解两国潜在风险

中日防务部门建成海空联络机制直通电话。2023年3月，中日防务部门宣布已完成海空联络机制直通电话线路建设。5月，两国防长首次使用该直通电话进行了约20分钟的通话，双方确认包括直通电话在内的海空联络机制为增进信任、防范突发事态发挥着重要作用，就今后保持两国防务部门沟通达成共识。直通电话的建成和启用，充实了两国防务部门间的沟通渠道，标志着双方海空危机管控能力的重要提升，有利于进一步维护地区和平稳定。

中日举行海洋事务高级别磋商机制第十五轮、第十六轮磋商。2023年4月及10月，中日海洋事务高级别磋商机制第十五轮磋商、第十六轮磋商分别在日本东京和中国扬州举行，磋商由两国外交部门共同主持。双方围绕加强防务、海上执法、海上搜救、渔业管理、海洋环境保护、海洋科研等领域的交流与合作达成一系列共识。双方同意，继续就涉海事务保持密切沟通，努力管控矛盾分歧，维护海上局势稳定。中方阐述了在东海、钓鱼岛、南海、台海等问题上的立场，敦促日方切实尊重中国领土主权和安全关切，停止在上述涉海问题上的一切消极言行，并以负责任的态度妥善处置核污染水问题。

（五）以民间交往为两国关系注入正能量

日本前政要率团访华。日本前众议院议长河野洋平、前首相福田康夫分别率领日本国际贸易促进协会访华团和日本友好人士访华团来华访问。国务院总理李强在会见河野洋平时指出，中日关系的民间基础深厚，希望日本国际贸易促进协会进一步发挥对两国互利合作和民间友好交往的带动作用，欢迎日本地方同中国地方加强经济、人文、体育、青少年等领域交流合作。国家副主席韩正在会见福田康夫时表示，中方赞赏福田康夫先生和日本文化界友好人士为促进中日人文交流作出的不懈努力和重要贡献，希望双方加强合作，为改善发展两国关系、增进国民友好感情发挥更大作用。

中日以多种形式开展地方交往。中国驻大阪总领事馆与新疆维吾尔自治区共同主办"日本民众访疆行"活动，引导日本民众以亲身体验认识真实的新疆，了解关于新疆的事实真相。北京、重庆、山东、江西、湖南、辽宁等省份以友好城市交流、青少年交流等多种形式，组织两国民众开展面对面交往。日本冲绳县知事玉城丹尼随日本国际贸易促进协会访华团访华，公开批评美日推动冲绳军事化制造紧张局势，呼吁地区和平，引起中日舆论广泛关注。

三、推动中日关系重回健康发展轨道

中日和平友好条约以法律形式确认了中日世代友好、和平共处的大方向，为两国关系四十五年来总体保持稳定健康发展提供了政治和法律基础。新形势下中日两国应深刻认识条约的现实意义，倍加珍惜和平友好的历史意义和时代价值，确保中日关系不停滞、不偏航、不倒退，沿着正确轨道行稳致远。

第一，坚持和平友好，妥处分歧，把握两国关系发展的正确方向。中日互为重要近邻，两国坚持中日和平友好条约精神，继续走友好合作之路，符合各自经济社会发展的内在需要。要尊重彼此核心利益，以诚相待，以信相交，恪守中日四个政治文件明确的政治承诺，切实落实"互为合作伙伴、互不构成威胁"的重要共识。要着眼大局，加强包括安全领域在内的各领域沟通交流，树立客观理性的相互认知，建设性管控矛盾分歧，妥善处理双方主权与海洋权益争议。日方尤其应当在历史、台湾等重大敏感问题上重信守约，铭记历史教训，坚持一中原则，坚决反对"台独"，维护好中日关系政治根基。

第二，拓展务实合作，探索高水平互利共赢新机遇。中日两国经济结构高度互补，利益深度交融，互利合作成果为两国人民带来重要福祉。两国应关注数字经济、绿色发展、医疗养老等新领域的合作机遇，探索人工智能、数据安全等领域的规则对接，着眼各自长远利益和地区共同利益，进一步做大经贸合作蛋糕，培育更多新的经济增长点。两国应同舟共济，克服世界经济波动风险，坚持合作的公平与开放，不以所谓"经济安保"旗号人为设限，反对"脱钩断链"，抵制"小院高墙"，合力促进东亚地区乃至世界的发展繁荣。

第三，立足长远，改善两国关系的民意基础。促进后疫情时期两国人员面对面交往，进一步密切中日各行业、各领域民间友好交流，加强两国文化、体育、影视、新闻等领域以及智库、高校之间的直接沟通，增进相互理解，减少误解误判。推动两国青少年之间开展形式多样的往来互动，树立客观友善的相互认知，传递理性正能量，为中日关系未来的良性发展提供更多动力。

第四，共同承担维护亚洲和平稳定的国际责任。在层出不穷的全球性挑战面前，中日作为地区和世界重要国家，应当携手倡导包容普惠与开放共赢，守护亚洲团结合作、发展崛起的良好局面，共同摒弃零和思维，超越阵营对抗，克服意识形态差异和利益矛盾分歧，为构建更加公正合理的国际秩序作出应有贡献。

四、结语

习近平主席指出，中日关系的重要性没有变，也不会变。当前，中日关系正处于关键十字路口。两国应从两国人民根本利益和国际社会共同福祉出发，正视制约关系发展的突出问题，排除干扰，凝聚共识，为构建契合新时代要求的中日关系共同不懈努力。

（中国国际问题研究院亚太研究所副研究员　孙文竹）

第二十七章

中印关系：
总体平稳　低位徘徊

加勒万河谷事件后，中印关系进入平台期。一方面，双方通过机制定期沟通，防止再度发生类似严重情况，确保双边关系发展整体平稳。另一方面，印度对华竞争甚至对抗心态和政策并未发生变化，两国关系难以明显回暖。因此，尽管双边政治关系保持机制沟通，但双方缺乏密切高层往来；边界局势相对稳定，更多进展尚需时日。然而，中印经济合作既有双方互补优势，也是市场力量大势所趋，而人文交流更是文明对话的人心所向。随着"全球南方"成为国际政治热点，中印两大发展中国家舞台将愈加广阔，责任将更大，双方更应加强协调合作，推动构建更加公平合理的国际秩序。

一、双方主管部门保持机制化互动

两国政府部门间的机制化联系如期进行。2023年2月22日，中印边境事务磋商和协调工作机制（WMCC）第26次会议在北京召开；5月31日，该机制第27次会议在印度新德里举行，两国外交、国防、移民等部门代表参加。会议上，双方回顾了前期中印边境管控取得的积极进展，肯定两国边防部队前期在加勒万河谷等四个地点脱离接触成果，并就下阶段磋商思路坦诚深入交换意见，达成多点共识。一是积极落实两国领导人重要共识，推动边境局势进一步稳定。二是巩固谈判成果，严格遵守双方达成的协议和有关共识精神，避免现地局势反复，确保边境地区和平安宁。三是在此前达成共识的基础上相向而行，加快推进解决中印边界西段有关问题，早日达成双方都能接受的方案。双方探讨了进一步缓和边境局势的其他措施，同意努力推动边境局势进入常态化管控阶段。四是继续保持外交军事渠道密切沟通，尽早举行下一轮军长级会谈。

两国高层交往不足。年内，中印领导人没有进行互访或视频、电话沟通，也没有在多边会议场合进行正式双边会晤。仅有的一次面对面交流是8月23日，习近平主席在约翰内斯堡出席金砖国家领导人会晤期间应约同印度总理莫迪交谈。双方就当前中印关系和共同关心的问题坦诚、深入地交换了意见。习近平主席强调，中印关系改善发展符合两国和两国人民的共同利益，也有利于世界和地区的和平稳定与发展。双方应从两国关系大局出发，妥善处理边界问题，共同维护边境地区的和平与安宁。

此前，中共中央政治局委员、中央外办主任王毅7月14日在雅加达应约会见印度外长苏杰生。王毅表示，两国领导人达成将中印关系稳下来的重要共识，双方要为此付诸行动，坚持双边关系正确方向，把握好世界发展大势，推动中印关系企稳改善。作为全球前两大发展中国家和永远的邻居，中印共同利益显然大于分歧，实现共同发展、共同繁荣具有全球示范意义。双方应相互支持、相互成就，而不是相互消耗、相互猜忌。要把精力和资源聚焦于各自发展、民生改善和加快振兴，不让具体问题定义整体关系。希望印方同中方相向而行，找到双方都能接受的边界问题解决办法。苏杰生表示，印中关系正常化符合双方共同利益。印方愿本着开放心态，妥善应对双方分歧，推动印中关系尽快重回正轨，为下阶段高层交往创造良好条件。

二、边境局势相对稳定

年内，双方共举行了三轮军长级会谈，总体上说，还是产生了积极和建设性效果。第十八轮至第二十轮中印军长级会谈分别于4月23日、8月13日至14日和10月9日至10日在莫尔多/楚舒勒会晤点举行。双方本着友好和坦诚精神，围绕解决中印边界西段剩余问题展开积极、深入和建设性沟通。在两国领导人共同指引下，双方以开放性和前瞻性方式交换了意见，同意通过军事和外交渠道保持沟通对话势头，尽快解决剩余问题。在此期间，双方同意维护中印边境和平安宁。

会谈的持续进行，本身就是边界稳定的重要体现。正是通过前期多轮军长级会谈及多次边境事务磋商和协调会议，两军取得了在加勒万河谷等四个地点脱离接触的成果。双方反复强调一定要保持沟通，表明两军在多轮谈判中达成了愈加坚定的共识，即以对话保持边境地区和平及实控线现地稳定，并推动边境局势进一步平稳。边界冲突对中印来说都是难以承担的严重后果，只有通过坦诚务实的沟通才能有效管控风险。

会谈的持续进行，也反映了边界问题的复杂和艰难。和世界上诸多边界争议一样，中印边界问题是一个错综复杂的历史遗留问题，要找到公正、合理和双方都能接受的解决方案，必然要经历艰难而缓慢的谈判协商过程。中国已成功解决了与大多数陆地邻国的边界问题，与不丹的边界谈判也取得重大进展。这些经验和成果表明，中方有充分诚意、耐心和信心推动中印边界问题得到最终解决。然而，谈判和解决问题都必须相向而行，需要印方也付出同等的诚意、耐心和信心。

三、经济合作有"进"有"忧"

尽管全球贸易低迷不振，中印贸易仍保持平稳发展势头。前三季度，两国进出口总额为1018.1亿美元，与2022年同期基本持平。[①] 上半年，印度对外贸易总额为8009亿美元，比2022年同期下降2.5%。[②] 作为印度最重要的贸易伙伴之一，中国是支持印度外贸发展的主要力量。

两国商界积极推动经贸互利合作，中国多地举办中印经贸交流活动，彰显鲜明的行业及专业特色，两国商界精准交流对接。2月，内蒙古乌海市主办中印经贸合作线上交流会，吸引印度涂料协会、印度化学品和石化制造商协会等6家印度化工类协会以及国内数十家化工企业参会。4月，浙江省义乌市举办"2023中印经贸发展高峰论坛"，吸引了近150名中印客商参与，旨在为义乌五金行业企业提供印度市场信息、积极开拓印度市场。8月，广东省东莞市举办"2023世界家具产业集群大会"，印度作为主要参加国与会。会上，中国家具协会与印度贸易促进委员会签署谅解备忘录，加强相互产业合作。同时，印度客商也积极参与中国举办的综合性商贸会展。在8月的第7届中国-南亚博览会上，南亚馆设有448个展位，印度等8个南亚国家均派出了庞大的参展团。本届南博会共达成签约项目483个。其中，商贸项目达141个，金额达105.11亿美元，投资项目342个，投资额4126.54

---

① 据中国海关总署数据库，http://stats.customs.gov.cn。
② 《2023年上半年印度对外贸易超过8000亿美元》，中华人民共和国商务部网站，2023年8月22日，http://kolkata.mofcom.gov.cn/article/jmxw/202308/20230803435016.shtml。

亿元人民币。[①]

　　然而，印度政府非但没有采取便利化措施鼓励中印贸易发展，反而变本加厉实施保护主义。据中国贸易救济信息网统计，从1995年至2023年，全球共对华发起了1614起反倾销调查，其中印度就有298起，位列前三。印度对华反倾销案件近年来呈不断上升趋势，仅2023年前三个季度就多达21起。反过来，1995年至今，中国对印度的反倾销调查仅有12起。[②] 除了经济手段，印度政府的保护主义行为还包括行政命令。11月1日，印度政府正式开始对笔记本电脑、平板电脑和个人电脑进口实施强制许可。其主要目的是遏制来自中国的供应，以提振国内电脑制造业。

　　印度政府对华经济遏制政策在投资领域更加明确。2020年，印度政府修改外国直接投资政策，要求来自与印度陆地接壤国家的在印投资获得政府批准。据印度媒体查到的数据，2021财年至2023财年，印度商工部拒绝了58项中国直接投资申请。其中，2021财年10项；2022财年多达33项，为历史最高水平；2023财年拒绝了15项，获得批准的仅有3项。[③] 此外，印度政府继续以超出常规的惩罚手段对中国在印企业进行有针对性的打压。6月9日，印度中央执法局向小米科技印度分公司及三家银行发通知，指控小米涉嫌违反《外汇管理法》。这一通知意味着该公司在

　　① 《"数"看南博会　共达成签约项目483个》，人民网，2023年8月21日，http://yn.people.com.cn/n2/2023/0821/c378439-40539093.html。

　　② 据中国贸易救济信息网，2023年11月8日，http://cacs.mofcom.gov.cn/。

　　③ Anand Adhikari, "India's FDI Clampdown: Only 3 Chinese FDI Applications Made the Cut in FY23," Business Today, July 24, 2023, https://www.businesstoday.in/latest/in-focus/story/indias-fdi-clampdown-only-3-chinese-fdi-applications-made-the-cut-in-fy23-390946-2023-07-24.

2022年被扣押的555.127亿卢比（折合人民币约48.2亿元）或将被正式没收。该笔款项约占小米年度净利润的56%。[①] 此后不久，印度电子和信息技术部召集小米、OPPO、realme和vivo等中资智能手机制造商开会。会上，印度政府提出一系列要求：企业开放印度资本入股；核心高管必须由印籍人士担任；由印度企业制造和组装手机；培养印度经销商扩大出口；等等。印度政府这些做法的主要目的是让这些中资企业加快"印度化"，并最终成为印资企业，同时印度还希望中资企业帮助印度提升在全球产业链和供应链的地位。但是，这种破坏投资前协议的方式已经远远超出合理范围，给投资者带来难以承受的压力。

中印经济合作潜力无限，理性务实才能互利共赢。作为两个最大的发展中国家，中印的共同利益在于共谋发展。两国经济高度互补，并不存在结构性竞争。近年来中印经贸产业合作的丰硕成果充分说明了这一事实。中国真诚地与印度展开合作，充分尊重印度的关切。对于印度希望缩小贸易逆差的关切，中方采取各种方法鼓励从印进口，包括将印度作为进博会主宾国等。为帮助在印中企遵守印度政府的合规要求，中国使领馆组织在印中企进行各种合规培训。但是，经济合作首先要平等互利，不能单方面提出不对等要求，更不能以政令胁迫对方让利。其次，经济合作应该是理性的务实行为，不应被泛安全化和泛政治化所妨碍。

四、人文交流亟待恢复

随着新冠疫情在全球结束，中印人文交流开始逐步恢复。首

---

① 《48亿被冻结！小米在印度踩到的坑多深？》，中国新闻网，2023年6月14日，https://www.chinanews.com/cj/2023/06-14/10024826.shtml。

先，双方人文交流机制继续运行。3月23日至24日，第五届中印高级别二轨对话在四川成都以线上线下结合形式举行。中国原国务委员戴秉国、印度前外交秘书萨仁山等30余位中印前政要和专家学者参会。双方围绕国际形势新变化和中印关系发展新要求，如何确保中印边境地区稳定，加强双方在经贸和人文等领域的务实合作，在全球治理和国际地区事务中协调配合等重要议题进行了深入讨论。

其次，瑜伽依然是两国人文交流的关键纽带。6月20日，"2023年国际瑜伽日暨中国（昆明）南亚文化艺术周、中印人文交流论坛系列活动"在昆明开幕。活动包括开幕式、中印人文交流主论坛和两个分论坛、中国–南亚艺术展演、南亚美食文化沙龙等。其中，中印人文交流论坛（中印校长论坛）以"美美与共，开创国际人文交流新时代"为主题，中外大学校长、智库专家、高校学者等围绕中国瑜伽学科建设与人才培养、中印关系与人文交流、中印如何促进民心相通等议题进行交流。作为活动承办者之一的云南民族大学中印瑜伽学院（国际太极学院）已成为中印民间交流的重要平台。自2015年成立以来，该学院已培养瑜伽方向本科毕业生140余名、硕士研究生58名。[①]6月21日是第九个国际瑜伽日，中国各地举办了多种多样的瑜伽活动。

最后，智库、青年、体育等多方面交流陆续展开。智库方面，1月19日由中国外文局、云南省社会科学院和印度喀拉拉邦大学中国研究中心共同举办的中印媒体智库论坛以线上线下相结合方式进行，来自中印两国媒体、智库、高校的12位专家学者围

---

① 《中国太极与印度瑜伽的双向奔赴》，新华网，2023年8月19日，http://www.yn.xinhuanet.com/20230819/bb0e19e942654550a7ac0f87bb19f3e5/c.html。

绕"新起点新愿景：2023中印关系与人文交流"主题深入讨论。青年方面，4月20日由西安工业大学主办的中印青年交流对话会议在线上成功举办。会议以"交流互鉴 共创未来"为主题，两国与会青年代表和专家学者分享了有关推动中印关系发展、促进中印青年交流的观点，线上听众认识到加强中印青年交流的重要性和迫切性。体育方面，10月底，15名印度青少年乒乓球运动员来华，在成都乒乓球学校进行为期两周的培训。这是近年来印方首次批量派出国家级后备选手赴华训练交流。

中印人文交流的恢复和深化仍面临诸多障碍。其中最直接的障碍之一是印度签证困难。2021年底以来，印度已恢复了对166个国家和地区的旅游签证等电子签，中国却未被包括在内。相反，印度政府于2022年4月通知国际航空运输协会（IATA），此前发给中国公民的旅游签证全部失效。中国公民申请商务、留学和工作等用途签证也难上加难，增添了很多公示要求之外的签证材料要求。印度政府还缩短中国记者的签证有效期，并拒绝给其续签，导致目前印度境内已无中国记者。相比之下，中国2023年3月恢复对印旅游签证，截至5月末就已向印度公民发放各类签证6万多份，8月将印度列入恢复出境团队游国家名单。

五、多边合作有所进展

中印相向而行、密切协调有助于推动全球治理发展和完善。多边机制则为两国发挥作用提供更加广阔的舞台。在中印等成员的共同协调和推动下，金砖国家合作机制最终成功实现大规模扩员。8月，金砖国家领导人第十五次会晤吸纳阿根廷、埃及、埃塞俄比亚、伊朗、沙特阿拉伯和阿联酋为新成员。从2024年1月1日开始，金砖国家合作机制成员将从5国扩大为11国。扩员后，金砖11国总人口为36.8亿，占世界总人口的46%；GDP总量为29.2万亿美元（2022年），占全球总量的29%。[①]

近年来，全球地缘冲突甚至战争多点齐发，一定程度上分散了国际社会对全球治理的关注。在此情况下，中印协调在全球治理发展中的作用更加突出。9月20日，巴西、南非、印度和中国四国部长代表基础四国集团在纽约气候雄心峰会期间举行会议，并发表《基础四国气候变化部长级会议联合声明》。四国在气候融资、坚持"共同但有区别的责任和各自能力的原则"、反对变相限制国际贸易的单边、强制性措施等关键问题上团结一致，共同维护以"77国集团和中国"为代表的发展中国家利益。这一立场，对于其后在迪拜举行的第28届联合国气候变化大会解决"损失与损害基金"具体安排等难题至关重要。

中印参与的区域和次区域多边合作取得进展。9月7日，第18届东亚峰会在雅加达举行。在中印等绝大多数与会国的共同努力下，东亚峰会没有受到个别国家挑动冲突图谋的干扰，最终通过《东亚峰会关于维护和促进本地区作为增长中心的领导人声明》。10月22日，2023孟中印缅地区国际物流通道合作论坛在腾冲市举行。来自中国、孟加拉国、印度、缅甸等国的专家学者和企业代表齐聚一堂，以"推进孟中印缅地区国际物流通道运营联通"为主题深入探讨交流。论坛上，各方签署了《关于甘拜地—密支那—班哨公路建设项目合作谅解备忘录》《腾冲—密支那—班哨大通道物流服务合作谅解备忘录》等成果文件，进一步推动

---

① "World Economic Outlook Database," International Monetary Fund, November 8, 2023, https://www.imf.org/en/Publications/SPROLLS/world-economic-outlook-databases#sort=%40imfdate%20descending.

孟中印缅经济走廊的建设。

六、结语

2023年，中印关系呈现两大特点。其一是"平"。双方政治保持机制化沟通，边界形势相对稳定，经贸和人文往来持续良好势头。尽管年中双边关系突出亮点不多，略显平淡，但必须看到，"平"在当前形势下就是积极趋势。世界地缘冲突多点并发，"和平"显得更加宝贵，必须维持关系"平稳"，保持边界"平静"。其二是"低"。双方缺乏高层政治交往，投资实绩与产业需求和投资者意愿远不相符，人文交流仍存在很多人为障碍，多边协调还有很大空间甚至受到严重冲击。中印关系迟迟不能实现明显回升，主要是印度继续推行对华竞争甚至对抗政策造成的。

2024年是印度的大选年，从目前形势看，莫迪领导下的印度人民党将有很大概率连胜。但是，这种既低且平的双边关系如果长期持续，对中印和世界的和平与发展都很不利。作为两个最大的发展中国家，中印的快速崛起都需要相对稳定的地缘政治环境，没有任何一方能够负担发生重大冲突的代价。同时，两国最大的共同利益是共谋发展，共同维护广大发展中国家的权利。而且，两国发展高度互补，未来合作空间无限。事实证明，印度所谓"去中国化"也是不现实的。双方必须探索新的和平共存、共同发展之道。

（中国国际问题研究院国际战略研究所副研究员　唐奇芳）

第二十八章

中国–东盟关系：
携手并进　树立典范

　　2023年是中国加入《东南亚友好合作条约》（TAC）二十周年，也是中国提出"建设更为紧密的中国–东盟命运共同体"十周年。中国与东盟共同建设"五大家园"，在政治、经济、安全、人文等领域合作进一步提质升级，高质量共建"一带一路"成果斐然。中国已同七个东盟国家就共建命运共同体达成重要共识，中国提出的全球发展倡议、全球安全倡议、全球文明倡议三大倡议得到东盟国家广泛支持，中国–东盟关系已成为亚太区域合作中最成功和最具活力的典范，成为推动构建人类命运共同体的生动例证。[①] 展望未来，亚太地区秩序仍在加速重构，中国与东盟应继续以构建更为紧密的中国–东盟命运共同体作为总目标，进一步强化战略共识，利用好多层次合作机制，优化升级各领域合作，夯实民心基础，不断丰富中国–东盟全面战略伙伴关系的内涵，为亚太和全球树立合作共赢、命运与共的典范。

---

　　① 《李强在第二十届中国–东盟博览会和中国–东盟商务与投资峰会开幕式上的致辞（全文）》，中国政府网，2023年9月17日，https://www.gov.cn/yaowen/liebiao/202309/content_6904599.htm。

一、中国与东盟国家高层交往紧密，
为双边关系发展引航指向

2023 年，中国和东盟国家继续保持密切的双多边高层交往，不断增进战略互信。

（一）在双边层面，东盟国家领导人纷纷访华，推动对华双边关系提质升级

2023 年以来，柬埔寨时任首相洪森和新任首相洪玛奈，新加坡总理李显龙，马来西亚总理安瓦尔，越南总理范明政，印尼总统佐科，老挝人民革命党总书记、国家主席通伦和总理宋赛，泰国新任总理赛塔等东南亚国家领导人先后访华，几乎覆盖了所有东盟国家。其中，印尼总统佐科，老挝人民革命党总书记、国家主席通伦，越南国家主席武文赏，泰国总理赛塔和柬埔寨首相洪玛奈来华出席了第三届"一带一路"国际合作高峰论坛。佐科总统还出席了成都第三十一届世界大学生夏季运动会开幕式，越南总理范明政、马来西亚总理安瓦尔、柬埔寨首相洪玛奈出席了第二十届中国–东盟博览会，实现年内两次来华。

东南亚国家领导访华成果丰硕，显著提升了与中国的双边关系。中国与新加坡关系提升为全方位高质量的前瞻性伙伴关系，为双边关系规划未来发展，明确战略方向。中国与马来西亚就共建中马命运共同体达成重要共识，推动中马关系进入新阶段。中老和中柬分别签署了《关于构建中老命运共同体行动计划（2024—2028 年）》和《关于构建新时代中柬命运共同体行动计划（2024—2028）》，为构建人类命运共同体作出积极努力和示范。中国印尼同意建立外长防长"2+2"对话机制，进一步拓展高水

平战略沟通渠道和政治安全合作对话平台。此外，马来西亚、柬埔寨、越南、缅甸等多国对中方提出的全球发展倡议、全球安全倡议、全球文明倡议表示支持，双方政治互信进一步增强。

12月12日，习近平以中共中央总书记、国家主席的双重身份对越南进行了国事访问，同越共中央总书记阮富仲共同宣布携手构建具有战略意义的中越命运共同体，确定了两国关系的新定位，中越关系迈上了新台阶。至此，中国同中南半岛国家在双边和澜湄合作多边层面实现了命运共同体建设全覆盖，周边命运共同体建设取得重要实质性进展。

（二）在多边层面，中国与东盟进一步加强战略协调，为构建更为紧密的中国东盟命运共同体做系统谋划

中方以实际行动支持东盟共同体建设和东盟在区域架构中的中心地位。2023年，印尼担任东盟轮值主席国，将"东盟举足轻重：打造增长的中心"作为主题，继续聚焦经济发展与合作。这一政策取向与中国多年来参与东亚合作的重点相吻合，同中国贯彻新发展理念、构建新发展格局的任务相契合。中国积极支持东盟打造经济增长中心，双方达成了一系列新的合作共识。李强总理在第26次中国−东盟领导人会议上的讲话中就指出，中国东盟要进一步凝聚合作共识，加强战略对接，实现更高水平经济融合和联动发展，携手打造经济增长中心，携手推进新兴产业合作，携手维护地区和平安宁，携手扩大人文交流。[①] 双方发布了《中国−东盟关于东盟印太展望互利合作的联合声明》，提出加快推

---

① 《李强在第26次中国−东盟领导人会议上的讲话（全文）》，中国政府网，2023年9月6日，https://www.gov.cn/yaowen/liebiao/202309/content_6902529.htm。

进在东盟印太展望四大优先领域即海上合作、互联互通、可持续发展和经济等领域的合作。中国还强调将推动"一带一路"倡议同东盟印太展望开展互利合作，推进全球发展倡议重点领域同东盟印太展望优先领域协同增效，加强粤港澳大湾区和海南自贸港同东盟发展规划对接合作，助力东盟共同体建设。

2023年7月，中国-东盟外长会发表了《关于纪念中国加入〈东南亚友好合作条约〉20周年的联合声明》，共同弘扬《东南亚友好合作条约》宗旨和原则，维护地区规则和秩序。双方深入探讨将全球发展、安全、文明三大倡议与《东南亚友好合作条约》协同发力，把亚洲智慧传承好、发扬好，以共同维护地区的繁荣稳定。[①] 中国与东盟就地区秩序与合作达成的重要共识为动荡的地区环境提供了确定性，有利于保证本地区融合与合作的态势不刹车、不脱轨，推动地区秩序朝着开放、包容与合作的方向继续前行。

二、中国东盟经贸合作持续深化，打造"一带一路"的东南亚样板

中国和东盟分别为世界第二和第五大经济体，经贸合作是双方关系不断走深走实的重要基石。中国与东盟已连续三年互为最大贸易伙伴，双方贸易"蛋糕"不断做大，新兴产业合作进一步推进，为全球和地区经济复苏注入新动力。

---

① 《王毅出席中国-东盟（10+1）外长会》，中华人民共和国外交部网站，2023年7月14日，https://www.fmprc.gov.cn/web/wjb_673085/zzjg_673183/xws_674681/xgxw_674683/202307/t20230714_11113070.shtml。

（一）中国东盟贸易保持增长，经贸合作继续展现蓬勃生机

随着《区域全面经济伙伴关系协定》红利释放，中国–东盟自贸区建设深入推进，中国和东盟互为最大贸易伙伴地位进一步得到巩固。2023年前10个月，中国与东盟贸易总值为5.23万亿元人民币，同比增长0.9%，占中国外贸总值的15.2%。其中，中国对东盟出口额为3万亿元人民币，增长0.6%；中国自东盟进口额为2.23万亿元人民币，增长1.3%；中国对东盟贸易顺差7696.4亿元人民币，收窄1.6%。[①] 2023年，中国–东盟自贸区3.0版举行四轮谈判，涵盖货物贸易、投资、数字经济和绿色经济等领域。双方力争2024年完成所有谈判，共同努力建成更加包容、现代、全面和互利互惠的中国–东盟自贸区。中国–东盟自贸区3.0版谈判将为中国东盟贸易投资自由化便利化提供更多有利条件，全面提升中国–东盟经贸制度型开放水平，有效增强中国与东盟经济抵御外部风险的能力。此外，中国与新加坡自贸协定升级取得重要进展，2023年底完成相关议定书的签署。

（二）中国东盟高质量共建"一带一路"取得重大进展，互联互通水平不断提升

2023年10月，印尼雅万高铁正式开通运营，成为印尼乃至东南亚的第一条高铁，标志着中国与印尼共建"一带一路"取得重大成果。一方面，雅万高铁的建成并投入使用，将有利于中国

[①] 《今年前10个月我国与东盟贸易总值为5.23万亿元》，人民网，2023年11月7日，http://world.people.com.cn/n1/2023/1107/c1002-40113026.html。

同其他国家在"一带一路"框架下合作时推广使用中国方案、中国标准、中国技术，对中国与"一带一路"共建国家的基建合作具有重要借鉴意义和示范效应。另一方面，雅万高铁将有力带动高铁沿线商业开发、旅游、物流等产业发展，助力印尼经济社会发展，为中国与印尼和其他东南亚国家高质量共建"一带一路"注入新的动力。中老两国借中老铁路和基建合作，深化产业与产能合作，推动"中老高科技产业园"开发落地。泰国提出加快泰中铁路建设并与中老铁路衔接，积极推进"中老泰联通发展构想"。中越加紧推进跨境基础设施建设，中越跨境班列通关能力提升，中越班列集货地已覆盖广西内外20多个地市，货物品类拓展至248个。① 马来西亚东海岸铁路系列项目建设也在提速。2023年10月第三届"一带一路"国际合作高峰论坛上，中国发布了《中国—东盟国家共建"一带一路"发展报告》，提出成立《"一带一路"绿色投资原则》东南亚区域办公室，建立中国—柬埔寨铁路合作工作机制，与印度尼西亚国家投资局合作设立中国—印尼联合投融资平台等一系列新举措。中国与东南亚高质量共建"一带一路"迎来新的机遇，"一带一路"也持续助力东南亚各国实现发展繁荣，成为世界经济增长新引擎。

（三）中国东盟新兴产业合作不断深化，为双方培育经济增长新动能

当前，中国东盟把推进产业合作作为区域产业链合作提质增效的重要抓手，通过加快传统产业升级和新兴产业布局，培育经济新增长点，中方对东盟投资合作活力迸发。截至2023年7月，

① 《中越跨境班列：搭建中越友好往来"快车道"》，新华网，2023年4月2日，http://gx.news.cn/newscenter/2023-04-02/c_1129487507.htm。

中国与东盟国家累计双向投资额超过3800亿美元，中国在东盟设立直接投资企业超6500家。① 中国与东盟在制造业、农业、基础设施、高新技术、数字经济、绿色经济等领域投资合作稳步拓展。2023年中国-东盟领导人会议通过了关于深化农业、电子商务、科技创新等领域合作的成果文件。双方推进中国-东盟清洁能源中心建设，成功举办了首届人工智能合作论坛、中国-东盟新兴产业论坛等，探讨加强人工智能产业、新能源汽车、数字经济、能源电子领域合作。中方提出中国-东盟数字化转型合作倡议，开展数字化转型伙伴行动，让数字化转型发展红利惠及各方。② 双方在跨境产业链、绿色经济、数字经济等方面的产业合作可不断为更多关联企业创造更为稳定有效的市场支持，形成更加强韧的产业链、供应链，促进中国与东盟经贸合作深化发展。

三、中国东盟不断深化安全合作，合力管控南海问题

中国提出的全球安全倡议得到东盟国家积极响应，马来西亚、印尼、老挝、缅甸、柬埔寨、泰国、越南等国表示赞赏或支持。③ 中国东盟在落实全球安全倡议、共建安宁家园共识下统筹维护传统与非传统安全合作，妥善管控南海分歧，推进中国与东盟安全共同体的建设，成为地区安全发展不可缺少的"稳定器"。

---

① 《全方位拓展与东盟互利合作》，《人民日报》2023年8月26日第4版。

② 《东亚合作领导人系列会议合作倡议清单》，新华网，2023年9月6日，http://www.news.cn/world/2023-09/06/c_1129849260.htm。

③ 《中方推进"五大家园"建设进展报告》，中华人民共和国外交部网站，2023年9月6日，https://www.mfa.gov.cn/wjb_673085/zzjg_673183/yzs_673193/dqzz_673197/dnygjlm_673199/zywj_673211/202309/t20230906_11139347.shtml。

（一）中国与东盟积极落实全球安全倡议，共筑地区和平稳定环境

在传统安全领域，中国与东盟密切互动，深入沟通，夯实互信基础。2023年以来，东盟表示不再坚持五个核武器国家同步签署《东南亚无核武器区条约》议定书后，中方重申愿率先签署议定书，并就此同东盟多次沟通。11月中下旬，中国与柬埔寨、老挝、马来西亚、泰国、越南军队在广东湛江举行"和平友谊-2023"多国联合演习，这是首次在中国举行该系列演习，也是参演国家最多的一次。联合演习以"联合反恐与维护海上安全军事行动"为课题，旨在增强参演各方城市反恐和海上反恐反海盗行动能力，进一步深化军事互信和务实合作，共同维护地区和平稳定。①

中国与东盟在应对跨国犯罪、网络安全等非传统安全问题领域合作也不断取得新的突破。面对当前本地区电信诈骗和网络犯罪高发态势，中国与东盟推出《中国-东盟非传统安全领域工作计划（2024—2028）》，深化打击跨国犯罪和国际反恐合作的协调配合，共同打击电信诈骗、网络赌博等新型跨国犯罪。中老缅泰四国执法部门在湄公河联合巡逻执法机制下持续开展打击跨境犯罪并取得显著成效。中老缅泰四国还决定在泰国清迈共同建立专项行动综合协调中心，并针对赌诈猖獗的区域设立联合行动点。中缅双方及中缅泰三方还开展联合打击行动，严厉打击了本地区人口贩卖、电信诈骗、凶杀、绑架、非法偷渡等跨境犯罪。此外，中国、东盟与联合国合作开展打击本地区犯罪的跨国联合

① 《"和平友谊-2023"多国联合演习正式开始》，新华网，2023年11月13日，http://www.news.cn/world/2023-11/13/c_1129972934.htm。

行动。2023年9月，中国与联合国毒品和犯罪问题办公室（简称"毒罪办"）以及东盟共同制定并发布了《关于在东南亚打击与赌场和诈骗活动有关的跨国有组织犯罪和人口贩卖的区域合作路线图》，提出以4P支柱（预防、追查、保护、提升）为支撑的合作路线图。

（二）中国东盟在南海问题上延续对话合作姿态，确保南海形势总体稳定可控

中国和东盟国家就通过对话和协商解决南海争议进一步深化共识，积极推进"南海行为准则"（简称"准则"）磋商和海上务实合作。2023年7月，各方宣布完成"准则"案文的二读，并通过加快达成"准则"指针文件。2023年10月，中国与东盟国家在北京举行了落实《南海各方行为宣言》第21次高官会和第41次联合工作组会。参会各方宣布正式启动"准则"案文三读，落实好加快达成"准则"指针，争取早日达成"准则"，这表明中国与东盟国家在落实《宣言》框架下推动合作又向前迈进了一步。

中国与东盟国家也在积极推进海上争议管控和务实合作。马来西亚总理安瓦尔访华时强调愿与中国就南海问题保持对话接触。2023年11月，中越举行政府级边界谈判代表团团长会晤，同意加快口岸开放升格，继续落实《关于合作保护和开发德天（板约）瀑布旅游资源的协定》和《北仑河口自由航行区航行协定》，努力将中越陆地边界打造成为永久和平、世代友好、繁荣发展的边界，并继续加强对话协商，妥善管控分歧，深化海上务实合

作，助力双边关系发展。[①] 在2023年12月习近平总书记访问越南期间，两国领导人就海上问题深入坦诚交换意见，强调要更好管控和积极解决海上分歧，把海上问题带来的挑战转化为双方深化合作的机遇，共同维护南海和地区和平稳定。双方同意积极推进海上共同开发磋商和北部湾湾口外海域划界磋商，继续积极开展海上低敏感领域合作，加强南海渔业执法合作、生物资源养护合作和海上搜救合作，并签署了《越南社会主义共和国政府和中华人民共和国政府海上搜救合作协定》《关于设立海上渔业活动突发事件联系热线的协议》。总体看，中国和东盟在南海问题上进一步凝聚了共识，展示了共促地区和平与稳定的决心。

四、中国东盟加紧恢复疫后交往，拓展民生发展与人文交流合作

2023年，中国与东盟围绕粮食安全、公共卫生、减贫等发展议题开展了大量富有成效的合作，着力推动人文交往加快恢复。

（一）中国加强对东盟国家民生和发展领域的援助，与东盟积极落实全球发展倡议

中方倡导实施的"东亚减贫合作倡议"第一期在缅甸、老挝、柬埔寨的6个乡村项目顺利完成，目前正推动倡议二期项目落地。中方推进落实2022—2024年向东盟国家提供15亿美元发展援助承诺，已同越南、菲律宾、柬埔寨、缅甸等国签署经济技

---

① 《中越举行政府级边界谈判代表团团长会晤》，中华人民共和国外交部网站，2023年11月10日，https://www.mfa.gov.cn/wjbxw_new/202311/t20231110_11178286.shtml。

术合作协定和优惠贷款框架协议。双方聚焦疫后公共卫生机制化合作，于2023年4月成立中国-东盟公共卫生科技合作中心，以促进中国和东盟公共卫生技术合作。在农业发展领域，中方加紧推进《中国-东盟农业绿色发展行动计划（2023—2027）》实施工作，帮助东盟国家发展气候智慧型农业，降低农业生产温室气体排放强度，提升农业生产适应气候变化和极端天气的能力，发展农村可再生能源。

（二）中国东盟抓紧恢复人员往来与人文交流，着力增进民心相通工作

2023年2月，中国向20个国家放开团队旅游，其中包括印尼、柬埔寨、老挝、马来西亚、菲律宾、新加坡、泰国等7个东南亚国家，3月中国再向文莱、越南放开旅游限制。东盟国家人员来华签证已全面恢复至疫情前政策，中国和东盟十国之间航班正有序恢复。根据中国旅游研究院发布的《2023年上半年出境旅游大数据报告》，2023年上半年出境游目的地共计接待中国内地游客4037万人次，其中东南亚是最受中国游客欢迎的旅游目的地之一。2023年前7个月，中国赴泰国游客人数达183万人次。[①] 中国也积极推动东盟留学生来华和人员培训。中国国务院总理李强在第26次中国-东盟领导人会议上的讲话中提出，未来三年，中方将在东盟国家建设10所"中国-东盟现代工匠学院"，继续开展"未来之桥"中国-东盟青年领导人研修计划，还将启动"万人研修研讨计划"，为东盟国家培养1万名治国理政、反腐倡廉

---

① 《东南亚旅游业加速回暖》，《人民日报》2023年8月16日第15版。

和绿色发展等领域人才。[①] 中国与东盟双方已将2024年确定为人文交流年，将在文化、旅游、教育等多领域开展交流合作，助力恢复双方人员往来和文明交流互鉴。

五、中国东盟关系发展仍面临多方面挑战

当前，中国东盟关系虽面临广阔发展前景，但面临的挑战也依然突出，主要包括域外势力的诱拉干扰、南海问题、信任赤字以及东南亚国家政局变动等方面。

（一）美国加大对东南亚诱拉，逼迫东盟各国选边站队

美国将"印太战略"作为遏压中国发展、对冲"一带一路"合作的主要抓手，将东南亚地区视为实施这一目标的重要地缘方向并积极布局。美国一是加强对东南亚国家的外交投入，尤其加大对菲律宾、越南等盟伴的拉拢；二是借"印太经济框架"等经济合作计划诱拉东南亚国家，推动对华技术封锁和区域产供链"去中国化"；三是继续加大对东南亚军事投入，强化地区盟友和伙伴对美安全依赖。美副总统哈里斯在出席东盟峰会期间，叫嚣"美国反对中国的海上主权声索"，"'印太'地区自由航行权必须得到尊重"，鼓吹美国将继续履行对东盟的"承诺"，加大对该地

---

① 《李强在第26次中国-东盟领导人会议上的讲话（全文）》，中国政府网，2023年9月6日，https://www.gov.cn/yaowen/liebiao/202309/content_6902529.htm。

区的投资并与中国进行竞争。[①]美国持续挑拨东盟与中国合作关系，在东盟地区煽动反华氛围，损害了中国与东盟国家的互信，增加了中国开展周边外交的阻力。

（二）菲律宾对南海问题态度转强，南海局势重新有所激化

2023年，美菲军事合作不断升级，美国通过"变相"获取更多菲律宾军事基地，强化其在南海区域的前沿军事部署。在美国撑腰打气下，菲律宾在南海问题上态度明显趋于强硬，中菲海上摩擦频率大增。菲律宾还以实施永久控制为目的，在南沙群岛采取强行"闯关"补给行动。美日印澳"四边机制"出现向南海延伸和扩大的趋势，日本、澳大利亚借机加大对南海问题干涉，"美菲+"南海联合巡航也鼓动澳、德、英、法等国申请加入其中。菲律宾扬言将在2024年向国际法庭对"中国在南海破坏珊瑚礁生态"提起诉讼，这很可能让南海面临"仲裁"死灰复燃的新局面。未来，南海局势或将进一步升温，增加中国与东盟合作管控南海局势的难度。

（三）部分东盟国家和民众对华民意基础仍待改善

随着中国与东南亚国家政治、经济关系日趋深化，部分东盟国家担心其对中国的依赖以及中美在该地区的竞争会破坏东盟自主和团结，进而导致东盟中心地位被弱化。一些域外国家编造所谓"环境破坏论""灰色地带行动""经济胁迫论"等，极力抹黑

---

① "Remarks by Vice President Harris at the 11th U.S.-ASEAN Summit," The White House, September 6, 2023, https://www.whitehouse.gov/briefing-room/speeches-remarks/2023/09/06/remarks-by-vice-president-harris-at-the-11th-u-s-asean-summit/.

"一带一路"合作，渲染中国的负面形象，也加深了东盟民众对于中国的误解。此外，部分东盟国家对华政策经常受到国内政局变动的影响，"中国议题"不时成为影响东南亚国家选举中的重要议题。个别东盟国家政客试图通过炒作中国议题、对中国示强来收割选票。

六、结语

随着国际政治经济格局的深刻演变，亚太地区形势的复杂性不断攀升，中国和东盟在促进地区和平与繁荣上有了更多的共同利益和诉求。面对美国的拉拢以及亚太地区阵营化趋势加剧，东盟明确拒绝选边站队，反对美国打压遏制中国、激化地区紧张局势。作为2023年东盟轮值主席国，印尼在东盟峰会开幕式中特别强调，东盟一致同意不会成为任何国家的"代理人"，东盟将与所有国家进行合作，共同促进地区和平与繁荣。①

2024年，中国与东盟将继续增强政治互信，拓展互利合作，深化文明交融和民心相通，共同管控好南海争议，共促地区繁荣发展，不断推动构建更为紧密的中国–东盟命运共同体。中方也将继续高度重视发展与东盟的关系，坚定不移奉行对东盟友好合作政策，坚定不移致力于同东盟国家共同发展振兴，与东盟携手并进，建设好中国东盟和平、安宁、繁荣、美丽、友好的共同家园。

（中国国际问题研究院亚太研究所副所长、副研究员　杜兰）

———————

① 《东盟坚持区域合作拒绝"选边站队"》，《光明日报》2023年9月11日第12版。

第二十九章

中国与中亚国家关系：
跨越发展　举世瞩目

2023年是习近平主席首次出访中亚并在哈萨克斯坦提出共建"丝绸之路经济带"倡议十周年，也是中国–中亚关系的丰收年。中国同中亚国家关系"好上加好"，进入睦邻友好合作新时代。中国–中亚元首会晤机制的确立进一步丰富了集体合作机制。双方各领域交往如火如荼、方兴未艾，合作成果丰硕，成为周边命运共同体建设的样板。

一、中国–中亚合作取得新的辉煌成就

2023年，中亚国家元首来华参加盛会——5月18日至19日举行的中国–中亚峰会，哈萨克斯坦、乌兹别克斯坦、土库曼斯坦最高领导人来华出席10月17日至18日举行的第三届"一带一路"国际合作高峰论坛。2023年度的中国–中亚外交呈现许多新亮点。

（一）元首会晤机制实体化落地

中国–中亚峰会首次正式确立了中国–中亚元首会晤机制，擘画了中国–中亚关系新的蓝图，创造了中国同中亚国家建交三十多年来新的历史。元首会晤机制为双多边合作行稳致远提供

了政治和制度保障。

中国–中亚元首会晤机制化建设主要有三方面内容：一是确立中国–中亚峰会每两年举办一次，中国为一方，中亚国家为另一方，双方轮流举办的元首会晤机制。自此，除每年举办一次的上合峰会外，中国与中亚国家元首会晤增加了新的平台。二是中国–中亚元首会晤机制体系化，在重点合作领域优先成立部长级会晤机制。中方倡议成立外长会晤、经贸部长会晤、产业与投资部长会晤等合作平台。三是在中国设立中国–中亚机制秘书处，以保障该机制顺利运行，推动其进一步向实体化迈进。

（二）对五国外交实现"三个全覆盖"

中国与中亚国家实现了"三个全覆盖"——全面战略伙伴关系全覆盖、双边层面践行人类命运共同体全覆盖、签署共建"一带一路"合作文件全覆盖。2023年度，中亚五国元首访华次数创历史之最，实现了中国与中亚五国元首外交全覆盖。哈总统托卡耶夫、乌总统米尔济约耶夫、土总统别尔德穆哈梅多夫年内两度访华，土总统别尔德穆哈梅多夫、吉总统扎帕罗夫均实现担任总统后首度访华，年内习近平主席与中亚五国元首签署了双边联合声明，为中国–中亚合作再创辉煌提供了坚实的政治保障。

此外，塔议会上院议长埃莫马利、土民族领袖和人民委员会主席别尔德穆哈梅多夫、乌总统第一助理米尔济约耶娃等中亚政坛重量级人物和耀眼新星也悉数访华，充分彰显与中国合作对中亚五国的特殊战略价值。10月26日，国务院总理李强赴比什凯克出席上海合作组织成员国政府首脑（总理）理事会第二十二次会议，实现了就任总理以来对中亚的首访。

（三）共建"一带一路"框架下务实合作领域持续拓宽

中国和中亚合作模式实现了由双边为主到双多边结合，由货物贸易为主到货物贸易、服务贸易齐头并进，由功能性合作为主到机制化、制度化合作的转变，[①] 宽领域、多层次、内涵丰富、互惠互利的经济关系进一步夯实。

2023年，中国稳居中亚国家的第一大或主要贸易伙伴，是中亚国家商品的第一大或主要出口市场，双方经济互补性强，发展潜力大。在第三届"一带一路"国际合作高峰论坛上，托卡耶夫等中亚国家元首高度评价"一带一路"倡议，表达了继续深入参与高质量共建"一带一路"的强烈愿望。中国与中亚国家在投资、贸易、科技生产、金融等多个领域签署新的合作文件。

在中国–中亚峰会上，六国签署了100余份各领域合作协议。2022年，中国和中亚共同实施了一批油气采矿、加工制造、互联互通、数字科技等领域合作项目，贸易额提前实现了700亿美元的预定目标，是建交初期的100余倍。根据海关总署数据，2023年1月至9月，中国与中亚五国贸易额达643亿美元，较上年同期的512亿美元增长了26%，2023年全年贸易额再次达到历史新高。中国对中亚五国直接投资存量近150亿美元。2023年度，在"一带一路"国际合作高峰论坛框架下，还建立起中国–中亚五国交通部长会议机制、中国–中亚电子商务合作对话机制、中国–中

---

① 李建民:《中国与中亚经济合作30年——政策演进、重点领域进展及未来发展路径》,《俄罗斯研究》2022年第5期，第89页。

亚投融资合作平台，启动中亚区域绿色科技发展行动计划。[①]

（四）人文和毗邻地区交往开辟新局面

中亚国家精英和民众与中国交往的意愿增强，中国的国家形象在不断提升，"中国威胁论"的杂音在减弱。中国与中亚国家就建设鲁班工坊、文化中心、中医药中心等文化传播机构达成共识，这些机构将在中亚国家加速落地，建成后有助于扩大中国与中亚人文合作规模，以与务实合作水平相匹配。西北工业大学在哈设立了分校，与"阿里·法拉比"哈萨克斯坦国立大学共同建设，目标是为中亚地区培养材料学、计算机等相关领域人才。这是中国高水平大学第一次在哈设立分校，也是中国工信部直属高校首次在海外设立分校。2022年7月，哈对中国和印度等国公民实行单边免签证制度，2023年11月10日，《中华人民共和国政府和哈萨克斯坦共和国政府关于互免签证的协定》正式生效，中哈公民在另一方入境、出境或过境，自入境之日起单次停留不超过30日，免办签证。互免签证使中国与中亚五国百姓旅游、就医、商务活动"想走就走"，开放当月，中哈5对口岸出入境人员实现不同程度增长。

中国西北省份向西开放转型升级。作为古丝绸之路上的重要节点，新疆、陕西等省份加速推进对中亚地方合作。5月19日，哈萨克斯坦驻西安总领事馆开馆，这是哈在中国设立的第三个总领馆，也是中亚国家在中国西部地区设立的首个领事机构。10月，中亚两国元首先后访问新疆，给新疆发展带来机遇与活力。

---

① 笔者根据《第三届"一带一路"国际合作高峰论坛务实合作项目清单》整理。资料来源：http://www.beltandroadforum.org/n101/2023/1018/c134-1212.html。

为充分发挥和利用新疆"五口通八国、一路连欧亚"的区位优势，构建新疆融入国内国际双循环的重要枢纽，为共建中国–中亚命运共同体作出积极贡献。10月21日，国务院印发《中国（新疆）自由贸易试验区总体方案》，中国（新疆）自由贸易试验区正式揭牌成立，成为中国面向西北的首个自贸区。毗邻地区经贸合作将成为中国和中亚务实合作的新增长点。

二、中国–中亚关系跨越式发展的动因

中国–中亚关系实现跨越式发展，是三十余年来中国与中亚五国坚持"相向而行"的结果。长期看，中国–中亚关系仍将高水平运行，且发展仍有广阔潜力，这与中国–中亚关系的特殊性是分不开的。

（一）外部形势震荡抬升中亚国家对外开放迫切需求

2022年2月乌克兰危机升级对中亚国家产生了外溢效应。近一个时期，乌克兰危机呈现长期化、复杂化、扩大化趋势，给整个后苏联空间经济复苏与和平稳定带来挑战和风险。由于与俄在贸易往来方面的紧密联系，中亚国家都面临西方次级制裁的风险。

面对变乱交织的国际局势和复杂难解的欧亚地区危机，中亚五国抱团取暖，均采取多元平衡外交战略，进一步扩大开放，提升与域外国家诸多"中亚+X"机制的层级，改善国内营商环境，积极吸引外资，竭力避免本国遭受乌克兰危机的负面影响。2023年1月至9月，在全世界累计出口额同比增长最多的十个国家中，

吉尔吉斯斯坦和哈萨克斯坦位列其中[①]。作为中亚国家的东方近邻，中国是中亚国家通向太平洋最便利、最可靠的交通"走廊"，地缘优势突出，且具备超大规模市场、雄厚的资金实力，与中国拓展合作是中亚五国维护国家利益十分现实的需求。作为讲信修睦的负责任大国，中国与中亚强化合作也为中亚地区，乃至整个欧亚地区注入更多稳定性。

（二）高水平互信自然发展的结果

中国与中亚关系达到如今的高度并非一朝一夕之功，而是三十余年高水平互信的自然结果，中国和中亚国家的双多边合作历来是中国周边外交的典范。1992年，中国成为最早承认中亚五国独立并与之正式建立外交关系的国家之一。中国和中亚五国友好关系经受住了历史检验，中哈更是开创了独一无二的"永久全面战略伙伴关系"。中国-中亚峰会前夕，哈总统托卡耶夫在接受专访时指出，其与习近平主席"建立了深厚的信任关系"，"这符合两国的利益"，将继续"保持这种个人关系，确保哈中两国全面合作取得更大成功"。[②]1月，土库曼斯坦总统谢尔达尔·别尔德穆哈梅多夫对华访问，中土元首共同宣布将两国关系提升为全面战略伙伴关系并在双边层面践行命运共同体，中土元首保持经常性沟通，助推中土关系迈上新台阶。

守望相助是中国-中亚关系一贯的出发点，中国和中亚国家在涉及主权、安全、发展利益等问题上相互坚定支持。在峰会成

---

① 《今年1月至9月东欧及中亚国家出口额大幅增长》，中华人民共和国商务部网站，2023年11月10日，http://kr.mofcom.gov.cn/article/jmxw/202311/20231103452835.shtml。

② 《专访哈萨克斯坦总统托卡耶夫》，群众新闻网，2023年5月14日，https://www.sxdaily.com.cn/2023-05-14/content_10174819.html。

果文件《西安宣言》中，中亚国家明确"重申恪守一个中国原则"，"坚决反对破坏合法政权和策动'颜色革命'，反对以任何形式和任何借口干涉他国内政"，这是中国和中亚高水平互信的最好例证。

（三）中国模式对中亚国家的强大吸引力

中亚国家处于改革发展的关键时期，提升本国发展的现代化水平，强化经济韧性是中亚五国共同诉求，因此，中亚五国必须直面全球经济的剧烈变动，加快走出去战略步伐。中亚地区身处欧亚腹地，中亚五国均为陆锁国，乌兹别克斯坦还是双重陆锁国，由于经济结构比较单一，产业链供应链稳定与安全风险突出。中亚国家对于提升自身欧亚枢纽地位的意愿非常迫切。中亚国家深刻意识到，要深入融入全球价值链产业链，必须最大化利用自身联通东西、贯通南北的有利区位优势，提升中亚地区的过境枢纽地位。

同时，中亚各国国内隐现分配和再分配不合理导致的阶层分化、地域和民族矛盾等社会问题。相较2022年度，2023年度中亚五国维持了基本稳定，但仍然不时冒出反政府杂音。走一条什么样的发展道路，如何走一条适合本国国情的可持续发展道路，向谁借鉴发展经验，是中亚五国独立三十余年求索的主题。

中国与中亚国家发展理念契合，是现代化道路上的好伙伴。[①] 中国的改革开放经验、经济建设成就、扶贫经验和高科技产业，为中亚国家规避所谓的"传统能源诅咒"，实现产业结构转型升级，提供了新的思路，开辟了广阔机遇。12月29日，中国

---

① 《王沪宁分别会见哈萨克斯坦总统托卡耶夫、乌兹别克斯坦总统米尔济约耶夫》，《人民日报》2023年10月19日第4版。

与乌兹别克斯坦首次举行了减贫合作分委会。这是中国政府与外国建立的第一个减贫合作分委会。中国与中亚国家分享农村发展和减贫经验，实现互利合作、共同繁荣。

三、中国-中亚合作潜力深厚

2013年以来的中国对中亚外交是习近平外交思想的生动实践，值得从中认真梳理历史脉络，汲取经验，尤其应在习近平主席"守望相助、共同发展、普遍安全和世代友好"四个坚持的理念指引下建设好中国-中亚命运共同体。中国-中亚合作机制的四梁八柱已经搭建，中国-中亚的双多边合作潜力巨大，主要源于以下新的趋势。

（一）民间交流全方位推进

民间交流的规模是国与国友好水平的重要指标。中国和中亚关系世代友好，需要不断增进人民之间的交往。中国与中亚国家有3000多千米的共同边界，中国西北地区的少数民族与中亚的哈萨克人、吉尔吉斯人、塔吉克人和乌兹别克人在文化和习俗上接近，是促进中国和中亚民心相通的重要人脉资源。建交三十余年来，中国和中亚人民在传统友谊的基础上，民间交往无论是规模、渠道，还是领域、内容都越来越成熟，为双方民心相通打下良好基础。

但由于疫情等因素影响，中国与中亚交往的规模还不能满足战略伙伴关系全覆盖的合作水平，中国和个别国家民间交往的人次还不尽如人意。2023年，哈、乌两国均已实现对华免签，中资企业将中亚地区视为商业"蓝海"，向中亚国家开拓新市场热情很高。中国和中亚民间交往面临难得机遇期，可乘势而上，实现民间交流规模大跨步提升,^①为建设中国–中亚共同体提供坚实的民意基础。

（二）中国和中亚地区经济和产业互补性进一步增强

中国和中亚国家务实合作仍存在广阔发展空间，最主要的内在动力就是中国和中亚国家经济和产业的互补性进一步加强。主要有三点理由：一是中亚国家向清洁能源转型的诉求进一步上升。中亚经济发展具有高排放和高能耗的特点。中亚国家气温变暖速度已达到世界平均水平的两倍。绿色低碳发展是中亚国家可持续发展的必由之路。中国的光伏、风电等清洁能源产业与中亚一些地区光照强烈、风能充足等气候特征相匹配，与中亚国家发展战略契合，发展前景广阔。哈南部小城札纳塔斯戈壁滩上建起的风电站，共40台2.5兆瓦风电机组改变了哈多年南北供电不均的困境。在"一带一路"国际合作高峰论坛期间，中国政府与乌政府签署援乌风电站项目立项换文，支持巴什500兆瓦及赞克尔迪500兆瓦风电项目、塔什干200兆瓦光伏及500兆瓦储能项目融资,^②同中亚各国拓展风电等领域合作。乌总统米尔济约耶夫在出席第三届"一带一路"国际合作高峰论坛绿色发展高级别论坛时指出，习近平主席在2016年访问乌兹别克斯坦时提出绿色丝绸

---

① 景晓玉、胡光玥：《中国与中亚合作的基础：民间交往的发展动力、基本特点与未来展望》，中国社会科学网，2023年5月10日，https://www.cssn.cn/skgz/bwyc/202305/t20230510_5637261.shtml。

② 《第三届"一带一路"国际合作高峰论坛务实合作项目清单》，第三届"一带一路"国际合作高峰论坛专题网站，2023年10月18日，http://www.beltandroadforum.org/n101/2023/1018/c134-1212.html。

之路倡议。该倡议将为我们构建一个共同的绿色的未来。[①]

二是中亚国家对外经济合作意愿的增强有利于中国同中亚关系走深走实。除在工业、农业、交通、能源、基础设施等传统合作领域取得预期成果，中亚国家在金融等领域对华合作的意愿加强，出现了"扎堆合作"的趋势，中国和中亚金融合作互惠互利，发展前景可期。10月，中国出口信用保险公司与乌阿萨卡银行、哈开发银行签署了合作谅解备忘录。11月3日，哈中央信贷银行已经正式落户新疆自贸区霍尔果斯片区的中哈霍尔果斯国际边境合作中心，成为自贸试验区挂牌后首个落户的境外金融机构。

三是在原有的工业、农业、交通、能源、基础设施合作中，中国和中亚发掘出了新的合作增长点。在农业领域，中国实施面向中亚国家农副产品快速通关"绿色通道"项目，与乌开展农业技术研究推广合作；在能源矿产领域，在稀土、天然铀、钨矿等领域中国和中亚国家合作进一步加强；在互联互通领域，中国政府与哈、吉、塔、土等国签署了新的合作文件，助力中亚国家进一步夯实欧亚地区的交通运输枢纽地位。

（三）排除大国博弈干扰，扎实推进中国－中亚命运共同体

乌克兰危机升级以来，美国加强了与中亚国家互动的频次和力度，强化对中亚"胡萝卜加大棒"政策，将与中亚五国"C5+1"外长会晤机制提升至元首级别，意图最大限度稀释"中国－中亚"机制的影响力，欧洲的德国、法国元首也与中亚国家举行元首峰会，为中亚地区"提供更多合作机会"。

[①] 《让绿色丝路成为新时代可持续发展的灯塔》，今日中国网，2023年10月27日，http://www.chinatoday.com.cn/zw2018/rdzt/2023_ydyl/gushi/202310/t20231027_800347272.html。

中国与中亚合作未受到大国博弈的掣肘，而是保持了较为独立的发展态势，各领域合作项目顺利推进。一方面，作为中国的"铁杆"朋友，中亚各国领导人保持着相当程度的战略清醒，不断深化与中国在各领域的合作，坚定支持"一带一路"合作倡议，将共建人类命运共同体写入峰会成果文件和双边《联合声明》。另一方面，中亚国家不愿沦为大国博弈的工具，丧失国家主权是中亚国家的痛点和敏感点。中亚国家都强调自主选择发展道路和治理模式是一国主权，不容干涉。

四、结语

中国和中亚国家关系达到今天的高度，符合中国和中亚人民的根本利益和光明未来，是历史的必然。作为一个全新的合作平台，"中国–中亚"合作机制"小而精"优势的红利期已经到来，中国同中亚关系站在新的历史起点，必须牢牢把握。

当然，中国和中亚国家合作中存在着中亚地区内部形势存在不稳定因素、中国和中亚合作存在不对称现象等复杂问题，但是，上述问题影响不了中国和中亚国家关系不断向前发展的基本盘。习近平主席在"中国–中亚峰会"上的讲话中指出，"深厚的历史渊源、广泛的现实需求、坚实的民意基础"[①] 是新时代中国和中亚关系焕发勃勃生机的钥匙。对于中国和中亚合作更加宏伟的前景，要把握时代的大势，相信时间的力量。

（中国国际问题研究院欧亚研究所助理研究员　景晓玉）

[①] 《习近平在中国–中亚峰会上的主旨讲话（全文）》，2023年5月19日，中华人民共和国外交部网站，https://www.mfa.gov.cn/web/zyxw/2023 05/t20230519_11079936.shtml。

第三十章

中非关系：
真实亲诚　更上层楼

2023年，是中非关系史上极不平凡的一年。真实亲诚对非政策理念提出十年来，中非关系进入新纪元。"一带一路"倡议来到十周年，中非务实合作结出累累硕果。金砖合作机制进入"非洲时刻"，机制扩员给中非合作带来新机遇。中非民心相通也出现新局面，新时代中非命运共同体前景光明。

一、真实亲诚十周年厚植中非友谊之树

2023年是习近平主席首访非洲十周年，也是习近平主席提出真实亲诚对非政策理念和正确义利观十周年。尽管部分非洲国家出现政局动荡，地区发展陷入瓶颈，但非洲各国加深对华友好的意愿愈发强烈，中非友谊之树在真实亲诚理念的浇灌下，进一步枝繁叶茂，硕果累累。

（一）对待非洲朋友，中国讲一个"真"字

2023年，中非元首外交迎来新高峰。1月至9月间，加蓬、厄立特里亚、刚果（金）、阿尔及利亚、布隆迪、毛里塔尼亚、贝宁、赞比亚等8个非洲国家的领导人接连访华。中国与加蓬、

刚果（金）、赞比亚的关系均提升为全面战略合作伙伴关系；与贝宁建立起战略伙伴关系；还同毛里塔尼亚签署了两国《关于推进"一带一路"建设的合作规划》。

在同来访的非洲领导人会谈时，习近平主席多次强调，中国对非洲朋友始终以诚相待，真心实意为非洲发展提供支持，中非合作已经成为南南合作和国际对非合作的典范。中方支持非洲成为世界政治、经济、文明发展的重要一极，愿以自身新发展为非方提供新机遇，同非洲兄弟一道落实好中非合作论坛成果，支持非洲实现经济复苏和可持续发展，携手构建新时代中非命运共同体。[①]

（二）开展对非合作，中国讲一个"实"字

2023年5月，中方就进一步深化中非务实合作提出五点建议。一是坚定维护彼此正当合法权益，在涉及彼此主权、发展和尊严的问题上进一步加强互相支持。二是积极推进各具特色的现代化事业，推动"一带一路"和全球发展倡议与非盟《2063年议程》、非洲各国发展战略协同增效，助力非洲加快工业化、本地化、经济多元化。三是共同推动全球治理体系改革，捍卫发展中国家共同利益，不断汇聚广大发展中国家团结振兴的磅礴力量。四是努力实现共同安全，携手落实全球安全倡议，为非洲和全球热点问题"降温"，增强非洲反恐维稳能力。五是进一步加强文明交流互鉴，推动全球文明倡议在非洲加速落地，让中非文明之花绽放得更加绚烂多彩。

---

① 《习近平同贝宁总统塔隆会谈》，中华人民共和国外交部网站，2023年9月1日，https://www.mfa.gov.cn/zyxw/202309/t20230901_11137033.shtml。

（三）加强中非友好，中国讲一个"亲"字

2023年是加快落实中非合作论坛第八届部长级会议成果的关键一年，中方提出愿同非方一道，推动中非友好深入发展。

其一，加快推进中非实体交往和理念相通。中方将继续同非方扩大各领域、各层级交流合作，进一步深化治国理政和发展经验交流互鉴，在涉及核心利益和重大关切问题上坚定相互支持，为构建高水平中非命运共同体奠定坚实基础。

其二，不断深化中非盟友好关系。中方愿同非洲各国和非盟委员会深度对接发展战略，助力非洲一体化进程，以中国式现代化为非洲提供新机遇，继续支持非盟引领非洲国家走符合自身国情的发展道路。

其三，大力推动中非合作提质升级。中方将继续扩大对非贸易，推动中非融投资合作高质量发展，拓展卫生健康、绿色发展、数字经济等领域新动能，为非洲经济社会发展提供更多支持。

其四，坚定捍卫发展中国家团结合作。中方愿同非方共同维护真正的多边主义，促进国际关系民主化，增强非洲国家在联合国安理会等国际组织中的代表性和发言权，携手推动全球治理体系向更加公正、合理的方向发展。

（四）解决合作中的问题，中国讲一个"诚"字

中国高度重视非洲的融资需求，从未在贷款协议中附加任何政治条件。中国始终致力于帮助非洲减缓债务压力，积极参与二十国集团缓债倡议，同19个非洲国家签署缓债协议或达成缓债共识，是二十国集团成员中落实缓债金额最大的国家。中方还积极参与二十国集团共同框架对乍得、埃塞俄比亚、赞比亚、加纳

的个案债务处理。非洲债务问题的本质是发展问题。解决非洲债务问题不仅要通过债务处理等手段治标，也要通过提升非洲自主可持续发展能力治本。中方呼吁各有关方按照"共同行动、公平负担"原则，为缓解非洲债务压力作出贡献。

中非合作好不好，非洲人民最有发言权。所谓中国对非"债务陷阱"的说法，完全是强加给中非的话语陷阱，根本目的是要抹黑中国、破坏中非合作。面对部分势力对中非合作的抹黑，不少非洲国家领导人主动站出来予以批驳。厄立特里亚总统伊萨亚斯在2023年5月访华时直言，"把'债务陷阱'归咎于中国，无非是想诋毁中国的成就，或者是想要离间非洲与中国的团结。但恰恰是中非合作促进了我们今天看到的非洲经济的发展"。①

二、金砖"非洲年"助力中非命运共同体更上一层楼

2023年8月22日至24日，金砖国家领导人第十五次会晤在南非约翰内斯堡举行。习近平主席应邀出席峰会并对南非进行国事访问。此访立足南非和金砖，放眼非洲和世界，传承中非传统友好，汇聚南南合作新共识，增添和平发展正能量。

（一）中南战略互信达到新高度

2023年是中国和南非建交二十五周年。习近平主席同拉马福萨总统进行了长时间沟通，就新时代中南关系发展以及共同关心的国际和地区问题深入交换意见，达成重要共识。习近平主席提出，中南要做高度互信的战略伙伴，要做共同进步的发展伙伴，

---

① 《专访厄立特里亚总统伊萨亚斯》，中非合作论坛，2023年5月30日，http://www.focac.org.cn/zfgx/zzjw/202305/t20230530_11086097.htm。

要做相知相亲的友好伙伴，要做维护正义的全球伙伴。两国元首一致同意，推动中南全面战略伙伴关系在新时代实现更大发展，推动全球南方国家提升在全球治理中的代表性和发言权，为深化金砖国家团结合作、推动中非全面战略合作伙伴关系向更高水平迈进注入新的强劲动力。[①]

此访取得丰硕成果。两国发表了联合声明，签署了关于共建"一带一路"、新能源电力、农产品、经济特区和工业园区、蓝色经济、科技创新、高等教育等领域多项合作文件。拉马福萨总统多次感谢中方全力支持南非在当前复杂国际形势下成功举办金砖国家领导人会晤，表示南非和其他全球南方国家都希望同中国加强在金砖国家机制以及联合国等多边机构中的团结合作，共同推动更加平等、公正、合理的全球治理。[②] 在两国元首战略引领下，中南战略互信达到了新的高度，中南关系已经超越双边范畴，具有越来越重要的全球意义。

（二）金砖机制扩员开启中非合作新征程

当今世界动荡变革，风险挑战层出不穷，越来越多发展中国家叩响金砖大门，申请加入金砖机制。对此，习近平主席高瞻远瞩，深刻指出金砖不能成为一个封闭内向的集团，而应成为开放包容的平台，吸纳新成员、汇聚新力量，符合金砖发展的现实需要，也是金砖各国的共同利益所在。此次峰会邀请埃及、埃塞俄

---

① 《习近平同南非总统拉马福萨会谈》，中华人民共和国外交部网站，2023 年 8 月 22 日，https://www.mfa.gov.cn/zyxw/202308/t20230822_11130366.shtml。

② 《习近平同南非总统拉马福萨共同会见记者》，中华人民共和国外交部网站，2023 年 8 月 22 日，https://www.fmprc.gov.cn/web/zyxw/202308/t20230822_11130346.shtml。

比亚、沙特、阿联酋、伊朗、阿根廷作为新成员加入金砖，成为峰会最大亮点，也是金砖发展进程中的里程碑，必将有力提升新兴市场和发展中国家在国际事务中的代表性和发言权。[①]

对于金砖机制的非洲扩员，地区人士均抱以积极期待。埃塞俄比亚学者认为，埃塞将在与金砖国家的合作中获益良多，例如吸引外国直接投资、提升基础设施水平、促进贸易往来、创造新的经济发展机遇等。同时，作为一个经济快速增长的非洲国家，埃塞能为金砖合作机制贡献力量，并为非洲大陆带来全新愿景。[②] 其他非洲国家学者也认为，埃及、埃塞加入金砖合作机制，将有助于非洲国家与金砖大家庭建立稳固、持久的经济与政治联系，在为非洲发展开辟新途径的同时，提升非洲与其他金砖国家的区域合作水平。

（三）中非命运共同体建设增添新内涵

习近平主席此访还同拉马福萨总统共同主持中非领导人对话会，10多位非洲国家和非盟的领导人出席。习近平主席就下阶段加强中非务实合作、助力非洲一体化和现代化事业提出三项举措。一是发起"支持非洲工业化倡议"。中方将调动中国对非合作资源和企业的积极性，支持非洲发展制造业，实现工业化和经济多元化。二是实施"中国助力非洲农业现代化计划"。中

---

① 《大道众行远，携手启新程——中共中央政治局委员、外交部长王毅谈习近平主席出席金砖国家领导人第十五次会晤并对南非进行国事访问》，中华人民共和国外交部网站，2023年8月25日，https://www.mfa.gov.cn/zyxw/202308/t20230825_11132979.shtml。

② 《埃塞学者：埃塞加入金砖合作机制将促进经济发展和政治合作》，光明网，2023年8月28日，https://world.gmw.cn/2023-08/28/content_36792866.htm。

方将帮助非洲拓展粮食作物种植，鼓励中国企业加大对非农业投资，加强种业等农业科技合作，助力非洲农业转型升级。三是实施"中非人才培养合作计划"。中方计划每年为非洲培训500名职业院校校长和骨干师资，培养1万名"中文＋职业技能"复合型人才，邀请2万名非洲国家政府官员和技术人才参加研修研讨活动。中方还将实施"中非高校百校合作计划"，启动10个中非伙伴研究所试点项目。[①] 此外，习近平主席再次明确表示支持非盟加入二十国集团，并宣布2024年中国将主办第九届中非合作论坛会议。

非方领导人高度评价此次中非领导人对话会，感谢中方支持非洲一体化建设，并在非洲国家遭遇困难时雪中送炭。非方认为，习近平主席提出的3项举措再次表明，中国是急非洲之所急的真正朋友，是非洲实现现代化不可缺少的重要合作伙伴。非方高度赞赏、全力支持共建"一带一路"、全球发展倡议、全球安全倡议和全球文明倡议，表示愿将非盟《2063年议程》、非洲各国发展战略同"一带一路"倡议紧密对接。中非合作论坛是南南合作的高效平台，非方表示愿同中方继续推进论坛机制建设。非方坚定奉行一个中国政策，愿同中方坚定支持彼此维护国家主权、安全和发展利益，加强国际多边协作，扩大发展中国家的代表性和话语权，维护发展中国家共同利益。[②]

---

① 《习近平在中非领导人对话会上的主旨讲话（全文）》，中华人民共和国外交部网站，2023年8月25日，https://www.mfa.gov.cn/zyxw/202308/t20230825_11132509.shtml。

② 《习近平和南非总统拉马福萨共同主持中非领导人对话会》，中华人民共和国外交部网站，2023年8月25日，https://www.mfa.gov.cn/zyxw/202308/t20230825_11132507.shtml。

三、中非高质量共建"一带一路"迸发更强生命力

2023年是"一带一路"倡议提出十周年。十年来，非洲国家积极共建"一带一路"，有力促进了非洲国家经济社会发展。从"十大合作计划"到"八大行动"再到"九项工程"，中非高质量共建"一带一路"与时俱进，合作成果惠及亿万非洲人民。

（一）高质量共建"一带一路"在非洲大陆开花结果

十年来，中国与非盟和绝大多数非洲国家签署了"一带一路"合作谅解备忘录，在非洲修建了超过6000千米的铁路、6000千米的公路、近20个港口、80多个大型电力设施，其中蒙内铁路、亚吉铁路等诸多旗舰项目已成为拉动当地经济增长的龙头项目，为各国实现跨越式发展带来新机遇。中非贸易总额累计超2万亿美元，中国始终保持非洲第一大贸易伙伴国地位，"一带一路"倡议与非洲大陆自贸区强化对接，中非境外经贸合作区、国际三方合作等创新型合作模式的集群效应和外溢效应持续放大。[①] 中国对非直接投资流量累计超300亿美元，中国已成非洲第四大投资来源国，中国企业在非新签承包工程合同额超7000亿美元，完成营业额超4000亿美元。中国还积极帮助非洲培训各类专业人才，迄今已在11个非洲国家设立了12所"鲁班工坊"，提供研修培训名额超过10万个，将非洲人力资源禀赋切实转化为经济发展

---

① 张春宇：《中非共建"一带一路"的成就与机遇》，《中国社会科学报》2023年10月26日第7版。

动力。①

2023年10月17日至18日，第三届"一带一路"国际合作高峰论坛在北京举行。习近平主席宣布了中国支持高质量共建"一带一路"的八项行动，赢得与会各方和国际社会高度赞誉。在此期间，习近平主席会见了出席论坛的埃塞俄比亚、尼日利亚、肯尼亚、埃及、刚果（布）、莫桑比克等非洲国家领导人。各国领导人均表示，习近平主席提出"一带一路"倡议，提出旨在推动构建人类命运共同体的全球发展倡议、全球安全倡议和全球文明倡议，具有远见卓识；"一带一路"倡议为非洲的发展注入了必要资源，倡议的实施显著改善了非洲地区的基础设施，通过共建"一带一路"，中非共同构筑起一个兼具友谊与合作的"更大生态圈"。②

（二）务实合作项目给中非合作注入新动力

2023年，中非高质量共建"一带一路"继续走深走实。港口建设方面，1月23日，尼日利亚莱基深水港举行开港仪式。莱基港是西非第一大深水港，年吞吐能力可达120万标箱，将助力拉各斯升级成西非和中非的转运中心。随着港口投入运营，拉各斯自贸区、尼日利亚丹格特炼油厂等建设正有序推进，新的国际机场也将很快动工，莱基地区"港区城一体化"建设初具规模，预计将为尼日利亚创造经济效益近3600亿美元，成为尼经济发展新

---

① 《中非务实合作成果丰硕 构建新时代中非命运共同体》，新华网，2023年8月29日，http://www.news.cn/2022-08/29/c_1128957801.htm。
② 《埃塞俄比亚总理："一带一路"倡议有力推动非洲发展》，新华网，2023年10月18日，http://m.news.cn/2023-10/18/c_1129923198.htm。

引擎。①

　　交通运输方面，截至2月6日，由中国路桥工程有限责任公司投资开发和建设运营的内罗毕快速路已累计通行车辆突破1000万辆。这条内罗毕交通大动脉全长27.1千米，将乔莫·肯雅塔国际机场至内罗毕市区的通行时间由之前的2小时减少至20分钟，显著降低了物流及民众通勤成本。它与超过200家当地分包商开展广泛合作，为肯尼亚提供了6000多个工作岗位，还拉动了沿线房地产等行业的蓬勃发展，对推动内罗毕及肯尼亚的经济社会发展功莫大焉。②

　　数字经济方面，3月，华为公司在乌干达启动了"数字卡车"项目。项目将集装箱卡车改造成移动数字课堂，使用太阳能供电，在长达12米的集装箱内，配置笔记本电脑、LED大屏、智能手机、路由器等智能设备，让学员可在车上学习掌握数字技能。该项目可帮助欠发达地区的居民有机会接受数字技能培训，提升他们的生存技能，帮助他们为社会作出应有的贡献。③

　　金融合作方面，8月28日，中国国家开发银行与非洲进出口银行在埃及首都开罗签署4亿美元非洲中小企业专项贷款协议，用于支持非洲中小企业发展。此次专项贷款将赋能非洲中小企业改善融资环境，帮助其获得资金更充足、成本和期限更优惠的融

　　①《驻尼日利亚大使崔建春出席莱基深水港开港仪式》，中华人民共和国外交部网站，2023年1月25日，http://cja40.fmprc.gov.cn/zwbd_673032/wshd_673034/202301/t20230128_11015277.shtml。

　　②《中企承建内罗毕交通大动脉》，中国一带一路网，2023年2月14日，https://www.yidaiyilu.gov.cn/p/306863.html。

　　③《中非数字经济合作成果丰硕》，《人民日报》2023年5月29日第17版。

资服务，为促进中非经贸和金融合作注入新动力。①

（三）中非经贸合作再上新台阶

2022年，中非贸易额达2820亿美元，其中中国对非出口1645亿美元，自非进口1175亿美元，中国连续十四年保持非洲第一大贸易伙伴国地位。2023年1月至6月，中非贸易额达1409亿美元，同比增长3.1%；中国对非全行业直接投资18.2亿美元，同比增长4.4%，中国在非洲承包工程新签合同额284亿美元，同比增长7.64%。②

2023年6月29日至7月2日，第三届中国—非洲经贸博览会在湖南长沙举办。本届博览会规模为历届之最。53个建交非洲国家，联合国工发组织、非盟等12个国际组织，30个国内省区市，1700余家中非企业、商协会和金融机构踊跃参会，近130名非洲国家部级官员、驻华大使和国际组织负责人出席。博览会共签约项目120个、金额103亿美元，现场累计意向成交额4亿美元，较上届实现翻番。博览会发布了99个对接合作项目，金额87亿美元，涵盖标准规范、研究报告、声明倡议等八大类，数量为历届之最。③

博览会期间，海关总署首次发布"中国—非洲贸易指数"。该

---

① 《国家开发银行与非洲进出口银行签署非洲中小企业专项贷款协议》，新华网，2023年8月28日，http://www.news.cn/2023-08/28/c_11298299869.htm。

② 《2023年上半年中非经贸合作数据统计》，中华人民共和国商务部网站，2023年11月13日，http://xyf.mofcom.gov.cn/article/tj/zh/202311/20231103453073.shtml。

③ 《创多项历届之最，第三届中非经贸博览会签约金达103亿美元》，中华人民共和国商务部网站，2023年7月4日，http://www.mofcom.gov.cn/article/tj/tjqt/202307/20230703419981.shtml。

指数以2000年为基期值100点，2022年达到990.55点，反映出中非经贸关系具有贸易规模不断攀升、贸易联系愈发紧密、企业活力不断增强等特点。[①] 商务部国际贸易经济合作研究院也发布了《中国与非洲经贸关系报告（2023）》。报告认为，当前形势下，中非经贸合作的互补性进一步凸显，中国稳定恢复的进口需求将激发非洲经济发展潜力，非洲数字经济发展、绿色可持续发展和城市化进程加速也将吸引更多中国企业赴非投资。中非应共同谋划深层次、高质量、可持续发展政策框架，促进中非经贸合作提质升级。[②]

四、中非民心相通走深走实

2023年，在中国式现代化与全球文明倡议的精神引领下，中非人文交流呈现出新特点，开辟了新局面。

（一）中国式现代化助推非洲国家加深对华理念认同

中国式现代化是走和平发展道路的现代化。在同非洲国家领导人会见时，习近平主席都会深刻阐述中国式现代化的主要特征和本质内涵，强调每个国家都有发展的权利，各国人民都有追求幸福生活的自由，鼓励和支持发展中国家探索符合本国国情的现代化道路。习近平主席还饱含感情地指出，相同的历史遭遇和奋

---

① 《中国–非洲贸易指数首次对外发布》，中华人民共和国海关总署网站，2023年6月29日，http://www.customs.gov.cn//customs/xwfb34/302425/5129641/index.html。

② 《商务部研究院发布〈中国与非洲经贸关系报告（2023）〉》，中国日报网，2023年7月3日，https://cn.chinadaily.com.cn/a/202307/03/WS64a27a61a310ba94c5614992.html。

斗经历使中国同非洲心心相印，中国希望与非洲各国一道实现发展繁荣，携手构建人类命运共同体。

非洲各界人士高度评价中国式现代化及其给本国发展带来的机遇。纳米比亚总统根哥布在同习近平主席双边会见时表示，纳方深受中国特色社会主义思想启发，正探索具有纳米比亚特色的现代化道路。南非学者认为，非洲国家应充分利用中国式现代化带来的积极效应，通过加强同中国务实合作带动非洲整体经济增长，惠及广大非洲人民。许多地区人士认为，中国式现代化打破了"现代化=西方化"的迷思，展现了现代化的新图景，包括非洲国家在内的广大全球南方国家应结合自身国情，独立自主探索适合本国发展的现代化道路。[1]

（二）医疗合作持续暖民心

2023年1月11日，非洲疾控中心总部项目举行竣工仪式。该项目是习近平主席在2018年中非合作论坛北京峰会上宣布的对非合作旗舰项目，是继非盟会议中心后中非合作的又一标志性项目。总部大楼及时保质交到非洲朋友手中，体现了中非合作的高标准和高水平，诠释了重信守诺、高效务实的中国风范。未来，在中非双方共同努力下，非洲疾控中心必将为非洲卫生事业和人民健康福祉作出更大贡献，在中非关系史上写下新的绚丽篇章。

2023年是中国派遣援外医疗队六十周年。2月9日，习近平主席给第19批援助中非共和国的中国医疗队员回信，勉励他们以仁心仁术造福当地人民，以实际行动讲好中国故事。12月29日，

---

① 《专访：中国式现代化为非洲发展提供借鉴与机遇——访南非约翰内斯堡大学非洲-中国研究中心主任蒙亚埃》，新华网，2023年3月4日，http://www.news.cn/2023-03/04/c_1129411974.htm。

中国援外医疗队派遣六十周年纪念暨表彰大会在京举行，习近平主席亲切会见会议代表，向他们表示热烈祝贺，充分肯定援外医疗工作成绩，并向正在和曾经执行援外医疗任务的同志们致以诚挚慰问。① 自1963年中国向阿尔及利亚派出第一支援外医疗队以来，历代援非医疗队员以仁心仁术造福当地人民，以实际行动讲好中国故事，赢得了受援国政府和人民的高度赞誉。中非卫生合作也已形成主体多元、内容丰富、形式灵活、渠道多样的格局，在服务非洲民众卫生健康方面发挥了积极作用，取得了显著成效。新时代新征程，中国援非医疗队将以习近平新时代中国特色社会主义思想为指导，深入贯彻落实习近平总书记重要指示精神，继续弘扬中国医疗队精神，奋力开创援非医疗工作新局面，为推动构建中非卫生健康共同体作出更大贡献。中非将在继承以往有效经验的基础上，补齐短板，不断创新，推动医疗卫生合作提质升级，造福更多非洲人民。②

（三）地方合作成为中非务实合作重要生力军

随着我国疫情防控进入新阶段，中非地方联系益发热络，交流合作的广度与深度均有提升。2023年7月初，2023中非创新合作与发展论坛暨湖北国际技术交流会在湖北武汉举行，20个中非科技合作项目获签约。7月初，山东–非洲海洋合作发展对话会在山东威海举办，该活动旨在充分发挥山东海洋强省优势，推动山东对非海洋务实合作。11月初，2023中国（浙江）中非经贸论坛暨中非文化合作交流月在浙江金华举行。11月中旬，第二届中非

---

① 《习近平会见中国援外医疗队派遣60周年纪念暨表彰大会代表》，《人民日报》2023年12月30日第1版。

② 王涛、刘肖兰：《中非卫生安全合作60年：历程、成就与展望》，《西亚非洲》2023年第2期，第46页。

农业合作论坛在海南省三亚市举行。中非与会者围绕"中国助力非洲农业现代化计划"等重要倡议，开展中非农业合作战略对接和政策交流，总结合作成果并谋划未来合作。

（四）各类人文交流迅速升温

2023年2月6日起，埃及、肯尼亚、南非成为中国试点恢复出境团队旅游后首批接待中国游客的非洲国家。埃塞俄比亚等国也有序恢复了飞往中国主要城市的航班。非洲航空业和旅游业人士对此表示热烈欢迎，认为航班频率的恢复将有助重振后疫情时期中非间的贸易、投资、文化等合作；中国重启出境游更将极大利好非洲旅游经济，非洲多国正努力通过创新产品和定制服务来打入中国市场，吸引更多中国游客。

青年是中非友好的传承者、深化合作的推动者。2023年4月，第七届中非青年大联欢活动拉开帷幕，来自48个非洲国家和非洲联盟的49名青年代表参访北京、山东两地，通过实地考察和相互交流，更深入地了解中国。不少非洲青年代表表示，这是一次激荡思想、互学互鉴、厚植友谊的旅程，增强了他们继续做好中非友谊传承者的决心，他们将把一个真实、立体、全面的中国介绍给更多非洲朋友，以实际行动为构建非中命运共同体贡献青春力量。[①]

非洲青少年"遇见"中国航天，是中非友好交往的又一段佳话。2023年3月，中非有关部门举办了非洲青少年"我的梦想"绘画作品大赛，逾2000名非洲青少年踊跃投稿。5月，10幅获奖

---

① 《凝聚青春梦想，奋进中非合作新征程——记第七届中非青年大联欢》，新华网，2023年4月26日，http://www.news.cn/2023-04-26/c_1129569055.htm。

作品搭乘神舟十六号飞船进驻天宫空间站。9月，中非共同举办了"我的梦想上太空——中国航天员与非洲青少年连线"活动暨绘画作品大赛颁奖仪式，神舟十六号航天员在太空鼓励非洲青少年以梦为马，在拼搏奋斗中创造精彩人生。[①] 这不仅拉近了中非人民的心灵，更在非洲青少年心中种下发展航天事业、探索未知宇宙的"非洲梦想"。

五、结语

距离虽远心相近，岁月迁移情更亲。十年砥砺前行，在真实亲诚政策理念引领下，中非友谊之树开枝散叶，收获累累果实，不断焕发出勃勃生机。中非高质量共建"一带一路"务实合作不仅给非洲人民带来满满的收获感，也改变了众多非洲普通人的命运，赢得了非洲国家和国际社会的高度认可，为下一阶段中非双方深化务实合作奠定了坚实基础。金砖"非洲年"取得的丰硕成果，更开启了中非共同引领"全球南方"合作的新风尚。2024年，中国将主办第九届中非合作论坛会议，这将是继2018年中非合作论坛北京峰会后中非领导人再次在中国聚首，必将成为中非之间又一次团结、友谊、胜利的盛会。站在新起点，面对新征程，中非双方要坚定继续高质量共建"一带一路"的决心和信心，采取求真务实举措，重点推进对双方具有战略性、全局性影响的合作，提高非洲自主发展能力，实现可持续发展目标。相信在中非领导人共同推动和中非人民齐心协力下，新时代中非命运共同体

---

① 《外交部非洲司司长吴鹏出席非洲青少年"我的梦想"主题绘画作品大赛颁奖仪式》，中华人民共和国外交部网站，2023年9月14日，https://www.fmprc.gov.cn/web/wjdt_674879/sjxw_674887/202309/t20230914_11142809.shtml。

建设必将前程似锦，为促进南南合作、增进人类共同福祉注入蓬勃力量。

（中国国际问题研究院发展中国家研究所助理研究员　刘畅）

第三十一章

中拉关系：
共进互鉴　亮点频现

2023年是中拉关系继续保持高位运行、亮点频现的一年。在中国式现代化与拉美和加勒比式现代化交流互鉴背景下，中拉全面战略伙伴关系再上新台阶。拉美和加勒比多国元首和政府首脑相继访华，高层交往频繁进行，政治互信不断提升。经贸关系更加密切，自贸区建设稳步推进。高质量共建"一带一路"走深走实，发展合作提质增效。深入开展治国理政交流，推动发展互鉴和治理互鉴。人文交流热络重启，友好合作的民意基础更加稳固。"全球南方"崛起背景下，中拉国际合作更具国际意涵和深远影响。2024年是中拉合作的机遇之年，双方应相向而行，在高层交往引领下，加强政策沟通，妥善处理各种风险挑战，推动双边关系提质升级。

一、元首外交领航定向，政治互信不断提升

2023年以来，中拉高层交往引人瞩目。拉美和加勒比多国领导人访华，双方领导人还在其他多边场合见面，元首外交继续发挥重要引领作用。

1月1日，习近平主席同安提瓜和巴布达总督威廉斯就中安

建交四十周年互致贺电，时任总理李克强同安提瓜和巴布达总理布朗互致贺电。1月24日，习近平主席向第七届拉共体峰会作视频致辞。4月12日至15日，巴西总统卢拉对中国进行国事访问。4月20日，习近平主席致电古共中央第一书记、古巴国家主席迪亚斯-卡内尔，祝贺他当选连任古巴国家主席。6月9日至14日，洪都拉斯总统卡斯特罗对中国进行国事访问。6月24日至27日，巴巴多斯总理莫特利访华。7月25日至8月1日，圭亚那总统阿里来华出席第31届世界大学生夏季运动会开幕式并访华。9月8日至14日，委内瑞拉玻利瓦尔共和国总统马杜罗对中国进行国事访问。10月14日至18日，智利总统博里奇来华出席第三届"一带一路"国际合作高峰论坛并对中国进行国事访问。10月18日，阿根廷总统费尔南德斯来华出席第三届"一带一路"国际合作高峰论坛。10月24日至26日，哥伦比亚总统佩特罗对中国进行国事访问。11月6日，古巴总理马雷罗来华参加进博会并访华，习近平主席和李强总理分别与其会见。11月20日至24日，乌拉圭总统拉卡列对中国进行国事访问。此外，在金砖国家领导人约翰内斯堡会晤期间，习近平主席会见了古巴国家主席迪亚斯-卡内尔。在旧金山APEC会议期间，习近平主席于11月16日会见了墨西哥总统洛佩斯和秘鲁总统博鲁阿尔特。

除元首外交外，中拉高层交往频繁进行。2022年12月31日至2023年1月2日，应巴西政府邀请，习近平主席特别代表、时任国家副主席王岐山在巴西首都巴西利亚出席巴西新任总统卢拉就职仪式并同其举行会见。4月18日，国家副主席韩正会见来访的乌拉圭时任外长布斯蒂略。4月19日，全国人大常委会委员长赵乐际同乌拉圭众议长安杜哈尔举行会谈。7月，外交部部长助理华春莹作为中方代表出席庆祝加勒比共同体第45届政府首脑会议及加共体成立五十周年活动，并访问了多米尼克、特立尼达和多巴哥、古巴等国。应巴哈马众议院邀请，全国人大常委会副委员长肖捷于7月8日至11日率团访问巴哈马，其间分别同巴总督、总理、参议长、众议长举行会见会谈，并出席巴独立五十周年庆典活动。9月16日至18日，习近平主席特别代表、中共中央政治局常委、中央纪委书记李希赴古出席"77国集团和中国"哈瓦那峰会，并对古巴进行正式友好访问，会见古共中央第一书记、国家主席迪亚斯-卡内尔，同古共中央政治局委员、中央组织书记莫拉莱斯举行会谈，看望古巴革命领导人劳尔·卡斯特罗大将。9月18日至22日，李希对巴西进行正式友好访问，在巴西利亚分别会见巴西总统卢拉、副总统阿尔克明、参议长帕谢科和劳工党主席霍夫曼。9月20日，国家副主席韩正在纽约出席联合国大会期间会见秘鲁总统博鲁阿尔特。10月15日至22日，巴西众议长里拉访华，习近平主席、国家副主席韩正与其会见，全国人大常委会委员长赵乐际同其会谈。

这些高层交往取得了丰硕成果，对推动中拉关系发展意义重大。巴西总统卢拉访华是在中巴建立战略伙伴关系三十周年之际进行的，也是卢拉就任总统后首次出访美洲之外的国家。洪都拉斯总统访华是在中洪于2023年3月建交后不到三个月内迅速安排的访问，见证了中洪关系发展的迅速。委内瑞拉总统马杜罗访华期间，中委将双边关系提升为全天候战略伙伴关系。哥伦比亚总统佩德罗访华期间，中哥将双边关系提升为战略伙伴关系。阿根廷总统费尔南德斯的访华是继他2022年参加北京冬奥会开幕式并访华后的再一次访华。智利总统博里奇的访华是他就任总统后第一次访华，也是智利总统连续三次参加"一带一路"国际合作高峰论坛。圭亚那总统阿里的访华是他首次访华。古巴总理马雷罗的访华是在他就任总理后首次访华，也是继2022年古共中央第一书记、古巴国家主席迪亚斯-卡内尔对中国进行国事访问，2023

年8月习近平主席同迪亚斯-卡内尔主席在南非会晤，9月习近平主席特别代表、中共中央政治局常委、中央纪委书记李希出席"77国集团和中国"哈瓦那峰会并访古后，中古两国又一次重要高层交往。乌拉圭总统拉卡列的访华是在中乌建交三十五周年、签订共建"一带一路"合作谅解备忘录五周年之际进行的，双方同意将中乌关系提升为全面战略伙伴关系。中乌关系成为不同体量、不同制度、不同文化国家团结合作的典范。

二、经贸关系高位运行，自贸建设稳步推进

中拉经贸关系持续发展，双边贸易额不断扩大。据中国海关总署统计，2023年1月至10月，中拉贸易额达2.835万亿元人民币（约合3883亿美元），比2022年同期增长6%。[①] 在投资方面，中国企业保持旺盛的对拉投资活动，特别是在新能源和数字经济领域。为应对产业链和供应链重组带来的负面影响，中国企业积极投资墨西哥，2023年以来对墨投资呈现快速增长势头。拉美国家为提振经济，大力推动特色产品对华出口力度，积极参加中国进博会和服贸会，如洪都拉斯由外长带领7名部长参加进博会，阿根廷连续三年参加服贸会。阿根廷驻华大使牛望道在接受采访时表示，"服贸会向我们证明，在初级产品进出口之外，阿中经贸领域合作有着更大潜力"。"中国有着巨大的消费市场，中国发展

[①] 参见中华人民共和国海关总署网站，http://www.customs.gov.cn/customs/302249/zfxxgk/2799825/302274/302277/302276/5503898/index.html。

将为世界带来机遇。"①

据拉美经委会报告，中国城市化和中产阶级的扩大带动了对安全、多样化和优质食品的需求，拉美和加勒比地区因其丰富的自然和水资源而拥有巨大的机遇，其具备向中国供应营养、安全和优质食品所必需的比较优势。

拉美国家还积极推动和中国签署自贸协定促进对华出口。5月11日，中国和厄瓜多尔正式签署自由贸易协定。5月30日至6月2日，中国–秘鲁自贸协定升级第五轮谈判在北京举行。8月31日，中国和尼加拉瓜签署自由贸易协定。中尼自贸协定是中国对外签署的第21个自贸协定，尼加拉瓜是中国第28个自贸伙伴，也是继智利、秘鲁、哥斯达黎加、厄瓜多尔之后中国在拉美地区的第5个自贸伙伴。7月4日，中洪自贸协定谈判启动。7月7日，双方在洪都拉斯首都特古西加尔巴举行首轮谈判，就谈判总体目标、工作职责和下一步工作安排等开展深入磋商，取得广泛共识。9月4日至7日和12月11日至12日，中洪自贸协定第二、三轮谈判分别在北京和特古西加尔巴举行。

此外，中拉还进行了如下围绕经贸开展的对话和活动。3月29日，中国–巴西商业研讨会在北京举行。3月31日，中国–圭亚那商贸发展联合理事会高级别对话会在北京举行。5月24日，中拉民营经济合作论坛在广东东莞举行。9月26日，中国和乌拉圭举行中乌经贸混委会第21次会议。10月中旬，中国和阿根廷签署中阿经济合作与协调战略对话机制延期协议。10月16日，中国–智利企业家委员会第十次年度会议在北京召开。10月23日，

① 《中国高水平对外开放扩大中拉服务贸易合作空间》，新华网，2023年9月8日，http://www.bj.xinhuanet.com/20230908/2276e20ec0b145448aae3dc1e5a00eac/c.html。

中国-巴西企业家委员会于圣保罗举行题为"巴中新议程：新工业化与可持续发展"的2023年度论坛。10月24日，中国和古巴举行政府间经贸混委会第30届会议。11月2日至3日，第16届中国-拉美企业家高峰会在北京举办。本届高峰会以"开放创新、共享发展"为主题，发布了《中国-拉美和加勒比工商界合作北京倡议》，提出推动数字经济发展、持续推进农业合作、加强文化旅游合作、深挖绿色经济潜力、构建中拉命运共同体。[①] 11月21日，中国-巴西经贸与合作分委会第九次会议召开。11月，中国和乌拉圭同意在中乌经贸混委会机制下设立贸易畅通工作组。

中拉金融合作取得新进展。2月7日，中国人民银行宣布与巴西央行签署在巴建立人民币清算安排的合作谅解备忘录。此举将有利于两国企业和金融机构使用人民币进行跨境交易，进一步促进双边贸易、投资便利化。在3月29日召开的中国-巴西商业研讨会上，巴西贸易与投资促进局宣布，双方签署了合作协议。总部设在巴西萨尔瓦多市并由中国交通银行控股的BBM银行将加入人民币跨境支付系统。巴西贸易与投资促进局发表声明称，"期望通过雷亚尔和人民币之间的直接兑换降低商业交易的成本"，BBM银行将是"这个系统在南美的第一个直接参与者"。 双方还商定，中国工商银行的巴西分行"将作为巴西的人民币清算银行"。4月26日，阿根廷经济部长马萨召开新闻发布会，宣布阿根廷将停止使用美元，转而使用人民币来结算从中国进口的商品。当地时间5月10日，玻利维亚总统阿尔塞会见记者时表示，中国是比美国更有分量的贸易伙伴，巴西、阿根廷寻求同中国开

---

① 《第十六届中国-拉美企业家高峰会搭建中拉务实合作平台》，新华网，2023年11月3日，http://bj.news.cn/20231103/93b9726cf8d74c4ebbb1371e568a0abf/c.html。

展本币结算合作，玻也倾向于选择人民币替代美元，已指示经济财政部研究中巴、中阿贸易经验。6月2日，阿根廷经济部长马萨宣布自中国进口使用人民币结算，此消息得到阿商界欢迎和广泛支持。当地时间6月16日，阿根廷经济部贸易国务秘书通博利尼在社交媒体上发文宣布，2023年4月和5月，阿使用人民币共结算来自中国的价值27.21亿美元（约合人民币194亿元）的进口商品，占这两个月总进口额的19%。[①] 通博利尼表示，以人民币结算进口商品有助于改善阿外汇储备情况，增强阿对经济形势的调控能力。11月8日，中国–拉美开发性金融合作机制第二届理事会会议暨金融合作论坛召开。会议以"凝聚金融合作力量，共建高质量伙伴关系"为主题，参会各方围绕绿色金融与可持续发展、助力中拉基础设施数智化发展、加强本外币融资合作等议题进行了深入研讨。会议期间，各方共同签署《中国–拉美开发性金融合作机制补充协议》。

金融合作是2023年中拉合作的亮点，也是中拉经贸合作中新的增长点，对推动人民币国际化具有重要意义。在中拉贸易中使用人民币结算有利于节约汇率成本、降低金融制裁风险、提升贸易效率与安全，为"全球南方"国家提升金融多样化和货币政策独立性提供了新的选择。

三、"一带一路"走深走实，发展合作提质增效

近年来，中国在拉美和加勒比共建"一带一路"的朋友圈不

---

① 《超190亿元！以人民币结算！》，U-Sharing，2023年6月19日，https://www.udfspace.com/article/5353939175996601.html?cat_id_1235427961 95=404755&module_id=12354279&component_id=component-classified-1674009887379-6195。

断扩大，拉美和加勒比26个建交国中共有22个国家与中国签署了"一带一路"合作协议，牙买加、苏里南、古巴、阿根廷、智利、乌拉圭等国还与中国签署了具体的合作规划。这说明"一带一路"在拉美不断走深走实，结出累累硕果。习近平主席在第三届"一带一路"国际合作高峰论坛上提出，中方将统筹推进标志性工程和"小而美"的民生项目，这一点在中拉合作中得到了充分体现。中国与南美国家实施的大项目较多，但在中美洲和加勒比国家开展了大量的"小而美"项目，这种投资少、见效快的项目适合当地条件，为促进当地经济社会发展发挥了重要作用。规划好"小而美"项目，是"一带一路"合作从"大写意"发展到"工笔画"阶段的必然要求，也是中国因地制宜同中小经济体开展合作的现实选择。中美洲和加勒比地区大多是中小经济体或脆弱经济体，开展"小而美"项目符合当地国情。

从基础设施建设来说，截至2023年9月，中国在拉美和加勒比地区累计实施200余项基建项目，承建了几千千米道路、铁路、轻轨，100多个学校、医院、体育场馆，近百个桥梁、隧道，数十个机场、港口，30多个电站电厂等电力设施，为当地提供近百万个就业岗位。同时，随着数字基建、绿色基建、新基建合作亮点不断，拉美和加勒比国家自主发展能力得到提升，正以更好的基建条件融入全球供应链、产业链、价值链。[1]

具体的合作项目和活动包括：4月12日，美的集团投资6亿雷亚尔成立的新工厂在巴西米纳斯吉拉斯州包索市正式奠基，占地面积超过7万平方米，覆盖冰箱、洗衣机等家电品类，年产能

---

① 华春莹：《回眸中拉高质量共建"一带一路"——跨越大洋的约定》，人民网，http://world.people.com.cn/n1/2023/1014/c1002-40095020.html。

130万台，将创造700个工作岗位，预计2024年7月竣工投产。[①]4月14日，比亚迪承诺未来三年在巴西投资100亿雷亚尔，其中巴伊亚州福特工厂投资额将达30亿雷亚尔。6月1日至2日，第九届中拉基础设施合作论坛在澳门成功举办。论坛包括"绿色转型、数智创新引领中拉基础设施合作新发展"主题论坛和"新基建助力中拉合作高质量发展对话会"两场专题活动。6月18日，玻利维亚总统阿尔塞会见宁德时代资源委员会主席于波。阿尔塞表示，双方在评估实施两个锂厂项目及增加相关投资可能性后，宁德时代确认将在玻投资，建设两个采用直接提取技术的锂厂。10月29日，由中车株洲电力机车有限公司承建的墨西哥城地铁1号线第一路段举行开通仪式。

除了基于市场行为的投资活动，中国还积极向有关国家提供援助，推动发展合作。全球发展倡议提出后，得到拉美和加勒比国家的支持，很多国家加入了"全球发展倡议之友小组"。2023年以来，在各种双多边场合，拉美和加勒比领导人再次确认支持中国提出的全球发展倡议，愿意推动发展互鉴，为实现共同发展而努力。中国也在力所能及的范围内，积极向拉美和加勒比国家提供援助，推动发展合作。11月14日，中国援建萨尔瓦多图书馆项目举行揭幕仪式。除图书馆外，中国还将在萨尔瓦多建造一个可容纳5万人的体育馆，在太平洋沿岸建造一个航运码头。11月15日，中国向尼加拉瓜交付250辆中国制造的公共汽车，双方将进一步规划道路、机场、能源及5G技术合作等项目。

中国还在中拉合作中积极落实创新驱动的发展理念，通过推

---

① 《美的集团投资超7亿元的巴西新工厂正式奠基，覆盖冰箱、洗衣机等家电品类》，澎湃新闻，https://www.thepaper.cn/newsDetail_forward_22685039。

动中拉科技创新合作为拉美国家的发展注入动力。在同多国发表的共同声明和合作文件中，科技创新被提及的频率越来越高，涵盖的领域越来越广，可以说是"上天入地"。为推动中拉技术转移，6月28日，中国-拉美和加勒比国家技术转移中心揭牌启动仪式在东莞举行，标志着中拉技术转移中心从合作共识转化为实际行动。

四、治理合作新获动力，交流互鉴高频进行

自党的二十大后，中国式现代化成为热门词汇。此前中拉之间关于发展互鉴的主流话语逐渐扩充到现代化互鉴和治理互鉴的叙事，中拉现代化互鉴具有广阔的历史纵深和现实意涵。不管是在官方交往还是在民间交流中，现代化互鉴都获得了新的话语力量。拉美和加勒比国家独立二百多年来的现代化进程有成功的经验，也有深刻的教训，对进入"十四五"阶段致力于实现中国式现代化的中国具有参考意义。

20世纪80年代以来，拉美和加勒比大多数国家实现了"民主化"，新自由主义和"华盛顿共识"成为执政理念和政治正确，三权分立的自由民主政体成为主流。但是从近年来拉美和加勒比国家的政治实践来看，在三权分立的政治体系下，围绕总统行政权力和国会立法权力斗争的"府院之争"现象凸显，如秘鲁前总统卡斯蒂略就被国会成功弹劾并最终被拘捕。厄瓜多尔总统拉索在多次面临弹劾后不得已根据"交叉死亡"原则解散国会提前进行大选。可以说，在现存的三权分立框架下拉美和加勒比很多国家的治理出现了失效或失灵问题。为了解决这一问题，不少国家也在尝试探索新的治理模式，希望在传统的左翼和新自由主义之外走出一条不同的"第三条道路"。如萨尔瓦多的布克尔总统，

致力于在目前三权分立的框架下提升以总统为中心的行政权力，从而提高政府的治理效能。布克尔总统上台后，通过铁腕治乱反腐，使萨尔瓦多的腐败问题和治安乱象得到很大改观，此外在其他经济社会发展方面成就的加持下，布克尔总统的支持率居高不下。另外，在经济发展方面，拉美和加勒比国家在重新思考政府与市场的关系问题，当前大多数拉美和加勒比国家是左翼执政，左翼政府的主流政策倾向是大政府小社会，希望通过加税和国有化等手段扩充完善政府能力，推行更加公平、更能覆盖社会中低阶层诉求的福利政策。在这种背景下，中国的治理模式和治理经验无疑给拉美和加勒比提供了新的参考。近年来，中国在减贫、治污、反腐、实现共同富裕等方面取得了显著成就，而这些问题也是拉美国家面临的治理难点，可以明显看到近年来拉美国家期待在这些方面与中国开展更多的交流合作。

2023年以来，中拉治国理政交流日趋热络。3月15日，中国共产党与世界政党高层对话会召开，拉美和加勒比多国政党积极参加。4月25日，以"坚持和加强党的全面领导，夺取中古两国社会主义建设事业新胜利"为主题的第五届中古两党理论研讨会在北京举行。7月26日，第三届中拉减贫与发展论坛召开，论坛主题为"深化减贫交流，增强发展韧性"，旨在分享中国与拉美和加勒比各国在近年来疫情持续影响的情况下，如何减少灾害对贫困的影响、如何抵御返贫威胁等做法经验。

五、人文交流热络重启，民意基础更加稳固

近年来，中拉人文交流发展迅速，为促进中拉民心相通作出了重要贡献。外交部部长助理华春莹撰文指出，近年来，拉美"中国热"和中国"拉美热"同步升温。"中拉文化交流年""中

拉文明对话论坛"拉美文化节""拉美文化交流周""拉美电影展""中拉情缘"等文化活动以及中拉电影电视、音乐舞蹈等不断走近双方普通百姓，旅游、留学丰富中拉民众生活，中拉友好广泛惠及双方人民。目前，中国已有逾120所院校开设西班牙语专业，近40所院校开设葡萄牙语专业，近60家学术机构和高校设立拉美和加勒比地区或国别研究中心，在该地区25国建有47所孔子学院和5个孔子课堂。①

2023年以来，随着中国解除疫情防控措施，中拉面对面的交流逐步恢复。4月30日至5月9日，洪都拉斯媒体代表团分别赴贵州、重庆、浙江、江苏、上海等地参访，这是中洪建交后迎来的第一个媒体代表团。中拉新闻交流中心组织了拉美和加勒比国家记者团对中国进行深度参访。9月11日，第六届中拉文明对话论坛在阿根廷首都布宜诺斯艾利斯举行，这是该论坛首次在拉美国家召开。9月14日，中央党史和文献研究院国家高端智库举办"中拉智库媒体对话会"，双方就"发展中国家现代化道路比较"进行交流。10月23日，"中拉·天涯若比邻"短视频大赛颁奖仪式暨拉美自媒体、媒体交流培训班开班仪式在北京举行。

六、国际合作深入开展，"南方声音"更加响亮

国际合作历来是中拉合作的重要组成部分，在百年变局深入演进背景下，"全球南方"在国际体系中的地位进一步上升。中国与拉美和加勒比国家都是发展中国家，在处理国际热点问题、应对全球性挑战、推动全球治理体系变革方面拥有广泛共识和共同

① 华春莹:《回眸中拉高质量共建"一带一路"——跨越大洋的约定》，人民网，http://world.people.com.cn/n1/2023/1014/c1002-40095020.html。

利益。在各种双多边场合，中拉都重申进一步开展国际合作的共识。中国和巴西在金砖合作框架下紧密协调，共同发出"南方声音"，支持阿根廷等加入金砖大家庭。中国积极推动在二十国集团框架下落实"缓债倡议"，并在双边层面通过扩大货币互换等切实解决拉美国家的债务问题。为应对气候变化，中国支持巴西申办2025年《联合国气候变化框架公约》第三十次缔约方大会（COP30），并在中国–巴西高层协调与合作委员会下创设环境与气候变化分委会，分委会第一次会议于9月19日在纽约召开。中国深切理解中美洲和加勒比"小岛屿国家"和"脆弱经济体"在气候变化方面的重大关切，支持成立"损失与损害基金"等诉求，推动发达国家向发展中国家提供更多资金和技术支持。中拉积极开展在禁毒领域的国际合作。为加强禁毒执法合作，中国与墨西哥于10月20日举行了首届易制毒化学品工作组会议。另外，拉美和加勒比国家也积极支持中国提出的方案和倡议。大多数国家积极响应人类命运共同体理念，同意构建中拉命运共同体。古巴同中国明确提出构建中古命运共同体。拉美国家积极支持"一带一路"倡议，2023年继洪都拉斯签署共建"一带一路"协议后，共有22个拉美和加勒比国家同中国签署了合作协议，多国派代表参加第三届"一带一路"国际合作高峰论坛。拉美和加勒比国家热烈拥护全球发展倡议、全球安全倡议、全球文明倡议，多国加入"全球发展倡议之友"小组。在乌克兰危机、巴以冲突等热点问题上，双方也积极磋商，达成广泛共识。

七、结语

当前，世界进入动荡变革期。一方面，"全球南方"国家崛起，发展中国家团结合作的势头上升，中拉合作成为其中一道亮丽的"风景线"。另一方面，拉美和加勒比国家正在经历新的政治变局和转型困局，政治动荡、经济低迷、社会分化现象更加突出。2024年拉美和加勒比多国将迎来大选，这将为地区形势带来更多不稳定性和不确定性，再加上美国干扰等因素，中拉关系将面临不少挑战。同时，2024年也是中拉论坛成立十周年、中国同巴西和委内瑞拉等国建交五十周年的重要节点之年，中拉关系也将迎来新机遇。总之，只要中拉双方发展关系的政治共识不变，经济高度互补的关系结构不变，开展友好合作的民意基础不变，中拉关系一定能够经受各种考验，再创新高。

（中国国际问题研究院拉美与
加勒比研究所所长、副研究员　宋均营）

第三十二章

中阿关系：
开创新篇 展现韧性

2023年，在乌克兰危机持续与巴以冲突升级背景下，中国和阿拉伯国家认真落实首届中阿、中海峰会成果，持续深化各领域务实合作，全力构建面向新时代的中阿命运共同体，推动中阿关系提质升级。中国发挥负责任大国作用，继续劝和促谈，成功斡旋沙特与伊朗实现历史性和解，推动巴以冲突停战止暴，致力于维护中东和平与安全。

一、战略互信持续深化

中阿政治关系日益巩固，战略互信持续深化。

一是习近平主席与阿拉伯国家领导人保持密切战略沟通，为中阿关系发展领航掌舵。一年来，习近平主席分别与沙特、埃及、阿联酋、卡塔尔、科威特、阿尔及利亚、苏丹、巴勒斯坦等多个阿拉伯国家元首和领导人保持密切战略沟通，就发展双边关系，加强中阿合作，推动高质量共建"一带一路"，深化全球发展倡议、全球安全倡议与全球文明倡议协作，维护中东地区和平稳定，完善全球治理体系等议题进行密切交流，达成诸多共识。其中，6月，巴勒斯坦总统阿巴斯访华，两国元首宣布建立中巴战略伙伴关系。7月，阿尔及利亚总统特本访华，两国元首共同见证签署农业、交通、科技、电信、城市可持续发展、贸易、航天、检验检疫、能源、教育、体育等领域多项双边合作文件，发表《中华人民共和国和阿尔及利亚民主人民共和国联合声明》，推动中阿全面战略伙伴关系取得更大发展。第31届世界大学生夏季运动会在成都举行，习近平主席举行宴会，欢迎出席运动会开幕式的毛里塔尼亚总统加兹瓦尼等国际贵宾，两国元首共同见证两国政府签署《中华人民共和国政府与毛里塔尼亚伊斯兰共和国政府关于共同推进"一带一路"建设的合作规划》。8月，习近平主席在约翰内斯堡出席金砖国家领导人第十五次会晤特别记者会，会议通过《金砖国家领导人第十五次会晤约翰内斯堡宣言》，宣布埃及、沙特、阿联酋正式加入金砖组织。9月，习近平主席分别会见来华出席第19届亚洲运动会开幕式的叙利亚总统巴沙尔与科威特王储米沙勒。习近平主席与巴沙尔总统共同见证签署共建"一带一路"、经济发展交流、经济技术合作等多项双边合作文件，并共同宣布建立中叙战略伙伴关系。习近平主席与科威特王储米沙勒共同见证签署《中华人民共和国和科威特国双边合作五年规划联合声明（2024—2028年）》及可再生能源、基础设施建设、环境治理等领域多项双边合作文件。10月，习近平主席会见、集体宴请来华出席第三届"一带一路"国际合作高峰论坛的埃及总理马德布利，阿联酋联邦最高委员会成员、哈伊马角酋长卡希米等国家领导人，并宣布中国支持高质量共建"一带一路"八项行动。11月，习近平主席与美国总统拜登举行中美元首会晤，就事关中美关系的战略性、全局性、方向性问题和共同关心的巴以冲突等国际和地区问题交换意见；习近平主席在北京出席金砖国家领导人巴以问题特别视频峰会并发表《推动停火止战　实现持久和平安全》的重要讲话；联合国举行"声援巴勒斯坦人民国际日"纪念大会，习近平主席向大会致贺电并提出关于解决巴勒斯坦问题的中国方案。此外，9月，习近平主席还就摩洛哥发生强烈地震向摩洛哥国王穆罕默德六世致慰问电，就利比亚飓风灾害向利比亚总统委员会主席曼菲致慰问电。

二是继续劝和促谈，中国成功斡旋沙特与伊朗实现历史性和解，为维护中东地区和平与稳定作出中国贡献。中国与阿拉伯国家、伊斯兰世界的战略合作关系进一步巩固。在中国、沙特与伊朗的共同努力下，2023年3月，沙特与伊朗实现历史性和解，结束了两国2016年以来的断交危机。与此同时，土耳其、埃及、沙特三国关系继续改善，卡塔尔与沙特、阿联酋、埃及、巴林四国关系已走出断交危机阴影，叙利亚重返阿盟，阿拉伯国家加强团结的内生动力显著增强。阿拉伯国家领导人高度赞赏中国为推动沙特与伊朗恢复关系、推动中东热点问题政治解决、维护中东和平稳定和加强中阿战略合作所作积极贡献。

三是支持埃及、沙特、阿联酋加入金砖合作机制，支持阿拉伯国家在上海合作组织发挥更大作用。8月，习近平主席出席金砖国家领导人约翰内斯堡峰会。金砖国家进行历史性扩员，中国、俄罗斯、南非、巴西与印度五国领导人宣布接纳埃及、沙特、阿联酋、阿根廷、伊朗与埃塞俄比亚六国为金砖新成员。中国支持埃及、沙特、阿联酋及更多阿拉伯国家加入金砖大家庭，习近平主席强调，金砖国家此次历史性扩员符合新兴市场国家与发展中国家共同利益，将进一步壮大世界和平与发展的力量。埃及、沙特与阿联酋三国加入金砖合作机制，将进一步增强和发挥阿拉伯国家对国际和地区事务的影响力，提高"全球南方"声音，维护发展中国家权益。与此同时，中国支持上合组织批准埃及、沙特、卡塔尔为对话伙伴，并同意巴林、阿联酋、科威特为新的对话伙伴，支持阿拉伯国家在上合组织框架内为维护中东地区和平与安全发挥更大作用。

四是坚定支持彼此核心利益和重大关切。中国坚定支持巴勒斯坦民族解放正义事业，习近平主席在会见阿巴斯总统时就解决巴勒斯坦问题提出三点主张：第一，解决巴勒斯坦问题的根本出路在于建立以1967年边界为基础、以东耶路撒冷为首都、享有完全主权的独立的巴勒斯坦国；第二，巴勒斯坦经济民生需求应该得到保障，国际社会应该加大对巴勒斯坦发展援助和人道主义帮扶；第三，要坚持和谈正确方向。尊重耶路撒冷宗教圣地历史上形成的现状，摒弃过激和挑衅言行，推动召开更大规模、更具权威、更有影响的国际和平会议，为重启和谈创造条件，为帮助巴以两国和平共处作出切实努力。中方愿为巴方实现内部和解、推动和谈发挥积极作用。[①] 新一轮巴以大规模冲突严重冲击中东政治、经济、安全与能源格局，打破中东缓和局面，以色列军事行动造成加沙大量无辜民众伤亡，遭到阿拉伯国家、伊斯兰世界强烈抗议与反对。同时，中国加大外交促和力度，习近平主席在会见埃及等国家领导人时强调，中国愿同国际社会一道，推动早日全面、公正、持久解决巴勒斯坦问题。[②] 中共中央政治局委员、外交部长王毅同埃及、土耳其、伊朗、沙特、以色列、巴勒斯坦等地区国家保持密切沟通，并同美国、欧盟、俄罗斯积极磋商，推动冲突降级、局势降温。中国政府提出解决当前巴以冲

---

① 《习近平同巴勒斯坦总统阿巴斯举行会谈》，中阿合作论坛网，2023年6月15日，http://www.chinaarabcf.org/chn/zyhd/202306/t20230615_11098069.htm。

② 《巴勒斯坦问题必须早日实现全面、公正、持久解决》，中阿合作论坛网，2023年10月30日，http://www.chinaarabcf.org/chn/zagx/sssb/202310/t20231030_11170397.htm。

突问题的"四点主张"①，敦促巴以尽快停火止战，全力保障平民安全，有关各国保持克制和推动冲突降级，呼吁联合国和安理会拿出实际举措。中国的外交努力赢得阿拉伯国家、伊斯兰世界赞誉。11月，阿拉伯、伊斯兰国家外长联合代表团访华，高度评价中国在巴勒斯坦问题上长期秉持公正立场，赞赏中国作为联合国安理会轮值主席国推动出台新一轮巴以冲突以来首份安理会决议。王毅再次就应对当前加沙危局、解决巴勒斯坦问题提出中国政府"五点主张"：一是当务之急是全面执行联合国安理会和联大有关决议，立即停火止战；二是要切实遵守国际法特别是国际人道法；三是任何涉及巴勒斯坦前途命运的安排都必须征得巴勒斯坦人民的同意，也要照顾地区国家合理关切；四是联合国安理会要倾听阿拉伯、伊斯兰国家的呼声，为推动局势降温采取负责任的行动；五是巴以冲突解决之道是落实"两国方案"，建立独立的巴勒斯坦国，呼吁尽快召开更具规模、更大范围、更有实效的国际和会，并为此制定时间表和路线图。同时，中国继续发挥大国外交作用，坚定支持阿拉伯国家维护自己的主权、统一、领土完整、安全与发展利益，努力维护中东安全和稳定。中国政府发布《关于全球治理变革与建设的中国方案》，坚定支持巴勒斯坦人民恢复民族合法权利的正义事业，主张政治解决伊朗核、叙利亚、苏丹、利比亚、也门等地区热点问题，支持中东地区国家独立自主探索发展道路，团结协作解决地区安全问题，维护地区长治久安。

与此同时，阿拉伯国家坚定奉行一个中国原则，支持中国捍

---

① 《王毅：在巴勒斯坦问题上，中方站在和平一边、站在人类良知一边》，中华人民共和国外交部网站，2023年10月16日，http://www.chinaarabcf.org/chn/zyfw/202310/t20231016_11161275.htm。

卫主权和核心利益，继续在人权、涉疆、台湾、涉港、南海等问题上支持中国开展反分裂、反干涉重大斗争，支持习近平主席提出的人类命运共同体理念和三大倡议，即全球发展倡议、全球安全倡议与全球文明倡议，共同壮大世界和平与发展力量，维护广大发展中国家共同利益。

二、务实合作提质升级

2023年，中阿以落实首届中阿峰会成果为契机，特别是落实好习近平主席在峰会上提出的中阿务实合作"八大共同行动"与中海务实合作"五大重点领域"，继续高质量共建"一带一路"，共同探索符合中阿各自国情的现代化道路。

（一）深化经贸合作

经贸合作继续发挥中阿关系压舱石作用，2023年中阿保持经贸合作强劲动能与韧性，继续发挥经贸互补优势，推动实现互利共赢目标。据中国海关总署海关统计数据在线查询平台统计，2023年1月至9月，中国和海湾合作委员会六国的贸易进出口总额达2246.49亿美元，其中中国和沙特贸易额为806.97亿美元，与阿联酋为697.25亿美元。① 此外，截至2023年9月中阿双方已连续举办十届中阿企业家大会和六届博览会。第十届中阿企业家大会6月在沙特利雅得举办，共签署30项、总价值超700亿元人

---

① 海关统计数据在线查询平台，中华人民共和国海关总署网站，http://stats.customs.gov.cn。

民币的经贸协议。[①] 第六届中阿博览会9月在宁夏银川举办，共形成合作成果403个，计划投资和贸易总额高达1709.7亿元人民币。[②] 10月，中国-海合会6+1经贸部长会议在广州举行，通过了《中华人民共和国与海湾阿拉伯国家合作委员会成员国经贸部长关于深化经贸合作的联合声明》。截至2023年，中国和阿盟所有成员国均已签署"一带一路"合作文件。2023年是习近平主席提出"一带一路"倡议十周年，中国连续多年成为阿拉伯国家第一大贸易合作伙伴，其中2022年双方贸易额超过4300亿美元，同比增长超过30%，比十年前翻了一番。[③]

（二）加强投资合作

中阿继续保持强劲投资动力，中国对阿投资活跃。中国50家独角兽企业参加在阿联酋阿布扎比国家展览中心举办的第十二届阿联酋国际投资年会。同时，阿联酋迪拜多种商品交易中心来上海、广州和重庆举办招商投资推介会，并与上海自由贸易试验区临港新片区签署谅解备忘录。"投资中国年"暨中国-阿联酋投资论坛在迪拜举行。广西商务厅和迪拜商会联合主办2023年中国（广西）-阿联酋（迪拜）经贸合作对接会，签署总价值超10亿元

---

① 《中阿合作论坛第十届企业家大会闭幕　中阿各领域合作前景广阔》，新浪财经网，2023年6月13日，https://finance.sina.com.cn/jjxw/2023-06-13/doc-imyxefae7889822.shtml。

② 《第六届中阿博览会共形成合作成果403个　金额超1700亿元》，中阿合作论坛网，2023年9月27日，http://www.chinaarabcf.org/chn/zagx/wshz/202309/t20230927_11151167.htm。

③ 《第四届中国-阿拉伯国家改革发展论坛在沪举办》，新民晚报网，2023年9月27日，https://www.163.com/dy/article/IFLSG7E20512DU6N.html。

人民币的10余个项目合作合同。[①] 首届中国工业品展会在阿布扎比中阿产能合作示范园隆重开幕，双方签署多项合作文件。广西经贸代表团还赴沙特开展交流活动，并举办2023年中国（广西）-沙特经贸合作对接会，与沙企业签订9个贸易采购合同或投资合作项目，涉及机械设备、装修建材、汽车授权进销、香料出口、造纸、智慧花园和园林绿化等。中国宝钢股份与沙特阿美、沙特公共投资基金签署协议，在沙投资建设绿色厚板工厂。中国香港特别行政区行政长官李家超率香港政商界领袖代表团访问阿联酋与沙特。访阿期间，出席阿联酋与香港投资论坛，并见证迪拜商会成立香港代表处。访沙期间，出席沙特与香港投资论坛，与沙签署6项合作协议，内容包括金融、创新科技、商务、交通、能源等领域。中国不断加大对阿拉伯国家投资力度，目前在阿联酋的中国公司已超8000多家，[②] 中国与埃及共建的泰达苏伊士经贸合作区为5万多埃民众直接或间接提供就业机会，成为两国重要合作平台。[③]

同时，海湾阿拉伯国家加速对中国投资布局。目前在中国投资比较活跃的中东资本主要来自沙特、阿联酋、科威特等国，这些国家的主权财富基金实力雄厚，陆续投资中国的银行、保险、

---

① 《2023年中国（广西）-阿联酋（迪拜）经贸合作对接会在迪拜举行》，搜狐网，2023年3月4日，https://www.sohu.com/a/649611324_114731。

② 《驻迪拜总领事李旭航接受阿通社专访》，中华人民共和国外交部网站，2023年10月13日，https://www.mfa.gov.cn/zwbd_673032/wjzs/202310/t20231016_11161380.shtml。

③ 《驻埃及大使廖力强在埃媒体发表署名文章〈中阿在共建"一带一路"中成为更紧密伙伴〉》，中华人民共和国外交部网站，2023年10月5日，https://www.mfa.gov.cn/zwbd_673032/wjzs/202310/t20231007_11156235.shtml。

电信、航空、汽车、电商、科技等多个行业领域。海湾国家继续看好中国的大市场与经济发展前景，双方合作动力强劲，预计到2030年中东主权基金将有1万亿到2万亿美元的资金投向中国。截至2023年二季度末，阿布扎比投资局和科威特投资局持有中国A股市值135.58亿元人民币。[①]

（三）推进能源合作

中阿积极构建能源立体合作新格局，双方在传统油气能源领域与新能源领域继续保持强大合作动力。在传统油气能源领域，沙特阿美石油公司以246亿元人民币买入中国荣盛石化10%股份；[②] 中石化炼化工程集团获得沙特阿美项目包工程总承包合同，金额达7.2亿美元；[③] 广东省人民政府与沙特阿美签署备忘录，在能源合作、研究与创新、产业项目、金融合作、人才交流等多个领域加强合作；辽宁省政府与中国北方工业集团、沙特阿美签署合作协议，共同建设辽宁盘锦精细化工及原料工程项目。在卡塔尔，中国石油与卡塔尔能源公司签署北方气田扩容项目合作文件，卡能源公司将在未来二十七年内每年持续向中国石油供应400万吨液化天然气，并向中国石油转让北方气田扩容项目

---

① 《2万亿美元中东资本，正投向中国》，新浪财经，2023年9月15日，https://finance.sina.com.cn/jjxw/2023-09-15/doc-imzmurce5425607.shtml?cref=cj。

② 《2万亿美元中东资本，正投向中国》，新浪财经，2023年9月15日，https://finance.sina.com.cn/jjxw/2023-09-15/doc-imzmurce5425607.shtml?cref=cj。

③ 《中国石化：炼化工程与沙特阿美签订7.2亿美元EPC合同》，新浪网，2023年7月5日，https://finance.sina.com.cn/jjxw/2023-07-05/doc-imyzqyat3264971.shtml。

1.25%股份。[1] 在伊拉克，中国中曼石油天然气集团公司与伊拉克巴士拉能源有限公司签署伊鲁迈拉巨型油田重大钻井工程服务合同；伊拉克政府与中国两家能源公司签署三处油气田勘探与开发协议；哈法亚石油和天然气项目顺利竣工。

在新能源领域，中阿积极推动太阳能、光伏等新能源合作，助力中东国家能源转型。其中，伊拉克内阁批准中国电建在伊西南部穆萨纳省开发太阳能发电项目；TCL中环与沙特愿景工业公司（Vision Industries Company）签署成立合资公司协议，在沙开展光伏晶体晶片工厂项目；沙特协商会议批准沙能源部与中国国家能源局在氢能领域谅解备忘录草案；中国能源建设集团启动在埃及的绿色制氢项目，投资额高达67.5亿美元。[2]

此外，中国新能源汽车为中阿合作注入新动力。科威特金融公司举办专场中国新能源汽车展；中国长城华冠与约旦合作商签署战略合作协议，在约建立合资公司；中国电动汽车公司蔚来和阿布扎比政府旗下投资机构CYVN Holdings签订股份认购协议；华人运通汽车公司与沙投资部签署价值56亿美元合作协议[3]，合作研发、制造并销售高合（HiPhi）品牌电动车；宇通客车与卡塔尔国家运输公司签署支持电动汽车研究合作备忘录。

---

[1] 《中国石油：与卡塔尔能源公司签署北方气田扩容项目合作文件》，新浪网，2023年6月20日，https://k.sina.com.cn/article_6192937794_17120bb42020021xxa.html。

[2] 《埃及绿氢：中能建投资67.5亿美元项目启动》，搜狐网，2023年11月3日，https://www.sohu.com/a/733415673_120142535?scm=1102.xchannel:325:100002.0.6.0。

[3] 《2万亿美元中东资本，正投向中国》，新京报网，2023年9月15日，https://finance.sina.com.cn/jjxw/2023-09-15/doc-imzmurce5425607.shtml?cref=cj。

（四）推动新工程与基础设施建设合作

中国利用技术、管理、人才等优势继续参与阿拉伯国家港口、桥梁、道路、机场、医院、摩天大楼等工程和基建建设，为增强阿国基础设施水平、提高当地人就业率、改善民生作出中国贡献。在阿联酋，中国国机工程集团同阿布扎比港口集团签署为期三年的谅解备忘录，将在全球工业和基础设施建设、城市、自由区开发、物流等领域开展合作。山东港口集团与阿布扎比港务集团签署多项合作协议，将为阿提供港口运营、港口基础设施建设、货物运输和仓储等服务。中铁集团承建的迪拜首座棕榈树造型高层建筑——FAIRMONT高档酒店公寓顺利封顶，为迪拜再添新地标性建筑。在阿尔及利亚，中铁十七局参建的阿东西高速公路东标段主线工程贯通，公路全长1216千米，东通突尼斯，西达摩洛哥，成为阿连接东西全境交通大动脉。[1] 在科威特，中航国际、贵州电建、武汉凌云等中资企业参建科新机场工程，该机场总投资逾45亿美元。[2] 中国冶金科工股份有限公司顺利交接科威特医保医院项目杰赫拉省分院，项目总建筑面积为8.5万平方米，金额达5亿美元。[3] 中国杭州造品科技有限公司与科本土企业组成联合体，获得科南部挖掘、运输和修复工程项目合同。在沙特，沙交通和物流大臣萨利赫在第二届市政投资论坛上表示，沙正与

---

① 《北非世纪工程阿尔及利亚东西高速公路全线通车》，中国日报网，2023年8月14日，http://ex.chinadaily.com.cn/exchange/partners/82/rss/channel/cn/columns/j3u3t6/stories/WS64d9edeca3109d7585e49310.html。

② 《驻科威特大使张建卫走访调研科威特新机场中资企业项目》，中华人民共和国外交部网站，2023年5月25日，https://www.fmprc.gov.cn/web/zwbd_673032/jghd_673046/202305/t20230525_11083481.shtml。

③ 《中企承建科威特医保医院项目完成初步交付》，中国青年网，2023年2月16日，http://news.youth.cn/gj/202302/t20230216_14325066.htm。

一个由1家中国公司牵头和11家国际公司参与的财团合作实施陆桥铁路项目，该项目将连接沙东部和西部，是沙最重要的项目之一。中国铁建首批进驻沙特未来新城（NEOM），积极参与沙特基建。在埃及，中国企业建设的埃及新行政首都中央商务区项目"非洲第一高楼"（385.8米）被埃及人称为"新金字塔"。在伊拉克，中铁国际集团川铁国际公司伊拉克分公司承建巴士拉九区中央原油处理项目中央控制楼如期封顶。在黎巴嫩，中国企业积极参与黎港口、机场、石油和天然气平台等的开发和扩建工作。

（五）加强金融合作

中阿积极探索金融合作新途径，促进贸易和投资便利化，共同维护发展中国家共同利益。中国香港金融管理局加强与沙特和阿联酋金融合作，包括发展金融基础设施、公开市场操作、货币政策、金融科技、监管技术、代币化以及支付基础设施等多个领域。中国国际金融公司在沙特设立办事处，计划扩展在沙业务。中国进出口银行充分发挥政策性金融职能作用，与沙特国家银行实现首笔人民币贷款合作。中国人民银行与沙特中央银行签署双边本币互换协议，互换规模为500亿元人民币/260亿沙特里亚尔，有效期三年。[①] 中国与阿联酋续签《中国人民银行与阿联酋中央银行人民币/迪拉姆双边本币互换协议》，互换规模为350亿元人民币/180亿阿联酋迪拉姆，有效期五年。两国还签署了《关于加

---

① 《中沙两国央行签署双边本币互换协议 互换规模500亿元》，新浪网，2023年11月21日，https://k.sina.com.cn/article_1657914910_62d1c61e02001ehii.html。

强央行数字货币合作的谅解备忘录》。[1] 亚洲基础设施投资银行在阿联酋设立办事处，启动资金为100亿美元，用于推动基础设施投资。[2] 规模高达22亿美元的中国工商银行"碳中和"主题绿色债券在纳斯达克迪拜交易所上市，其中迪拜分行为6亿美元，是中资银行在中东地区公开发行的首笔美元SOFR债券。[3] 中国国家开发银行实现对埃及国民银行3亿美元授信项目全额发放，支持埃及中小企业发展、基础设施建设等领域49个重点项目。[4] 伊拉克允许以人民币直接结算该国对华贸易。此外，中阿双方继续加强金融监管合作，积极开展本币互换合作，开展油气和大宗商品贸易人民币结算，并深化数字货币合作。

（六）加强信息与通信技术合作

中国积极帮助阿拉伯国家发展现代信息与通信技术，实现互利共赢。沙特通信和信息技术大臣阿卜杜拉·斯瓦哈访问北京、深圳和香港，探讨如何抓住中沙科技合作新机遇。中国电信国际有限公司与沙特电信公司签署合作备忘录，建立长期战略伙伴关

---

[1] 《中国人民银行行长潘功胜会见阿联酋中央银行行长》，中阿合作论坛网，2023年11月30日，http://www.chinaarabcf.org/chn/zagx/wshz/2023 11/t20231130_11190020.htm。

[2] 《阿拉伯国家改革发展动态　第四十九期》，中阿改革发展研究中心网，2023年4月19日，http://www.chinaarabcf.org/zagx/zaggfzyjzx/202304/ t20230419_11061621.htm。

[3] 《阿拉伯国家改革发展动态　第四十九期》，中阿改革发展研究中心网，2023年4月19日，http://www.chinaarabcf.org/zagx/zaggfzyjzx/202304/ t20230419_11061621.htm。

[4] 《中国国家开发银行实现对埃及国民银行3亿美元授信全额发放》，中国证券报网，2023年4月19日，https://www.sohu.com/a/668349599_120988533。

系。中国工业和信息化部与突尼斯通信技术部签署两部间信息通信技术领域的合作备忘录。中国华为公司与科威特 Zain 公司签署5.5G 战略合作谅解备忘录，华为公司还与科威特科学促进基金会及科通信和信息技术监管局合作，内容涉及人工智能、云计算、数据存储等网络技术，为实现科"2035愿景"提供智力支持。同时，华为公司与黎巴嫩劳工部及黎美国科技大学签署合作谅解备忘录，华为将免费为黎提供信息与通信技术培训，推动黎数字化发展。华为在中东深耕二十六年，已成为深受客户和伙伴信任的TOP 战略伙伴，持续作出杰出的社会和经济贡献。

（七）对部分阿拉伯国家提供人道主义援助

中国及时向苏丹、叙利亚、索马里、巴勒斯坦等遭受战乱、自然灾害国家提供紧急人道援助。中国政府向苏丹提供价值1000万元人民币紧急人道主义物资援助，中国红十字会向苏丹红新月会捐赠大批生活物资。中国向叙利亚提供粮食援助、箱式房屋与地震灾区物资，并向索马里、阿尔及利亚提供食品、医疗物资等。中国通过巴勒斯坦民族权力机构和联合国机构向巴勒斯坦提供紧急人道援助，并将根据加沙人民的需要，继续提供物资援助。同时，在苏丹，中国出动12架次直升机，为滞留在苏丹的联合国工作人员提供撤离便利和补给物资，中国海军派军舰执行苏丹撤侨任务。

此外，中阿双方还在军事、新闻媒体、航空航天、医疗卫生、环保、友好城市、渔业、文旅、教育、维和、考古、电竞、体育、无人机、气象、海水淡化、农业、核能等众多领域开展合作，取得一系列新成果。

三、人文交流与合作丰富多彩

习近平主席2023年3月提出全球文明倡议以来，阿拉伯国家给予积极响应和支持。中阿双方政府在多个领域开展合作，促进民心相通，进一步夯实民意基础。

4月，习近平主席复信参加"艺汇丝路"访华采风活动的阿拉伯知名艺术家代表，鼓励艺术家创作更多体现中阿友好的艺术佳作，为增进中阿人民友谊作出新的贡献。中国教育部在北京举办中海文明对话高端论坛，启动中海人文交流和文明互鉴双语文库。中国文化和旅游部与埃及文化部、阿盟秘书处等合作在埃及举办艺汇丝路——中阿知名艺术家采风作品展暨中阿艺术家对话沙龙活动。中国人民对外友好协会举办2023年中阿青年友好大使项目和第三届中国阿拉伯青年友好大使项目。作为2023年"一带一路"视听产业交流活动重点内容之一，北京市政府举办中阿视听产业交流论坛，进一步深化中国与阿拉伯国家视听合作。中国与阿盟举办中阿合作论坛第十八届高级官员会议和第七届战略政治对话会。中国外交部组织阿拉伯国家驻华使节代表团参观百度公司总部。中阿改革发展研究中心举办第四届中国–阿拉伯国家改革发展论坛，中阿智库学者就落实首届中阿峰会成果、全力构建面向新时代的中阿命运共同体建言献策。中国外交部同阿盟举行人权磋商和交流，就各自人权理念、人权事业进展、多边人权工作等交换意见。中方主办第四届中国–阿拉伯国家政党对话会，通过《第四届中阿政党对话会落实全球文明倡议银川宣言》。阿拉伯国家大学联盟与中国高等教育学会签署《关于建立合作伙伴关系的谅解备忘录》。作为中阿合作论坛框架内重要机制性活动，第十届中阿关系暨中阿文明对话会在阿联酋阿布扎比举办，双方围绕当前巴以冲突问题、加强中阿文明交流互鉴及落实习近平主席提出的全球文明倡议进行了深入研讨。中央广播电视总台"何以文明全球巡展·埃及特展"在开罗中国文化中心举行，为促进中阿民心相通贡献中国智慧和力量。

四、结语

2023 年是中国和阿拉伯国家积极落实首届中阿峰会、中海峰会成果的元年，在双方共同努力下，务实合作取得一系列新成果。在共同探索现代化道路的发展进程中，中国和阿拉伯国家已成为真正的好兄弟、好朋友和好伙伴，中国式现代化将为阿拉伯国家发展提供新机遇，注入新动力。同时，中阿双方仍面临许多严峻挑战，尤其是美西方霸权威胁及新一轮巴以大规模冲突造成中东紧张局势升级。未来，中国和阿拉伯国家、伊斯兰世界要继续加强战略合作，进一步壮大发展中国家团结力量，坚定维护世界和平与安全。

（中国国际问题研究院发展中国家研究所副研究员　王泽胜）

第三十三章

中国与南太平洋国家关系：
承前启后　继往开来

2023年是中国与南太平洋国家进一步巩固深化双方全面战略伙伴关系的重要节点。其中，中国与澳大利亚、新西兰以建交第二个五十年开局之年为新起点，加强对话、管控分歧，推动中澳关系重回正轨，中新关系保持良好发展。中澳政治关系全面重启，经贸关系有序恢复，人文交流更加深入。中新政治互动保持密切，经贸交往总体平稳，人文等领域交流持续紧密。中国与南太平洋建交岛国继续加快落实双方领导人会晤和两次外长会共识和成果，深化高质量共建"一带一路"合作，拓展各领域全方位合作，推动中国-太平洋岛国命运共同体更加紧密。

一、中澳关系全面重启

2023年，在2022年共庆建交五十周年后，中澳站在又一个五十年的新起点。在两国领导人的战略指引下，双方政治关系全面重启，经贸关系逐步恢复正常，人文交流热潮涌动，全面战略伙伴关系稳中向好。

（一）政治关系重回正轨

双方高层互动全面恢复。2022年两国领导人在巴厘岛举行近六年来首次会晤以来，中澳高层互动逐步恢复。6月，全国政协副主席、全国工商联主席高云龙率团访澳，与澳外交贸易部等政府部门和工商社团负责人举行会见，就加强双方工商界交流合作交换意见。[①] 7月，中央外办主任王毅在雅加达应约会见澳外长黄英贤，就中澳关系等议题交换意见。[②] 8月，全国人大常委会副委员长、全国人大中澳议会交流机制主席铁凝率团访澳，分别同澳参议长莱恩斯和众议长迪克、外交贸易部助理部长瓦茨等会见，就加强两国关系、立法机构合作等交换意见。[③] 9月，中国国务院总理李强在雅加达出席东亚合作领导人系列会议期间会见澳总理阿尔巴尼斯，就中澳关系、各领域务实合作等深入交换意见。[④] 11月，澳总理阿尔巴尼斯率团访华。中国国家主席习近平、国务院总理李强、全国人大常委会委员长赵乐际同其举行会见、会谈。两国领导人就中澳关系及国际和地区问题深入交换意见，

---

① 《高云龙率团访问印度尼西亚、泰国和澳大利亚》，中华全国工商业联合会网站，2023年7月4日，http://www.acfic.org.cn/qlyw/202307/t20230704_193071.html。

② 《王毅会见澳大利亚外长黄英贤》，中华人民共和国外交部网站，2023年7月14日，https://www.fmprc.gov.cn/zyxw/202307/t20230714_11113045.shtml。

③ 《全国人大常委会副委员长铁凝访问澳大利亚》，中华人民共和国全国人民代表大会网站，2023年8月11日，http://www.npc.gov.cn/npc/c2/kgfb/202308/t20230811_430960.html。

④ 《李强会见澳大利亚总理阿尔巴尼斯》，中华人民共和国外交部网站，2023年9月7日，https://www.mfa.gov.cn/zyxw/202309/t20230907_11139676.shtml。

对双方重启中澳总理年度会晤表示欢迎，再次确认支持中澳全面战略伙伴关系，重申稳定、建设性双边关系的重要性，并同意继续和拓展政治对话、双边贸易、气候变化及能源和环境、人文交流和便利人员往来五大领域接触。[①] 此访是阿尔巴尼斯就职后首度访华，也是澳总理2016年以来首次访华，具有承前启后、继往开来的重要意义，凸显双方推动两国关系早日全面恢复的决心。

双方各领域各层级对话交流机制陆续重启。继2022年双方恢复中澳外交与战略对话后，中澳外交、经贸、执法、农业、教育、国防等部门对话交流机制也密集重启。其中，2月，两国经贸部门举行经贸议题视频会谈；3月，中国国防部工作组与澳方举行第八次中澳国防部工作会晤，实现两国国防官员自2019年来首晤；4月，两国外交部门、农业部门、执法部门相继举行中澳外交部政治磋商、中澳农业联委会第十四次会议、第十次中澳执法合作工作组年度会晤；5月，第十六届中澳部长级经济联委会在京举行，并宣布重启自贸协定联委会、高级别贸易救济对话等经贸对话机制；8月，两国教育部门召开第六次中澳教育研究联合工作组磋商会议；9月，两国举行第七次中澳高级别对话，实现自2020年以来的机制重启。

（二）经贸关系有序恢复

双方合力移除经贸障碍。随着政治症结逐步移除，双方陆续推动双边和多边经贸争端和摩擦实现消解。中国分别于3月和5月恢复澳煤炭和木材进口，8月结束自2020年5月起实施的针对

---

① 《中澳总理年度会晤联合成果声明（全文）》，中国政府网，2023年11月7日，https://www.gov.cn/yaowen/liebiao/202311/content_6914025.htm。

澳进口大麦反倾销和反补贴措施。10月，澳宣布结束对中国岚桥集团达尔文港项目的安全审查，并确认将不会"更改或取消租约"。①双方在世贸组织框架下的贸易争端也逐步被妥善解决。4月，中澳联合致函WTO中止两国大麦双反措施争端。10月，中澳宣布就彼此关切的葡萄酒、风塔等世贸争端进行了友好协商，并达成妥善解决共识。②

双方经贸往来整体回暖。澳总理阿尔巴尼斯率团出席了第六届进博会开幕式。澳方更是创历史新高，派出超过250家企业、六大品类上千种商品参展，凸显对中方这一盛会的重视和支持。同时，中澳在亚太经合组织、区域全面经济伙伴关系协定、二十国集团等多边经济合作框架下也保持良好沟通和协调。

受政治关系改善和经贸症结消解等利好推动，中澳经贸呈快速升温态势，澳对华出口回升尤为显著。2023年1月至10月，中澳双边进出口总额达1898.84亿美元，同比增长4%。其中中国对澳出口额达611.25亿美元，同比下降4.2%；从澳进口额达1287.59亿美元，同比增长8.4%。③中国保持澳第一大贸易伙伴、出口市场和进口来源地地位。双方贸易门类中，铁矿石仍为澳对华出口第一大商品。2023年前7个月，澳对华铁矿石出口额

① 《澳大利亚宣布结束对达尔文港项目安全审查，外交部：表示欢迎》，光明网，2023年10月24日，https://m.gmw.cn/2023-10/24/content_1303548878.htm。

② 《商务部回应中澳世贸争端案：愿继续对话协商相向而行》，新华网，2023年10月22日，http://www.news.cn/world/2023-10/22/c_1129930507.htm。

③ 参见《2023年10月进出口商品主要国别（地区）总值表（美元值）》，中华人民共和国海关总署网站，2023年11月7日，http://www.customs.gov.cn/customs/302249/zfxxgk/2799825/302274/302275/5474072/index.html。

达4.416亿吨，同比增长4.4%，占中国进口总额的67%。澳对华煤炭出口恢复迅速，前6个月达1655.7万吨，同比增长515.8%。2022/2023财年，中国保持为澳农产品第一大出口目的地，约占澳农产品总出口的20%。中国也连续两年为澳农产品出口的最大增长市场，达创纪录的166亿澳元，同比增长62.5%，其中仅小麦出口就增长了66%。[1]中澳贸易为澳实现财政收支平衡、社会稳定贡献巨大。2022/2023年度，澳对华货物贸易顺差高达约563亿美元，中国是澳贸易顺差主要来源。中澳双边贸易使澳家庭平均收入比上一财年增加2500澳元，双边经济关系支撑澳国内约57万个就业岗位。[2]

双方深挖绿色发展和能源转型合作新潜力。目前，中国正在向2030年"碳达峰"和2060年"碳中和"目标迈进，澳也通过《2022年气候变化法案》保障其2050年实现碳净零排放。双方在清洁能源、碳捕获与储存、节能技术产业上下游形成互补，极具合作潜力。2022/2023财年，澳对华出口约2200万吨液化天然气，再度成为中国液化天然气最大进口来源国。[3]中国光伏和风电设备龙头企业也已积极进军澳市场。其中，由中国电建投资开发的澳塔斯马尼亚州牧牛山风电项目已投产并良好运营两年多。项目

---

[1] 《境外涉农信息快报（第382期）》，中华人民共和国农业农村部网站，2023年9月15日，http://www.gjs.moa.gov.cn/gzdt/202309/t20230915_6436613.htm。

[2] 《推动中澳全面战略伙伴关系持续改善和发展（大使随笔）》，人民网，2023年11月4日，http://world.people.com.cn/n1/2023/1104/c1002-40110167.html。

[3] "Australias LNG Exports Expected to Decline to 79 mil mt in FY 2024-25," S&P Global, October 4, 2023, https://www.spglobal.com/commodityinsights/en/market-insights/latest-news/lng/100423-australias-lng-exports-expected-to-decline-to-79-mil-mt-in-fy-2024-25.

目前共建设安装48台风机机组，一年产电量可为塔斯马尼亚州6.5万户家庭提供优质可靠的清洁能源，成为中国同发达国家合作开发可再生能源的有益尝试。双方还在拓展电动汽车等新兴产业合作。澳高达90%以上锂矿长期出口到中国，成为中国电动汽车产业原材料重要来源之一。2023年上半年，澳对华锂矿出口额达创纪录的117亿澳元，甚至超过液化天然气成为第二大对华出口商品。[①] 中国电动汽车也积极进入澳市场，助力澳交通行业绿色转型。2022年进入澳乘用车市场以来，中国新能源汽车品牌比亚迪已在澳开设13家门店，包括全球首创的比亚迪超级体验店，目前已在当地上市三款车型，深受澳消费者喜爱。

（三）民心相通更加夯实

双方教育和旅游纽带重现活跃。中国是澳最大的国际学生来源国。2月开始，中国留学生陆续返澳抵校。2023年上半年，中国赴澳留学生达13.3万人，占全澳国际留学生人数的21%。[②] 5月初，塔斯马尼亚大学等澳高校陆续前往北京、重庆、青岛等地探访，双方高校互访也在逐步恢复。疫情限制下，2022年，中国仍为来澳短期游客十大主要来源国之一。2023年8月，中国正式恢复赴澳出境团队旅游业务，中国游客规模正逐步复苏。

双方文艺和文保交流深入人心。双方再度围绕春节、中秋、国庆等节庆举行形式多样、内容丰富的文艺晚会、主题展览、艺术表演等庆祝活动。9月，为嘉奖对中外文化交流作出特别贡献

---

① 《从牛肉到新能源，中澳贸易增加支撑点》，环球网，2023年11月4日，https://world.huanqiu.com/article/4FDDE89ahRP。

② 《澳大利亚墨尔本大学当代中国研究中心主任王耀麟：中澳经济结构高度互补》，中国新闻网，2023年11月1日，https://www.chinanews.com.cn/gj/2023/11-01/10104410.shtml。

的杰出代表，中方举办首届兰花奖颁奖典礼，澳文化界友人甘德瑞获此殊荣。10月，澳政府、澳国家美术馆和民间友人向中方返还和捐赠4件流失文物艺术品与1件古生物化石，中方对此表示赞赏并专门举办移交仪式，成为两国民心相通的又一生动实例。

二、中新关系稳中有进

2023年是中新关系第二个五十年的开局之年。两国以双方领导人会晤共识为指引，持续深化政治互信，巩固经贸合作基础，拉紧人文交流纽带，推动双边各层级、各领域交往合作再上层楼。

（一）政治互信持续深化

双方保持高层交往。2023年，尽管新西兰国内经历政治轮换，中新政治交往仍保持密切。1月，中国国务院总理李克强致电希普金斯，祝贺他就任新西兰政府总理。3月，中央外办主任王毅在北京会见新西兰外长马胡塔，就中新双边关系、南太合作、乌克兰危机等议题交换看法。[①] 6月，新总理希普金斯率团开启就任后首度访华之旅，习近平主席、李强总理、赵乐际委员长与其举行会见、会谈。两国领导人就中新关系及共同关心的国际和地区问题深入交换意见，并发布中新《关于全面战略伙伴关系的联合声明》，一致同意在两国建交五十周年基础上加强高层交

---

① 《王毅会见新西兰外长马胡塔》，中华人民共和国外交部网站，2023年3月24日，https://www.mfa.gov.cn/web/zyxw/202303/t20230324_11048793.shtml。

往，深化合作，增进理解，管控分歧。[1] 11月，王毅在京会见新前总理约翰·基，就中新关系等议题展开交流。2023年10月，新举行大选，11月新一届联合政府成立。李强总理向新任总理拉克森致贺电。12月，王毅外长同新副总理兼外长彼得斯通电话，双方一致同意推动两国关系不断发展。

双方各层级交流有序开展。4月，中国公安部同新西兰警署举行第十一次中新执法合作工作组年度会晤，就双边执法合作达成广泛共识。5月，中国科学技术部长王志刚与新研究科学与创新部长弗拉尔共同主持召开中国–新西兰科技合作联合委员会第六届会议，就深化两国科技创新和人才交流合作展开交流。6月，外交部副部长马朝旭同新外交贸易部秘书长锡德举行中新外交政策磋商，就各自国内形势和外交政策及共同关心的国际地区问题深入交换意见。8月，中国教育部长怀进鹏率团访新，并与新教育部长蒂内蒂共同主持第十一次中新教育磋商机制会议，就推动两国学前教育、职业教育、高等教育和中文教育等领域开展深入合作展开探讨。

（二）经贸合作整体保持稳固

双方经贸暂现波动，但整体持稳。2023年，受全球需求走弱、大宗商品价格下跌、消费者偏好变化等因素影响，新西兰初级产品出口承压，中新贸易首现进出口双下滑。1月至10月，中新贸易总额为181.08亿美元，同比下滑15.1%。其中，中国向新出口65.28亿美元，同比下滑14.9%；中国从新进口额为115.79

---

[1] 《中华人民共和国和新西兰关于全面战略伙伴关系的联合声明（全文）》，中华人民共和国外交部网站，2023年6月28日，https://www.mfa.gov.cn/web/ziliao_674904/1179_674909/202306/t20230628_11104932.shtml.

亿美元，同比下滑15.1%。但需指出的是，该情况仅为多方负面因素干扰下的短期波动，中新贸易基本盘仍保持稳固，韧性仍足。中国仍为新第一大贸易伙伴、出口市场和进口来源地。整体贸易上，2023年前6个月，新对华出口额达98.5亿新元，比2022年同期小幅增长0.5%。贸易平衡上，新第二季度总体贸易逆差环比大幅收窄，而同期对华顺差则增至20亿新元，中国对该季度新贸易逆差收窄贡献率高达七成。重点产品上，新二季度乳品、木材对华出口环比增长21%和15%。因而，中新双边贸易虽暂遭逆风，但基础牢固，潜力仍在，前景仍积极向好。新总理希普金斯公开表示，稳固和发展新中关系意义重大，并希望两国不断拓展经贸等领域合作。①

双方拓展经贸合作科技内涵。6月，新西兰总理希普金斯在访华期间，中新签署包括《科技合作五年路线图安排2023—2027》在内的科技、教育、农业、林业、检疫、食品安全、知识产权等多项合作文件。双方发扬"争先"精神，积极拓展食品科学、健康与生物医学、环境科学等领域科研合作，在癌症治疗、新药研发、抵御入侵性害虫、水果品种改良、食品安全、环境科学、深海科考等领域多次攻破难点，并在再生农业、害虫防治、新药发现、中药现代化、农业温室气体减排、水资源保护和海洋科学等领域达成良好合作效果并展现良好合作潜力。新西兰–中国关系促进委员会报告指出，中国已成新主要科研合作伙伴之一。②

---

① 《王小龙大使接受环球时报专访：中新共同谱写互利共赢新篇章》，中华人民共和国驻新西兰（库克群岛、纽埃）大使馆网站，2023年9月16日，http://nz.china-embassy.gov.cn/zxgx/202309/t20230916_11144029.htm。

② 《新西兰–中国关系促进委员会发布新中科研合作报告》，中华人民共和国驻新西兰（库克群岛、纽埃）大使馆网站，2023年7月31日，http://nz.china-embassy.gov.cn/zxgx/202307/t20230731_11119895.htm。

双方持续扩展经贸合作渠道。在加强传统贸易基础上，中新积极开辟电子商务、服务贸易、绿色经济、旅游展会等领域新合作。新总理希普金斯访华期间，新方经贸代表团与中方合作伙伴签署或续签大批合作协议，涵盖乳制品、肉类、水果、宠物食品、健康、个护、酒店、环保等广泛领域。南航恢复广州往返克赖斯特彻奇的直飞航线，康维他与华润万家超市开展战略合作，新西兰Swiss-Belhotel酒店集团与中旅酒店合作，新旅游局也首度同中国社交媒体小红书合作。新方也连续第六年参加中国进博会，派出超过50家企业高规格参展。

双方互相支持地区和多边合作。中新一起坚持多边主义，维护亚太地区和平稳定、发展繁荣，共同为续写"亚太奇迹"作出贡献。中新共同推进亚太自由贸易区进程，构筑包容普惠的地区合作架构，在RCEP、APEC、东亚峰会等框架内开展了富有成效的合作。在中新关于全面战略伙伴关系的联合声明中，新方再度表态欢迎中国申请加入CPTPP，欢迎中国加入《数字经济伙伴关系协定》（DEPA）工作组正在进行的深入讨论。

（三）人文交流精彩纷呈

科教和旅游交流夯基添薪。双方接连举办学前教育研讨会、高等职业教育峰会、高等教育论坛等；开展"三兄弟教育合作项目"，并成为国际教育交流合作典范；在非传染疾病、食品安全、水资源等重点领域开展科研合作；在环保、动物医学等专业领域开展高水平合作办学；在老年照护等领域开展职业教育培训合作，持续深耕科教合作。双方积极落实双边旅游协议，建立多层级对话机制，共同提升出入境旅游便利化程度、接待设施和服务水平，助力双方旅游业全面恢复。2月，新被中方列入疫情后中国旅游团组目的地首批试点国家名单。3月，新旅游局等机构也为中国首发旅游团举办抵新欢迎仪式。

民间友好纽带历久弥新。中方持续开展中秋迎国庆文艺晚会及中华非遗文化展、新西兰中文周、"汉语桥"中文比赛、"新华人杯"乒乓球比赛等文化交流活动，受到新民众广泛好评，有效促进了两国人民相互了解、增进友谊。双方为路易·艾黎、何明清等为中国革命与建设作出卓越贡献的新西兰友人举行纪念活动。3月，马胡塔外长访华期间专程走访路易·艾黎故居，并出席艾黎雕像揭幕仪式。4月，中方也为"路易·艾黎生平纪念展"举行揭幕仪式。

三、中国与太平洋建交岛国关系持续巩固深化

2023年，在双方领导人会晤和两次外长会共识引领下，中国与南太平洋建交岛国继续保持密切政治交往，深化经贸、卫生、发展、安全和全球治理等领域务实合作，推动双方全面战略伙伴关系提质升级，中国–太平洋岛国命运共同体更加紧密。[①]

---

① 本节内容主要参阅中国政府网（https://www.gov.cn/）、中华人民共和国外交部网站（https://www.fmprc.gov.cn/）、中华人民共和国驻新西兰（库克群岛、纽埃）大使馆网站（http://nz.china-embassy.gov.cn/）、中华人民共和国驻巴布亚新几内亚大使馆网站（http://pg.china-embassy.gov.cn/）、中华人民共和国驻斐济大使馆网站（http://fj.china-embassy.gov.cn/）、中华人民共和国驻瓦努阿图大使馆网站（http://vu.china-embassy.gov.cn/）、中华人民共和国驻萨摩亚大使馆网站（http://ws.china-embassy.gov.cn/）、中华人民共和国驻汤加大使馆网站（http://to.china-embassy.gov.cn/）、中华人民共和国驻密克罗尼西亚联邦大使馆网站（http://fm.china-embassy.gov.cn/）、中华人民共和国驻基里巴斯大使馆网站（http://ki.china-embassy.gov.cn/）和中华人民共和国驻所罗门群岛大使馆网站（http://sb.china-embassy.gov.cn/）2023年相关资讯。

（一）政治关系持续巩固

双方高层政治交往保持密切。1月，习近平主席致电鲍勃·达达埃，祝贺他当选连任巴布亚新几内亚总督。5月，习近平主席致电韦斯利·西米纳，祝贺他就任密克罗尼西亚联邦（简称"密联邦"）总统，并于7月派特使农业农村部长唐仁健出席就职仪式。7月，所罗门群岛总理索加瓦雷率团访华，习近平主席和李强总理分别同其举行会见、会谈。双方发布联合声明，宣布建立新时代相互尊重、共同发展的全面战略伙伴关系，并签署涉及发展合作、贸易、基建、民航、教育、警务、海关、气象等领域的多项合作文件。王毅随后也在北京出席所驻华使馆开馆仪式，同索加瓦雷总理共同为使馆揭牌。[①]10月，巴新总理马拉佩率团来华出席第三届"一带一路"国际合作高峰论坛并正式访华，习近平主席和李强总理分别与其举行会见和会谈。双方发表联合声明，并签署共建"一带一路"、落实全球发展倡议、经济、能源、教育、应对气变、可持续发展等多项双边合作文件。11月，习近平主席在旧金山会见斐济总理兰布卡，就双边关系等议题展开交流。

双方各层级对话交流保持密集。3月，中国国家国际发展合作署副署长唐文弘率团访问斐济，双方签署《关于加强发展合作

[①]《中华人民共和国和所罗门群岛关于建立新时代相互尊重、共同发展的全面战略伙伴关系的联合声明》，中华人民共和国外交部网站，2023年7月10日，https://www.mfa.gov.cn/web/wjdt_674879/gjldrhd_674881/202307/t20230710_11110974.shtml；《王毅出席所罗门群岛驻华使馆开馆仪式》，中华人民共和国外交部网站，2023年7月11日，https://www.mfa.gov.cn/web/wjdt_674879/gjldrhd_674881/202307/t20230711_11111511.shtml。

推动落实全球发展倡议的谅解备忘录》和经济技术合作协定两份双边合作文件。4月，中国外交部副部长马朝旭在苏瓦分别会见斐济议会议长拉拉巴拉武、副总理卡米卡米加、总理府助理部长图布纳以及太平洋岛国论坛秘书长普那，就中太关系交换意见。10月，中央军委副主席张又侠会见来华出席第十届北京香山论坛的巴新国防部长达基，就加强两国两军务实合作等展开交流。11月，中国政府太平洋岛国事务特使钱波出席第五十二届太平洋岛国论坛有关活动期间，会见库克群岛总理、太平洋岛国论坛轮值主席布朗以及基里巴斯等岛国与会领导人，就双边关系、共建"一带一路"合作等议题进行了交流。

双方外长会合作共识持续落实。2022年，中方在第二次中国–太平洋岛国外长会上庄重承诺，将携手南太岛国打造应急物资、减贫、气变、防灾、农业、菌草中心等六个新合作平台。中国–太平洋岛国应对气候变化合作中心、减贫与发展合作中心已于2022年相继启用。2023年，中国–太平洋岛国防灾减灾合作中心（江门）、菌草技术示范中心（斐济）、农业合作示范中心（南京）也分别于2月、3月、5月正式启用。中方还通过中国–太平洋岛国应对气候变化合作中心向密联邦、斐济等南太岛国援助太阳能灯、太阳能电源系统等物资，协助当地提升应对气变能力和韧性。

（二）共建"一带一路"持续走深

双方基建合作硕果累累。中国帮助岛国建设和维修的道路、桥梁、码头、医院、学校、体育馆等重要基建项目纷纷落地并发挥实效。中国援建纽埃环岛公路升级项目、所罗门群岛国家宽带网项目正式开工；中方承建斐济苏瓦多功能体育馆维修项目、蒙达国际机场航站楼项目、援密联邦国家会议中心项目有序推进；

中方承建巴新海拉省塔里机场升级改造项目、投建巴新埃德伍水电站相继竣工；中国援建巴新西太平洋大学校舍成功交付。所国家宽带网等项目也被列入第三届"一带一路"国际合作高峰论坛务实合作项目清单。[①] 11月，由所罗门群岛主办的2023年太平洋运动会隆重召开。此次比赛的所国家体育场、游泳馆、网球场和行政大楼等大量设施均由中国援建，不仅为所承办国际大型体育赛事提供重要保障，也为所民众日常休闲生活提供便利，成为中太友谊最佳见证。

双方发展合作成果显著。中国继续同岛国共同推动落实全球发展倡议，推进"一带一路"框架下减贫援助和减贫协作，助力岛国增强自主发展能力、加快实现发展振兴。中方相继向汤加、斐济、密联邦等岛国派遣多批农渔业技术合作项目专家组，在瓦努阿图、基里巴斯等岛国举办蔬菜种植、畜禽养殖、椰子生产与加工技术培训班。中方在巴新、斐济等国开展的菌草技术推广合作项目已成为中国对外援助的品牌。斐济参与合作的菌草种植农户累计超600户，受益人群累计超1000余户。菌草也成为巴新继咖啡之后的第二大支柱产业。5月，中方在南京举办中国–太平洋岛国农渔业部长会议，共商深化渔业交流合作。中国海关还为纽埃、基里巴斯、瓦努阿图等南太岛国参展第六届进博会提供政策咨询和便利化措施服务，助其拓宽出口渠道。

双方卫生合作深入开展。中国继续向太平洋岛国捐赠及提供医疗资金、物资并派驻医疗队医疗人员支持。2月，中国向基里巴斯捐赠第二批医疗物资，助基改善首都病患集中、医疗资源不

---

① 《第三届"一带一路"国际合作高峰论坛务实合作项目清单》，第三届"一带一路"国际合作高峰论坛官网，2023年10月18日，http://www.beltandroadforum.org/n101/2023/1018/c134-1212.html。

足等情况。3月，中方向斐济转交新一批援斐抗疫物资，并于6月向斐卫生部转交中国政府援助款，以助斐改善医疗服务水平。7月，中国与巴新续签派遣医疗队议定书，中方援所罗门群岛国家转诊医院综合医疗中心等项目也逐步落地。7月至8月，执行"和谐使命–2023"任务的中国海军"和平方舟"号医院船对汤加、瓦努阿图、所罗门群岛等南太岛国进行友好访问并提供人道主义医疗服务，受到当地政府、媒体和民众热烈欢迎和高度赞扬。

双方气候治理合作提质升级。作为气候治理领域负责任大国，中国持续从不同层面、以各种方式与南太岛国开展相应合作，助其提高气候变化适应和应对能力。2月，中国发起"一带一路"自然灾害防治和应急管理国际合作机制并举办首次协调人会议。10月，2023太平洋岛国应对气变国际学术论坛在青岛召开，中国、所罗门群岛、图卢瓦等10余国专家学者共同探讨海洋参与应对气候变化解决方案。11月，第52届太平洋岛国论坛开展气候对话并通过《太平洋区域气候流动框架》，中方对此表示支持并宣布将提供帮助。中国国家海洋环境预报中心还为汤加群岛、斐济群岛以南、新喀里多尼亚、新几内亚等海域多次发布海啸信息，为当地海洋灾害防护提供重要帮助。

（三）民心纽带更加紧密

人道主义援助和关怀更暖人心。2023年，瓦努阿图连续两次遭受强飓风袭击，巴新面临地震灾后重建难题。中方第一时间致电慰问并提供多批人道主义救灾和重建物资及款项援助。其中，中方为巴新修复的海底光缆设施已于3月正式交接。7月，中鲁远洋渔业旗下新懋丰轮成功救助2名密联邦遇险渔民，受到密政府和民众诚挚感谢。中国驻斐济、瓦努阿图、所罗门群岛、巴新、密联邦、基里巴斯等多个岛国使馆持续为当地教育、警务、卫生和妇幼部门捐赠课桌椅、学习用品、电子设备、体育器材、小型农具等民生物资，援建供水、物流、社区服务中心等民用设施，助当地改善民生、增进福祉。

文化体育交流和合作更显亲近。中国继续向萨摩亚等国提供政府奖学金，为当地青年传授土木工程、医学、经济、公共管理等发展所急需专业领域知识技能。中方多次邀请所罗门群岛、巴新等国运动员赴华参加集训，为备战太平洋运动会和发展岛国体育事业添加助力。中国驻密联邦、所罗门、斐济等岛国使馆多次举办中国传统文化联谊活动、"汉语桥"中文比赛等文化交流活动，为双方搭建人文交流桥梁。

四、结语

2023年，在承前启后的关键节点上，中国和南太国家关系继往开来，保持平稳向好。2024年是中澳、中新建立全面战略伙伴关系十周年。中澳有望巩固两国关系，改善发展势头，在"重整行装再出发"基础上，推动两国"携手合作向未来"。[1] 中新有望保持当前良好政治氛围，加强高层往来和政治互信，深化各领域交流和务实合作，推动双方关系再上新台阶。中国与南太建交岛国合作交流领域有望再拓宽，双方相互尊重、共同发展的全面战略伙伴关系有望再深化，双方中国–太平洋岛国命运共同体关系也有望更加紧密。

（中国国际问题研究院国际战略研究所助理研究员　张坤）

---

[1] 《王毅会见澳大利亚外长黄英贤》，中华人民共和国外交部网站，2023年11月6日，https://www.fmprc.gov.cn/wjbzhd/202311/t20231106_11174726.shtml。

第三十四章

对外经济关系：
保持韧性　稳中提质

2023年，世界经济复苏进程缓慢，增长乏力，主要发达经济体政策收缩，外溢效应进一步显现，不稳定不确定因素显著增多。面对国外的风险挑战和国内多重因素交织叠加带来的下行压力，中国对外经济关系保持了较强的韧性。总体运行平稳，迈出高质量发展新步伐，呈现持续恢复、向好的发展势头，为不确定的世界经济提供了宝贵的确定性。

一、外贸外资保持稳定

在全球外需持续收缩的大环境下，中国对外经贸关系顶住压力，展现出较强韧性。外贸外资规模在上一年高基数基础上保持相对稳定，同比增速基本持平，结构不断优化，质量持续提升。

（一）外贸平稳运行，稳中有进

复杂严峻的外部环境下，中国外贸总体表现较好。一是总体运行平稳。2023年前10个月，中国进出口总值达34.32万亿元，同比增长0.03%。其中出口19.55万亿元，同比增长0.4%；进口

493

14.77万亿元，同比下降0.5%；贸易顺差4.78万亿元，同比扩大3.2%。二是动能持续积聚，民营企业依然是外贸增长的主力。2023年前三季度，中国民营企业进出口16.34万亿元，同比增长6.1%，占中国进出口总值的53.1%。同期，外资企业和国有企业分别占30.6%和16.1%。三是结构继续优化，高技术、高质量、高附加值的产品出口占比提升，服务贸易保持增长态势。2023年前三季度，中国机电产品出口10.26万亿元，同比增长3.3%，占出口总值的58.3%。电动汽车、锂电池、太阳能电池等"新三样"产品出口增长高达41.7%。数字化转型为外贸发展注入新动能，2023年前三季度，跨境电商进出口额为1.7万亿元，增长14.4%。服务贸易总额为48180.7亿元，同比增长7.7%，知识密集型服务和旅行服务增长显著。

2023年上半年，美欧因商品库存过剩，对中国进口需求下降。同时，东南亚及印度等国出口贸易逐渐恢复，对中国出口产生一定挤出效应。加之美元汇率上涨，导致上半年中国货物进出口总额以美元计微降，以人民币计增长2.1%。下半年随着稳经济、稳外贸政策红利不断释放，外贸领域积极因素积累增多，进出口增速降幅持续收窄。9月，中国进出口规模创下年内单月新高，10月进出口增速止跌回升。从季度看，第一、第二和第三季度中国外贸进出口额分别为9.72万亿元、10.29万亿元和10.79万亿元，外贸规模逐季抬升。

中国与东盟互为第一大贸易伙伴的地位持续巩固，与美欧主要贸易伙伴的贸易规模保持稳定。2023年前10个月，中国与东盟贸易总值为5.23万亿元，同比增长0.9%，占中国外贸总值的15.2%。欧盟、美国和日本分别为中国第二、第三和第四大贸易伙伴。其中，中国与欧盟的贸易总值为4.59万亿元，同比下降1.6%，占中国外贸总值的13.4%；中国与美国的贸易总值为3.86

万亿元，同比下降7.6%，占中国外贸总值的11.2%；与日本的贸易总值为1.84万亿元，同比下降6.5%，占中国外贸总值的5.4%。2023年前三季度，中国对中亚、非洲和拉美等新兴市场的进出口额分别增长33.7%、6.7%和5.1%，均高于外贸整体增速，外贸布局更加均衡。

（二）外资规模略有收缩，但向好势头未变

2023年前三季度，中国实际使用外资金额9199.7亿元人民币，同比下降8.4%。外资规模收缩的主要原因如下：一是世界范围跨国投资普遍收缩。在世界经济增长预期不断下滑之际，企业对投资多持观望态度。据联合国贸发会议《2023年世界投资报告》，2022年全球外国直接投资下降12%，2023年可能继续下行。二是2022年同期基数高。2022年前三季度，中国实际使用外资规模达10037.6亿元人民币，为历史同期最高水平。2023年前三季度引资规模虽有所下降，但仍居历史高位。三是美联储加息导致美元利率抬升，美元大量回流抑制投资。

中国吸引和使用外资长期向好趋势不变。一是外资企业看好在华前景，来华势头不减。2023年1月至9月，全国新设立外商投资企业37814家，同比增长32.4%。据中国贸促会《2023年第三季度中国外资营商环境调研报告》，受访的700家外资企业中，八成企业对中国营商环境满意，七成企业在华产业链布局趋向稳定，近九成企业预计未来五年在华利润持平或提高。二是引资结构不断优化。2023年前三季度，中国制造业实际使用外资金额2624.1亿元人民币，同比增长2.4%，其中高技术制造业增长12.8%，医疗仪器设备及仪器仪表制造业、电子及通信设备制造业引资增幅分别高达37.1%和21.5%。服务业领域，研发与设计服务引资增长10.2%。三是部分发达国家对华投资力度增加。

2023年1月至9月，法国、英国、加拿大、瑞士和荷兰对华投资增长较快，增速分别为121.7%、116.9%、109.2%、76.9%和32.6%。

（三）实施利好政策，深入推进高水平对外开放

面对国内多重挑战，中国出台了一系列稳经济、稳外贸、稳外资、提质量的政策措施，充分发挥综合优势，以国内大循环吸引全球资源要素，提升贸易投资合作质量和水平，推动利好政策落地显效。

一是坚定不移扩大制度型开放，加强规则、规制、管理、标准等制度方面与国际对接，引导外资更多投向先进制造和科技创新领域。2023年10月，第三届"一带一路"国际合作高峰论坛上，中方明确将全面取消制造业领域外资准入限制措施，主动对照国际高标准经贸规则，深入推进跨境服务贸易和投资高水平开放，为下一步中国对外开放和利用外资工作指明了方向。

二是健全中外高层对话机制，以高层交往引领双边经贸互利合作。2023年8月，中美双方同意在两国商务部间建立多层级沟通渠道，9月，中美成立"经济工作组"和"金融工作组"。同月，第十次中欧经贸高层对话时隔三年首次在线下举行，双方就经贸、绿色及数字领域的合作达成广泛共识。

三是推动人员和生产要素跨境流动，有效提高资源跨境配置效率。2023年9月，外交部优化来华签证办理手续，以便利人员跨境往来。截至2023年6月，中国设立了165个跨境电商综合试验区，覆盖全国31个省区市，跨境电商主体已经超过10万家，跨境电商货物进出口规模大幅增长。

四是利用各类活动及展会推动外贸外资增长。举办"国际消费季""投资中国年"等活动，不断发挥广交会、服贸会、投洽

会、进博会、全球数字贸易博览会等重点国际展会的平台效应。2023年11月，第六届中国国际进口博览会在上海成功举办。月底，中国国际供应链促进博览会首次举办，为强化海内外产业链供应链联系提供新平台。中非产能合作品牌展览会和智慧交通及能源产业展览会也同期分别在尼日利亚和印度尼西亚举行，[①] 以境外办展的方式助力企业开拓国际市场。

二、区域经济合作实现新发展

中国践行开放的区域主义，高举发展合作大旗，努力提高区域贸易和投资自由化便利化水平，加快推进自贸区提升战略，致力于实现高水平的区域经济一体化，助力地区和全球经济长期稳定发展。

（一）以自贸区为平台实施开放，加快对接高标准经贸规则

一是有力推动加入《数字经济伙伴关系协定》和《全面与进步跨太平洋伙伴关系协定》进程。自2022年成立中国加入DEPA工作组起，中国与成员方相关谈判全面启动，目前已举行两次部长级会议、三次首席谈判代表会议和三次技术磋商，取得积极进展。[②] 中方已对CPTPP协定全部条款进行了深入全面的分析研究

---

① 《巩固消费回升势头 扩大开放稳外贸》，央视网，2023年11月9日，https://news.cctv.com/2023/11/09/ARTIii3edmFhOKYOaRNQLKeo231109.shtml。

② 《商务部召开例行新闻发布会（2023年11月9日）》，中华人民共和国商务部网站，2023年11月9日，http://www.mofcom.gov.cn/xwfbh/20231109.shtml。

和评估，梳理了可能需要采取的改革举措和修改的法律法规，并在有条件的自贸区先行先试，为探索全面深化改革扩大开放路径，为加入高标准经贸协定提供实践支撑。2023年6月，国务院印发了《关于在有条件的自由贸易试验区和自由贸易港试点对接国际高标准推进制度型开放的若干措施》，率先在上海、广东、天津、福建、北京等5个具备条件的自贸试验区和海南自由贸易港主动开展试点。2023年11月1日，中国第22个自贸试验区以及在西北沿边地区设立的首个自贸试验区——新疆自贸试验区挂牌成立，承担着129项改革试点任务。

二是进一步强化RCEP区域内国家的经贸联系，充分释放RCEP政策红利。在全球贸易投资增速下滑的大背景下，2023年前5个月，中国与RCEP其他成员的进出口总额取得亮眼成绩，达到5.11万亿元人民币，同比增长4.5%。2023年前三季度，全国贸促系统RCEP原产地证书签证金额共计54.78亿美元，同比增长10.1%；签证份数共计15.95万份，同比增长47.15%。中国企业享受RCEP优惠的能力和水平也在不断提升。

三是自贸"朋友圈"不断扩大，同更多国家商签了自贸协定和投资保护协定。截至2023年7月，中国对外签署且生效的投资保护协定达到108个。2023年4月，中国与新加坡完成了两国自贸协定升级后续谈判。5月，中国与厄瓜多尔签署自贸协定。7月，中国与洪都拉斯启动自贸协定谈判。8月，中国与尼加拉瓜签署自贸协定。10月，中国与塞尔维亚签署自贸协定，这是中国与中东欧国家签署的第一个自贸协定，也是中国签署的第22个自贸协定，塞尔维亚成为中国的第29个自贸伙伴，这是中国扩大面向全球的高标准自由贸易区网络的又一重要实践。

（二）充分挖掘与东盟、中亚、非洲和拉美地区的经济合作潜力

中国和东盟已连续三年互为最大贸易伙伴，中国–东盟自贸区建设深入推进，中国–东盟自贸区3.0版已举行了四轮磋商谈判。通过简化投资手续、税收减免等举措，中国与东盟投资便利化水平不断提高，截至2023年7月，中国同东盟国家累计双向投资额超过3800亿美元。RCEP的生效实施为中国和东盟间的经贸合作创造新机遇，中国–东盟东部增长区、澜湄等次区域合作稳步推进也为中国与东盟区域合作注入强劲动力。

中国与中亚经贸合作往来显著加强。2023年前三季度，中国对中亚五国进出口增速高达33.7%。截至2023年3月底，中国对中亚五国直接投资存量超过150亿美元，累计完成工程承包营业额639亿美元。2023年5月，首届中国–中亚峰会在西安举行，中国与中亚国家签署了产业投资合作、经贸合作、数字贸易、基础设施及工程建设、农业部长会议机制、实业家委员会等九份多边合作文件，中国–中亚经贸投资合作机制更加健全。

中国与非洲、拉美国家经贸关系发展势头良好。2023年前三季度，中国对非洲、拉美进出口分别增长6.7%和5.1%。中国已连续十三年保持非洲第一大贸易伙伴国地位。中方同非洲国家密切配合，共同实施包括贸易促进工程和投资驱动工程在内的"九项工程"，经贸往来日益密切、贸易规模稳步扩大。拉美是中国同发展中国家合作的重点地区之一，中国已成为拉美第二大贸易伙伴国，拉美是中国对外投资第二大目的地。

（三）共建"一带一路"，有效拓展区域经贸合作空间

2023年是共建"一带一路"倡议提出十周年。十年来，中国和150多个国家、30多个国际组织签署"一带一路"合作文件，举办了三届"一带一路"国际合作高峰论坛，成立了20多个专业领域多边合作平台，与各方合作开展了3000多个务实项目，拉动近1万亿美元投资，共建"一带一路"合作伙伴经贸务实合作不断取得新突破。2023年10月举行的第三届"一带一路"国际合作高峰论坛上，中方宣布了中国支持高质量共建"一带一路"的八项行动，涵盖基础设施建设、外资准入、民间交流和合作机制建设等诸多领域，融入绿色、创新、廉洁等合作理念，为高质量共建"一带一路"指明了新方向。

共建"一带一路"推动区域贸易更加活跃。共建"一带一路"国家已成为中国外贸重要增长来源地。2023年前10个月，中国对共建"一带一路"国家进出口额达15.96万亿元，增长3.2%，占中国进出口总额的比重提升至46.5%。海关总署编制的中国与共建"一带一路"国家贸易指数由2013年的100上升到2022年的165.4，显示共建"一带一路"对贸易的促进作用持续增强。[①]

共建"一带一路"使区域互联互通水平不断提升完善。中老铁路、雅万高铁、蒙内铁路、匈塞铁路部分路段陆续建成投运，比雷埃夫斯港、瓜达尔港共建取得重大进展，中国-中亚天然气管道、中缅原油与天然气管道、中俄东线天然气管道、中巴经济

---

① 《国新办举行前三季度进出口情况新闻发布会》，中国政府网，2023年10月13日，https://www.gov.cn/zhengce/202310/content_6908840.htm?ddtab=true。

走廊默拉直流输电工程等一大批跨境能源基础设施建成或运营良好。截至2023年9月底，中欧班列累计开行超7.8万列，运输货物超740万标箱。2023年前三季度，西部陆海新通道海铁联运班列运输集装箱货物63.3万标箱，同比增长14%。

三、深度参与全球经济治理

当前世界进入新的动荡变革期，地缘政治紧张与经济格局演变叠加，逆全球化思潮持续涌动，全球治理体系碎片化特征日益突出。中国积极倡导人类命运共同体理念，参与重塑全球经济治理体系，赢得国际社会广泛认同与支持。

（一）坚定捍卫多边体制，发挥引领作用

一是维护以WTO为核心的多边贸易体制，在WTO改革中展现大国担当。2023年7月6日，全球首个多边投资协定WTO《投资便利化协定》结束文本谈判，有助于提升全球投资监管政策的稳定性和可预期性，进一步提振全球投资者信心，从而推动全球投资稳定增长。该协定是中国首个在WTO牵头设置并成功结束文本谈判的重要议题，参与各方积极认可该协定重要意义，高度赞赏中方在推动谈判过程中发挥的引领作用。

二是有力回击单边主义和贸易保护行径。2023年8月11日，中国商务部发布《美国履行世贸组织规则义务情况报告》，梳理美国履行世贸组织规则义务概况，表达对美破坏多边贸易体制、实施单边贸易霸凌、操纵产业政策双重标准、扰乱全球产业链供应链等政策措施的关注，呼吁美方及时纠正错误言行，切实遵守世贸组织规则和自身承诺。

三是呼吁对国际货币基金组织和世界银行等多边机构进行

改革，支持国际货币基金组织推进特别提款权（SDR）转借。在2023年10月召开的第48届国际货币与金融委员会会议上，中方提出国际货币基金组织份额改革应实现份额增资和占比调整，呼吁国际货币基金组织在消除经贸壁垒、防止经济金融碎片化、推动全球治理朝着更加公正合理的方向发展发挥更大作用。

（二）维护新兴市场和发展中国家利益

作为发展中国家、"全球南方"的一员，中国始终坚定维护发展中国家的共同利益，与新兴市场和发展中国家在二十国集团、亚太经合组织等多边框架下强化务实合作。中方以负责任态度落实二十国集团缓债倡议（DSSI），为债务困境中的发展中国家提供力所能及的支持。2023年9月，"77国集团和中国"峰会通过《哈瓦那宣言》，呼吁全面改革国际金融结构，构建更包容、协调的全球经济治理格局。

中国致力于扩大金砖国家、上海合作组织等发展中国家主导的多边机制影响力，支持金砖扩员进程，欢迎认同"上海精神"的国家加入上合组织。2023年8月，金砖国家领导人第十五次峰会邀请沙特等国正式成为金砖成员。2023年7月，上海合作组织成员国元首理事会第二十三次会议正式接收伊朗为成员国，签署白俄罗斯加入上海合作组织义务的备忘录。中方还积极建议扩大上合组织国家的本币结算份额，拓展主权数字货币合作，推动建立上合组织开发银行，以促进上合组织国家经济融合，发展联动，成果共享。

（三）为全球经济治理提供"中国方案"

2023年9月，中国外交部发布《关于全球治理变革和建设的中国方案》，全面阐述了中方在经济全球化、粮食安全、绿色低碳发展、应对气候变化等全球治理重点领域及多边机构改革方面的立场主张，呼吁国际社会共同落实全球发展倡议、全球安全倡议和全球文明倡议，推动构建人类命运共同体，提出推进共建"一带一路"同联合国《2030年可持续发展议程》有效对接。该方案出台标志着中国从全面参与全球治理体系向引领全球治理变革和建设的转变。

在数字治理方面，中国以《全球数据安全倡议》为指引，充分发挥在数字产业上的优势，为全球数字经济发展提供更多公共产品。积极搭建世界互联网大会、世界5G大会、世界人工智能大会等开放平台，开展双边、多边数字治理合作。中国以共建"一带一路"为契机与各国加强数字合作，截至2022年底，已与17国签署"数字丝绸之路"合作谅解备忘录。截至2023年9月，与30国建立双边电子商务合作机制，建立中国-中东欧国家、中国-中亚五国电子商务合作对话机制，推进中国-东盟信息港、中阿"网上丝绸之路"建设。在第三届"一带一路"高峰论坛期间，中国同与会多国共同发布了《"一带一路"数字经济国际合作北京倡议》，提出20项倡议，以加强数字互联互通。

在气候治理方面，中国信守"双碳"承诺，彰显大国担当。2023年11月，中国印发《甲烷排放控制行动方案》《国家碳达峰试点建设方案》等国家行动计划，全面有序推进减排工作。中国建设性参与气候变化多边进程，积极引领气候变化全球治理，致力于有效实施《巴黎协定》及其决定。中国秉持人类命运共同体理念，扎实推动"绿色丝绸之路"建设。截至2022年8月，中国在应对气候变化南南合作上累计投入超过12亿元人民币，签署13份合作文件，培训超过2000名发展中国家相关人员，有力支持了发展中国家绿色低碳能源发展。[①]

（四）稳妥有序推进人民币国际化

人民币国际使用程度及储备规模显著提升。2023年9月，境外机构持有的境内股票、债券等人民币金融资产规模合计9.3万亿元，人民币在全球贸易融资中占比为5.8%，排名升至第二位。目前已有80多个境外央行或货币当局将人民币纳入外汇储备。据国际货币基金组织数据，截至2023年二季度末，人民币储备规模占比为2.45%，较2016年人民币刚加入SDR时提升1.38个百分点。[②]

人民币全球清算服务网络更加高效。目前中国已在29个国家和地区授权31家人民币清算行，覆盖全球主要国际金融中心。人民币跨境支付系统服务区域持续扩大。截至2023年9月，CIPS业务范围覆盖全球182个国家和地区的4344家法人银行机构。

中国与新兴市场国家和发展中国家的资金清算安排和支付结算渠道不断完善。2023年前三季度，中国与周边国家和共建"一带一路"国家货物贸易跨境人民币结算量同比增速分别高达56%和66%。[③]2023年2月，中国与巴西签署建立人民币清算安排的合作备忘录。6月，人民币在俄进口结算中所占份额增至34%。8月，中国与蒙古国续签双边本币互换协议。截至2023年11月，中国

① 《中国这十年·系列主题新闻发布会｜介绍"贯彻新发展理念，建设人与自然和谐共生的美丽中国"有关情况》，人民网，2022年9月15日，http://zhibo.people.cn/watch/3389597。

② 《人民币国际货币功能稳步增强》，《光明日报》2023年11月13日第10版。

③ 《稳慎扎实推进人民币国际化》，中国人民银行网站，2023年11月9日，http://www.pbc.gov.cn/redianzhuanti/118742/5118184/5128938/index.html。

与境外央行签署有效双边本币互换协议共29份，在便利双边贸易投资、维护地区金融稳定等方面发挥了积极作用。

四、结语

在国内外复杂形势下，中国对外经济合作仍取得瞩目成就。随着稳经济、稳外贸政策落地显效，中国对外经济关系长期向好的势头进一步凸显。但也应看到，当前全球增长动能不足、全球经济治理滞后的问题更加突出，中国对外经济关系的外部环境更趋严峻，发展面临更多风险挑战，取得新突破、新发展需付出更大努力。

中国积极在双边、区域和多边层面深化和拓展对外经济联系。双边经贸合作是中国发展对外经济关系的基础，也是中国在区域及全球层面经贸合作的具体体现。在双边贸易中，当前东盟与中国互为第一大贸易伙伴的关系日益巩固，但美欧日等贸易伙伴在中国对外经贸关系中仍居重要地位。新兴市场及发展中国家与中国有着相似的关注和诉求，在世界经济体系中扮演日益重要的角色，在区域经济合作和全球经济治理中拥有广阔前景和巨大潜力。中国应以制度型开放为抓手，坚定不移实施高水平对外开放，团结广大发展中国家，深度参与全球经济治理体系重构，为推动构建开放型世界经济作出中国贡献。

（中国国际问题研究院世界经济与
发展研究所助理研究员　刘艺潼）

第三十五章

对外安全合作：
务实进取　责任担当

2023 年，中国对外军事交流实现新发展，加强同各国军队互动沟通，深入开展各领域务实合作，坚定履行国际责任义务，积极践行全球安全倡议，为捍卫国家主权、安全、发展利益，为维护世界和平稳定作出新的贡献。同时，中国坚定支持维护核安全和全球战略稳定，在国际热点问题上发出正义声音，致力于合作打击犯罪行为和恐怖主义，维护国家和公共安全。[①]

一、多层次对外军事交流

2023 年，中国军队积极开展多层次对外军事交流，中俄军事交流取得新进展，中美军事互动低迷，周边外交活跃务实，其他方向军事交流焕发生机，在战略对话和磋商研讨中发出中国声音。

---

① 除特别说明外，本文资料均来自《解放军报》和国防部网站。

（一）中俄军事交流取得新进展，中美军事互动低迷

2023年，中俄两军交流持续活跃务实。习近平主席3月访问俄罗斯，同普京总统举行真挚友好、富有成果的会谈，达成许多新的重要共识。在两国元首战略引领下，两军战略沟通与务实合作不断迈上新台阶。4月，中俄两国防务部门在莫斯科举行磋商，达成诸多共识，取得丰硕成果。8月，在俄罗斯第11届莫斯科国际安全会议上，习近平主席提出的全球安全倡议受到与会各方广泛赞誉。俄罗斯国防部长绍伊古10月底访华并出席第十届北京香山论坛。11月，中央军委副主席张又侠访问俄罗斯。普京总统在会见张又侠时说，两军各领域合作发展势头良好，取得丰硕成果，为维护两国战略安全发挥重要作用。张又侠表示，两军关系是两国关系高水平和特殊性的重要标志。中央军委联合参谋部参谋长刘振立6月同俄罗斯武装力量总参谋长格拉西莫夫举行视频通话，并共同确认俄方将应邀参加中方组织的"北部·联合–2023"演习。[①] 中俄9月在莫斯科举行第十八轮战略安全磋商[②]，同意适时举行中俄战略稳定磋商，加强执法安全、防扩散以及新兴科技全球治理等合作。此外，中俄两军还举行多次联演联训，如6月在日本海、东海相关空域组织实施2023年度例行性联合空中战略巡航，7月上旬俄罗斯舰艇编队访问上海并与中国海军舰艇进行联合演练，7月下旬俄罗斯军队参加"北部·联

---

① 《中央军委联合参谋部参谋长同俄罗斯武装力量总参谋长举行视频通话》，中国军视网，2023年6月10日，http://www.js7tv.cn/video/202306_304113.html。

② 中共中央政治局委员、中央外办主任王毅同俄罗斯联邦安全会议秘书帕特鲁舍夫共同主持。

合-2023"演习并接续组织海上联合巡航，之后中国海军舰艇编队赴俄罗斯符拉迪沃斯托克进行友好访问。这些活动充分反映了双方战略互信水平，有效检验和提升了两军协作水平。

在无人飞艇事件之后，中美军事交流持续低迷。美军一再要求与中国军队进行沟通，但美军在中国周边地区的诸多行为使之难以实现。8月初，美国国防部助理部长拉特纳同我国外交部美大司司长杨涛举行会晤，就两国防务部门关系及地区安全议题交换意见。8月中旬，中央军委联合参谋部副参谋长徐起零率团赴斐济出席印太国防军司令会议期间，与美国进行沟通交流。10月底，美国国防部助理国防部长帮办中国事务主任卡莱斯女士作为美国国防部代表参加第十届北京香山论坛。论坛期间，中方相应官员与她开展交流。此后，中美两军于11月9日举行查找美军战俘与失踪人员遗骸工作视频会议，就案例调查情况和两军档案合作有关事宜交换意见。11月15日，习近平主席在旧金山同拜登总统举行中美元首会晤，双方同意推动和加强中美各领域对话合作，包括在平等和尊重基础上恢复两军高层沟通、中美国防部工作会晤、中美海上军事安全磋商机制会议，开展中美两军战区领导通话。这为此后两军交流奠定基础，但2023年总体上两军交流较少。

（二）周边军事外交活跃务实，其他方向军事交流焕发生机

2023年，中外军队高层交往增多，多个周边国家和其他方

向军队领导人访华①，工作层的军事交流也务实推进。中日两国防务部门3月完成海空联络机制直通电话线路建设，5月首次使用中日防务部门海空联络机制直通电话进行通话。直通电话的建成和启用是落实两国领导人重要共识的实际举措，将有效充实两国防务部门沟通渠道，加强双方海空危机管控能力。中国军队积极参加东盟主导的各领域务实合作，推动中国–东盟防务合作走深走实。解放军陆军工程大学2月以视频方式举办东盟防长扩大会（ADMM+）扫雷专家组扫雷培训，这是中国和柬埔寨作为ADMM+人道主义扫雷专家工作组共同主席国联合主办的一次重要活动，6月至9月又为柬埔寨和老挝各举办一期扫雷培训班；两国9月还在柬埔寨联合主办"纯净家园–2023"多国联合扫雷行动，进一步解决地区雷患问题。② 5月，中方派员参加东盟防务高官扩大会工作组会视频会议，国防部工作组8月赴印尼参加东盟防务高官扩大会，就加强地区防务安全合作交换意见。解放军陆军9月下旬派员赴俄罗斯东部军区参加ADMM+反恐专家组实兵演习，10月又派员赴印尼参加ADMM+人道主义救援减灾专家组实兵演习。国防部代表团11月赴印尼出席第十届东盟防长扩大会，并与有关国家代表沟通交流。国防部工作组6月还赴印尼参加第20届东盟地区论坛安全政策会议。

---

① 包括土库曼斯坦国防部长贡多格德耶夫（1月）、柬埔寨王家军副总司令兼陆军司令洪玛奈（2月）、泰国海军司令成猜（4月）、孟加拉国海军参谋长沙辛（4月）、巴基斯坦陆军参谋长穆尼尔（4月）、巴基斯坦海军参谋长尼亚齐（5月），以及刚果（金）副总理兼国防部长本巴（5月）、阿联酋空军和防空军司令易卜拉欣（8月）、塞尔维亚副总理兼国防部长武切维奇（10月）等。10月底来华参加第十届北京香山论坛的外国军队领导人另计。

② 柬埔寨、印尼、新西兰、俄罗斯、新加坡等14个国家300余人参加，解放军陆军派出100余名官兵。

2023年，中印两军先后举行第18轮（4月）、第19轮（8月）和第20轮（10月）军长级会谈，维护两国边境地区的和平与安宁。中国军队积极参与上合组织框架内的各项活动。4月底，中方赴印度出席上合组织成员国防长会议，表示愿与各方一道，携手践行全球安全倡议，推动构建均衡、有效、可持续的安全架构。会后发表《上海合作组织成员国国防部长会议联合公报》。11月，中国国防部举办第5届上合组织防务安全论坛，共研共商深化防务安全合作的方法路径。此外，中方还积极派员参加上合组织防务智库交流、人道主义救援减灾等专业领域交流活动，与各方密切交流互动，深化互信，推动合作。

在其他方向，值得指出的是，刚果（金）副总理兼国防部长本巴（5月底）、阿联酋空军和防空军司令易卜拉欣（8月）和塞尔维亚副总理兼国防部长武切维奇（10月）先后访华，表明中国军队全方位对外军事交流的"朋友圈"越来越大。[①] 此外，来自非洲40多个国家的近百名青年军官应邀于7月访华，与中国青年军官进行深入交流，深化中国和非洲国家军队传统友好关系，加强中非和平安全领域合作。

（三）战略对话和磋商研讨发出中国声音

2023年，中国军队主动走出去和请进来，举办和参加多场国际对话交流和研讨活动，发出中国声音。8月28日至9月2日，第三届中非和平安全论坛在北京举行，来自非盟和近50个非洲国家百余位部长级领导和高级代表出席，围绕论坛主题"践行全球安全倡议，加强中非团结合作"深入交流，达成广泛共识。论坛已

---

① 《张又侠会见塞尔维亚副总理兼国防部长》，新华网，2023年10月18日，http://www.news.cn/world/2023-10/18/c_1129923946.htm。

成为中非在和平安全领域开展集体对话、推进交流合作的重要平台。10月底，第十届北京香山论坛举行①，为各方共议安全难题、求解安全之策、促进安全合作提供平等发声机会。②

中国军队还致力于保持和加强工作层的战略磋商和交流。国防部2月派团赴匈牙利、德国、欧盟和北约总部举行机制性对话磋商。6月24日至7月1日，解放军防务战略磋商代表团又访问英国、法国，就发展双边防务关系进行商讨，围绕共同关心的国际和地区安全问题深入交换意见。国防部工作组3月在堪培拉与澳方举行第8次中澳国防部工作会晤。中新（西兰）两军5月在西安举行第11次战略对话。中国军队还积极参与多边安全和防务政策对话。中央军委联合参谋部副参谋长徐起零8月率团赴斐济出席印太国防军司令会议，着重介绍全球安全倡议、构建亚太命运共同体等理念主张，提议地区国家军队加强沟通合作，得到各方积极响应。③

此外，中国军队还积极举办和参加国际研讨等活动。国防部于5月23日至6月7日举办第16期拉美和加勒比高级军官研讨班④，深化中国军队与拉美和加勒比地区各国军队间的了解互信，

---

① 99个官方代表团、19国国防部长、14国军队总长（国防军司令）、6个国际组织代表及专家学者和各国观察员等1800余名嘉宾与会，参会代表数量和层级创历史新高，特别是发展中国家、国际和地区组织的参与度大幅提升，东盟秘书长、红十字国际委员会副主席、亚信秘书长、上合组织顾问、阿盟驻华代办等国际和地区组织代表参加。

② 论坛期间，中央军委领导与有关国家防务部门和军队领导举行双边会见会谈。

③ 会议期间，与东帝汶、新加坡、泰国、美国等多国代表进行沟通交流。访问斐济期间，与斐内政和移民部长皮奥、武装部队司令卡洛尼伟举行会见会谈。

④ 来自25个国家的54名高级军（警）官代表出席。

促进中拉防务安全合作不断取得新发展；11月又举办第三届中非和平安全论坛军事医学专题会议，探讨加强中非军事医学合作、共同应对医疗卫生领域挑战的方法举措。国防大学也于6月28日至7月4日首次举办中国–拉丁美洲和加勒比国防院校长论坛[①]，增进彼此了解互信和友好情谊。解放军陆军工程大学11月举办第10届国际学员周[②]和第4届陆军军事教育国际论坛[③]，为中外青年军官学员搭建交流平台，分享军事教育实践经验及最新成果，促进中外军事教育领域交流合作。中国空军代表团10月还赴塞内加尔参加第二届非洲空军论坛，与各方围绕非洲大陆空中力量的发展前景、相关技术能力需求等进行研讨交流。

二、多维度军事行动

2023年，中国军队开展多维度的军事行动，中外联演联训联赛密集频繁，持续支持联合国维和行动，继续国际护航，开展医疗救助和国际救援，组织多次参访，展示国情军情。

（一）中外联演联训联赛密集频繁，务实合作走深走实

2023年，中国军队坚持开门练兵，与多个国家开展联演联训联赛，丰富演练课目，扩大力量规模，增加合训时间，推动国际军事合作走深走实。中国海军多次组织和参加联演联训活动。中国、俄罗斯、南非三国海军2月在南非举行第二次海上联合演

---

① 来自拉美和加勒比地区的22国共45名代表参加。

② 来自中国、新加坡、埃及、意大利、巴基斯坦等国军校学员参加。

③ 来自柬埔寨、巴基斯坦、南非、英国、阿根廷等国军校代表参加。

习，并首次邀请巴西观摩；4月下旬至5月上旬，中国海军赴新加坡参加"中新合作–2023"海上联合演习及第13届亚洲国际海事防务展，并参加国际海事安全研讨会；中国与越南海军6月开展第34次北部湾联合巡逻；中国和沙特10月首次在中国举行"蓝剑–2023"海军特战联合训练。① 此外，中国海军还分别于2月和6月参加"和平–23"多国海军联合演习② 和"科莫多–2023"多国海上联合演习等多边活动。这些活动促进了中外海军的海上交流协作，提高了共同应对海上安全威胁的能力。

中国陆军也组织和参与多项联演联训活动。3月20日至4月8日，中柬"金龙–2023"联合演习在柬埔寨举行，该演习是落实新时代中柬命运共同体建设战略部署的重要举措；③ 中国人民解放军与老挝人民军5月在老挝共同组织"友谊盾牌–2023"联合演习，这是两军首次组织的实战课目演习；中泰"突击–2023"陆军联合训练8月在泰国举行，中泰两国时隔十年再次组织"突击"系列联合训练；中柬两军9月举行"和平天使–2023"卫勤联合演习，这是双方卫勤分队开展的首次联合演习活动，也是中国军队空运医疗力量首次出境参演，为近2000名柬军民提供了医疗服务。④ 11月，中国军队与柬埔寨、老挝、马来西亚、泰国、越南军队首次在中国举行"和平友谊–2023"多国联合演习，演

---

①　其他的还有中国、伊朗和俄罗斯"安全纽带–2023"海上联合军事演习（3月）；中泰"蓝色突击–2023"海军联合训练和中国–坦桑尼亚"超越–2023"海军陆战队联合训练（9月）；中国和巴基斯坦"海洋卫士–3"海上联合演习（11月）。

②　50多国海军参加。中国、美国、意大利、马来西亚、印尼、斯里兰卡等国派出舰艇参加。

③　9个东盟国家观摩团及多国驻柬武官参加活动。

④　其他的还有中国–新加坡"合作–2023"陆军联合训练（9月）、中国–蒙古国"边防合作–2023"联合演练（11月）。

习分陆上和海上方向，旨在增强参演各方城市反恐和海上反恐反海盗行动能力，进一步深化军事互信和务实合作，共同维护地区和平稳定。2月24日至3月10日，中国军队还赴泰国参加"金色眼镜蛇–2023"多国联合演习人道主义救援减灾演练。

2023年，中国空军也积极开展对外联演联训活动。中国与阿联酋空军8月在新疆举行"猎鹰盾牌–2023"空军联合训练，这是两国首次举行空军联训。8月27日至9月13日，中国和巴基斯坦"雄鹰–10"空军联合训练在酒泉、银川地区举行。此外，解放军陆军2月27日至3月2日赴奥地利参加"雪绒花突击–2023"国际山地步兵比赛，深化中奥两军友好务实合作，促进与各参赛国军队的交流与互信。武装警察部队7月在新疆举办"锋刃–2023"国际狙击手射击竞赛，旨在厚植友谊、促进交流、提高能力。

（二）持续支持联合国维和行动，履行大国责任

2023年，中国军队先后派出第27批赴刚果（金）维和部队（9月）和第4批赴阿卜耶伊维和直升机分队（11月）执行维和任务。中国军队6月派员赴蒙古国参加"可汗探索–2023"多国维和演习。联合国授予中国多批次维和部队官兵"和平勋章"，以表彰他们在执行维和任务期间的卓越表现和为任务区和平事业作出的突出贡献。[①]中国维和部队的卓越表现还获得了联合国高度赞扬。在5月29日联合国维和人员国际日即将到来之际，联合国负责维和事务的副秘书长让–皮埃尔·拉克鲁瓦称赞中国作出"极其宝贵的贡献"。

---

① 包括第10批赴马里维和部队（6月）、第21批赴黎巴嫩维和部队和第26批赴刚果（金）维和部队（7月）、第9批赴南苏丹（朱巴）维和部队（9月）、第3批赴阿卜耶伊维和直升机分队（10月）、第13批赴南苏丹（瓦乌）维和部队（10月）。

中国还以其他方式支持联合国维和行动。中国常驻联合国副代表耿爽8月底表示，尊重当事国主权和领土完整是维和行动开展的基本前提。当事国同意是维和行动的根本指导原则，当地民众理解配合是特派团顺利开展工作的必要条件。他当天在安理会表决联合国驻黎巴嫩临时部队（简称"联黎部队"）授权延期决议草案后的解释性发言中说，中方支持联黎部队在履行授权时进一步加强同黎政府和军队的沟通，同时与当地民众良性互动，主动增信释疑，切实提升维和工作实效。[①]

（三）开展护航行动，贡献中国力量

2023年，中国海军先后派出第43批（1月）[②]、第44批（4月底）[③]、第45批（9月）[④] 护航编队赴亚丁湾、索马里海域执行护航任务。第43批护航编队在执行任务期间，南宁舰先后赴巴基斯坦卡拉奇、阿联酋阿布扎比、伊朗恰巴哈尔参加"和平-23"多国海上联演、阿布扎比国际海事防务展和"安全纽带-2023"海上联演，展现中国海军开放自信的良好形象。此外，护航编队还先后访问科特迪瓦、加纳、尼日利亚、加蓬、刚果（布），并与五国海军进行深入友好交流。这五国有许多毕业于中国海军院校的军官，他们在此次访问中发挥了重要桥梁作用。第44批护航编队完成任务后也先后对阿曼、科威特、卡塔尔、阿联酋等中东四国进行友好访问。

---

① 《中国代表：尊重当事国主权和领土完整是维和行动开展的基本前提》，新华网，2023年9月1日，http://www.news.cn/world/2023-09/01/c_1129839523.htm。

② 由南宁舰、三亚舰和微山湖舰组成。南宁舰为首次执行护航任务。

③ 由淄博舰、荆州舰和千岛湖舰组成。淄博舰为首次执行护航任务。

④ 由乌鲁木齐舰、临沂舰和东平湖舰组成。

中国海军护航编队还积极参与撤侨救援行动。4月，苏丹安全局势持续恶化，为保护中国在苏丹人员生命财产安全，根据统一部署，正在执行第43批护航任务的南宁舰和微山湖舰从苏丹港撤离940名中国公民，以及巴基斯坦、巴西等国231名人员至沙特吉达港，圆满完成撤离我国在苏丹人员任务。中国海军多次执行远海远域实习访问任务。5月15日至6月24日，中国海军训练舰戚继光舰执行远海远域实习访问任务，先后访问越南、泰国、文莱和菲律宾四国，并分别与越南、文莱、菲律宾海军开展联合训练。①9月4日至10月23日，戚继光舰结合远海实习访问印尼、巴新、斐济，来自巴基斯坦、泰国、印尼、巴新、斐济五国的10名海军学员随舰参训，与中方学员混编同训，旨在提升海军生长军官适岗实操能力，加强与到访国海上务实合作与互信。此外，秘鲁海军"联合"号风帆训练舰9月访问上海，两国海军开展专业技术交流、相互参观舰艇、文化体育比赛等活动。

（四）开展医疗救助和国际救援行动，展现大国担当

2023年，中国军队依旧重视开展国际医疗救助和救援行动。5月，派出第9批援埃塞俄比亚军医专家组，执行医疗援助任务。7月3日至9月19日，海军"和平方舟"号医院船执行"和谐使命–2023"任务，出访基里巴斯、汤加、瓦努阿图、所罗门群岛、东帝汶五国。这是"和平方舟"号医院船和中国海军首次访问基里巴斯。医院船在访问过程中还同汤加海军首次举行联合演习，

---

① 访问期间，任务指挥员一行会见了到访国39名军政高层领导。出访官兵参观考察外军舰艇、营区、军事博物馆、院校及训练机构等13次，组织军事交流、友谊比赛和公益活动11次，先后组织4次甲板招待会，17场舰艇开放活动，累计接待6000余人次登舰参观。

在与到访国高频度、多领域、深层次广泛交流中，充分展示中国积极履行国际义务的大国形象，受到上述国家政府和民众的高度赞誉。[①] 7月13日，"和平方舟"号医院船还临时调整航线，高速前出接护一名在海上受伤的中国渔民。

海军军医大学7月举办首届军事医学留学生线上医学讲座，来自38个国家的205名该校往届和在校留学生相聚"云端"。中国军队"和平天使"医疗队9月在柬埔寨举行大型专家团队义诊活动，让柬军民享受到高水平的优质医疗服务，架起两国两军友谊的桥梁。此外，中国海军阿坝舰9月在仁爱礁附近海域成功救助一名受伤的菲律宾渔民，曲靖舰10月在永暑礁附近海域紧急救治并将受伤的越南渔民转运至南沙永暑礁医院。阿富汗西北部10月多次发生地震后，中国政府第一时间决定向阿富汗提供紧急人道主义援助，并派出两架空军运-20运输机将抗震救灾物资运抵阿富汗。中国军队医疗救助和国际救援获得广泛赞誉和认可。赞比亚国防部3月授予中国援赞第25批军事医疗专家组"国际友好合作勋章"，专家组表示要"在非洲大地立起中国军医的好样子"。

（五）组织参访活动，展示国情军情

中国军队还多次组织参访活动，以便于外军了解中国国情和军情。中国军队一直与各国驻华武官保持密切交流。2023年，国防部先后组织新到任武官招待会、全国"两会"专题情况介绍暨国际安全合作研讨会、陆军武官参访陆军部队、海军武官赴青岛

---

① 基里巴斯总统塔内希·马茂表示，中国政府致力于为基里巴斯民众提供高质量医疗服务，此访在中基关系历史上具有里程碑意义。所罗门群岛《所罗门星报》刊发题为《"和平方舟"首访"偷"走了民众的心》的深度报道。

参加海军节、空军武官参访中国航空博物馆等。这些活动，有利于各国武官全面了解感知中国和中国军队。此外，解放军仪仗司礼大队代表团9月参加墨西哥独立213周年暨墨西哥陆军军官学校成立200周年庆典阅兵式，向墨方及各国代表展现中国军人风采；解放军空军八一飞行表演队11月赴阿联酋参加第18届迪拜航空展，在国际舞台上展示中国空军锐意进取、追求卓越的形象风采。

三、其他安全议题

在其他安全议题上，中国也积极发声，主动作为，坚定支持维护核安全，捍卫全球战略稳定，在国际热点问题上劝和促谈，并与国际社会合作打击犯罪行为和恐怖主义，协力促进国家和公共安全。

（一）支持维护核安全和全球战略稳定

当前，国际安全环境正经历深刻变化，国际军控、裁军与防扩散体系面临前所未有的严峻挑战，核军备竞赛和核冲突风险不断上升。在此背景下，2023年中国多次重申维护核裁军和军控体系的决心，坚定维护全球战略稳定。外交部2月发布《关于政治解决乌克兰危机的中国立场》文件，提出"维护核电站安全。反对武装攻击核电站等和平核设施"，"减少战略风险。核武器用不得，核战争打不得。应反对使用或威胁使用核武器。防止核扩散，避免出现核危机。反对任何国家在任何情况下研发、使用生化武器"。国务院新闻办公室9月发布《携手构建人类命运共同体：中国的倡议与行动》白皮书，提出中国"积极倡导全面禁止和彻底销毁核武器，是唯一公开承诺不首先使用核武器、不对无核武器国家和无核武器区使用或威胁使用核武器的核国家"。

中国还在其他场合表达了对核裁军与军控的坚定支持。8月底，中国在联合国大会纪念"禁止核试验国际日"高级别会议上呼吁维护国际多边裁军机制，抵制冷战思维和阵营对抗。① 9月25日，中国代表在参加国际原子能机构第67届大会时，全面阐述中国积极支持国际原子能机构致力于促进和平利用核能核科技，造福广大发展中国家的立场主张。② 次日，中国常驻联合国副代表耿爽表示，中国支持不结盟运动提出的核裁军倡议，支持联大举行会议纪念和推进"彻底消除核武器国际日"。③ 10月，中国代表在第78届联大一委会议上强调，各方应共同维护全球战略稳定，减少战略风险。④ 9月，在东亚合作领导人系列会议上，中国作出多项承诺，坚定支持和维护全球和地区战略稳定，表示"中方愿率先签署《东南亚无核武器区条约》议定书，支持东南亚无核武器区建设"。⑤

---

① 《中方呼吁维护国际多边裁军机制》，新华网，2023年8月30日，http://www.news.cn/world/2023-08/30/c_1129836140.htm。

② 《中国代表团出席国际原子能机构第67届大会》，新华网，2023年9月26日，http://www.news.cn/world/2023-09/26/c_1129886830.htm。

③ 《中方表示愿与各方携手努力一道推进核裁军进程》，新华网，2023年9月27日，http://www.news.cn/world/2023-09/27/c_1129887934.htm。

④ 《中方代表阐述对国际安全形势及核裁军等问题中国看法和立场》，新华网，2023年10月6日，http://www.news.cn/world/2023-10/06/c_1129900898.htm。

⑤ 《东亚合作领导人系列会议合作倡议清单》，新华网，2023年9月6日，http://www.news.cn/world/2023-09/06/c_1129849260.htm。

（二）劝和促谈，发出正义声音

外交部2月发布《关于政治解决乌克兰危机的中国立场》文件，针对现实问题，提出12条建设性建议，推动乌克兰危机解决。中国积极推动沙特与伊朗和解复交，发挥建设性作用。为响应习近平主席关于中国支持沙特同伊朗发展睦邻友好关系的积极倡议，沙特和伊朗代表团3月在北京举行对话。中沙伊三方达成协议并发表联合声明，沙伊同意恢复外交关系。[1] 新一轮巴以冲突发生前，中国就发出正义呼声。9月27日，中国在联合国安理会呼吁加大促和努力，推进"两国方案"，将巴勒斯坦问题放在国际议程的更优先位置。[2] 新一轮冲突发生后，中国多方进行外交斡旋，推动问题解决。此外，中国积极参与国际社会有关叙利亚问题的讨论，为政治解决叙利亚问题发挥建设性作用；[3] 继续为非洲实现和平发展，为国际社会加大对非合作发挥积极作用。[4]

---

[1] 《外交部发言人就沙特和伊朗北京对话答记者问》，中华人民共和国外交部网站，2023年3月11日，https://www.mfa.gov.cn/web/fyrbt_673021/dhdw_673027/202303/t20230311_11039283.shtml。

[2] 《中方呼吁将巴勒斯坦问题放在国际议程更优先位置》，新华网，2023年9月28日，http://www.news.cn/world/2023-09/28/c_1129891008.htm。

[3] 《中国将为政治解决叙利亚问题发挥建设性作用》，新华网，2023年9月28日，http://www.news.cn/world/2023-09/28/c_1129891177.htm。

[4] 《中国代表：中方将继续为非洲实现和平发展发挥积极作用》，新华网，2023年10月13日，http://www.news.cn/world/2023-10/13/c_112991358 9.htm。

（三）合作打击犯罪行为和恐怖主义，维护公共安全

中国致力于合作打击犯罪行为和恐怖主义，维护国家和公共安全。9月，中越公安部第八次合作打击犯罪部长级会议在北京举行，双方共同签署中越打击跨境赌博合作谅解备忘录。[①] 10月，中国代表在联合国表示，各方应秉持共同、综合、合作、可持续的安全观，树立命运共同体意识，继续携手打击恐怖主义。中方支持联大六委设立工作组，推进制定《关于国际恐怖主义的全面公约》，以进一步完善反恐国际法律框架。[②]

四、结语

2023年，中国军队积极开展多层次、多维度对外军事交流，在高层互访、周边外交、战略对话方面取得新进展，在推动中外联演联训联赛、联合国维和行动、国际护航、军事医疗救助和国际救援行动方面取得新成绩。同时，中国坚定捍卫全球战略稳定，大力支持维护核安全，推动国际热点问题和平解决，并积极开展打击犯罪行为和恐怖主义国际合作，更好推进国家和公共安全。

（中国国际问题研究院欧洲研究所副研究员　徐龙第）

---

① 《中越公安部第八次合作打击犯罪部长级会议举行　王小洪与越共中央政治局委员、越南公安部部长苏林共同主持》，新华网，2023年9月14日，http://www.news.cn/world/2023-09/14/c_1129862017.htm。

② 《中国代表呼吁国际社会继续携手打击恐怖主义》，新华网，2023年10月4日，http://www.news.cn/world/2023-10/04/c_1129899332.htm。

第三十六章

公共外交：
促进交流　增进友谊

2023年，大国博弈持续，地区冲突延宕，世界经济低迷不振，全球安全、发展等治理赤字凸显。同时，2023年是中国全面贯彻党的二十大精神的开局之年，中国未来发展方向备受瞩目。中国公共外交主动进取、多措并举，通过形式多样、领域广泛、内涵丰富的宣传与交流活动，积极宣介全国两会和中国式现代化道路，服务元首外交，参与全球治理进程，反击不实指责与抹黑，并主办了多场重大国际主场活动，增进了国际社会对中国国情、发展道路、对外政策的认识和了解，维护了国家利益，提升了中国的国际形象和国际影响力，促进了中外交流和友谊。

一、宣介中国发展道路　展示中国式现代化壮阔前景

2023年全国两会选举产生新一届国家机构和全国政协领导人员，全面贯彻落实党的二十大精神和党中央一系列重大决策部署，进一步揭示中国未来的前进方向，因而备受国内外期待和关注。中国多维度宣介全国两会，帮助国际社会更好地认识会议情况，深入理解中国发展道路。

两会召开前夕，全国政协十四届一次会议、十四届全国人大

一次会议分别于3月3日、3月4日举行新闻发布会，向中外媒体系统介绍会议议程与安排、大会工作情况等。会议期间，全国政协十四届一次会议举办了记者会、"委员通道"采访活动、民主党派中央和全国工商联领导人记者会等，介绍各民主党派、工商联等参政议政的实践与成绩。开幕会、闭幕会邀请外国驻华使节旁听。十四届全国人大一次会议举行了"代表通道"、"部长通道"、外长记者会等活动。会后，新任国务院总理李强回答中外记者问，系统介绍新一届政府的施政目标、工作重点等。[①] 国务院新闻办公室于2月14日开始举办"权威部门话开局"系列主题新闻发布会，先后邀请农业农村部、国务院国有资产监督管理委员会、交通运输部等部门负责同志，围绕全面推进乡村振兴重点工作、推进中央企业高质量发展、加快建设交通强国等主题，介绍有关情况并接受记者提问。[②]

中国驻外使领馆以举办媒体学者见面会、新闻发布会、媒体吹风会或者通过接受媒体采访、发表署名文章等形式多样的方式，及时向驻在国的社会民众宣传2023年中国两会情况。例如，3月15日，中国驻斐济使馆举办媒体学者见面会，介绍刚刚结束的中国两会成果、全过程人民民主和中国发展成就；3月16日，中国驻智利使馆召开新闻发布会，介绍2023年中国两会情况并回答记者提问；3月16日，中国驻塞拉利昂大使在塞多家主流媒体发表署名文章《中国"两会"描蓝图　中塞关系迎新机》，介绍中国两会及其对中塞关系的机遇；3月17日，中国驻冈比亚使馆举办媒体吹风会，向冈比亚国家电视台等当地媒体宣介2023年中

---

① 中国政府网，https://www.gov.cn/zhuanti/2023qglh/index.htm。

② 中国国务院新闻办公室"权威部门话开局"系列主题新闻发布网站，http://www.scio.gov.cn/gxzt/dtzt/49518/49586/。

国两会有关情况等。

全国两会期间，《人民日报》在3月10日发布了国家形象网宣片《PRC》，15种语言版本同步上线。宣传片时长约两分半钟，配以字幕，讲述中国从一穷二白，经过不断努力走向富强，实现科技突破与发展创新，并期待和世界各国携手，应对挑战，共享机遇。宣传片以习近平主席2023年新年贺词的中文声带为总结，展示了中国一往无前、顽强拼搏、向更美好明天进发的决心。[①]

2023年，中国公共外交积极宣介中国共产党领导的中国社会主义现代化，帮助国际社会更好认识和理解中国的政治体制、发展道路及其对世界的重大意义。3月15日，以"现代化道路：政党的责任"为主题的中国共产党与世界政党高层对话会举行，来自150多个国家的500多个政党和政治组织的领导人出席会议。习近平主席在主旨讲话中强调，中国共产党愿继续同各国政党和政治组织一道，开展治党治国经验交流，携手同行现代化之路，在推动构建人类命运共同体的大道上阔步前进。[②]

4月21日，由中国公共外交协会、中国人民外交学会和上海市人民政府共同主办的"中国式现代化与世界"蓝厅论坛在上海举行。近80国政府、智库、媒体代表围绕中国新发展、人文交流互鉴、坚持高水平开放等议题进行深入交流。习近平主席在致论坛的贺信中指出，中方愿同各国一道，努力以中国式现代化新成就为世界发展提供新机遇，为人类探索现代化道路和更好社会制

---

① 《最新国家形象网宣片〈PRC〉》，人民网，2023年3月12日，http://politics.people.com.cn/n1/2023/0312/c1001-32642633.html。

② 《习近平出席中国共产党与世界政党高层对话会并发表主旨讲话》，中华人民共和国外交部网站，2023年3月16日，https://www.fmprc.gov.cn/zyxw/202303/t20230316_11042624.shtml。

度提供新助力，推动构建人类命运共同体。[①]

二、配合重大外交议程　服务元首外交

2023年，习近平主席先后主持了首届中国－中亚峰会，以视频方式出席上海合作组织成员国元首理事会第二十三次会议，赴南非出席金砖国家领导人第十五次会晤，赴美国旧金山举行中美元首会晤并应邀出席亚太经合组织第三十次领导人非正式会议等。元首外交对国家外交起到关键引领作用。中国公共外交紧密配合上述重大外交议程，为元首外交开展营造良好氛围，认真推动落实元首外交所达成的共识。

7月4日，习近平主席在上海合作组织成员国元首理事会第二十三次会议上的讲话中指出，要继续深化教育、科技、文化、卫生、体育、媒体等领域合作。[②]元首理事会前后，中国相继举办了上海合作组织产业链供应链论坛暨2023上合国际投资贸易博览会、上海合作组织民间友好论坛暨友好城市论坛、2023上合组织国家媒体智库论坛、第七届上海合作组织青年交流营（青岛段）及上合组织青年发展论坛、2023年中亚与上海合作组织学术研讨会、2023上海合作组织国家电视节等类型多样的活动，从公共外交层面为促进上合组织成员国之间的经贸、产业、媒体、学术、民间等多个领域的交流与合作作出中国贡献。

[①] 《习近平向"中国式现代化与世界"蓝厅论坛致贺信》，中国政府网，2023年4月21日，https://www.gov.cn/yaowen/2023-04/21/content_5752496.htm。

[②] 《习近平出席上海合作组织成员国元首理事会第二十三次会议并发表重要讲话》，中国政府网，2023年7月4日，https://www.gov.cn/yaowen/liebiao/202307/content_6889921.htm。

在习近平主席赴南非出席金砖国家领导人第十五次会晤前夕，中国驻南非使馆于8月3日在南非主流媒体《比陀新闻报》《开普时报》《水星报》及独立传媒网站发表题为《金砖伙伴同心共建美好世界，南南合作助力打造繁荣非洲》的文章，总结了金砖机制成功的经验，表达了中国对本次会晤的期待与信心。[①] 8月18日，中国驻南非使馆举行中外媒体吹风会，向媒体介绍习近平主席出席金砖国家领导人会晤、对南非进行国事访问、主持中非领导人对话会情况，并回答记者提问，50多家中南等知名媒体共百余名记者参会。[②]

同期，中国还联合南非有关机构共同主办了2023金砖国家治国理政研讨会暨人文交流论坛、第六届金砖国家媒体高端论坛、南非金砖电视台"电视中国剧场"开播仪式、南非中国电影节等一系列交流活动，并播出了第二届金砖国家联拍联播纪录片。这些活动增进了金砖国家间政治、人文、媒体、影视等领域的交流，为即将到来的金砖国家领导人第十五次会晤营造良好氛围。[③]

2023年，中国公共外交积极落实中国–中亚元首峰会共识。9

---

① 《陈晓东大使在南非主流媒体发表署名文章〈金砖伙伴同心共建美好世界，南南合作助力打造繁荣非洲〉》，中华人民共和国驻南非大使馆网站，2023年8月3日，http://za.china-embassy.gov.cn/chn/dshd/202308/t20230803_11122021.htm。

② 《陈晓东大使就习近平主席出席金砖国家领导人第十五次会晤并对南非进行国事访问举行中外媒体吹风会》，中华人民共和国驻南非大使馆网站，2023年8月19日，http://za.china-embassy.gov.cn/chn/dshd/202308/t20230819_11129186.htm。

③ 《金砖国家治国理政研讨和人文交流系列活动在南非举行》，中国政府网，2023年8月20日，https://www.gov.cn/yaowen/liebiao/202308/content_6899192.htm。

月8日至9日，第十届中国-中亚合作论坛在厦门举办。习近平主席向论坛致贺信，鼓励发挥论坛平台作用，推动中国同中亚国家关系发展取得更多丰硕成果。[①]中亚国家领导人、政府官员、上合组织秘书长等400余名中外友人出席论坛。9月22日至24日，以"创合作机遇　谋发展未来"为主题的2023欧亚经济论坛在西安举办，来自51个国家和地区的政商学界人士参加。论坛举办了2023欧亚经济论坛智库分会、2023欧亚经济论坛经贸合作博览会暨中国（陕西）进出口商品展等活动。这些活动深化了中国与中亚人民的友好往来，拓展了双方在贸易投资、人文交流、数字经济等领域务实合作。

在习近平主席赴美国旧金山参加中美元首会晤并出席亚太经合组织第三十次领导人非正式会议前夕，中国各界相继举办了第五届中美友城大会、美国费城交响乐团访华五十周年纪念招待会、2023年"香港中美论坛"等一系列形式多样、领域广泛的公共外交活动，为中美元首会晤造势。会晤之后，中国联合美方相关机构在旧金山举办"中美人文交流友好对话"等活动，推动中美两国人文交流，加快落实习近平主席提出的"旧金山愿景"。此外，中国先后举办了2023年APEC工商领导人中国论坛、亚太经合组织数字化绿色化协同转型发展研讨会等活动，为后续举行的亚太经合组织领导人非正式会议建言献策，贡献智慧。

---

① 《习近平向第十届中国-中亚合作论坛致贺信》，中华人民共和国外交部网站，2023年9月9日，https://www.fmprc.gov.cn/zyxw/202309/t20230909_11140539.shtml。

三、参与全球治理　展示中国方案与成就

2023年大国博弈对抗持续，乌克兰危机等地区冲突延宕，世界经济增长缓慢，发展动力不足，全球安全、发展、人权等治理赤字凸显。中国主动为破解全球治理困境提供中国理念与方案。中国公共外交围绕中国提出的一系列理念、倡议展开宣介、交流，有力地促进了中国全球治理理念的国际传播。

2月21日，中国发布《全球安全倡议概念文件》，阐释了全球安全倡议的核心理念和原则，明确重点合作方向和平台机制。为配合倡议概念文件宣介，"全球安全倡议：破解安全困境的中国方案"蓝厅论坛同日在北京举行，来自联合国和有关国家的前政要、各国驻华使节和中外知名专家学者等以线上线下相结合方式参加。与会嘉宾认为，全球安全倡议为开展全球安全对话与合作提供了强有力的理念框架，将推动国际社会携手为动荡变化的时代注入更多稳定性和确定性，实现世界持久和平与发展。[①]

在3月15日举行的中国共产党与世界政党高层对话会上，习近平主席首次提出全球文明倡议，为推动文明交流互鉴提供中国方案。开展倡议的宣传与阐释成为2023年中国公共外交的重要任务之一。7月3日，第三届文明交流互鉴对话会暨首届世界汉学家大会在北京举行。习近平主席在发来的贺信中强调，中方愿同各方一道，弘扬和平、发展、公平、正义、民主、自由的全人类共同价值，落实全球文明倡议，以文明交流超越文明隔阂、文明互鉴超越文明冲突、文明包容超越文明优越，携手促进人类文

---

① 《破解安全困境的中国方案》，人民网，2023年2月26日，http://world.people.com.cn/n1/2023/0226/c1002-32631237.html。

明进步。包括多国政党政要、汉学家等在内的约400位中外嘉宾，围绕习近平主席贺信和文明交流互鉴的中国主张展开热烈交流讨论。①

中国驻外使领馆通过多样化方式积极宣介全球文明倡议。例如，3月26日，中国驻博茨瓦纳使馆在博主流媒体《爱国者报》发表题为《全球文明倡议为新时代中非合作注入新动力》的文章，宣介倡议的核心要义以及倡议对新时代中非合作的重要意义；4月7日，中国驻英国使馆以中英文形式连续发布4篇《驻英国使馆发言人就全球文明倡议答记者问》，系统阐述了倡议的提出背景、主要内容和重大意义；②4月19日，中国驻俄罗斯使馆举办"和而不同，美美与共"全球文明倡议研讨会，俄国家杜马、主要政党、俄中友协、学术界代表等与会并围绕倡议进行了深入交流。

2023年是中国提出构建人类命运共同体理念和共建"一带一路"十周年。在这个重要时间节点对上述重大理念、倡议进行经验总结与未来规划意义重大。9月26日，国务院新闻办公室发布《携手构建人类命运共同体：中国的倡议与行动》白皮书，向海内外全面系统阐释这一重要理念的深刻内涵和中国推动构建人类命运共同体的积极行动。③白皮书以中、英、法、俄、德、西、阿、日8个语种发布，引发国际社会热烈反响。多国人士认为，

---

① 《习近平主席致第三届文明交流互鉴对话会暨首届世界汉学家大会贺信引发与会人士共鸣》，中国政府网，2023年7月4日，https://www.gov.cn/yaowen/liebiao/202307/content_6889774.htm。

② 中华人民共和国驻英国大使馆网站使馆发言人专栏，http://gb.china-embassy.gov.cn/eng/PressandMedia/Spokepersons/index_1.htm。

③ 《携手构建人类命运共同体：中国的倡议与行动》，中国政府网，2023年9月26日，https://www.gov.cn/zhengce/202309/content_6906335.htm。

构建人类命运共同体十年来的实践取得丰硕成果，扎扎实实增进了民生福祉，为构建团结的美好世界描绘了蓝图。[①] 10月10日，国务院新闻办公室发布《共建"一带一路"：构建人类命运共同体的重大实践》白皮书，介绍共建"一带一路"十年来取得的成果。[②]

10月17日至18日，以"高质量共建'一带一路'，携手实现共同发展繁荣"为主题的第三届"一带一路"国际合作高峰论坛在北京举行。来自151个国家和41个国际组织的代表参会，注册总人数超过1万人，体现出共建"一带一路"巨大的感召力和全球的影响力。习近平主席在论坛开幕式上发表主旨演讲，总结了"一带一路"十年以来取得的成绩和经验，并宣布中国支持高质量共建"一带一路"的八项行动。[③] 论坛期间，各方共形成了458项成果，其中包括《深化互联互通合作北京倡议》《"一带一路"绿色发展北京倡议》等重要合作倡议和制度性安排。

2023年，中国通过公共外交活动积极参与全球人权治理，增进中外人权理念交流，凝聚共识。6月14日，中国举办以"平等、合作、发展：《维也纳宣言和行动纲领》通过三十周年与全球人权治理"为主题的全球人权治理高端论坛，来自近百个国家和包括联合国机构在内的国际组织的300余名中外嘉宾出席。习近平

---

① 《中国构建人类命运共同体理念与行动广受支持》，法治网，2023年10月9日，http://epaper.legaldaily.com.cn/fzrb/content/20231009/Articel05002GN.htm。

② 《共建"一带一路"：构建人类命运共同体的重大实践》，中华人民共和国国务院新闻办公室网站，2023年10月10日，http://www.scio.gov.cn/gxzt/dtzt/49518/32678/index.html。

③ 《习近平在第三届"一带一路"国际合作高峰论坛开幕式上的主旨演讲（全文）》，求是网，2023年10月18日，http://www.qstheory.cn/yaowen/2023-10/18/c_1129922748.htm。

主席向论坛致贺信指出，中国愿同国际社会一道，践行《维也纳宣言和行动纲领》精神，推动全球人权治理朝着更加公平公正合理包容的方向发展，推动构建人类命运共同体，共建更加美好的世界。[①]

四、反击不实指责与抹黑　捍卫国家利益

2023年美西方反华势力借助"流浪气球"事件炒作"中国威胁论"，污蔑中国实施"胁迫外交"，抹黑中国外交政策，并唱衰中国经济形势。"台独"头目"过境窜美""谋独挑衅"。针对上述情况，中国公共外交进行了有理有利有节的回击。

2月初，一艘中国民用无人飞艇因不可抗力误入美国空域。美国国内反华势力趁机炒作中国"侵犯"美国领空并进行"军事侦察"，借此渲染"中国威胁"。对此，中国外交部表示，该飞艇属民用性质，因不可抗力进入美国，完全是意外情况，明确要求美方以冷静、专业、克制方式妥善处理。针对美方使用武力袭击民用无人飞艇，中国外交部表示强烈不满和抗议，并表示将坚决维护有关企业的正当权益，同时保留作出进一步必要反应的权利。[②] 当地时间2月17日，中国驻美国使馆在美国《华盛顿邮报》发表题为《中美关系不应因"流浪气球"随风逐流》的文章。文章向美国公众还原事实真相并发出理性呼吁，希望美方同中方相

---

① 中国人权研究会网站全球人权治理高端论坛专题，https://www.humanrights.cn/html/zt2023/2/。

② 《外交部就美方宣称击落中国无人飞艇发表声明》，中华人民共和国外交部网站，2023年2月5日，https://www.mfa.gov.cn/web/ziliao_674904/1179_674909/202302/t20230205_11019861.shtml。

向而行，勿让一只"流浪气球"带偏中美关系。^① 2月20日，全国人大外事委员会就美国国会参议院通过"涉无人飞艇事件决议案"发表声明，指出所谓议案歪曲事实、混淆视听，要求美国国会尊重国际法原则和国际关系基本准则，立即停止对华污蔑抹黑，避免对中美关系造成进一步干扰破坏。^② 中国媒体纷纷发文，例如《经济日报》发表《美炒作"飞艇事件"纯属政治闹剧》，《光明日报》发表《飞艇事件的背后》，对美方错误行径及其背后的政治动机进行揭批。

针对台湾当局领导人"过境窜美""谋独挑衅"，中共中央台办、全国人大外事委员会、外交部、国防部等部门与机构密集发声，表达中国的严正立场。中国社会团体、民间组织、媒体等纷纷采取反制行动。中国和平统一促进会发布了众多海外统促会组织谴责蔡英文"过境窜美"的声明，表达海外统促会组织和华人华侨对该事件的强烈不满。中国媒体也对这一行径进行批评。例如，中国日报网发布题为《蔡英文"过境"窜美改变不了历史和事实》的视频，《环球时报》发表题为《蔡英文窜美回来，必将发现日子更难过》的文章等。7月5日，赖清德在美国《华尔街日报》发表文章，鼓吹所谓"四大支柱"歪论，粉饰民进党当局"到美卖台"可耻行径。中国驻美国使馆就此致函该报编委会予以严正驳斥，揭露其"四大支柱"包藏祸心的卖台本质。

---

① 《中美关系不应因"流浪气球"随风逐流——徐学渊临时代办在美国〈华盛顿邮报〉发表署名文章》，中华人民共和国驻美利坚合众国大使馆网站，2023年2月18日，http://us.china-embassy.gov.cn/chn/sgzc/202302/t20230218_11026927.htm。

② 《全国人大外事委员会就美国国会参议院通过"涉无人飞艇事件决议案"发表声明》，新华网，2023年2月20日，http://www.xinhuanet.com/politics/2023-02/20/c_1129381716.htm。

近些年，美国对华战略竞争持续深入，对中国外交政策的污名化也在不断加强，指责中国搞"胁迫外交"是其中的突出例子。5月18日，外交部发布《美国的胁迫外交及其危害》报告，通过大量事实和数据，揭露美国在全球推行胁迫外交的恶行劣迹，让国际社会进一步看清美国外交的霸权霸道霸凌本质，以及美方行径对各国发展、地区稳定、世界和平造成的严重损害。[①]同日，新华社发布时评《美国是胁迫外交的"集大成者"》。文章指出，"胁迫外交"就是美国一些政客近一段时间以来加在中国头上的又一诬陷之词。然而历史和现实都清楚表明，在国际舞台上大搞"胁迫外交"、危害世界和平与稳定的正是美国自己。[②]

2023年，中国经济遭遇一些挑战，但表现出极大的韧性和稳中向好的态势，可是一些西方媒体却趁机炒作所谓的"中国经济见顶""中国经济失去动力"等怪论。例如，英国《经济学人》于7月刊发《中国经济到底有多困难》，美国《外交事务》在8月发表《中国经济奇迹的终结》等文章，唱衰中国经济前景。对此，中国通过多种方式进行反制。国务院新闻办公室定期举办发布会，介绍国民经济运行情况。[③]中国驻外使领馆也积极解读中国经济形势，帮助驻在国民众客观认识中国经济表现。例如，8月23日，中国驻新加坡使馆发言人结合中国国家统计局有关数据从全面、长远的视角介绍中国经济情况。9月6日，中国驻智利大使

① 《美国的胁迫外交及其危害》，中华人民共和国外交部网站，2023年5月18日，https://www.mfa.gov.cn/wjbxw_new/202305/t20230518_11079585.shtml。

② 《新华时评：美国是胁迫外交的"集大成者"》，新华网，2023年5月18日，http://www.news.cn/world/2023-05/18/c_1129626517.htm。

③ 中国国务院新闻办公室网站发布会栏目，http://www.scio.gov.cn/xwfb/gwyxwbgsxwfbh/fbh/。

在当地媒体发表署名文章《中国经济前景光明》，指出中国经济运行回升向好，仍是增长速度最快的主要经济体。9月11日，中国驻俄罗斯大使在《俄罗斯报》发表署名文章《中国经济发展的亮眼成绩把"流言蜚语"碾得粉碎》，指出中国的经济发展不会因"傲慢和偏见"而妄自菲薄，不会因"流言蜚语"停滞不前。

五、举办多个重大主场活动　增进中外交流与友谊

主办大型国际活动有利于改善城市面貌，促进相关产业发展，增进对外人文交流，展现国家风貌与形象，体现大国责任。2023年，中国相继举办第31届世界大学生夏季运动会、第19届亚洲运动会及第4届亚洲残疾人运动会、世界科幻大会以及世界城市日和世界湿地日中国主场活动等，产生多重积极效应。

7月28日至8月8日，第31届世界大学生夏季运动会在四川省成都市举行。这是中国西部第一次举办世界性综合运动会。运动会共设篮球、排球、田径、游泳等18个大项，269个小项，来自113个国家和地区的6500名运动员报名参赛。习近平主席在开幕式欢迎宴会上的致辞中表示，我们要携手世界青年，以青春的活力促进世界和平与发展，把成都大运会办成一届具有中国特色、时代气息、青春风采的国际体育盛会，让来自世界各地的青年朋友因成都大运会相聚相知，增进理解，为促进人类进步事业提供新动力。[①] 习近平主席的致辞表明了携手世界青年促进和平与发展、团结应对全球性挑战、推动文明交流互鉴的信心和决

---

① 《习近平在成都第三十一届世界大学生夏季运动会开幕式欢迎宴会上的致辞》，求是网，2023年7月28日，http://www.qstheory.cn/yaowen/2023-07-28/c_1129773091.htm。

心。成都大运会上，太阳神鸟、非遗蜀锦等中国传统文化元素让各国选手印象深刻，大运村文化市集等文化交流活动吸引很多人参与其中。①

9月23日至10月8日，第19届亚运会在浙江省杭州市举办。亚奥理事会45个成员全部报名，参赛运动员总人数约1.2万人，创历史之最。本届亚运会共设立40个大项、61个分项、481个小项，首次增设了霹雳舞和电子竞技两个竞赛项目。亚洲各区域有代表性特色项目列入本届亚运会项目，包括藤球、卡巴迪、武术、象棋等。本次亚运会还设置了宁波、绍兴、湖州、金华、温州等5个协办城市。习近平主席在开幕式欢迎宴会上的致辞中表示，当前，人类面临的全球性挑战前所未有，我们要以体育促团结，把握历史机遇，合作应对挑战，践行"永远向前"的亚奥理事会格言，把共同发展、开放融通的亚洲之路越走越宽。②10月22日至10月28日，第4届亚洲残疾人运动会在杭州成功举行。杭州亚运会和亚残运会的成功举办，有力地促进了亚洲各国的团结合作，增强了亚洲各国的文明自信和人文交流，为共同续写亚洲文明新辉煌作出了重要贡献。

10月18日至22日，以"共生纪元"为主题的第81届世界科幻大会在成都举办。这是世界科幻大会首次在中国举行，成都也因此成为亚洲第二个、中国首个举办世界最高规格科幻盛会的城市。来自全球35个国家和地区的超1200名嘉宾参会，超过2万名

---

① 《以体育促团结，为国际社会汇聚正能量——习近平主席在成都大运会开幕式欢迎宴会上的致辞引发广泛共鸣》，新华网，2023年7月29日，http://www.news.cn/2023-07/29/c_1129774983.htm。

② 《在杭州第十九届亚洲运动会开幕式欢迎宴会上的致辞》，央广网，2023年9月23日，https://news.cnr.cn/native/gd/sz/20230923/t20230923_526430452.shtml。

幻迷相聚成都。大会举办了200多场主题沙龙、展览、派对等活动，布置了约5000平方米主题展览，布展科幻历史、文学、艺术、影视、生活、游戏、科普等内容，其间评选出了17个雨果奖奖项和惊奇奖、北极星奖。在世界科幻大会首届产业发展峰会上，现场签约21个科幻产业项目，总投资约80亿元。同时，成都发布"科幻产业机会清单"，释放出40个重大机遇，总投资额380亿元左右。[①]

此外，中国于2月2日在杭州西溪国家湿地公园举办第27个世界湿地日中国主场宣传活动，于10月28日至31日在上海举办了世界城市日中国主场活动暨第三届城市可持续发展全球大会等。活动邀请中外嘉宾共同参与，为加强湿地修复与保护、促进城市可持续发展作出贡献。

六、结语

2023年中国公共外交在增进国际社会对中国发展的认识、配合国家重大外交议程、阐释中国全球治理方案、捍卫国家利益、增进中外人文交流与友谊等方面发挥了重要作用。未来，中国应该继续加强对公共外交的潜力挖掘，以更好地配合国家外交议程，更加有效维护和拓展国家利益。同时，中国应该进一步加强对公共外交形式多样化的探索，增进公共外交活动的创新性、生动性和吸引力，提升公共外交的实效。

（中国国际问题研究院国际战略研究所助理研究员　崔小涛）

---

① 《2023成都世界科幻大会圆满闭幕！超2万名幻迷相聚成都，闪耀浩渺星空》，澎湃新闻，2023年10月24日，https://www.thepaper.cn/newsDetail_forward_25050211。

图书在版编目（CIP）数据

国际形势和中国外交蓝皮书 . 2023/2024/ 中国国际问题研究院著 .--
北京：世界知识出版社，2024.3
ISBN 978-7-5012-6762-0

Ⅰ.①国… Ⅱ.①中… Ⅲ.①国际形势—研究报告—2023—2024
②中外关系—研究报告—2023—2024 Ⅳ.①D5 ②D822

中国国家版本馆CIP数据核字（2024）第076299号

书　　名	国际形势和中国外交蓝皮书 2023/2024 Guoji Xingshi He Zhongguo Waijiao Lanpishu 2023/2024
作　　者	中国国际问题研究院
责任编辑	蒋少荣
责任出版	赵　玥
责任校对	张　琨
出版发行	世界知识出版社
地址邮编	北京市东城区干面胡同51号（100010）
网　　址	www.ishizhi.cn
电　　话	010-65233645（市场部）
经　　销	新华书店
印　　刷	艺堂印刷（天津）有限公司
开本印张	710毫米×1000毫米　1/16　35¼印张
字　　数	460千字
版次印次	2024年3月第一版　2024年3月第一次印刷
标准书号	ISBN 978-7-5012-6762-0
定　　价	108.00元